A vicenda
Lingua

Romana Capek-Habeković
University of Michigan, Ann Arbor

Claudio Mazzola
University of Washington, Seattle

McGraw-Hill
Higher Education

Boston   Burr Ridge, IL   Dubuque, IA   New York   San Francisco   St. Louis
Bangkok   Bogotá   Caracas   Kuala Lumpur   Lisbon   London   Madrid   Mexico City
Milan   Montreal   New Delhi   Santiago   Seoul   Singapore   Sydney   Taipei   Toronto

The McGraw-Hill Companies

McGraw-Hill
Higher Education

Published by McGraw-Hill, an imprint of The McGraw-Hill Companies, Inc., 1221 Avenue of the Americas, New York, NY 10020. Copyright © 2009 by The McGraw-Hill Companies. All rights reserved. No part of this publication may be reproduced or distributed in any form or by any means, or stored in a database or retrieval system, without the prior written consent of The McGraw-Hill Companies, Inc., including, but not limited to, in any network or other electronic storage or transmission, or broadcast for distance learning.

This book is printed on acid-free paper.
Printed in China.

2 3 4 5 6 7 8 9 0 CTP/CTP 11 10

ISBN   978-0-07-353527-2
MHID   0-07-353527-3

Editor in Chief: *Michael Ryan*
Publisher: *William R. Glass*
Sponsoring Editor: *Christa Harris*
Director of Development: *Susan Blatty*
Marketing Manager: *Jorge Arbujas*
Editorial Coordinator: *Margaret Young*
Media Project Manager: *Ron Nelms*
Production Editor: *Leslie LaDow*
Manuscript Editor: *Deborah Bruce*
Design Coordinator: *Margarite Reynolds*
Interior Designer: *Carolyn Deacy*

Cover Designer: *Asylum Studios*
Photo Research Coordinator: *Nora Agbayani*
Photo Researcher: *Christine Pullo*
Art Editor: *Ayelet Arbel*
Illustrator: *Sally Mara Sturman*
Production Supervisor: *Richard DeVitto*
Supplements Production Supervisor: *Louis Swaim*
Composition: *10/12 Palatino by Aptara, Inc.*
Printing: *CTPS*

Cover: Photo © Giovanni Trambusti, Photos of Italy, 2007. info@photosofitaly.it; www.photosofitaly.it

Credits: p. 22 Adam Eastland/Photographers Direct; p. 32 Getty Images; p. 49 Royalty-Free/Corbis; p. 52 Walter Zerla/Age Fotostock; p. 76 David R. Frazier Photolibrary, Inc./Alamy; p. 82 Stockbyte/Getty Images; p. 97 Vittoriano Rastelli/Corbis; p. 106 Creatas/JupiterImages; p. 122 Sandro Vannini/Corbis; p. 123 Courtesy of Claudio Mazzola; p. 136 Martin Moos/Lonely Planet Images/Getty Images; p. 145 Courtesy of the Italian Green Party Campaign to Limit CO_2 Emissions; p. 146 Martino Lombezzi/Contrasto; p. 166 Courtesy of Claudio Mazzola; p. 167 Alfred Shauhuber/imagebroker/Alamy; p. 170 Stefano De Luigi/Contrasto/Redux; p. 171 Bob Handelman/Stone/Getty Images; p. 193 flab/Alamy; p. 205 Bob Handelman/Stone/Getty Images; p. 216 Beryl Goldberg; p. 239 Courtesy of Claudio Mazzola; p. 240 Courtesy of Claudio Mazzola; p. 258 Courtesy of Claudio Mazzola; p. 260 © Arcaid / Alamy; p. 261 Opera/Gaumont/The Kobal Collection; p. 283 Medioimages/Punchstock; p. 285 © Eyecandy Images Inc./Alamy

Library of Congress Cataloging-in-Publication Data

Capek-Habekovic, Romana, 1948–
    A vicenda: lingua / Romana Capek-Habekovic.
        p. cm.
    Includes index.
    ISBN-13: 978-0-07-353527-2 (alk. paper)
    ISBN-10: 0-07-353527-3
    1. Italian language—Textbooks for foreign speakers—English.   I. Title.
PC1129.E5C358 2008
458.2′421—dc22

2007051529

The Internet addresses listed in the text were accurate at the time of publication. The inclusion of a Web site does not indicate an endorsement by the authors or McGraw-Hill, and McGraw-Hill does not guarantee the accuracy of the information presented at these sites.

www.mhhe.com

Contents

Contents

Preface

Benvenuti!

Benvenuti to *A vicenda*, a comprehensive Italian language program for intermediate-level students. The authors, Romana Capek-Habecović and Claudio Mazzola, have developed this communication- and culture-based program for intermediate Italian in response to their own desire—and that of their students—for engaging, contemporary materials that present current issues, situations, and language as points of departure for dialogue in the classroom. The readings and activities in *A vicenda* address topics that interest students and have an impact on their lives, from globalization and Italy's role in the European Union to college life and relationships with peers.

Class-tested materials

As the authors began developing, and then testing in their classrooms, the materials that would later become *A vicenda*, they quickly discovered how many Italian language instructors were seeking a similar program, and *A vicenda* soon became a reality. The authors shared their materials as they were being written, which resulted in other instructors and their students reviewing and classroom-testing activities and other features of the text. The suggestions and critiques of these instructors and students have greatly enhanced the material, and the authors are grateful for their gracious and generous participation in this process.

The *Lingua* and *Cultura* volumes

A vicenda is a two-volume program. *A vicenda: Lingua* is the core volume, and focuses primarily on language acquisition and the development of all four language skills. The contextualized grammar sequence is based on practical communication and contains a wealth of activities that promote skill development in Italian. *A vicenda: Cultura* is the companion volume, and it offers authentic readings from Italian newspapers, magazines, and literary texts, along with author-written texts, accompanied by reading strategies and activities, as well as additional vocabulary development and language practice. By separating the culture and grammar components of *A vicenda* into two distinct yet complementary volumes, the authors have been able to develop in greater detail the thematic fabric of the respective volumes, thereby providing students with a broader context for learning Italian. Instructors can use both volumes or only one, depending on the goals of their course and the number of contact hours they have with students.

Motivating students

After years of teaching, the authors realized to what extent challenging, creative, and culture-based language exercises motivate a student toward proficiency in a foreign language. They found that exercises limited to repetitive drills and simple answers do not solicit students' opinions and quickly lead to boredom and passivity. *A vicenda* is an interactive text where discussion-based activities are culture-inspired and prompt students to converse and share opinions.

A vicenda and the "Five Cs"

A vicenda is a user-friendly, flexible, and engaging language program that consistently addresses the "Five Cs" of foreign language learning, as expressed in the *Standards for Foreign Language Learning**: Communication, Cultures, Connections, Comparisons, and Communities, all of which enable students to build on and perfect their listening, speaking, reading, and writing skills while developing the cultural competence and sense of global citizenship so necessary in today's world. By presenting Italy through the eyes of Italians, the author team of *A vicenda* has devised a program that enables students to gain proficiency in Italian as they identify with the interests, worries, and aspirations of their Italian counterparts, and learn the idiomatic words and expressions commonly used in Italy today.

Hallmark features of *A vicenda*

Years of teaching experience have shaped the authors' belief that an intermediate language program in Italian should have the following attributes, all of which are found in the pages of *A vicenda*.

- **Focus on life in Italy today**   Chapter themes deal with social issues, such as the changing role of family and demographic makeup of Italy, and present the Italian perspective on the given issue.

- **Build on first-year grammar**   Students often view second-year language courses as recycled first-year material. A certain degree of recycling cannot be avoided and is pedagogically justified, but what *A vicenda* offers goes beyond a simple review of already mastered patterns. Structures are grouped in ways that give students the necessary tools for immediate communication. For example, the simple past tense *passato prossimo,* which is a cornerstone of the language, is presented in Chapter 3 of *Lingua,* and such grammar points are expanded upon for the intermediate student by introducing new elements and fine-tuning those already touched on in first-year texts.

- **Offer a broad cultural context**   *A vicenda* presents Italy as a complex country where traditions sharply contrast with modern-day life. In a world where technology allows information to be exchanged between cultures in an instant, students of Italian now have greater access to learning about Italian popular culture. *A vicenda* answers the questions that

---

*The executive summary of *The Standards for Foreign Language Learning: Preparing for the 21st Century* can be found on the website of the American Council on the Teaching of Foreign Languages, at www.actfl.org.

students are curious to ask—such as what everyday life is like for a college student in Italy. Pop culture references and Internet-based activities provide students with the means to find out more about a particular subject.

- **Provide a wealth of authentic and author-written readings** Most intermediate-level students enjoy the challenge of reading texts that are more complex than those offered in an introductory program. *A vicenda* has an abundance of such texts, each dealing with a topic interesting to and appropriate for today's students. Each reading is followed by a series of activities that fosters communication and solicits students' opinions on a particular issue by asking them to compare and contrast their country's customs with those of Italy.

- **Focus on the development of writing skills** An important part of developing writing skills in intermediate-level students is choosing topics that are of personal interest. Each chapter ends with the *Scriviamo!* section, which provides topics related to the chapter theme. Students are guided through the writing process and are given the opportunity to be creative and freely express their opinions and ideas in their compositions.

Also available to students

Manuale di esercizi

The *Manuale di esercizi* that accompanies *A vicenda* is thematically coordinated with the *Lingua* volume and offers an abundance of aural and written exercises. All the activities included in the *Manuale di esercizi* are designed to provide practice of the vocabulary and grammar presented in *A vicenda* as well as further develop students' writing skills through additional writing assignments.

Audio Program

The Audio Program provides the recordings that accompany the *Manuale di esercizi*. These recordings are available free of charge on the *A vicenda* Online Learning Center. They are also available for purchase on audio CD.

Online Learning Center (www.mhhe.com/avicenda)

The Online Learning Center to accompany *A vicenda* provides students with access to the complete Audio Program.

Available to instructors

Online Learning Center (www.mhhe.com/avicenda)

The Instructor Edition of the Online Learning Center provides access to the Audioscript (a transcript of the Audio Program), as well as the answer key to the *Manuale di esercizi* and other instructor resources. Instructors can also access the student content from the instructor side of the Online Learning Center.

A Guided Tour of *A vicenda: Lingua*

Chapter-opening page

The chapter-opening page provides a purposeful introduction to the theme of the chapter with a beautiful photograph that instructors can use as a point of departure for conversation. An overview of the chapter's communicative objectives and grammar points anticipate its content.

Tanto per cominciare

This series of personalized communicative activities introduces students to the theme of the chapter and helps prepare them for the new material they will encounter. Students are asked to recall previously-learned vocabulary and structures to successfully complete the activities.

Nel contesto

These author-written dialogues are based on everyday, practical situations that emphasize the use of contemporary Italian. All dialogues highlight the grammar structures contained within the chapter, along with the vocabulary, expressions, and cultural information pertinent to the chapter's theme. The recurring characters provide students with a sense of continuity throughout the book; students "get to know" the characters as they progress through *A vicenda*.

Lessico ed espressioni comunicative

This vocabulary presentation provides a list of words and expressions related to the chapter's principal theme. Several student-centered activities follow that support the vocabulary within different contextualized formats.

Anticipazioni grammaticali

The *Anticipazioni* grammaticali precedes the grammar presentation and features several interactive and contextualized activities designed to familiarize students with structures to be examined in depth within the upcoming *Strutture* section.

Strutture

In *Strutture*, the main grammar points for the chapter are presented and then practiced. Students review in streamlined fashion the main points of grammar they have covered in their introductory sequence, learn about them in greater depth and complexity, and are introduced to new grammatical structures that they have not yet learned.

In pratica

Each grammar presentation is followed by activities, designed to help students better understand and use the grammatical structure being studied. Activities are tied to the chapter theme and are contextualized and varied in nature, from form-focused to open-ended, creative role-plays.

Parliamo un po'!

The highly communicative *Parliamo un po'!* activities provide a creative context in which to use newly-acquired vocabulary and expressions, and to recycle vocabulary and expressions learned previously, through discussion-oriented activities that encourage critical thinking and self-expression.

Ripassiamo!

This end-of-chapter review section contains activities that review the chapter vocabulary, expressions, and structures. These varied, interactive activities help students focus on the principal aspects of the chapter and assess their learning and their preparedness for subsequent assessment.

Scriviamo!

This section provides several topics that allow students to write about the chapter theme in a personalized way.

A Guided Tour of *A vicenda: Lingua*

Acknowledgments

Writing a textbook (and in this case, two textbooks) is a complex and difficult process that depends on many individuals, not only the authors. Among the more important individuals are the reviewers that provide very welcome feedback to the authors as they are developing their materials. The insight and suggestions of the following reviewers have helped ensure that *A vicenda: Lingua* and *A vicenda: Cultura* meet the highest standards and provide both instructors and students with material that meets the needs of today's learning environment.

Grateful acknowledgment is made to the following instructors of intermediate Italian. The appearance of their names on this list does not necessarily constitute their endorsement of the text or its methodology.

Armando Di Carlo, *University of California, Berkeley*
Lorenza Marcin, *University of Richmond*
Simonetta May, *Pasadena City College*
John McLucas, *Towson University*
Risa Sodi, *Yale University*
Maria Galli Stampino, *University of Miami*
David Ward, *Wellesley University*
Sandy Waters, *Rutgers University*

Within the McGraw-Hill family, the authors would like to acknowledge the contributions of the following individuals: Linda Toy and the McGraw-Hill production group, especially Leslie LaDow, our production editor, for her amazing ability to coordinate the work of multiple people with unfailing grace and good cheer, as well as her invaluable suggestions and generosity of spirit. We would also like to thank our art editor Ayelet Arbel, and Sally Sturman, who created the beautiful illustrations, as well as Nora Agbayani and Christine Pullo, our photo researchers, for the beautiful images they found for *A vicenda.* We are grateful to our designer, Margarite Reynolds, for the beautiful four-color design and the lovely covers, as well as Louis Swaim and Rich DeVitto for their invaluable assistance on various aspects of manufacturing. We would also like to thank the McGraw-Hill editorial and marketing groups; in particular, Margaret Young, our editorial coordinator, whose excellent Italian language skills were especially helpful, and Susan Blatty, Director of Development, for her sharp editorial eye and very useful insights. We wish to thank our marketing manager, Jorge Arbujas, and our marketing coordinator, Rachel Dornan, who have worked tirelessly to make sure that *A vicenda* reaches as many instructors as possible and receives the best possible reception. Finally, we would like to thank our executive editor, Christa Harris, with whom we have worked from the very start and who has supported *A vicenda* in all its stages, from idea to published textbook, and William R. Glass, our publisher, and Michael Ryan, our editor-in-chief, for their support of both *A vicenda* and intermediate Italian materials as a whole.

About the Authors

Romana Capek-Habeković received her Ph.D. from the University of Michigan. She teaches language, literature, and culture courses. She is the author of Tommaso Landolfi's *Grotesque Images* and the co-author of *Insieme* (McGraw-Hill), a program for intermediate Italian. She is also the co-author of *Taped Exercises for Basic and Intermediate Italian* (McGraw-Hill). She has published articles on twentieth-century Italian authors including Massimo Bontempelli, Giose Rimanelli, and Antonio Tabucchi. Her articles have appeared in many scholarly publications. Presently, she is teaching and directing the Italian Language Program at the University of Michigan.

Claudio Mazzola, a native of Milan, received his *Laurea* from the University of Milan and his Ph.D. from the University of Washington, Seattle. He has taught in major universities and colleges such as the University of Michigan, Vassar College, and the College of the Holy Cross. Presently he is Senior Lecturer in Italian at the University of Washington where he teaches Modern and Contemporary Italian Literature and Italian Cinema. He is the author of several textbooks, including *Insieme* (McGraw-Hill) and *Racconti del Novecento*, as well as a number of articles, primarily on contemporary Italian cinema.

Presentiamoci!

Alex e Lele si sono conosciuti quando cercavano un appartamento, poi sono diventati amici anche se sono molto diversi.

Per comunicare

1. Conoscersi e presentarsi agli altri
2. Rivolgersi agli altri in modo formale e informale
3. Parlare dei giorni, degli anni, dei secoli
4. Parlare del tempo e delle stagioni
5. Indicare i numeri

Strutture

1. Pronomi personali soggetto
2. Presente indicativo dei verbi **essere, avere** e **chiamarsi**
3. Ora, giorni, mesi, anni e secoli
4. Tempo e stagioni
5. Numeri cardinali e ordinali

Tanto per cominciare

 A. Chi sei? Presentati a un compagno / una compagna. Comincia con il tuo nome e cognome, di dove sei, cosa studi e poi aggiungi qualsiasi altra cosa di te stesso che pensi sia importante.

> *Cominciamo:* —Mi chiamo Christina e sono di Boston. E tu, come ti chiami?
> —Mi chiamo Jennifer. Sono di Seattle.

 B. Qualcos'altro su di me. Con un compagno / una compagna parla della tua famiglia e dei tuoi amici, chi sono, come si chiamano, quanti anni hanno e così via.

> *Cominciamo:* —La mia famiglia è originaria di New York, ma adesso abitiamo a Miami, e la tua?
> —La mia famiglia è di San Francisco, però…

Nel contesto

Sono io, Alex. Leggi la mia autobiografia se vuoi conoscermi.

Scheda autobiografica di Alex

Ciao, sono Alex! Mi hanno detto di dirvi qualcosa di me ma non so da dove cominciare. Beh, forse che non so parlare di me perché sono timido. Sono nato a Napoli; mio padre era un ufficiale nella marina di passaggio a Napoli ma sono cresciuto in un piccolo paese sul Lago di Como. Il posto è bello ma un po' troppo isolato per me, io amo la grande città e il caos. Il mio sogno è vivere a Londra o a New York. Purtroppo però, per certi versi, sono un classico mammone vittima della tipica famiglia italiana un po' vecchio stile e andare all'estero ad abitare è quasi un'illusione. Ho una sorella, altro problema, con la quale non vado molto d'accordo. Mio padre vuole che diventi avvocato (grandissimo problema). Da poco tempo vivo fuori casa, a Milano, lontano dall'influenza (quasi sempre negativa) dei miei, frequento l'università ma non giurisprudenza, bensì storia dell'arte. Mi dicono che sono un tipico prodotto della mia generazione, abulico, senza interessi e vittima di questa società, ma non è vero. Sono leale, onesto e curioso, solo che la famiglia sembra abbia preparato tutto per me, e a me questo non va e allora mi ribello e faccio le cose di testa mia (*my way*) magari facendo anche molti errori e delle scelte sbagliate. Non so quello che farò dopo l'università ma sicuramente voglio trovare un modo mio per essere Alex e non quello che i miei vogliono che io sia. Il matrimonio? Proprio non ci penso, quando incontrerò una donna vedrò cosa succederà, non voglio comunque fare una famiglia come quella dei miei genitori. Per quanto riguarda il lavoro, voglio fare qualcosa che mi piaccia, non solo una professione che mi offra molti soldi.

Scheda autobiografica di Lele

Salve! Questa è un'autobiografia e vi devo parlare di me ma non capisco perché dovrei farlo. Se non lo faccio però non mi pagano e visto che ho sempre bisogno di soldi lo farò ma non sono sicuro che dobbiate credere a tutto quello che dico. Beh, che sono nato a Verona è una verità incontestabile, c'è scritto sulla patente e sulla carta d'identità. Lì sono cresciuto con i miei genitori, sono figlio unico. Da bambino ero molto vivace, sono stato espulso da molte scuole e alla fine sono andato in un collegio. È stato un periodo triste e duro che ricordo con molto dolore. Quando ho finito la scuola media e sono tornato a casa i miei erano sul punto di divorziare ma il divorzio era una sconfitta per tutti e quindi i miei hanno deciso di restare insieme anche se non si amavano più… e io sono diventato la vittima di questa situazione. Sono cresciuto senza amici e passavo tutto il tempo da solo perché i miei lavoravano tutte due. La mia è una famiglia abbastanza agiata: i miei hanno un piccolo negozio di alimentari vicino a Verona. Mia madre aiuta mio padre quando c'è molto lavoro. Se posso, io non ci metto mai piede. Non mi piace fare il commerciante. Cosa mi interessa nella vita? Sopravvivere e magari riuscire un giorno a vivere bene, senza pensare sempre a quello che spendi. Forse è per questo che ho preso l'università seriamente, è l'unica cosa che faccio con dedizione e serietà, è il mio passaporto per un futuro che non credevo di avere, lontano dal mio piccolo paese e da un mondo chiuso e provinciale.

Mi chiamo Lele. La mia autobiografia dice tutto di me. Leggila e divertiti!

Hai capito?

Abbina la colonna A alla colonna B.

A	B
1. Alex	a. piace la città e il caos.
2. A Alex	b. è figlio unico.
3. Lele	c. è leale, onesto, curioso e ribelle.
4. I genitori di Lele	d. lavorano nello stesso posto.
	e. ha sempre bisogno di soldi.
	f. studia storia dell'arte invece di giurisprudenza come vuole suo padre.
	g. considera l'università il suo passaporto per un buon futuro.
	h. non sa ancora cosa farà nel futuro.

Lessico ed espressioni comunicative

Sostantivi

il mammone	*mama's boy*
la marina	*navy*
la sconfitta	*defeat*

Aggettivi

abulico	*spineless*
agiato	*wealthy*

Verbi

essere espulso	*to be expelled*

Espressioni comunicative

bensì	*but instead*
di passaggio	*in transit*
per certi versi	*in some aspects*

Vocabolario attivo

A. I sinonimi. Consulta **Lessico ed espressioni comunicative** e il dizionario e scrivi dei *sinonimi* delle seguenti espressioni.

1. il porto → _____
2. viziato dalla mamma → _____
3. in qualche modo → _____
4. ma invece → _____
5. essere buttato fuori → _____

B. Gli opposti. Scrivi gli *opposti* dei seguenti vocaboli.

1. la vittoria → _____
2. coraggioso → _____
3. povero → _____

Anticipazioni grammaticali

A. Quale pronome? Quale pronome useresti per le seguenti persone? Segui l'esempio.

Esempio: Claudio _____ → **lui**

1. Alex _____
2. sua sorella _____
3. i suoi genitori _____
4. il professor Binetti _____
5. i signori Di Carlo _____

B. Da completare. Inserisci le forme corrette dei verbi **essere, avere** e **chiamarsi.**

Lui _____[1] Alex. _____[2] uno studente di storia dell'arte. _____[3] ventitré anni. Alex _____[4] un amico che _____[5] Lele. Tutti e due _____[6] un appartamento a Milano. I loro genitori non _____[7] molto diversi—quelli di Lele sono benestanti ma anche quelli di Alex non stanno male. Lele _____[8] un po' grasso, Alex invece _____[9] alto e magro. Due dei loro amici _____[10] d'origine cinese. _____[11] Bo e Wang.

C. Il diario. Alex scrive nel suo diario cercando di essere il più preciso possibile. Inserisci le parole che mancano.

Oggi è il _____[1] _____.[2] Siamo nel _____[3] secolo. Fa molto freddo perché siamo _____.[4] È _____[5] pomeriggio, sono le _____[6] precise e comincio a scrivere.

D. Numeri, numeri! Scrivi i seguenti numeri *cardinali* e *ordinali.*

1. 17 _____
2. 3rd _____
3. 48 _____
4. 63 _____
5. 81 _____
6. 18th _____
7. 2.000 _____
8. 9th _____
9. 104 _____

Strutture

1. Pronomi personali soggetto

Forms

SINGOLARE		PLURALE	
io	*I*	**noi**	*we*
tu	*you* (informal)	**voi**	*you*
lui	*he*	**loro**	*they*
lei	*she*		
Lei	*you* (formal)	**Loro**	*you* (formal)

Uses

Personal pronouns are often omitted in Italian because verb endings indicate the person and number of the subject. However, they are normally used:

1. to avoid ambiguity or to draw a distinction between subjects

   Io mi alzo presto, ma **tu** sei capace di dormire tutto il giorno!   *I get up early, but **you**'re capable of sleeping all day!*

2. for special emphasis, particularly with such expressions as **anche** and **solo**

   Solo **voi** passate ogni estate in Colorado.   *Only **you** spend every summer in Colorado.*

Note the position of subject pronouns in certain emphatic sentences.

   Voglio pagare **io**.   *I want to pay.*

In pratica

A. Con o senza. Completa gli scambi con le forme adatte dei *pronomi personali*, se necessario.

1. —Ragazze, di dove siete _____, di Chicago?
   —_____ sono di Chicago, ma la mia amica è di Detroit.

2. —Claudio, dai paghiamo _____.
   —No, no, offro _____ questa volta.

3. —Conosci Alex e Tina? Come sono?
   —_____ è proprio antipatico, ma _____ è un amore.

4. —Davide, _____ scendo adesso. Vieni anche _____?
   —Sì, vengo anch'_____. Aspetta un attimo, _____ devo solo pettinarmi.

2. Presente indicativo dei verbi *essere*, *avere* e *chiamarsi*

Forms

essere	
sono	siamo
sei	siete
è	sono

avere	
ho	abbiamo
hai	avete
ha	hanno

chiamarsi	
mi chiamo	ci chiamiamo
ti chiami	vi chiamate
si chiama	si chiamano

Uses

Chiamarsi belongs to a group of verbs called reflexive verbs. The action of these verbs refers back to the subject, and a reflexive pronoun must always be used with these verbs. You will learn more about them in **Capitolo 2, Strutture 2.**

In pratica

A. Da completare. Completa gli scambi con le forme corrette dei verbi **essere, avere** e **chiamarsi.**

1. —Ti _____ Alex?
   —Sì, mi _____ Alex!

2. —Come si _____ il tuo amico, quello che _____ un po' grasso?
   —Si _____ Lele. Lui poverino _____ sempre fame. Tutti nella sua famiglia _____ grassi.

3. —Abbiamo sentito che i tuoi zii _____ una pizzeria, è vero?
   —Sì, è vero, ve l'ho già detto, ma voi _____ la memoria molto breve. Voi _____ sempre così confusi!

4. —Come vi _____, ragazzi?
   —Ci _____ Gadda, _____ cugini. _____ anche una cugina che _____ più piccola di noi.

5. —Di dove _____ Antonio?
   —_____ di Frosinone.

3. Ora, giorni, mesi, anni e secoli

L'ora (*time of day*)

1. To indicate times of day, use **essere** and the feminine articles **l'** or **le** before cardinal numbers, plus **e** or **meno** when necessary to indicate *after* or *before* a certain hour.* (**Ora** and **ore** are implicit.) **Un quarto** and **e mezzo (e mezza)** can be used when you express time using the 12-hour clock.

> È **l'una e** venti (1.20).
>
> Sono **le** dieci **meno** cinque (9.55).
>
> Sono **le** sei **meno un quarto** (5.45).
>
> Sono **le** undici **e mezzo (mezza, trenta)** (11.30).

2. **Mezzogiorno** and **mezzanotte** are used without the article.

> —Quando sei in biblioteca?   —**A** mezzogiorno.

3. Official time (for trains, airplanes, television, radio, and so on) is expressed using the 24-hour clock.

> Il telegiornale è **alle 19.30** (*7:30 PM*).

To avoid confusion, the following expressions are often used in everyday speech.

> Il treno parte all'una **di notte.**
> Marina prende l'autobus alle nove **di mattina (del mattino).**
> Hai la lezione di fisica alle tre **del pomeriggio.**
> Claudio e Anna arrivano a casa alle otto **di sera (della sera).**

4. The following are some common expressions used to ask and answer questions about time.

—Che ora è? / Che ore sono?	—È l'una / Sono le undici.	*It's one / It's eleven.*
—A che ora? / Quando?	—All'una / alle nove	*At one / At nine.*
	—Dall'una / dalle cinque	*Starting at one / at five.*
	—Verso le tre.	*Around three.*
	—Alle due in punto.	*At two sharp.*
	—Fra un'ora.	*In an hour.*
	—Tre ore fa.	*Three hours ago.*
—Fino a (*Until*) che ora?	—Fino alle tre.	*Until three.*

5. There are three Italian words that can be translated as time in English.

Ora indicates time by the clock.

> —Che **ora** è?   —È **ora** di dormire.

---

*The verb **mancare** (*to lack*) can also be used: **Manca** un quarto alle sei (5.45); **Mancano** dieci minuti all'una (12.50).

Volta means an occasion, instance, or turn.

—È l'ultima **volta** che ti chiamo!
—Vedo i miei zii due **volte** all'anno.

Tempo refers to the expanse of time, time in the abstract, or an epoch. (**Tempo** as weather will be treated later in this chapter.)

Non ho **tempo** per queste sciocchezze.
«Il **tempo** è un grande medico».
Ai miei **tempi** non si dicevano queste parolacce.

I giorni della settimana

Che giorno è? È...						
lunedì	martedì	mercoledì	giovedì	venerdì	sabato	domenica

1. In Italian, days of the week are not capitalized. No preposition precedes them. Contrast Italian with English in the following examples.

Parte **domenica.**   *She leaves on Sunday.*
Ci vediamo **lunedì!**   *See you Monday!*

2. The definite article is used with days of the week to indicate an action habitually performed on a certain day. (Note that all days except **domenica** are masculine.)

Il sabato vado in biblioteca, ma   *On Saturdays I go to the library,*
  la domenica mi riposo.   *but on Sundays I rest.*

3. To ask what day of the week it is, and to reply, use these expressions:

—Che giorno è oggi?
—Oggi è lunedì (martedì,...).

I mesi

Che mese è? È...			
gennaio	aprile	luglio	ottobre
febbraio	maggio	agosto	novembre
marzo	giugno	settembre	dicembre

1. In Italian, months are not capitalized. They are preceded by the definite article only when modified.

Maggio è un bellissimo mese; mi ricordo molto bene **il maggio** del 2007.

2. Use the preposition **a** or **in** to specify in what month an event occurs. Use the preposition plus the definite article before a month that is modified. (All the months are masculine.)

> Vado in Italia **a** settembre.
> Ci siamo laureati **in** giugno, **nel** giugno del '99.

3. Express dates using the masculine definite article and a cardinal number followed by the month. Full dates are written in Italian as *day.month.year*.

> Oggi è **il** ventisette marzo.
> Sono nata **l'**otto dicembre.
> Mirella è nata **il 15 maggio 1982** (15.5.82).

Exception: The first of the month is **il primo (il 1°).**

4. Use these expressions to ask and answer questions about dates.

Quanti ne abbiamo oggi?	Ne abbiamo sei.
Che data è oggi?	Oggi è il 3 maggio 2008.
Qual è la data di oggi?	

Gli anni e i secoli

1. The definite article always precedes the year. To specify in what year(s) an event occurs, use the preposition plus the definite article.

> **Il** 1492 fu un anno molto importante.
> John F. Kennedy è stato eletto **nel** 1960; è stato presidente **dal** '60 **al** '63.

2. Centuries are commonly abbreviated using Roman numerals. As in English, they can also be expressed using ordinal numbers. The shorthand forms, such as **il Duecento, il Trecento,** are always capitalized. They are used very frequently in texts and lectures to designate the centuries after the year 1200.

dal 1201 al 1300	il XIII secolo	il tredicesimo secolo	il Duecento
dal 1301 al 1400	il XIV secolo	il quattordicesimo secolo	il Trecento

> **Il Quattrocento** e **il Cinquecento** sono i secoli del Rinascimento italiano. Giuseppe Verdi e Alessandro Manzoni sono due grandi **dell'Ottocento** italiano (del **diciannovesimo secolo** in Italia).

3. The 1920s, 1930s, and other decades are expressed as **gli anni '20, gli anni '30,** and so on. In informal written Italian, specific years can be abbreviated thus: **nel '89 (nel 1989).**

Summary of past time expressions

> **ieri** (*yesterday*)
> ieri mattina, ieri pomeriggio
> l'altro ieri (*the day before yesterday*)
>
> *time expression* + **fa** (*ago*)
> un' ora fa, tre settimane fa
> molto (poco, qualche) tempo fa
> Quanto tempo fa?
>
> *time expression* + **scorso** (*last*)
> lunedì scorso
> nel gennaio dell'anno scorso
> la settimana scorsa, il mese scorso, l'anno scorso,
>   il secolo scorso

In pratica

A. Una lite. Alex e Lele litigano prima di uscire. Completa gli scambi tra loro usando le espressioni **ora/e, volta/e** e **tempo.**

> ALEX: Lele, questa è l'ultima _____[1] che ti presto dei soldi. Sei sempre al verde (*broke*) perché spendi troppo, e venuta l'_____[2] che tu faccia qualcosa per cambiare le tue abitudini.
>
> LELE: Ma dai, come sei difficile. Abbiamo parlato per _____[3] dei soldi che ti devo. Non preoccuparti, te li restituirò appena troverò lavoro.
>
> ALEX: Non ti credo, questo l'hai già detto mille _____,[4] e si finisce sempre con il tuo «_____[5] proprio non posso, te li do domani». E così passa il _____[6] e le cose non cambiano.

B. Informazioni, opinioni, preferenze. Con un compagno / una compagna, prepara domande e risposte sui seguenti argomenti.

> *Esempio:* il giorno e l'ora del suo corso più difficile → Il mio corso più difficile questo trimestre è economia. Le lezioni sono il lunedì e il mercoledì da mezzogiorno all'una e venti, e il giovedì dalle tre e quaranta alle cinque del pomeriggio.

1. la data del tuo compleanno
2. il mese che preferisci, e perché
3. un mese che detesti, e perché
4. la data di un avvenimento personale importante nella tua vita
5. la data dell'avvenimento che consideri più importante (a parte il tuo compleanno), e perché lo consideri importante
6. la data della festa civile o religiosa che preferisci, e perché la preferisci

C. È solo questione di secoli! Esprimi i seguenti secoli in una forma alternativa secondo gli esempi.

> *Esempi:* Il commediografo (*playwright*) Carlo Goldoni è vissuto nel XVIII secolo, cioè nel ***Settecento***.
> Dante è nato nel '200, cioè nel ***tredicesimo secolo***.

1. La scrittrice italiana Natalia Ginzburg è vissuta nel XX secolo, cioè nel _____.

2. Santa Caterina da Siena è nata nel IV secolo, cioè nel _____.

3. Le scoperte scientifiche più importanti di Galileo sono del '600, cioè del _____.

4. Il poeta Petrarca è nato nel '300, cioè nel _____.

5. Vittoria Colonna e Gaspara Stampa sono due grandi poetesse del '500, cioè del _____.

4. Tempo e stagioni

Le stagioni

la primavera	l'estate (*f.*)	l'autunno	l'inverno

1. In Italian, seasons are not capitalized. They take the definite article, except when unmodified after **essere.**

> L'inverno è la stagione preferita dagli sciatori!
> Che stagione è? È autunno!

2. Use the preposition **di** or **in** with seasons. If the names of seasons are modified, use the preposition **in** plus the definite article.

> D'estate andiamo in montagna.
> Si sono sposati **in** primavera, **nella** primavera del 2005.

Il tempo

1. Use the verb **fare** to ask about the weather in Italian. You can use **fare** or **essere** in your response.

> —Che tempo **fa?**   —**Fa** bello (brutto, caldo, freddo, fresco).
> —**Fa** bel (brutto, cattivo) tempo.
> —**È** bello (brutto, caldo, coperto *o* nuvoloso [*cloudy*], fresco, sereno [*clear*]).

2. Some weather expressions require **esserci.**

> C'è afa (*It's muggy*).   C'è neve.
> C'è foschia (*It's hazy*).   C'è (il) sole.
> C'è (la) nebbia (*It's foggy*).   C'è (Tira) vento.

3. There are also specific verbs for certain weather conditions. (Most are conjugated with **essere** in compound tenses.)

diluvia (diluviare, *to pour*)	il diluvio
gela (gelare, *to freeze*)	il gelo
grandina (grandinare, *to hail*)	la grandine
lampeggia (lampeggiare, *to flash* [*lightning*])	il lampo
nevica (nevicare, *to snow*)	la neve
piove (piovere; piovere a dirotto, *to rain; to pour*)	la pioggia
tuona (tuonare, *to thunder*)	il tuono

—**Piove** sempre? —Sì, è un vero **diluvio!**

È nevicato tanto ieri; c'è un metro di **neve** sulla strada.

Questa settimana **è grandinato** quasi tutte le sere, la **grandine** era grande come un uovo.

In pratica

A. Le stagioni in città. Completa il brano con le espressioni adatte.

Io ho passato gran parte della mia vita a New York. Qui _____¹ stagioni sono tutte diverse e tutte belle. _____² inverno è la mia stagione preferita. La città è tanto bella sotto la _____³: bianca e tranquilla. Manhattan è bella non solo nelle giornate di sole; mi piace camminare anche quando _____⁴ vento, e persino (*even*) quando è _____⁵. Allora posso guardare le silhouette degli alberi contro il cielo grigio. _____⁶ primavera non è molto lunga qui, ma è piacevole. La _____⁷ arriva dal mare presto la mattina e si dissolve quando esce il _____⁸. _____⁹ estate, però, è un'altra storia! Fa molto, molto _____¹⁰ e c'è tanta _____¹¹. È meglio stare a casa con l'aria condizionata! I temporali (*thunderstorms*) _____¹² estate sono violenti da queste parti. Mi vengono i brividi (*shivers*) quando sento i _____¹³ e vedo i _____¹⁴! _____¹⁵ autunno, però, è proprio splendido. Fa _____¹⁶—né troppo caldo, né troppo freddo, il _____¹⁷ splende e il cielo è _____¹⁸. Quanto mi piace la mia città!

B. Un'attività per ogni stagione. Chiedi a un compagno / una compagna di classe in quale stagione preferisce fare le seguenti cose, e perché.

> *Esempio:* andare al mare →
>
> —In quale stagione preferisci andare al mare?
> —Io preferisco andare al mare d'estate. Sono contento/a quando fa caldo e c'è il sole. E tu?
> —Io preferisco andare al mare d'autunno perché c'è meno gente e posso fare belle passeggiate in santa pace.

1. fare un picnic
2. viaggiare
3. passare la giornata a fantasticare (*daydreaming*)
4. andare in campeggio
5. fare delle lunghe passeggiate
6. andare in montagna

C. Tutti parlano del tempo! Guarda le mappe e le tabelle preparate dal servizio meteorologico italiano per il fine settimana. Poi rispondi alle domande.

1. Com'è il tempo nel nord d'Italia oggi mattina?
2. In quali regioni d'Italia il cielo è sereno? E dove piove?
3. Quale città ha registrato la temperatura più bassa ieri?
4. Quale città registra la temperatura più elevata oggi? Sai indicare dove si trova questa città?
5. Il tempo peggiorerà o migliorerà nei prossimi giorni?

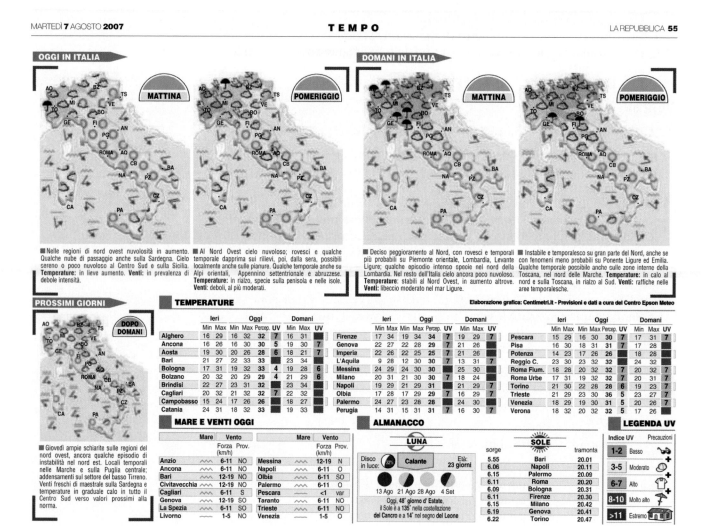

5. Numeri cardinali e ordinali

Cardinal numbers

1 uno	12 dodici	23 ventitré	70 settanta	10.000 diecimila
2 due	13 tredici	24 ventiquattro	80 ottanta	21.000 vent**unmila**
3 tre	14 quattordici	25 venticinque	90 novanta	500.000 cinquecentomila
4 quattro	15 quindici	26 ventisei	100 cento	1.000.000 un milione (di)
5 cinque	16 sedici	27 ventisette	101 centouno	5.000.000 cinque milioni
6 sei	17 diciassette	28 ventotto	102 centodue	251.000.000 duecentocinquantun
7 sette	18 diciotto	29 ventinove	199 centonovantanove	milioni
8 otto	19 diciannove	30 trenta	200 duecento	1.000.000.000 un miliardo (di)
9 nove	20 venti	40 quaranta	300 trecento	2.000.000.000 due miliardi
10 dieci	21 ventuno	50 cinquanta	1.000 **mille**	
11 undici	22 ventidue	60 sessanta	2.000 due**mila**	

1. Cardinal numbers are used for most mathematical operations and descriptions, time, dates, and counting. Cardinal numbers are invariable except for **uno,** which follows the same pattern as the indefinite article before a noun (**Capitolo 2, Strutture 1**), and **mille,** which becomes **mila** in the plural.

2. The final vowel of numbers after twenty is dropped before adding **-uno** or **-otto: venti, ventuno; sessanta, sessantotto.***

3. When **tre** appears as part of a number after 20, it is always written with an accent: **trentatré, quarantatré.**

4. **Un milione, un miliardo** (*billion*), and related forms (**due milioni, cinque miliardi,** and so on) are followed by the preposition **di** when they directly precede a noun. When they are followed by other numbers, **di** is omitted.

Almeno **un milione** di persone visita l'Italia ogni estate.
Almeno **un milione cinquecentomila** persone visita l'Italia ogni estate.

Ordinal numbers

primo	*first*	decimo	*tenth*
secondo	*second*	undicesimo	*eleventh*
terzo	*third*	dodicesimo	*twelfth*
quarto	*fourth*	ventesimo	*twentieth*
quinto	*fifth*	ventitreesimo	*twenty-third*
sesto	*sixth*	ventiseiesimo	*twenty-sixth*
settimo	*seventh*	centesimo	*hundredth*
ottavo	*eighth*	millesimo	*thousandth*
nono	*ninth*		

---

*An exception to this rule is the number 100, where the final vowel is retained before **uno, otto,** and **undici: centouno, centootto, centoundici.**

1. Ordinal numbers indicate the order of succession. They usually precede the noun and follow the definite article. Because they are adjectives, they agree in gender and number with the noun they modify.

> **la** prim**a** lezione, **le** prim**e** lezioni
>
> **il** second**o** posto, **i** second**i** posti

2. The first ten ordinal numbers have unique forms. From **undici** on, ordinal numbers are formed with the base of the cardinal number (i.e., the cardinal number minus its final vowel) plus **-esimo.**

> undici → undic**esimo**
>
> venti → vent**esimo**
>
> trentadue → trentadu**esimo**

Ordinal numbers ending in **tre** and **sei,** however, retain the final vowel of the cardinal number:

> sessantatré → sessantatr**eesimo**
>
> ottantasei → ottantase**iesimo**

3. Ordinal numbers are used to form fractions (**le frazioni**).

> ⅓ → un terzo   ¾ → tre quarti

The exception is ½, **un mezzo (una metà).**

Attenzione!

Note that ordinal numbers are sometimes written 1° (1ª when the noun modified is feminine), 2°, 3°, and so on.

4. Another useful ordinal number is **ennesimo** (*umpteenth* or *nth*), which can substitute for an unknown or exaggerated number.

> È **l'ennesima** volta che Riccardo ci fa vedere le sue foto di Capri!   *It's the umpteenth time Riccardo has shown us [lit., makes us see] his photos of Capri!*

In pratica

 A. Le operazioni. Scrivi cinque o sei operazioni matematiche, usando le espressioni **più** (+), **meno** (−), **per** (×) e **diviso** (÷). Poi, con un compagno / una compagna, fa le domande e rispondi.

> *Esempio:*   —Sei per sei fa quanto? (Quanto fa sei per sei?)
>   —Sei per sei fa trentasei.

B. Quattro chiacchiere. Completa i dialoghi con i *numeri ordinali* adatti. Usa l'*articolo determinativo* dove necessario.

1.   PROFESSORESSA: Roma è _____ (1) città italiana che conta oltre tre milioni di abitanti. E _____ (2) qual è, ragazzi?

         FRANCO: Per il numero di abitanti è Milano, seguita da Napoli che occupa _____ (3) posto.

2.   MARA: C'erano tanti ospiti a festeggiare _____ (40) compleanno dello zio Giuseppe.

     NICOLETTA: Ah sì? Dimmi un po' quello che avete fatto—a giugno è _____ (35) anniversario dei miei genitori e vogliamo fare qualcosa di bello.

3. SIGNORA GENTILONI: Due posti di platea (*orchestra seats*) in _____
(5) fila (*row*), per favore!

CASSIERE: Mi dispiace, signora; ci sono posti solo dalla
_____ (10) alla _____ (15) fila.

4. PROFESSOR MUTI: Come dicevamo nell'ultima conferenza, durante
_____ (7) dinastia ci furono tantissime
pestilenze, motivo per cui...

STUDENTE: Ma che barba (*bore*) quel professor Muti! È
_____ (*nth*) volta che ce lo racconta.

Parliamo un po'!

 A. Domande personali. Con un compagno / una compagna parla
di te stesso. Parla degli amici che hai, dei posti interessanti che ci
sono sul campus e così via.

Cominciamo: —Quanti studenti ci sono nel tuo corso d'italiano?
—Ci sono ventiquattro studenti. E nel tuo?

 B. Il ventunesimo secolo. In gruppi parlate del secolo in cui viviamo. Cercate di identificare degli eventi e personaggi importanti sia dal mondo politico, artistico o quello dello sport. Scambiate le vostre conclusioni con un altro gruppo.

Cominciamo: —Questo secolo è cominciato da poco e ci sono già grossi problemi.
—È vero...

A. Tu e gli altri. Completa gli scambi con la forma adatta del *pronome personale* dove necessario.

1. —Come mai _____ non parlano? Perché parli solo _____?

2. —Va' al cinema _____, se vuoi; _____ non mi sento di (*I don't feel like*) vedere film violenti.

3. —Cosa fanno quei signori?
   —_____ fa la scultrice e _____ è direttore d'orchestra.

4. —Oggi _____ puliamo il bagno e _____ due lavate i piatti.

B. Mestieri e mezzi di trasporto. Che si fa? Come si gira? Completa i brani con le forme adatte dei verbi **essere** e **avere**.

1. (essere) Alex _____ studente di lettere, anche la maggior parte dei suoi amici _____ studenti universitari. Voi due _____ avvocati; Giorgio e io, invece _____ artisti. (Io) _____ anche curatore in una galleria di Brera; _____ artista anche tu?

2. (avere) I signori Svevo _____ una Lancia; il loro figlio Fabrizio _____ solo un motorino. Mia moglie e io, invece _____ una Alfa Romeo; io _____ anche un'ottima bici (una Bianchi). Voi due siete dei tipi originali; _____ un motocarro (*three-wheeler*), vecchio ma molto pratico. E tu, quale veicolo _____?

C. Che introduzione! Completa gli scambi con il verbo **chiamarsi**.

1. —Non posso crederci che questo tuo amico _____ Lupo!
   —E questo non è tutto; i suoi fratelli _____ Leone e Cervo.

2. —E tu, come _____?
   —Il mio nome è molto comune, _____ Rosella.

3. —Tu e tua sorella _____ Vanola, come vostra madre. Come mai non avete preso il cognome di vostro padre?
   —Il cognome di nostro padre è Nasone. Nostra nonna _____ Nasone Rosa, e puoi immaginare come si sentiva lei avendo questo cognome.

D. Il tempo vola. Completa le frasi con le espressioni adatte (nomi di giorni, mesi, anni, secoli e stagioni). Usa l'*articolo determinativo* dove necessario.

1. Il diciannovesimo _____, detto anche l'_____, comprende gli _____ 1801 _____ 1900. Noi siamo nel _____ secolo.

2. Mio padre è nato _____ 1946, mia madre _____ 1948; si sono sposati _____ ottobre _____ 1972.

3. Le date di alcune feste importanti: il Natale è _____ dicembre; il Capodanno è _____ gennaio; il giorno dell'indipendenza degli Stati Uniti è _____ luglio.

4. I nomi di alcuni mesi derivano dalla loro collocazione nell'antico calendario romano: _____ era il settimo mese dell'anno; _____ l'ottavo; _____ il nono; _____ il decimo.

E. Associazioni. Con quali attività, feste, luoghi, personaggi e condizioni temporali associ le stagioni dell'anno. Scrivi da 4 a 6 espressioni per ogni stagione.

Esempio: la primavera → la pioggia, i fiori, nuovi vestiti, esami,...

1. la primavera _____

2. l'estate _____

3. l'autunno _____

4. l'inverno _____

F. Espressioni temporali. Completa il paragrafo con le forme adatte di **ora, tempo** o **volta.**

Una _____[1] Lele non voleva uscire perché non aveva soldi. Non era tanto triste perché faceva brutto _____[2] e in più doveva studiare per gli esami. Era _____[3] di cominciare a essere seri. Una _____[4] Alex gli ha detto che lui non ci pensa al futuro, ma il _____[5] è passato e tutti e due si sono trovati alla fine dei loro giorni da studenti. Ci sono volute molte _____[6] per discutere cosa faranno una volta laureati.

G. Festeggiamo! Completa le frasi con le forme adatte dei *numeri ordinali.*

Esempio: —I miei genitori sono sposati da sessant'anni; celebrano **il sessantesimo** anniversario del loro matrimonio.

1. I nostri amici sono diventati cittadini americani vent'anni fa; festeggiano il _____ anniversario della loro cittadinanza.

2. Sandra compie 41 anni in settembre; è il suo _____ compleanno.

3. Sono 12 anni che il nostro libro è stato pubblicato per la prima volta; celebriamo il _____ anniversario della sua pubblicazione.

4. Mio marito e io ci siamo sposati 35 anni fa; per celebrare il nostro _____ anniversario passeremo una settimana a Parigi.

5. La settimana scorsa la figlia dei Squatriti ha compiuto 6 anni; hanno dato una bella festa per il suo _____ compleanno.

H. Le previsioni del tempo. Guarda le previsioni del tempo per l'Europa e per il mondo. Scrivi le temperature previste per il giorno e per la notte.

Esempio: Miami → Miami **ventisei gradi** (*degrees*) di giorno, **trentaquattro gradi** di notte

1. Los Angeles
2. Chicago
3. Washington
4. Filadelfia
5. Roma
6. Londra
7. Buenos Aires
8. Baghdad
9. Tokyo
10. Toronto

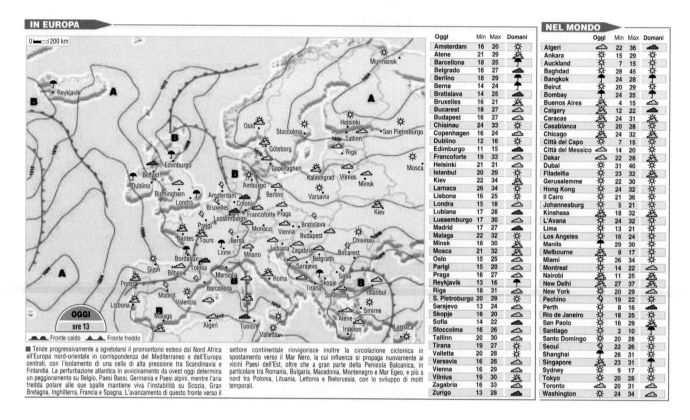

IN EUROPA

Oggi	Min	Max	Domani
Amsterdam	16	20	
Atene	21	29	
Barcellona	18	25	
Belgrado	16	27	
Berlino	18	29	
Berna	14	24	
Bratislava	14	25	
Bruxelles	16	21	
Bucarest	18	27	
Budapest	16	27	
Chisinau	24	33	
Copenhagen	16	24	
Dublino	12	16	
Edimburgo	11	15	
Francoforte	19	33	
Helsinki	21	31	
Istanbul	20	29	
Kiev	22	34	
Larnaca	26	34	
Lisbona	16	25	
Londra	15	18	
Lubiana	17	28	
Lussemburgo	17	30	
Madrid	17	27	
Malaga	22	32	
Minsk	18	30	
Mosca	21	32	
Oslo	15	25	
Parigi	15	20	
Praga	16	27	
Reykjavik	13	16	
Riga	18	31	
S. Pietroburgo	20	29	
Sarajevo	13	24	
Skopje	16	20	
Sofia	14	22	
Stoccolma	16	22	
Tallinn	20	30	
Tirana	19	27	
Valletta	20	28	
Varsavia	16	26	
Vienna	16	29	
Vilnius	19	30	
Zagabria	16	33	
Zurigo	13	28	

NEL MONDO

Oggi		Min	Max	Domani
Algeri		22	36	
Ankara		15	29	
Auckland		7	15	
Baghdad		28	45	
Bangkok		24	28	
Beirut		20	29	
Bombay		24	25	
Buenos Aires		4	15	
Calgary		12	22	
Caracas		24	31	
Casablanca		20	28	
Chicago		24	32	
Città del Capo		7	15	
Città del Messico		14	20	
Dakar		22	28	
Dubai		31	40	
Filadelfia		23	32	
Gerusalemme		22	30	
Hong Kong		24	32	
Il Cairo		21	36	
Johannesburg		5	21	
Kinshasa		18	32	
L'Avana		24	32	
Lima		13	21	
Los Angeles		16	24	
Manila		29	30	
Melbourne		9	17	
Miami		26	34	
Montreal		14	22	
Nairobi		11	25	
New Delhi		27	37	
New York		20	29	
Pechino		19	22	
Perth		8	16	
Rio de Janeiro		18	25	
San Paolo		16	29	
Santiago		2	10	
Santo Domingo		20	28	
Seoul		22	26	
Shanghai		26	31	
Singapore		23	31	
Sydney		9	17	
Tokyo		20	28	
Toronto		20	31	
Washington		24	34	

■ Tende progressivamente a sgretolarsi il promontorio esteso dal Nord Africa all'Europa nord-orientale in corrispondenza del Mediterraneo e dell'Europa centrali, con l'isolamento di una cella di alta pressione tra Scandinavia e Finlandia. La perturbazione atlantica in avvicinamento da ovest oggi determina un peggioramento su Belgio, Paesi Bassi, Germania e Paesi alpini, mentre l'aria fredda polare alle sue spalle mantiene viva l'instabilità su Scozia, Gran Bretagna, Inghilterra, Francia e Spagna. L'avanzamento di questo fronte verso il settore continentale rinvigorisce inoltre la circolazione ciclonica in spostamento verso il Mar Nero, la cui influenza si propaga nuovamente ai vicini Paesi dell'Est, oltre che a gran parte della Penisola Balcanica, in particolare tra Romania, Bulgaria, Macedonia, Montenegro e Mar Egeo, e più a nord tra Polonia, Lituania, Lettonia e Bielorussia, con lo sviluppo di molti temporali.

Scriviamo!

A. La mia autobiografia. Scrivi la tua autobiografia con tutti i dettagli che consideri importanti per la tua vita. Pensa ai momenti memorabili, agli eventi che hanno avuto un impatto su di te, alle persone che ti hanno influenzato e continuano a farlo, e così via.

B. Un anno da ricordare. Scrivi di un anno che è stato particolarmente importante per te sia negativamente che positivamente. Come ha cambiato la tua vita? Cosa hai imparato da quest'esperienza?

Ormai anche la tradizione della cena insieme è finita, è sempre più raro vedere i figli cenare con i genitori.

Per comunicare

1. Identificare persone e oggetti
2. Descrivere la propria camera
3. Parlare del presente
4. Descrivere ciò che piace e ciò che non piace.

Strutture

1. Sostantivi
2. Articolo determinativo
3. Preposizioni semplici e articolate
4. Presente indicativo dei verbi regolari
5. Presente indicativo dei verbi irregolari
6. Usi idiomatici di **avere, fare, dare** e **stare**
7. **Piacere** e verbi impersonali

Tanto per cominciare

 A. Un fine settimana a casa. È venerdì pomeriggio, hai appena finito di studiare e decidi di andare a trovare i tuoi. Non li vedi da un mese e ti è venuta voglia di rivederli e passare un po' di tempo con loro. Con un compagno / una compagna parla delle cose che fai una volta arrivato/a a casa. Per esempio: Vado in camera mia e cambio i poster che ci sono sul muro. Poi decido di andare con mio padre a una partita di pallacanestro oppure vado al centro commerciale con mia madre.

 B. Le solite liti (*quarrels*). Con un compagno / una compagna parla delle cose per cui di solito si litiga nella tua famiglia. Forse non vai d'accordo con tuo fratello o tua sorella, o non sei d'accordo con le idee di tuo padre o di tua madre. Oppure semplicemente chi prende la macchina di papà o chi deve accompagnare la mamma a fare la spesa. Di' anche come di solito finiscono queste liti.

Nel contesto

Un fine settimana dai genitori

Alex entra in salotto dove trova la madre seduta davanti al televisore. Il padre arriva dal corridoio.

ALEX: (*con entusiasmo*) Ciao mamma!

La madre e Alex si abbracciano.

PADRE: (*severo*) E tuo padre non lo saluti?
ALEX: Prima la mamma… in fondo tu conti poco (*sorridendo*)!
PADRE: Ti diverti a prendermi in giro, vero?
ALEX: Ma dai, perché ti arrabbi? Sto scherzando! Sei sempre così serio!
PADRE: C'è un borsone nel corridoio. È tuo?
ALEX: Ma papà, certo che è mio, è quello del bucato. Lo sai che porto a casa le mutande, le camicie sporche e puzzolenti e i pantaloni macchiati.
PADRE: Scherza, scherza… ma quando impari a lavarti la tua roba sporca?
ALEX: Parli proprio tu! La mamma ti stira le camice, ti fa il bucato, ti fa da mangiare. Di che cosa ti lamenti? Tu non fai niente in casa.
MADRE: Basta voi due! Il fine settimana è un momento per rilassarsi, special-mente adesso che c'è qui Alex.
PADRE: Lui si rilassa, io mi innervosisco…
ALEX: Papà ti innervosisci se ti chiedo un paio di favori?
PADRE: No, mi preoccupo… mi spavento quando mi chiedi un favore, figurati due!

Alex deve convincere suo padre che gli serve la macchina.

ALEX: Dai, papà che noi ci capiamo anche se vuoi fare il severo… ho bisogno di un po' di soldi per pagare l'affitto del mese prossimo e domani sera mi serve la tua macchina.

PADRE: (*rivolgendosi alla moglie*) Tuo figlio ha perso la testa!

ALEX: Per l'affitto mi bastano 600 euro… per la macchina, non devi preoccuparti, pago io la benzina.

PADRE: Questa volta ti sbagli se pensi che io ti dia la mia macchina. Perché non usi la tua?

ALEX: Ma papà, lo sai che non funziona bene. Ha mille problemi… quella macchina si rompe un giorno sì e un giorno no.

PADRE: Se non va è perché non la sai guidare… di chi è la colpa dell'ultimo incidente che hai fatto? Mia? Della macchina? Un incidente che mi è costato mille euro.

ALEX: Non era mia la colpa. Sono uscito di strada perché le gomme erano lisce. Papà, ogni 20.000 chilometri devi cambiare le gomme.

PADRE: Quando guidi ti distrai con mille cose: i CD, il telefonino, i messaggini…

ALEX: Tu sei più pericoloso di me perché guidi come una lumaca.

PADRE: Va beh, va beh, e poi dove vai con la mia macchina?

Il padre si siede in poltrona con aria più calma.

ALEX: A Milano.

Il padre si alza in piedi di scatto, con la faccia rossa.

PADRE: Ma sei matto? Vieni a casa per passare il fine settimana con noi e poi di sera torni a Milano?

ALEX: Ma papà. Ci vogliono venti minuti per andare a Milano.

PADRE: Se ci vogliono solo venti minuti, perché non vieni a casa più spesso?

ALEX: Perché ho un sacco da studiare. Forse non lo sai ma sono uno studente diligente e serio…

PADRE: Sì, sì, impara da tua sorella che lavora già ed è sempre con noi.

ALEX: A proposito. Dov'è Vale?

MADRE: Valentina è uscita con Marco. Si vedono spesso in questi giorni.

ALEX: No, quel secchione tutto casa e scuola?

PADRE: Quel secchione è un bravo ragazzo.

MADRE: Ora basta davvero! Perché non andiamo fuori a mangiare, poi discutiamo dei soldi della macchina e dei secchioni.

ALEX: Bell'idea, così anche papà si lascia andare un po'. Hai in mente un posto in particolare?

MADRE: Voglio andare in un posto carino, intimo, tranquillo, poco costoso.

PADRE: Ti accontenti di poco…

MADRE: C'è una trattoria che hanno appena aperto sul lungolago ma purtroppo è rumorosa e abbastanza costosa ma la cuoca è bravissima… e poi fa dei dolci deliziosi.

ALEX: Benissimo, così per una sera non ti preoccupi della cena e lasciamo che papà si preoccupi del colesterolo e della sua pancia.

Hai capito?

Rispondi alle seguenti domande.

1. Quando torna a casa Alex?
2. Cosa porta nel suo borsone?
3. Cosa fa la madre per il padre?
4. Quali favori chiede Alex a suo padre?
5. Perché Alex non usa la propria macchina?
6. Secondo Alex, di chi era la colpa quando ha avuto l'ultimo incidente?
7. Quanto tempo ci mette Alex per andare a Milano da casa dei suoi?
8. Perché il ragazzo di Valentina, la sorella di Alex, non piace a Alex?
9. Dove vanno a mangiare Alex e i suoi genitori?

Lessico ed espressioni comunicative

Sostantivi

l'affitto	*rent*
il borsone	*large bag*
la colpa	*fault*
la gomma	*tire*
la lumaca	*snail*
il lungolago	*lake front*
le mutande	*underwear*
il secchione	*sap*

Aggettivi

liscio	*smooth, worn out*
macchiato	*stained*
puzzolente	*smelly*

Verbi

accontentarsi	*to be satisfied*
fare il bucato	*to do the laundry*
fare il severo	*to be strict*
lamentarsi	*to complain*
prendere in giro	*to make fun of*
stirare	*to iron*

Espressioni comunicative

a proposito	*by the way*
di scatto	*suddenly*
in fondo	*after all*

Vocabolario attivo

Quattro chiacchiere. Consulta il **Lessico ed espressioni comunicative** e completa le seguenti frasi con la parola adatta.

1. —Giorgio, quanto paghi al mese per _____ del tuo studio?
   —Non chiedermelo nemmeno, è carissimo. Sono proprio arrabbiatissimo per l'ultimo aumento.
2. —Chiara, di chi è _____ nell'angolo della stanza?
   —È di Marco. Ha di nuovo portato le camicie _____ e _____ e i pantaloni _____.

3. —Silvia, non posso uscire oggi con te, devo assolutamente _____
   perché non ho più niente di pulito da portare.
   —Non dirmi che devi anche _____ le tue magliette. Sei proprio un
   vero _____.
4. —È _____ tua che la macchina non funziona. Guarda bene,
   sono tutte _____.
   —(Tu) _____ sempre di qualcosa ed è molto difficile _____.
5. —Ragazzi, oggi facciamo una bella passeggiata _____. L'acqua è
   così pulita che possiamo anche tuffarci (*dive*) nel lago.
   —Ma che, tu ci _____ sempre _____ con le tue proposte, e
   _____ non facciamo mai niente!
6. —Mio padre è una persona molto autoritaria, _____ spesso
   _____ con me e i miei fratelli.
   —Anche mio padre è severo però riesce a cambiare il suo umore
   _____, il che ci sorprende ogni volta. _____, tu non hai mai
   conosciuto mio padre, vero?

Anticipazioni grammaticali

A. Generi. I seguenti nomi sono sia di genere *maschile* (M) che *femminile*
(F). Assegna a ciascun nome il genere corretto.

1. affitto _____   4. camicia _____   7. figlio _____   9. incidente _____
2. gomma _____   5. bucato _____   8. testa _____   10. problema _____
3. mutande _____   6. favore _____

B. Dal maschile al femminile. Scrivi la forma *femminile* dei seguenti nomi.

1. il padre _____   4. il ragazzo _____
2. il fratello _____   5. lo scrittore _____
3. lo studente _____   6. il re _____

C. Dal singolare al plurale. Inserisci l'*articolo determinativo* di fronte ai
seguenti nomi e poi mettili al plurale. Attenzione ai nomi irregolari.

Esempio: _____ camera → _____ → **la** camera → **le** camer**e**

1. _____ poltrona → _____
2. _____ corridoio → _____
3. _____ salotto → _____
4. _____ tè → _____
5. _____ macchina → _____
6. _____ università → _____
7. _____ studente → _____
8. _____ moto → _____
9. _____ film → _____
10. _____ lago → _____

Strutture

1. Sostantivi

Gender of nouns

This table shows the most common masculine and feminine noun endings.

GENDER	ENDING	EXAMPLE
maschile	**-o**	il libr**o**
femminile	**-a**	la cas**a**
maschile o femminile	**-e**	il giornal**e** la lezion**e**

There are many exceptions to these patterns—remember that endings are not always reliable indicators of gender. However, some general categories of noun endings can help you determine gender.

Masculine

-ore: il colore, l'umore (*mood*), **il rumore**

-ma, -ta, -pa (words derived from Greek): **il sistema, il poeta, il papa** (*pope*)

words ending with a consonant: **il bar, il film**

Feminine

-à and **-ù: la felicità, la virtù**

-i, -ie, -(z)ione: la tesi (*theses*), **la specie** (*kind, species*), **la stagione, la nazione**

-(tr)ice: la radice (*root*), **l'attrice**

Nouns ending in **-ista** and many ending in **-ga** and **-e** can be either masculine or feminine, depending on the gender of the person to whom they refer. Use the context (accompanying adjectives and articles) to determine gender.

> **il** giornal**ista** american**o** e **la** giornal**ista** italian**a**
>
> **i** giornalisti americani e **le** giornaliste italiane
>
> **il** colle**ga** simpatic**o** e **la** colle**ga** simpatic**a**
>
> **i** colleghi simpatici e **le** colleghe simpatiche
>
> **il** cantant**e** pover**o** e **la** cantant**e** ricc**a**
>
> **i** cantanti poveri e **le** cantanti ricche

Abbreviated nouns retain the gender of the words from which they derive: **il cinema** (from **cinematografo**), **l'auto** (*f.*), **la foto, il frigo, la moto,** and so on. Items referred to by their brand names retain the gender of the generic category they belong to: **la Fiat, lo Scottex, il Macintosh.**

Changes in endings and irregular forms

Some nouns referring to people change gender by changing endings. Here are the most common instances.

MASCHILE → FEMMINILE			
-o, -e	→ -a	ragazzo cameriere	→ ragazza → cameriera
-o, -e, -a	→ -essa	avvocato dottore poeta	→ avvocatessa → dottoressa → poetessa
-tore	→ -trice	scultore	→ scultrice

1. Note these pairs of words whose masculine and feminine forms differ markedly.

dio, dea (*god, goddess*)   marito, moglie (*husband, wife*)

re, regina (*king, queen*)   maschio, femmina (*male, female*)

strega, stregone (*witch, sorcerer*)   uomo, donna (*man, woman*)

2. Generally, the names of fruits are feminine but the trees on which they grow are masculine: **la pera** (*pear*), **il pero** (*pear tree*).

In pratica

Maschile / femminile. Completa le frasi con le forme adatte dei sostantivi, secondo il caso.

Esempio: Monica Bellucci è un'attrice italiana.
(Gérard Depardieu / francese) →
Gérard Depardieu è un attore francese.

1. Alberto era il marito della regina Vittoria d'Inghilterra. (Giuseppina / dell'imperatore Napoleone di Francia)
2. Apollo era un dio del panteon greco. (Minerva / panteon romano)
3. Christian Barnard era un dottore sudafricano. (Helen Caldecott / australiana)
4. Miró era un pittore spagnolo. (Artemisia Gentileschi / italiana)*
5. Shirley MacLaine è la sorella di Warren Beatty. (Peter Fonda / Jane Fonda)
6. Günter Grass è uno scrittore tedesco. (Susanna Tamaro / italiana)
7. Emily Dickinson era una poetessa americana. (Eugenio Montale / italiano)
8. Maddalena è un nome di donna italiana. (Michele / italiano)
9. Elisabetta II è la regina d'Inghilterra. (Juan Carlos / di Spagna)

Plural nouns

Most plural nouns form the plural according to a simple pattern based on the last letter of the singular.

---

*Artemisia Gentileschi fu (*was*) un'importante artista romana del Seicento.

> ### Attenzione!
>
> These rules provide a solid foundation, but it is important to learn the gender of new vocabulary words along with their meaning. Many words that differ only in gender have completely different meanings: **il fine** (*purpose*), **la fine** (*end*); **il modo** (*way*), **la moda** (*fashion*); **il posto** (*seat, place*), **la posta** (*mail, post office*).

SINGOLARE → PLURALE			
-o → -i	il libro	→	i libri
-a → -e	la casa	→	le case
-e → -i	il giornale	→	i giornali
	la lezione	→	le lezioni

Masculine

1. **-co** endings: the plural varies, depending on whether the next-to-last syllable is stressed or not.

NEXT-TO-LAST SYLLABLE STRESSED: -co → -chi
parco → parchi
gioco → giochi
elenco → elenchi

Exceptions: greco, nemico, porco, and **stomaco** all follow the pattern **amico → amici.**

PRECEDING SYLLABLE STRESSED: -co → ci	
medico	medici
meccanico	meccanici
portico	portici

Exception: carico (*burden, load*) → carichi

2. **-go** endings: the plural usually ends in **-ghi,** as in **luogo → luoghi.** Exceptions are mostly scholarly and professional titles: **psicologo → psicologi, antropologo → antropologi,** and so on.

3. **-io** endings: the plural varies, depending on whether or not the final **i** is stressed.

i in	**-io** stressed	→ **-ii**	zio	→ zii
i in	**-io** unstressed	→ **-i**	figlio	→ figli

4. **-ma, -ta, -pa** endings: the plural changes to **-mi, -ti,** and **-pi,** as in **il sistema → i sistemi, il profeta → i profeti, il papa → i papi.**

Feminine

1. **-ca** and **-ga** endings: the plural changes to **-che** and **-ghe,** as in **l'amica → le amiche, la bottega** (*shop*) **→ le botteghe.**

2. **-cia** and **-gia** endings: the plural varies, depending on whether or not the **i** is stressed.

i in **-cia** stressed → **-cie**	farma**cia**	→ farma**cie**
i in **-cia** unstressed → **-ce**	aran**cia** minac**cia** (*threat*)	→ aran**ce** → minac**ce**
i in **-gia** stressed → **-gie**	bu**gia** (*lie*)	→ bu**gie**
i in **-gia** unstressed → **-ge**	spiag**gia** (*beach*)	→ spiag**ge**

Invariable plurals

The following classes of nouns, both masculine and feminine, do not change in the plural.

1. Nouns of one syllable: **il re** → **i re, la gru** (*crane*) → **le gru.**

2. Nouns that end in a stressed vowel: **il caffè** → **i caffè, l'unità** → **le unità.**

3. Nouns borrowed from another language: **lo sport** → **gli sport, la performance** → **le performance.***

4. Nouns ending in **-i** and **-ie**: **il brindisi** (*toast* [*to one's health*]) → **i brindisi, la specie** → **le specie.**

Exception: la moglie → **le mogli.**

5. Abbreviated version of nouns: **il cinema** → **i cinema, l'auto** → **le auto.**

Irregular and variable plurals

1. A few nouns have completely irregular plural forms: **il bue** (*ox*) → **i buoi, il tempio** (*temple*) → **i templi, il dio** → **gli dei, l'uomo** → **gli uomini.**

2. Some masculine nouns become feminine in the plural: **il braccio** (*arm*) → **le braccia, il ciglio** (*eyelash*) → **le ciglia.** Other nouns following this pattern: **il dito** (*finger*), **il labbro** (*lip*), **il miglio** (*mile*), **il paio** (*pair*), **l'osso** (*bone*), **l'uovo** (*egg*).

In pratica

A. Una visita a Roma. Completa il seguente brano, mettendo al plurale i sostantivi tra parentesi.

Roma è una città unica al mondo, con (parco)[1] pieni di monumenti (antico)[2]. È famosa anche per le sue statue e i suoi (arco)[3] che ricordano il glorioso periodo dell'Impero Romano. Essendo un centro amministrativo e il capoluogo del Lazio, Roma ospita molti (politico)[4] italiani e stranieri. A Roma lavorano anche un gran numero di (storico)[5] ed (archeologo)[6] che si occupano della Roma antica. La città offre molti (luogo)[7] interessanti da vedere ed e anche possibile organizzare (viaggio)[8] nei suoi dintorni (*surrounding areas*) per visitare (luogo)[9] bellissimi come i castelli romani.

---

*Plural nouns borrowed from other languages sometimes end in **-s**; la **T-shirt** → le **T-shirts.**

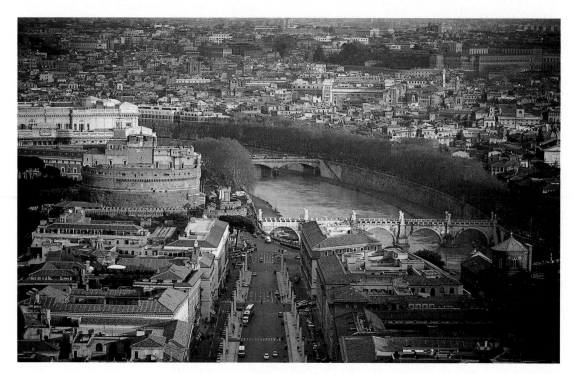

Ecco il Castel Sant'Angelo sul Tevere, a Roma.

B. Geografia e abitudini. Completa le frasi, scegliendo la parola adatta dalla colonna a destra e mettendola al plurale nelle frasi della colonna a sinistra.

1. La Lombardia e il Piemonte sono _____ del Nord.
2. Le _____ che compriamo in Sicilia sono molto dolci (*sweet*).
3. Nel Golfo di Napoli ci sono molte piccole _____.
4. D'estate molti italiani vanno sulle _____ del Mar Tirreno.
5. Nelle grandi città come Roma molte _____ restano (*remain*) aperte anche nei giorni festivi.
6. Le _____ più importanti si trovano al Nord.

industria
barca
spiaggia
arancia
farmacia
regione

 C. Coppie (*Couples*) **famose.** Alternandoti con un compagno / una compagna, dà una categoria per ognuna di queste «coppie». Chi, o che cosa, sono?

Esempio: Mead e Levi-Strauss → Sono antropologi.

Persone o cose? *amico, auto, città, dio, medico, papa, poeta, re, spiaggia, sport*

1. Dante e Wordsworth
2. il tennis e il calcio
3. Benedetto XVI e Giovanni Paolo II
4. una Mercedes e una Volvo
5. Calvino e Hobbes
6. Madrid e Montreal
7. Christian Barnard e Dr. Phil
8. Apollo e Giove (*Jove*)
9. Enrico VIII e Luigi XIV
10. Waikiki e Daytona

2. Articolo determinativo

Forms

The form of the definite article (meaning *the*) is determined by the gender, number, and first letter(s) of the word that follows it. This chart shows all the variants.

MASCHILE		
	Singolare	Plurale
before most consonants: **il, i**	**il** paese	**i** paesi
before **s** + *consonant* **z, ps: lo, gli**	**lo** stereotipo **lo** zaino **lo** psicologo	**gli** stereotipi **gli** zaini **gli** psicologi
before vowels: **l', gli**	**l'**alloggio	**gli** alloggi

FEMMINILE		
	Singolare	Plurale
before all consonants: **la, le**	**la** ditta **la** strategia **la** zebra	**le** ditte **le** strategie **le** zebre
before vowels: **l', le**	**la** psicologa **l'**abitudine	**le** psicologhe **le** abitudini

Uses

1. In contrast to English, the definite article is rarely omitted in Italian. It is used:

- before a specific item or person, in the singular or plural

  il paese, **la** città, **lo** studente, **i** capoluoghi, **le** regioni, **gli** immigranti

- before abstract nouns and nouns that refer to an abstract concept or a phenomenon in its entirety

  La pazienza è una virtù.
 Lo spaccio della droga è un problema molto grave.
 I piccoli paesi sono più tranquilli delle grandi città.

- before family names or titles when speaking or writing about people

  Lo zio Eugenio vive nel centro storico.
 La professoressa Fredi studia i dialetti dell'Italia meridionale.

- before nouns referring to body parts or personal possessions

  Pinocchio ha **il** naso lungo.
 Porto **gli** occhiali (*glasses*) perché non ci vedo.

- before most geographical names

  Quale regione preferisci, **il** Lazio o **l'**Umbria?

- before days of the week to indicate a repeated action (all days except **domenica** are masculine)

  Il sabato lavoro ma **la** domenica sono libera.

- in most cases, before the names of languages.

  Il cinese è tanto difficile. Preferisco **lo** spagnolo!

2. The definite article is *omitted* in the following instances:

- before family names or titles when addressing people directly

  Zio Eugenio, vieni da noi a mangiare?
  Professoressa Fredi, non mi è chiaro quello che ha detto.

- before unmodified names of cities and small islands

  Cagliari è il capoluogo della Sardegna.
  Capri è un'isola meravigliosa nel golfo di Napoli.

- after **essere** and verbs expressing changes of status, such as **diventare** (*to become*) and **eleggere** (*to elect*), followed by an unmodified profession

  John Kennedy è diventato presidente nel 1960.

Attenzione!

The definite article is always used in the expression **fare il/la** + *professione*.

La madre di Tommaso è giornalista: fa la giornalista.

In pratica

A. Abbigliamento. Marco e Elena devono rifarsi il guardaroba. Sono andati in un centro commerciale e ora stanno scegliendo quello che vogliono comprare. Inserisci l'*articolo determinativo* per ogni capo (*item*) di abbigliamento che si trova nel negozio.

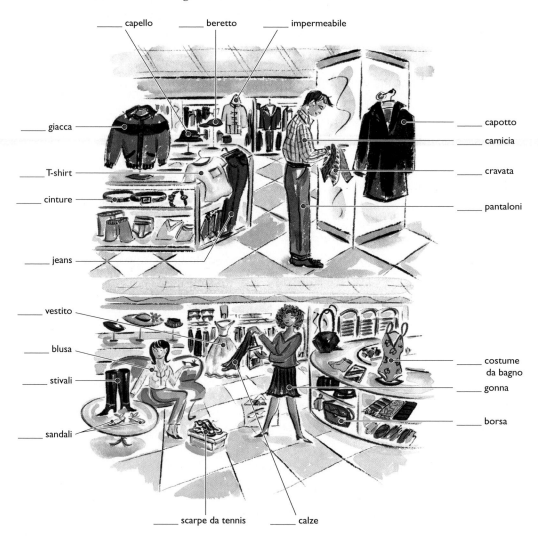

_____ capello   _____ beretto   _____ impermeabile

_____ giacca   _____ capotto

_____ camicia

_____ T-shirt   _____ cravata

_____ cinture   _____ pantaloni

_____ jeans

_____ vestito

_____ blusa   _____ costume da bagno

_____ stivali   _____ gonna

_____ borsa

_____ sandali

_____ scarpe da tennis   _____ calze

B. Quattro chiacchiere. Completa gli scambi con la forma adatta dell'*articolo determinativo*.

1. —Come sono cari _____ appartamenti qui a Milano!
   —Caro mio, _____ costo della vita è alto in tutte le grandi città italiane.

2. —Secondo Lei, quali sono _____ problemi più gravi della nostra università?
   —Secondo me, _____ mancanza di aule e _____ fondi insufficienti per la ricerca (*research*).

3. —Vedi spesso _____ professor Rossi?
   —No, lo vedo solo ogni tanto (*once in a while*). Ora abita a Montalcino con _____ famiglia; insegna _____ greco e _____ latino in un liceo.
   —E _____ professore trova bella _____ Toscana?
   —Sì, tanto!

4. —Quali sono _____ ore di ricevimento della professoressa Marino?
   —È in ufficio _____ lunedì e _____ giovedì dalle 2 alle 3.

5. —Lo sapevi che _____ moglie di Tommaso è avvocatessa?
   —E lui fa _____ ingegnere. Caspita, saranno (*wow, they must be*) ricchi!

C. Ah, questi articoli un'altra volta. Completa gli scambi con la forma adatta dell'*articolo determinativo*.

1. —_____ sistema scolastico americano ha dei grossi problemi.
   —D'accordo, senatore, ma c'è sempre la possibilità di migliorare _____ situazione?

2. —Conosci _____ film *Roma*? Di chi è?
   —È di Fellini, _____ regista italiano più famoso.

3. —Giulio, guarda _____ programma del concerto. Chi canta stasera?
   —Kiri te Kanawa, _____ cantante che abbiamo visto alla TV.

4. —Alberto, come va? Hai finito _____ tesi?
   —Non ancora, ma quasi. La finirò entro _____ fine del semestre.

5. —Ragazzi, quali sono i colori della bandiera italiana?
   —Mi dispiace, professoressa. Ho dimenticato di studiare _____ lezione.
   —Ma basta che guardi _____ foto!
   —Ci sono _____ foto sul libro ma non vedo la bandiera.
   —E allora dimmi qual è _____ città principale del Piemonte?
   —È Torino, dove fanno _____ FIAT.

3. Preposizioni semplici e articolate

Forms

1. The most common Italian prepositions are **a** (*at, to*), **con** (*with*), **da** (*from*), **di** (*of*), **fra** (*between, among*), **in** (*in, to*), **per** (*for, through*), and **su** (*on*).

2. When **a, da, di, in,** and **su** precede the definite article, the preposition and the article combine into special forms called articulated prepositions. The chart on page 36 shows the variants.

3. **Con** combined with the article is becoming less common. **Per** combines with the article primarily in archaic and poetic language. **Tra** and **fra** never combine with articles.

PREPOSIZIONI ARTICOLATE							
	il	l'*	la	lo	i	le	gli
a	al	all'	alla	allo	ai	alle	agli
da	dal	dall'	dalla	dallo	dai	dalle	dagli
di	del	dell'	della	dello	dei	delle	degli
in	nel	nell'	nella	nello	nei	nelle	negli
su	sul	sull'	sulla	sullo	sui	sulle	sugli

*L' precedes both masculine and feminine singular nouns beginning with a vowel.

Uses

Prepositions are used in many idiomatic expressions, which must often be learned individually. Here are a few of the most common idiomatic uses of prepositions. Others are listed in Appendix I, A.

Place

1. **A** is generally used before cities.

   L'anno prossimo andiamo **a** Vienna e **a** Praga.

But with **venire** the preposition **da** is used.

   Vengo **da** Palermo.

2. **In** is used with the names of countries, states, and regions that are feminine and unmodified. If names of countries, states, or regions are masculine and unmodified, you can use **in** or **in** + *article*; if modified use **in** + *article*.

Andiamo **in** Italia quest'estate.	*but*	Andiamo **nell'**Italia meridionale.
Andiamo **in** Belgio. *or* Andiamo **nel** Belgio.	*but*	Andiamo **nel** Belgio del Nord.

3. **In** without the article is used with unmodified names of places, rooms, and buildings: **in bagno, in biblioteca, in chiesa, in giardino, in montagna.** (Exceptions: **a casa, al mare, a teatro, al cinema.**) If the noun is modified, use **in** + *article*.

Andate **in** centro?	*but*	Andate **nel** centro storico?

Note that when **biblioteca, stazione,** and **banca** are modified and used with the verb **andare** they take **a** + *article*.

Vado **in** banca.	*but*	Vado **nella** Banca Nazionale.
Andiamo **in** stazione.	*but*	Andiamo **alla** Stazione Termini.

Time

1. Before the names of months, use either **a** or **in.** Before seasons, use either **in** or **di (d').**

   a febbraio; **in** agosto   **in** primavera; **d'**inverno

When the month or season is modified (by a prepositional phrase, for example), use only the articulated form of **in.**

Partono per l'Inghilterra **a** maggio.	*but*	Tornano **nell'**agosto del 2009.
Preferisco viaggiare **in** Italia d'autunno.	*but*	Ho intenzione di visitare l'Italia **nell'**autunno del 2009.

2. Before times of day, use the articulated forms of **a** (*at*) or **da** (*from*) in the feminine plural.

—Quando parte il rapido per Torino?
—Parte **alle** dieci e trenta dal binario dodici.
—Quando è aperto il museo?
—**Dalle** nove alle due.

Exceptions: a mezzogiorno, **a** mezzanotte, **all'**una. Remember, too, the expression **A che ora?**

Alex dorme fino **a** mezzogiorno e mangia **a** mezzanotte.
—**A che ora** hai laboratorio di chimica?
—**All'**una il martedì e **all'**una e mezzo il giovedì.

3. The following expressions are often used after the hour: **di mattina, di sera, di notte** but **del pomeriggio.**

4. **Fra (tra)** + *time expression* means *in* (*within*) *an hour* (*minute, week*) when referring to a future event.

L'aereo parte **fra** un'ora. Su, andiamo ragazzi!
La pasta è pronta **fra** cinque minuti.

5. **Da** is used with verbs in the present tense to mean *for* or *since*. Contrast Italian and English:

Da quanto tempo abitate insieme?	*How long have you been living together?*
Studiamo insieme **da** un paio di ore (esattamente **dalle** tre di oggi pomeriggio).	*We've been studying together for a couple of hours (precisely since three this afternoon).*

Transportation

Note these common expressions.

Non è facile fare il giro di Perugia **in bici** (bicicletta)!
È bello andare **in barca** sul lago di Como.
In Italia preferisci viaggiare **in treno** o **in macchina**?
Nella Maremma è bello andare **a cavallo.**
A Firenze si va facilmente **a piedi** dal Bargello al Duomo.

In pratica

A. Combinazioni. Combina le parole usando la forma adatta delle *preposizioni* (semplici o articolate, secondo il caso).

Esempio: regalo / da / nonna → il regalo dalla nonna

1. orario / di / treni
2. biglietto / per / Venezia
3. week-end / su / spiaggia
4. programma / per / vacanze
5. distanza / fra / Trieste e Venezia
6. problema / di / ambiente

B. Guide turistiche per le vacanze. Completa i titoli con le espressioni adatte che descrivono il contenuto delle guide.

Esempio: Le rovine etrusche _____ Italia centrale. →
Le rovine etrusche dell'Italia centrale

1. Una visita _____ Mosca
2. I parchi nazionali _____ Stati Uniti
3. La Maremma _____ cavallo
4. Andiamo _____ Croazia!
5. Girare _____ bici—Rispettare l'ambiente!
6. Tutti _____ mare! Le spiagge _____ Adriatico
7. Roma _____ notte
8. _____ macchina _____ Paesi Bassi
9. La Provenza _____ primavera
10. _____ centro storico di Napoli

C. Informazioni. Bob Douglas, studente americano, è in viaggio verso Torino. Completa il dialogo con le *preposizioni* adatte, semplici o articolate, secondo il contesto.

BOB: Buon giorno, sa _____[1] che ora parte il treno _____[2] Bologna?
CONTROLLORE: Parte _____[3] 9.00 e arriva _____[4] Torino _____[5] 10.42.
BOB: _____[6] quale binario parte?
CONTROLLORE: Credo _____[7] terzo, ma deve controllare il monitor.
BOB: Ho un biglietto normale. Devo pagare il supplemento?
CONTROLLORE: Sì, perché e un *Eurostar,** si ferma solo _____[8] Bologna. Il supplemento lo paga _____[9] treno o lo compra _____[10] sportello (*ticket window*). Mi raccomando, faccia presto (*hurry*): il treno parte _____[11] dieci minuti.
BOB: Grazie mille! ArrivederLa!

D. L'orario. Immagina ora di voler andare a Bologna da Milano. Consulta l'orario (*schedule*) e rispondi alle seguenti domande:

1. Sono le 9.30 e hai un appuntamento per pranzo a Bologna, quale treno prendi?
2. Vuoi andare a Modena a vedere la fabbrica delle Ferrari. Sono le 10.30, quale treno prendi?
3. Vuoi andare a Bologna, non hai fretta ma vuoi risparmiare soldi. Sono le 11.30, quale treno prendi?

10 MILANO-PIACENZA-BOLOGNA-(Roma)-(Lecce) 10

	6279 L (3) 2	2125 D 1 2	1101 EXP 2 (2)	2651 D 1 2	2915 L (3) 2	1751 D (7) 2	20407 L 2	589 IC 1 2	9431 ES* 1 2	9413 ES* 1 2	🚌 (4)⊠
MILANO C. p.	....	800	810	820	....	(7)✠	....	848	900	....	....
— P. Garibaldi	....		(2)		....	822	826	FRANCESCO CILEA per Roma		....	....
— Lambrate	....	806		827	....	834	837			....	....
— P. Romana	....				....				R	....	(4)⊠
— Rogoredo	....	813		833	....	840	849		⊗	....	914
S. Donato M.	....				....		853			....	
Borgo Lombardo	....		◉		....					....	
S. Giuliano M.	....		CC		....		859		da Torino	....	
Melegnano	....				....		905			....	935
S. Zenone	....	A			....		909			....	940
Tavazzano	....				....		920			....	945
LODI	....	831		849	....	855	934	912		....	1000
Secugnago	....				....		942			....	1015
Casalpusterlengo	da Salsomaggiore		da Dortmund come Tr. 301		....	907	948	⊗		....	1025
CODOGNO				905	....		954			....	1035
S. Stefano Lod.					....		958			....	
PIACENZA		854		per Mantova	....	920	1005			942	1055
Pontenure					....		....				(4)⊠
Cadeo					....	(7)✠	....			R	....
Fiorenzuola		907			....		....			⊗	....
Alseno	(3)✕		(2)	2293	....		....				....
FIDENZA	900	917		D ▲	....		....		per Roma		....
Castelguelfo			per Firenze	1 2	....		....				....
PARMA	914	932		944	da Verona	949	....	956		da Torino per Lecce	....
S. Ilario d'E.	....						....				....
Villa Cadè	....						....				....
REGGIO EMILIA	....	950		1000		1006	....	1022			....
Rubiera	....				(3)✕		....				....
MODENA	....	1004		1014	1040	1040	....	1037			....
Castelfranco	....				1049		....				....
Samoggia	....						....				....
Anzola d'E.	....		◉				....				....
Lavino	....		(2)			(7)✠	....		R	R	....
BOLOGNA C. a.	....	1030	1007	1036	1110	1108	....	1101	1042	1052	....
Firenze S.M.N. 11a.	....	....	1138	da Genova	....	per Rimini (a. 1246)	....	◀1217	1145	....	....
Roma Termini 11a.	....	....	....		....		....	♦1405	1330	....	....
Ancona 13a.	....	1322	....		....		....	....	....	1258	....
Pescara 13a.	....	per Ancona	....		....		....	....	....	1415	....
Foggia 13a.	....		....	....	....		....	....	....	1605	....
Bari 13a.	....		....	....	....		....	....	....	1714	....
Lecce 13a.	....	....	....	....	....	....	....	....	....	1850	....

	565 IC 1 2	2285 D ▲ 1 2	1545 EXP 1 2	9433 ES* 1 2	2127 D ✕ 1 2	2653 D (6) 2	🚌 (4)⊠	9435 ES* 1 2	9415 ES* 1 2	719 IC 1 2
MILANO C. p.	910	....	950	1000	1000	(6)	....	1100	1105	
— P. Garibaldi		....	(1)	R		1015	....	(5)	R	
— Lambrate	⊗	....			1006	1025	....	⊗	⊗	
— P. Romana		....					(4)⊠	R	Y	
— Rogoredo		....			1013	1033	1055			
S. Donato M.		....								
Borgo Lombardo		....	Y							
S. Giuliano M.		....	GARGANO per Bari (1)		✕					
Melegnano		....					1115			
S. Zenone		....			A		1120			
Tavazzano		....					1125			
LODI	MURGE per Crotone	....			1031	1050	1140			
Secugnago							1155			
Casalpusterlengo		da Genova					1205			
CODOGNO						1104	1215			
S. Stefano Lod.						(6)				
PIACENZA	952	1000			1054		1235			
Pontenure		Y				per Mantova	(4)⊠			
Cadeo							....			da Bolzano per Pescara
Fiorenzuola		1014			1107		....			
Alseno						....	....			
FIDENZA		1023			1117	....	....			
Castelguelfo			(1)	Y		....	....			
PARMA	1022	1038	1059	⊗	1132	....	....	per Roma		ADIGE
S. Ilario d'E.					✕	....	....			
Villa Cadè						....	....			
REGGIO EMILIA	1039	1056			1150	....	....			
Rubiera						....	....			
MODENA	1054	1110	1130		1204	....	....		per Lecce	1245
Castelfranco						....	....			
Samoggia						....	....			
Anzola d'E.						....	....	(5)		
Lavino			(1)	R	✕	....	....	R	R	
BOLOGNA C. a.	1116	1135	1150	1142	1230	....	....	1242	1252	1310
Firenze S.M.N. 11a.	....	....	....	1245	....	....	....	1345	....	....
Roma Termini 11a.	....	....	....	1430	....	....	....	1530	....	....
Ancona 13a.	1340	....	1358	per Napoli	1522	....	....	....	1445	1545
Pescara 13a.	1520	....	1538		per Ancona	....	....	....	1605	1724
Foggia 13a.	1726	....	1742			....	....	....	1753	....
Bari 13a.	1841	....	1908	....		....	....	....	1856	....
Lecce 13a.	⬘2010	....	2109	....	....	....	....	....	2036	....

	591 IC 1 2	11415 L ✕ 2	2919 L ✠ 1 2	153 CIS 1 2	9437 ES* 1 2	2129 D 1 2	20411 L 2	2655 D 1 2	593 IC 1 2	6259 L (3) 2
MILANO C. p.	1110	....	....	1150	1200	1200	....	....	1235	....
— P. Garibaldi		....	....	R	R		1204	◊1218		....
— Lambrate		....	....	Y		1206	1219	1224		....
— P. Romana	PARTENOPE	....	....	⊗						....
— Rogoredo		....	....			1213	1224	1230		....
S. Donato M.		....	....						IL VERROCCHIO	....
Borgo Lombardo		....	....				1230			....
S. Giuliano M.		....	....			A	1234			....
Melegnano		....	....				1240			....
S. Zenone		....	....				1245			....
Tavazzano		....	....				1248			....
LODI		....	....	da Zürich per Firenze		1231	1300	1248		....
Secugnago		....	....				1310		⊗	....
Casalpusterlengo	⊗	....	....				1316	1300		....
CODOGNO		....	....				1322	1305		....
S. Stefano Lod.		....	✠				1327			....
PIACENZA	1152	....	1156			1254	1333	per Mantova	1317	....
Pontenure		....					....			....
Cadeo		....			Y		....			....
Fiorenzuola		....	1209		⊗	1307	....	....		....
Alseno		....					....	....		....
FIDENZA		....	1218			1317	....	....		....
Castelguelfo		✕					....	....		(3)✕
PARMA	1221	1232	1232	1249		1332	....	....	1343	1345
S. Ilario d'E.							....	....		1352
Villa Cadè			✠				....	....		
REGGIO EMILIA	1238	1248	1249			1350	....	....	1358	1403
Rubiera					per Napoli		....	....		1412
MODENA	1253	1303	1304	1314		1404	....	....		1432
Castelfranco		1312	1312				....	....		1441
Samoggia							....	....		1447
Anzola d'E.							....	....		1452
Lavino		✕	✠	R	R		....	....		
BOLOGNA C. a.	1316	1329	1329	1335	1342	1428	....	....	1434	1503
Firenze S.M.N. 11a.	1426	....	....	1432	1445	....	....	....	1550	(3)✕
Roma Termini 11a.	1713	....	....	....	1630	....	....	....	1808	....
Ancona 13a.	per Napoli	....	....	....	....	1722	....	....	per Roma	....
Pescara 13a.		....	....	....	....	per Ancona	....	....		....
Foggia 13a.		....	....	....	....		....	....		....
Bari 13a.		....	....	....	....		....	....		....
Lecce 13a.	....	....	....	....	....	....	....	....	....	....

(1) Si eff. il sabato fino al 19 giu e dall'11 set, venerdì, sabato e domenica dal 25 giu al 5 set. Da Bari prosegue per Lecce il sabato fino al 19 giu e dall'11 set, venerdì e sabato dal 25 giu al 4 set.
(2) Si eff. il sabato e il 12 apr.
(3) Si eff. nei feriali fino al 31 lug e dal 30 ago.
(4) Si eff. nei feriali escluso il sabato fino al 19 dic, dal 7 gen al 7 apr, dal 13 apr al 30 lug e dal 30 ago.
(5) Si eff. fino al 31 lug e dal 16 ago; sosp. 25, 26 dic, 1 gen e 11 apr.
(6) Si eff. fino al 31 lug e dal 30 ago.
(7) Si eff. nei festivi dal 2 giu al 5 set.
A Servizio Y fino al 30 giu e dall'1 set.
◉ Tr. 1101 - Prenotazione obbligatoria dalla Germania; posti a sedere senza prenotazione solo da Bellinzona in poi.
◀ Firenze Campo di Marte.
♦ Roma Tiburtina.
⬘ Taranto.
◊ Milano Greco P.
Treno verde.
▲ Treno verde sabato e festivi.
Treno verde il sabato.

12

L'orario dei treni in Italia.

4. Presente indicativo dei verbi regolari

Forms

There are three conjugations of Italian verbs: **-are, -ere,** and **-ire.** All regular verbs follow one of the patterns of endings shown in the chart.

	ascolt**are**	ripet**ere**	sent**ire**	fin**ire**
io	ascolt**o**	ripet**o**	sent**o**	fin**isco**
tu	ascolt**i**	ripet**i**	sent**i**	fin**isci**
lui / lei, Lei	ascolt**a**	ripet**e**	sent**e**	fin**isce**
noi	ascolt**iamo**	ripet**iamo**	sent**iamo**	fin**iamo**
voi	ascolt**ate**	ripet**ete**	sent**ite**	fin**ite**
loro, Loro	ascolt**ano**	ripet**ono**	sent**ono**	fin**iscono**

**Eurostar:* treno rapido che va da una città principale ad un'altra senza fermarsi alle stazioni intermedie.

Some **-ire** verbs require **-isc** between the stem and the ending in all but the **noi** and **voi** forms. Other common verbs in this category are **capire, inserire, preferire, pulire, restituire, spedire,** and **suggerire.**

Variations in the spelling and pronunciation of verbs ending in **-care, -gare, -gere, -ciare, -giare,** and **-iare** can be found in Appendix I, D.

Uses

The present indicative expresses:

1. an action taking place at the present time

   Leggo un libro.   *I'm reading a book.*

2. an imminent future action

   Domani pomeriggio **vado** a casa.   *Tomorrow afternoon I'll go home.*

3. a repeated action

   Telefoniamo a casa ogni settimana.   *We phone home every week.*

4. an action begun in the past and continuing in the present, conveyed by two possible patterns:

   a. *present* + **da** + *time expression*

   Studio italiano **da** un paio   *I have been studying Italian for a*
   d'anni.   *couple of years.*

   b. **È** *or* **sono** + *time expression* + **che** + *present-tense verb*

   È un mese ormai **che cerco** un   *I have been looking for a decent coat*
   cappotto decente.   *for a month now.*

   Sono due anni **che studio**   *I have been studying Italian for*
   italiano.   *two years.*

In pratica

 A. Dialoghi-lampo. Con un compagno / una compagna, fa' le domande e rispondi con le forme adatte dei verbi regolari, secondo gli esempi.

1. *Esempio:*   parlare →

   —Perché non parlate?
   —Parliamo già troppo!

   Verbi: *studiare, leggere, lavorare, dormire, ripetere, pagare*

2. *Esempio:*   lavorare →

   —Lavori subito?
   —No, lavoro dopo.

   Verbi: *decidere, cominciare, telefonare, partire, scrivere, mangiare*

3. *Esempio:*   aspettare →

   —Aspetta solo Lei?
   —No, aspettano anche gli altri.

   Verbi: *soffrire, entrare, rispondere, scappare* (to run away), *partire, scendere*

B. Dimmi tutto! Alex è un gran ficcanaso (*busybody*). Vuole sempre sapere tutto sugli (*about*) altri. Rispondi pazientemente alle sue domande con le forme adatte dei *verbi regolari,* usando le parole in parentesi secondo l'esempio.

> *Esempio:* —Quando parti per Napoli? (domani) →
> —Parto domani.

1. Che cosa scrivi? (una lettera)
2. Chi aspetti? (un amico)
3. Quanto spendi per i vestiti? (poco)
4. Quali corsi segui questo trimestre? (matematica, biologia e letteratura inglese)
5. Quando torni a Milano? (sabato)
6. Che cosa dimentichi sempre? (le chiavi)
7. Che cosa prepari da mangiare? (un risotto ai funghi)
8. Con chi esci adesso? (con i miei amici cinesi)

E ora Alex ripete le stesse domande a due amici. Fa' le domande e rispondi.

> *Esempio:* —Quando partite per Napoli?
> —Partiamo domani.

 C. Discorsi tra gli amici. Con un compagno / una compagna, parla dei corsi e degli studi universitari. Fate le domande e rispondete secondo l'esempio.

> *Esempio:* perché / studiare italiano →
> —Perché studi italiano?
> —Perché studio musica e canto. E tu?
> —Io studio italiano perché amo la cultura e l'arte italiana.

1. come / arrivare all'università
2. dove / mangiare all'università
3. con chi / studiare, di solito
4. quando / finire le lezioni ogni giorno
5. quale corso / preferire, e perché

Ora continuate con altre domande.

5. Presente indicativo dei verbi irregolari

You learned the most common irregular verbs in introductory Italian:

andare	*to go*
bere	*to drink*
conoscere	*to know (person, place), be acquainted with*
dare	*to give*
dire	*to tell, say*
fare	*to make; to do*
porre	*to place*
rimanere	*to stay, remain*
salire	*to go up; to board (bus, train), get in*
sapere	*to know (facts, information)*
scegliere	*to choose*
stare	*to be; to stay*

(continued)

tenere	*to have; to keep*
tradurre	*to translate*
trarre	*to pull*
uscire	*to go out*
venire	*to come*

Review their present-tense forms now by consulting the charts in Appendix I, E.

In pratica

A. Quattro chiacchiere. Completa le frasi con la forma adatta dei verbi.

1. —Noi usciamo spesso, però tu ed Angela _____ quasi ogni sera.
   —Questo non è vero. Mia madre è quella che _____ regolarmente.
   —Ma più di lei _____ i Signorelli, non pensi?

2. —Fai un errore a dire una bugia (*lie*) al professore, anche se molti studenti ne _____ tante. Paolo è l'unico che non _____ mai bugie.
   —E voi, _____ bugie qualche volta?
   —Certo, però le (*them*) _____ raramente.

3. —Che fa Vittoria, va a casa o traduce quel brano (*passage of text*)?
   —Va a casa e io _____ il brano anche se non ne ho voglia. Perché non lo _____ tu?
   —Perché Carlo e Tina dicono che lo _____ loro. Che bravi!

4. —Quanti soldi tieni nel portafoglio?
   —Ne _____ pochi; preferisco fare assegni. Mia moglie però _____ sempre almeno 50 euro in tasca!

5. —La domenica rimani a letto fino a tardi?
   —Sì, ma i miei compagni di camera vi (*there*) _____ fino alle due del pomeriggio. E voi, fino a quando _____ a letto?
   —Vi _____ fino alle nove a poi facciamo colazione.

6. —Bevete vino o acqua minerale?
   —Noi _____ vino, e tu?
   —Anch'io _____ vino, ma poco. I miei genitori _____ solo acqua minerale. Mio zio Luigi, però, _____ molto vino e anche molta birra!

7. —Io salgo sul tram in via Cerchi. Dove _____ tu a Lucca?
   —_____ in via Veneto e gli altri _____ con noi, tranne (*except for*) Marco che _____ in via Settembrini.

8. —Quella ragazza si veste sempre di rosso; attrae l'attenzione di tutti.
   —Non mi sorprende, lei ama _____ l'attenzione della gente.
   —Anch'io comunque _____ l'attenzione dei compagni di classe quando ho l'orecchino (*earring*) nel naso. Non dirmi che tu non _____ l'attenzione dei tuoi compagni quando hai quegli enormi anelli (*rings*)!

9. —Questi signori propongono un affare (*business deal*) interessante, ma l'avvocato Spinelli _____ un affare vantaggioso (*profitable*). Forse è ancora più vantaggioso di quello che _____ noi.
   —Sì, lo so. E forse anche più interessante di quello che _____ tu.

B. Non più sola. Sonia sta bene a Venezia ma va spesso all'estero (*abroad*) per motivi di lavoro e di studio. Il mese prossimo si sposerà con Davide, e la coppia continuerà a viaggiare e a lavorare insieme. Leggi la storia ad alta voce; poi rileggi, cambiando il soggetto da Sonia a Sonia e Davide.

(Sonia e Davide sono due amici…)

Sonia è una cara amica di Venezia. Le piace la vita libera e indipendente e non rimane mai a lungo (*for long*) nella stessa città. Anche quando è lontana, però, mantiene sempre i contatti con gli amici. Lavora come traduttrice: traduce saggi (*essays*) a romanzi soprattutto dal francese. È anche una brava pianista e compone molte belle canzoni. Guadagna bene, perché lavora con cura e diligenza.

Non abita veramente a Venezia perché costa troppo. Ha un piccolo appartamento a Mestre. Sta a casa gran parte del giorno a lavorare, ma la sera, in genere, esce con gli amici, è la persona più attiva del gruppo, propone sempre qualcosa d'interessante da fare anche se Venezia di sera può essere un po' morta. In gruppo è piuttosto timida, parla poco, ma in caso di bisogno aiuta gli altri e dà sempre degli ottimi consigli (*advice*) agli amici. Viene spesso a casa mia a trovarmi e facciamo lunghe chiacchierate, purtroppo fra poco parte per Parigi per un periodo piuttosto lungo. Va in Francia per un nuovo progetto: la traduzione di un romanzo importante. Conosco poche persone come Sonia!

 C. Abitudini personali. Con un compagno / una compagna, prepara le domande e rispondi usando i *verbi irregolari.*

> *Esempio:* quando / bere / caffè →
> —Quando bevi il caffè?
> —Bevo il caffè (la mattina, dopo la lezione di chimica, alle due di notte). (Non bevo caffè.)

1. cosa / fare / di solito il sabato sera
2. con chi / uscire / in genere
3. dove / andare / per mangiare specialità cinesi
4. a chi / dare / il numero di telefono
5. in quali giorni / venire / all'università
6. quando / andare / a trovare (*visit*) i genitori (o altri parenti)

6. Usi idiomatici di *avere, fare, dare* e *stare*

The verbs **avere, fare, dare,** and **stare** appear in many common Italian idioms. You probably know most of the expressions below; see if you can figure out any unfamiliar ones from the context.

AVERE

Mangia se **hai fame!** Bevi se **hai sete!**
I bambini **hanno sonno;** devono andare a letto.
Laura dice la verità; **ha ragione.**
Spesso chi **ha torto** è quello che grida di più (*shouts loudest*).
Che caldo! **Ho voglia** di un tè freddo.
Chi **ha paura** di *Virginia Woolf*?

Chiara **ha mal di testa; ha bisogno** di un'aspirina.

Perché corro (*am I rushing*)? Corro perché **ho fretta!**

La nonna **ha 65 anni** ma non vuole andare in pensione (*retire*)!

FARE

Se in classe non **fate attenzione,** non imparate nulla.

Facciamo un bel **regalo** a Gianni; è il suo compleanno.

Non ti **fanno paura** i libri di Stephen King?

Non **faccio colazione** a casa; la mattina prendo un caffelatte al bar.

Fa bel tempo oggi—**facciamo una passeggiata.**

Se **fa brutto tempo,** andiamo al cinema o a un museo.

Non ci vediamo da tanto tempo; **facciamo quattro chiacchiere.**

In genere, i bambini **fanno il bagno** e gli adulti **fanno la doccia.**

Fai molte domande in classe.

Non c'è nulla in frigo; bisogna **fare la spesa.**

Ho bisogno di varie cose per il viaggio; vado a **far compere.**

Quel film non è buono; **fa schifo.**

DARE

Povera Renata! Deve **dare un esame** alle 8.00 domani mattina.

Si può **dare del tu** solo alle persone con cui si ha un rapporto famigliare.

Bisogna **dare del Lei** alle persone che non si conoscono bene.

Danno una festa per l'anniversario di matrimonio dei genitori.

STARE

Su, corri! Il treno **sta per** partire.

È una bambina molto attiva; non **sta** mai **ferma.**

Ragazzi, **state zitti!** Sto parlando al telefono.

In pratica

 A. La mamma curiosa. La mamma di Alex gli fa sempre un sacco di (*a lot*) domande noiose. Con un compagno / una compagna immagina le risposte di Alex e rispondi usando alcune espressioni idiomatiche adatte con **avere, fare, dare** e **stare,** secondo il contesto.

> *Esempi:* MAMMA: Perché non mangi?
> ALEX: Perché ho l'influenza e non ho fame!
> MAMMA: Perché il papà ha preso l'aspirina?
> ALEX: Perché ha lavorato troppo e ha mal di testa.

1. Perché non esci più con Veronica?
2. Perché non c'è mai niente nel tuo frigo?
3. Perché corri sempre a lezione?
4. Perché non ti metti una giacca più pesante?
5. Perché non porti tuo cugino Andrea a vedere *Il mondo perduto*?

6. Perché non sei d'accordo con le opinioni politiche di tuo padre?

7. Perché hai i capelli bagnati (*wet*)?

8. Perché non vuoi mai invitare Lele a casa nostra?

9. Perché non vieni a casa più spesso?

10. Perché hai comprato una torta e tre bottiglie di spumante?

B. Piccole conversazioni. Completa le frasi con la forma adatta di una delle espressioni idiomatiche elencate.

> **Espressioni:** *avere bisogno di, avere fretta, dare del Lei, dare del tu, dare una festa, fare la spesa, fare paura, fare un regalo, stare fermo, stare per*

1. —Devo _____ a tutti in Italia?
   —A tutti, no; puoi _____ ad altri studenti e ai tuoi coetanei (*people your own age*).

2. —I Barsanti _____. Hai ricevuto l'invito?
   —Sì. Gli voglio _____—sono così simpatici e generosi.

3. —Paola, che c'è (*what's up*)? _____?
   —Sì, devo scappare (*rush off; run*). La mia telenovela (*soap opera*) preferita _____ cominciare!

4. —Ilaria, vengono a cena i miei genitori. (Noi) _____ pane, latte, caffè, acqua minerale…
   —Presto, andiamo a _____—non c'è niente da offrirgli (*to offer them*)!

5. —Perché non guardi mai i film dell'orrore?
   —Mi _____ troppa _____!

6. —Quel cane non _____ per un minuto. È tanto nervoso!
   —Poverino! Forse _____ uscire.

 C. Chi, quale, come… ? Con un compagno / una compagna, fa' le domande e rispondi. Usa un'espressione idiomatica nella domanda e nella risposta. Usa un po' di fantasia!

> *Esempio:* perché / voglia →
> —Perché non hai voglia di studiare?
> —Non ho voglia di studiare perché fa troppo caldo.

1. quando / doccia
2. perché / fretta
3. dove / passeggiata
4. che cosa / bisogno
5. chi / del Lei
6. quale / paura
7. come mai / sonno
8. quando / compere

7. *Piacere* e verbi impersonali

Forms

	SINGOLARE	PLURALE
presente	piac**e**	piacc**iono**
passato prossimo	**è** piaciut**o/a**	**sono** piaciut**i/e**
imperfetto	piac**eva**	piac**evano**

Uses

1. The verb **piacere** is used with an indirect-object pronoun to convey the idea of *liking* or *enjoying*. Unlike in English, the subject of the sentence is the person or thing liked; the person who likes it is the indirect object.* Observe how English and Italian syntax differ.

Le piace **la campagna.**	*She likes **the country.***
indirect object—subject of **piace**	subject of *likes*—direct object
Le piacciono **i piccoli paesi**	*She likes **small towns.***
indirect object—subject of **piacciono**	subject of *likes*—direct object

2. In compound tenses, **piacere** is conjugated with **essere** and agrees in gender and number with its subject.

Gli è piaciut**o** il viaggio.	*He liked the trip.*
Gli sono piaciu**ti** i parchi nazionali.	*He liked the national parks.*

3. **A** + *noun or disjunctive pronoun* can replace the indirect-object pronouns.

A Laura non piacciono le manifestazioni; non **le piacciono** le manifestazioni.	*Laura doesn't like demonstrations; she doesn't like demonstrations.*
Ai miei amici è piaciuta la conferenza; gli è piaciuta (è piaciuta **loro**).	*My friends liked the lecture; they liked the lecture.*
Il calcio piace **a me,** non **a lui.**	*I like soccer; he doesn't.*

4. **Piacere** is always singular when its subject is an infinitive, even if the infinitive has a plural direct object.

A Bob piaceva **dipingere.**	*Bob liked to paint.*
Gli piaceva particolarmente **dipingere paesaggi.**	*He particularly liked to paint landscapes.*

5. The opposite of **piacere** is **non piacere. Dispiacere,** which occurs only in the third-person singular, is used with indirect-object pronouns to mean *to be sorry, to mind.*

—Ti **piacciono** le grandi città?	*Do you like big cities?*
—No, **non** mi **piacciono** affatto!	*No, I don't like them at all!*
Mi dispiace disturbarLa, dottore.	*I'm sorry to disturb you, doctor.*
Può darmi una penna, se non **Le dispiace?**	*Could [lit., Can] you give me a pen, if you don't mind?*

6. Several other impersonal verbs are used like **piacere.** They include **bastare** (*to be enough*), **mancare** (*to be lacking, to be missed*), **restare** (*to be left [over]*), and **servire** (*to be needed or useful*).

Le sono bastati cinque dollari; le restano cinque dollari.	*Five dollars were enough for her; she has five dollars left.*
Cara, **mi manchi** tanto!	*I really miss you, dear!*
Vi sono serviti gli articoli?	*Were the articles useful to you? (Were you able to use the articles?)*

---

*When used with reference to people, **piacere** has a somewhat more restrictive meaning than in English, usually denoting physical attraction. The expression **essere simpatici a qualcuno** is typically used to convey the idea of liking someone.

Claudia è tanto brava; mi è molto simpatica (*I really like her*).

The complete conjugation of **piacere** appears in Appendix I, E.

In pratica

 A. I gusti son gusti. In coppia dite se vi piacciono o no le seguenti cose e perché. Fate le domande e rispondete secondo l'esempio.

Esempio: le canzoni di John Mayer →
—Ti piacciono le canzoni di John Mayer?
—Sì, mi piacciono (perché sono tanto romantiche)!
(Non mi piacciono; anzi, le trovo stupide!)

1. l'opera
2. i libri di fantascienza
3. le acciughe (*anchovies*)
4. alzarsi presto la mattina
5. preparare da mangiare
6. i genitori del tuo migliore amico / della tua migliore amica
7. la politica
8. leggere *The National Enquirer*
9. fare la fila al supermercato
10. viaggiare in aereo

 B. Caratteri contrastanti. Paola e Paolo sono gemelli. Paola è una ragazza molto allegra, estroversa e sicura di sé. Paolo è un ragazzo un po' malinconico, introverso e timido. L'estate scorsa sono andati a Roma. Con la classe divisa in piccoli gruppi, dite se gli sono piaciute o no le seguenti cose.

Esempio: le discoteche →
—Le discoteche sono piaciute a Paola?
—Sì, le sono piaciute.
—Sono piaciute a Paolo?
—No, non gli sono piaciute.

1. ballare con tante persone diverse
2. la biblioteca Vaticana
3. la folla (*crowds*) e la confusione
4. quelle ragazze (le ragazze dell'ostello che ridevano e scherzavano)
5. restare fuori fino a tardi
6. le catacombe

C. Gusti di tempi passati. Completa le frasi con la forma adatta di **piacere** o **non piacere** all'imperfetto (*past tense*).

Esempio: Quando faceva l'università, Claudia abitava con i suoi genitori. →
Non le piaceva abitare con loro.

1. Da studentesse la mia amica Piera ed io eravamo vegetariane. (le verdure fresche)
2. Tu, Giorgio invece eri un vero carnivoro. (mangiare da McDonald's ogni giorno)
3. Io da giovane amavo le grandi città. (Napoli)

(continued)

Strutture **47**

4. Fino a poco tempo fa, voi eravate dei grandi fifoni (*cowards*). (i film come *Aliens* e *Jurassic Park*)

5. La nonna adorava lo swing. (i dischi di Glenn Miller)

6. Prima di scoprire la vela (*sailing*), Riccardo e Cinzia amavano sciare. (vivere in Colorado)

D. Quattro chiacchiere. Completa gli scambi con la forma adatta di **bastare, dispiacere, mancare, restare** o **servire.**

1. —Giulia, ti _____ i soldi che ti ho dato?
   —Ma dai, mamma! Sto via solo due giorni. Non solo mi _____, ma mi _____ più di cento dollari!

2. —«Cari genitori, mi _____ tanto. Mi _____ non telefonarvi più spesso, ma sono molto occupato e mi _____ il tempo per fare le cose che mi piacciono. Penso sempre a voi; vi mando un caro abbraccio. Vostro figlio, Alex».
   —«Caro Alex, anche tu ci _____. Ci _____, ma non possiamo mandarti più soldi questo mese. Ecco però una scheda telefonica. Ti può _____ per telefonarci. Tanti baci, i tuoi genitori».

3. —Ragazzi, vi _____ la tenda che vi abbiamo prestato?
   —Ci _____, eccome! L'abbiamo usata per una settimana intera a Yosemite.

4. —Scusi, signora, Le _____ spostare (*move*) la Sua valigia?
   —Non mi _____ affatto! Prego, si accomodi!

5. —Franca, è la prima volta che fai un viaggio da sola, vero? Ti _____ molto i tuoi figli?
   —Vuoi sapere quanto mi _____? Ti dico esattamente quanti giorni mi _____ prima di tornare—diciassette!

Parliamo un po'!

 A. Mio padre. Descrivi a un tuo compagno / una compagna i lavori che fa tuo padre a casa e quelli che si rifiuta di fare o non è capace di fare.

Cominciamo: Tuo padre aiuta a casa?
—Sì, da quando mia madre ha cominciato a lavorare, lui…

B. Una vacanza con i genitori. In coppia parlate di una vacanza che avete passato con i genitori e dei vantaggi e degli svantaggi di una vacanza del genere.

> *Cominciamo:* Boh, che noia, non ci vado mai più in vacanza con i miei!
> —Ma perché? Cosa è successo? Sembravi tanto entusiasta prima della partenza.

Una famiglia fa una passeggiata insieme nelle Alpi italiane.

 C. Genitori e figli. In gruppi create un breve dialogo in cui assumete ruoli diversi: alcuni di voi sono i genitori e gli altri figli. Ciascuno difende il proprio punto di vista sul fatto che sia vantaggioso o meno rimanere a casa con i genitori. Quali sono i possibili problemi che tutti e due gruppi devono affrontare?

> *Cominciamo:* FIGLIO 1: —Non vedo l'ora di trovarmi un posto tutto mio!
> MADRE: —Ma perché? Non stai bene con noi?
> PADRE: —Lascialo andare!…
> FIGLIO 2: —Bene, se tu vai via io mi prendo subito la tua camera!

A. Le metamorfosi. Volgi le seguenti espressioni dal *maschile* al *femminile* o viceversa.

> *Esempi:* il ragazzo → la ragazza
> le eroine → gli eroi

1. i maschi
2. la sorella
3. il dentista

4. la poetessa
5. le scrittrici
6. i colleghi

7. la moglie
8. le donne

B. Uno e più. Volgi dal *singolare* al *plurale* o viceversa.

> *Esempi:* il bosco → i boschi
> le classi → la classe

1. l'affitto
2. i borsoni
3. le abitudini
4. il corridoio
5. l'elenco

6. la farmacia
7. i brindisi
8. l'auto
9. il programma
10. il capoluogo

11. l'amico
12. le dita
13. la mano
14. lo sport

C. Tempo di vacanze. Completa il brano con la forma adatta dell'*articolo determinativo*, quando necessario.

Fra pochi giorni è _____[1] estate e con essa _____[2] tempo delle vacanze. Oggi è _____[3] domenica e _____[4] membri della famiglia Corsini (_____[5] due genitori e _____[6] due figli) sono seduti intorno alla tavola in cucina per discutere _____[7] varie possibilità. _____[8] signor Corsini propone _____[9] vacanze all'estero. Desidera visitare _____[10] Stati Uniti, soprattutto _____[11] Boston e _____[12] San Francisco. _____[13] signora, invece non parla _____[14] inglese e vuole restare in Italia perché desidera visitare alcune regioni meridionali come _____[15] Campania, _____[16] Abruzzi e _____[17] Puglia. _____[18] figli Alex e Valentina preferiscono _____[19] montagna e propongono di visitare _____[20] Dolomiti. Chissà dove e se _____[21] Corsini andranno in vacanza!

D. Sarà tutto un altro film. Il seguente brano fa parte di un articolo preso dall'*Espresso* che descrive una serata di un gruppo di amici. Completalo con le *preposizioni semplici* o *articolate*.

Un gruppo _____[1] amici decide _____[2] passare una serata in casa a mangiare una pizza e a guardare un thriller ispirato _____[3] ultimo John Grisham. Il film, però, non lo passano _____[4] TV, né è ancora uscito _____[5] DVD. _____[6] trasmetterlo è il telefonino. Tutti _____[7] fronte _____[8] cellulare _____[9] dare una sbiriciata (*glance*) _____[10] turno _____[11] piccolissimo schermo (*screen*)? Macché: il padrone _____[12] casa collega (*connects*) il cellulare _____[13] un grande schermo al plasma in 16:9 e il terminale si trasforma _____[14] un decoder che, una volta «raccolto» il film, lo gira

_____ [15] mega monitor _____ [16] avere una comoda visione. Questo è solo uno _____ [17] scenari destinati secondo esperti a diventare realtà _____ [18] prossimi anni.

E. Un anno all'estero. Claire è studentessa d'italiano; vuole andare a vivere in Italia per un anno. Leggi tutto il brano, poi completalo scegliendo tra i verbi elencati.

Verbi: amare   intendere   partire
         ascoltare   leggere   scrivere
         conoscere   non vedere l'ora   studiare
         finire   ospitare (to host, to put up)   trovare
         guardare   parlare

Claire _____ [1] l'Italia e _____ [2] andare ad abitare a Milano l'anno prossimo. _____ [3] italiano da un anno e mezzo e lo _____ [4] abbastanza bene. _____ [5] una famiglia milanese che la _____ [6]. Per prepararsi _____ [7] tutto quello che (*that which*) _____ [8] in italiano (giornali, riviste.) _____ [9] molte lettere a questa famiglia, _____ [10] i CD di musica italiana e quando può, _____ [11] qualche film italiano. _____ [12] verso la fine di maggio, appena _____ [13] gli studi all'università. Claire _____ [14] molto d'Italia!

F. Gusti mutevoli. Elenca sei (6) cose (persone, cibi, attività, eccetera) che ti piacciono adesso e non ti piacevano quando eri piccolo/a, o viceversa. Aggiungi dei particolari.

Esempio: Quando ero piccolo/a non mi piacevano gli asparagi; ora mi piacciono molto, sopratutto nella frittata.

Scriviamo!

A. I doveri. Negli Stati Uniti molti genitori si aspettano che i giovani aiutino nei lavori di casa. Descrivi delle cose che dovevi fare quando vivevi con i tuoi. Ti hanno mai pagato per questi lavori o ti davano una somma settimanale da spendere a tuo piacere? Cosa hai fatto con i soldi? Hai imparato qualcosa da quell'esperienza?

B. La mia prima macchina. Era nuova? Di che marca? Te l'ha regalata qualcuno o l'hai comprata tu? Come ti sentivi nel possederla? Ti ricordi qualche evento particolare legato a quest'auto? Descrivilo!

Ai giovani italiani piace passare il tempo libero chiacchierando insieme.

Per comunicare

1. Parlare delle abitudini giornaliere
2. Descrivere persone e cose
3. Parlare della famiglia
4. Fare delle domande

Strutture

1. Articolo indeterminativo
2. Presente indicativo dei verbi riflessivi e reciproci
3. Aggettivi qualificativi
4. Aggettivi e pronomi possessivi
5. Espressioni interrogative

Tanto per cominciare

 A. Al bar. È venerdì sera e ti trovi al bar con degli amici. Non vi siete visti per un paio di settimane e parlate un po' di tutto, dei corsi all'università, del lavoro, di ragazzi e di ragazze. In coppia improvvisate una serata al bar.

Cominciamo: —Non vedo l'ora che venga venerdì sera per uscire.
—Io invece preferisco il sabato.

 B. Una festa a casa. Immagina di aver organizzato una festa a sorpresa per il tuo migliore amico / la tua migliore amica in onore del suo ventunesimo compleanno. Ognuno dei tuoi amici ha portato vari piatti e tu hai comprato delle bibite, della birra e del vino e anche una grande torta. Tutto è andato molto bene però alcuni dei tuoi amici hanno bevuto troppo alcool. In gruppo parlate della festa e come vi comportate con gli amici che bevono troppo.

I giovani italiani si divertono in modo simile ai loro coetanei americani.

Cominciamo: —Se uno dei miei amici si ubriaca lo lascio dormire da me.
—Io, non lo farei perché…

 C. Il razzismo. Una volta il razzismo non esisteva in Italia. Da quando sono arrivati molti immigrati da vari paesi anche l'Italia si è scoperta razzista. In Italia l'immigrazione è un fenomeno troppo recente per cui non ci sono ancora figli di immigrati all'università. Negli Stati Uniti però le cose sono diverse. Nei campus americani ci sono molti studenti di etnie diverse. Si sono verificati episodi di razzismo nella vostra università? Ci sono associazioni di studenti di varie etnie?

Cominciamo: —Hai mai visto esempi di razzismo nel campus?
—Come no, una volta…

Alex e Lele al pub con gli amici cinesi

Anche l'Italia oggi è una nazione multietnica. Da poco si può parlare di una prima generazione di figli di stranieri nati in Italia.

ALEX: Ci sono già stato in questo pub ma non ci ho mai mangiato.

LELE: Uh!

ALEX: Lele, prova a esprimerti più chiaramente!

LELE: Volevo dire che non mi sentivo di uscire… sono un po' giù.

ALEX: Questo l'avevo notato e comunque non capisco, in fondo sei stato tu ad invitarmi. Perché sei uscito se non te la sentivi?

LELE: Forse perché avevo fame.

ALEX: Ah, qui ti volevo. Hai ancora fame perché faceva schifo anche a te la pasta che *tu* hai preparato a casa!

LELE: Beh, il sugo era un po' andato a male. Forse non dovevo usarlo!

ALEX: Un po'? Forse? È stato un miracolo che non ho vomitato! In quel frigo non c'è mai niente di fresco. Dobbiamo fare la spesa più spesso.

Alex e Lele si siedono in un angolino. Il bar è infatti pienissimo.

ALEX: Dobbiamo andare al banco a prenderci da bere. Io però aspetto a bere, prima voglio mangiare qualcosa.

LELE: Per cominciare io mi prendo un bel boccale di birra alla spina.

ALEX: A stomaco vuoto?

LELE: Beh, non proprio… c'è la *mia* pasta, non ricordi?

ALEX: Con quello schifo nello stomaco è ancora peggio.

Ma Lele si alza e va al banco per ordinare la birra. Intanto arrivano Wang e Bo che vanno a sedersi con Alex.

ALEX: Uhè, come va? Sembrate distrutti.

WANG: Abbiamo lavorato tutto il giorno nel negozio dei genitori di Bo.

ALEX: Allora oggi avete fatto un sacco di soldi.

WANG: Forse ma ce li siamo sudati.

BO: È molto stressante lavorare al negozio, gli italiani possono essere veramente scortesi.

ALEX: Cosa è successo?

WANG: Quando vengono al negozio si comportano come se la nostra merce non valesse niente. Oggi è entrata una coppia che voleva una borsa da viaggio e la prima cosa che uno dei due ha detto è stato: «Uh, 50 euro per quella borsa lì? È finta pelle».

A questo punto Lele si ricongiunge al gruppo con il suo boccale di birra già mezzo vuoto.

LELE: Eccoli qua i fratelli cinesi.

WANG: Eh, è proprio quello che ha detto la coppia quando ho risposto che la borsa era di vera pelle e che loro potevano andare in un altro negozio se volevano. Hanno detto: «Tutti così, voi cinesi, vendete robetta che non vale niente e volete fare un sacco di soldi».

BO: Devi ignorarle le persone così, sono ignoranti!

LELE: (*bevendo*) Bravo, io gli stronzi li ho sempre ignorati.

ALEX: Lele, vacci piano con la birra, devi ancora mangiare.

LELE: Tranquillo, l'altra sera ne ho bevute tre di fila e poi stavo benissimo.

ALEX: Comunque non tutti gli italiani sono così maleducati e poi gli stronzi non hanno nazionalità.

BO: No, c'è anche chi è più maleducato.

LELE: Dai, hai mai incontrato qualcuno simpatico e gentile?

BO: Sì, ma non quando vengono in negozio per fare acquisti.

LELE: A proposito, devo fare un viaggetto e ho bisogno di una bella borsa di pelle.

BO: Beh, sai dov'è il negozio, e poi adesso ci sono i saldi.

LELE: Credevo che ci fossero sempre i saldi nei vostri negozi e… mi fai lo sconto se vengo a comprare qualcosa?

BO: Cosa ti dicevo, tutti uguali, sempre a cercare sconti e a mercanteggiare.

Hai capito?

Scegli la risposta corretta e spiegala con una frase logica.

1. Lele ha fame.   V   F
   Lele _____

2. Alex invita Lele in un ristorante di lusso.   V   F
   Anzi _____

3. La pasta che hanno mangiato era ottima.   V   F
   In quanto il sugo _____

4. Lele prende un boccale di birra alla spina.   V   F
   Preferisce _____

5. Alex beve vino.   V   F
   Prima di bere _____

6. Wang ha un negozio elegante.   V   F
   Il negozio _____

7. Secondo Bo, gli italiani possono essere molto scortesi.   V   F
   Tutti gli italiani _____

8. Lele ha bisogno di una borsa.   V   F
   Lele _____

Lessico ed espressioni comunicative

Sostantivi

la birra alla spina	*draught beer*
la merce	*merchandise*
la pelle	*leather*
la robetta	*cheap stuff*
i saldi	*sales*
lo stronzo	*jerk*

Aggettivi

maleducato	*rude (ill-mannered)*
scortese	*rude (discourteous)*

Verbi

andare a male	*to go bad, sour*
fare acquisti	*to shop*
fare schifo	*to be disgusted by something*
mercanteggiare	*to bargain*
ricongiungersi a	*to rejoin*

Espressioni comunicative

di fila	*one after the other*
sudarselo	*to work hard, to sweat over*

Vocabolario attivo

A. Quattro chiacchiere. Consulta il **Lessico ed espressioni comunicative** e completa le seguenti frasi con la parola adatta.

1. —Chiara, mangi qualche volta da McDonald's?
   —Mai, gli hamburger mi _____.
2. —In estate mi piace bere _____. Il vino non lo sopporto per niente.
   —Anch'io amo la birra, sono capace di berne tre _____.
3. —Anna, sabato prossimo vieni al mercato in piazza con me? Devo _____ per il mio guardaroba, non ho niente da mettere per l'inverno.
   —Vengo volentieri con te perché mi piace vederti _____ con i venditori, sei proprio brava. Ti fanno sempre lo sconto.
4. —Senti Sonia, il sugo già pronto che ho comprato ieri da Giuseppe aveva un cattivo sapore, sono sicura che _____.
   —Anche a me è successa la stessa cosa, che _____ questo nostro Giuseppe!

(continued)

5. —Grazia, quanto hai guadagnato lavorando come cameriera da Vesuvio?

—Non molto, ma ogni euro _____ lo _____!

6. —Vedrai che Lele _____ a noi dopo aver preso qualcosa da bere.

—E sì, già lo vedo arrivare.

B. Sinonimi. Scrivi i sinonimi delle seguenti parole. Consulta il dizionario quando necessario.

1. il cuoio → _____
2. la roba → _____
3. sgarbato → _____
4. le svendite → _____

Anticipazioni grammaticali

A. Da inserire. Metti l'*articolo indeterminativo* di fronte alle seguenti parole.

1. _____ negozio
2. _____ ingresso
3. _____ borsa
4. _____ impiegata
5. _____ sconto
6. _____ stronzo
7. _____ autobus
8. _____ angolo
9. _____ merce

B. Una giornata tipica. Con un compagno / una compagna parla di una tua giornata tipica. Usa i *verbi riflessivi* nelle tue domande e risposte.

Cominciamo: —Mi sveglio ogni mattina alle 7. E tu?
—A me piace dormire. Mi sveglio alle 9.

C. I miei amici. In coppia rispondete alle seguenti domande.

1. Quando tu e i tuoi amici vi parlate?
2. Quando vi telefonate?
3. Quante volte a settimana vi scambiate messaggi di posta elettronica?
4. Quando vi incontrate al bar?
5. In quali occasioni vi fate regali?
6. Vi aiutate quando avete dei problemi personali?
7. Allora, vi volete bene?
8. Preferite telefonarvi o mandarvi messaggini? Perché?

D. Immaginazione! Descrivi un tuo amico / una tua amica con il maggior numero di aggettivi. Dopo descrivi un tuo parente con cui vai d'accordo di più / di meno e spiega perché.

Cominciamo: —La mia amica Dora è alta, simpatica…
—Mio zio Franco è buffo perché racconta sempre barzellette. È anche…

E. I miei i tuoi. In coppia preparate delle domande che si riferiscono alla vostra famiglia (quante persone ci sono, che fanno, quanti anni hanno e così via).

Cominciamo: —Quante sorelle hai?
—Ho due sorelle, e tu?

Strutture

1. Articolo indeterminativo

Forms

The form of the indefinite article (meaning *a, an*) is determined by the gender and the first letter(s) of the word that follows it. This chart shows all the variants.

MASCHILE	
before most consonants: **un**	**un** professore
before **s** + *consonant*, **z, ps: uno**	**uno** sportello **uno** zaino **uno** psicologo
before vowels: **un**	**un** amico
FEMMINILE	
	una materia
	una strategia
before all consonants: **una**	**una** zoologa
	una psicologa
before vowels: **un'**	**un'**aula

Uses

1. In contrast to the definite article, the indefinite article refers to a nonspecific item or person.

    un articolo, **una** persona

2. The indefinite article is omitted after **essere** or **diventare** (*to become*) followed by an unmodified noun indicating profession, nationality, family status, political affiliation, or religion. When modified by an adjective, the article is used.

È dottoressa.	È **una** dottoressa molto nota.
È italiana.	È **un'**italiana di origine francese.
Maurizio diventerà (*will become*) pianista.	Maurizio diventerà **un** pianista famoso.

> **Attenzione!**
>
> One important exception: **figlio unico / figlia unica** (*only child*). Romana è **figlia unica.**

In pratica

A. Cosa c'è nel campus? Nomina persone o cose che si trovano nella tua università (nel tuo *college*). Usa la forma adatta dell'*articolo indeterminativo*.

> *Esempio:* piscina (*swimming pool*) →
> C'è una piscina. (Non c'è una piscina.)

Possibilità: *casa dello studente, facoltà d'ingegneria* (engineering), *bar, infermeria, professore molto famoso, stadio, cinema, mensa, palestra* (gym), *ufficio postale*

B. Chi sono? Ecco una serie di nomi di cose o di persone. Definisci ogni nome, aggiungendo un aggettivo e la forma adatta dell'*articolo indeterminativo*.

> *Esempio:* Danielle Steele → È una scrittrice famosa.

1. *Missione impossibile 3*
2. Robert De Niro
3. Harvard
4. Michelangelo
5. Drew Barrymore
6. *Il Times* di Londra
7. *Aida*
8. *The New Yorker*
9. Sigmund Freud
10. Maserati
11. Il Duomo
12. Il Vesuvio

E adesso ripeti i nomi dell'elenco precedente senza l'aggettivo (e senza l'articolo indeterminativo quando è opportuno).

> *Esempio:* Danielle Steele → È scrittrice.

 C. Consumismo! Un compagno / una compagna ti chiede se hai certe cose. Se rispondi «no», di' invece quello che hai.

> *Esempio:* motorino (bici) →
> —Hai un motorino?
> —Sì, ho un motorino. (No, non ho un motorino ma ho una bici.)

1. biglietto per il cinema (prenotazione per il teatro)
2. macchina per scrivere (computer)
3. zaino (cartella [*briefcase*])
4. appartamento grande (stanza con bagno)
5. agenda (calendario tascabile)
6. dizionario italiano (grammatica italiana)

2. Presente indicativo dei verbi riflessivi e reciproci

Reflexive verbs

alzarsi *to get up*		mettersi *to put on (clothing, etc.)*		vestirsi *to get dressed*	
mi alzo	ci alziamo	mi metto	ci mettiamo	mi vesto	ci vestiamo
ti alzi	vi alzate	ti metti	vi mettete	ti vesti	vi vestite
si alza	si alzano	si mette	si mettono	si veste	si vestono

Forms

1. You are already familiar with the verb **chiamarsi** (**Capitolo Introduttivo**); recall that the action of reflexive verbs refers back to the subject. To refresh your memory: in English, most reflexive constructions are implicit: *Time to get (yourselves) up!* In Italian, reflexive pronouns must always be used with reflexive verbs.

2. Reflexive verbs follow normal conjugation patterns. Their infinitive endings are **-arsi, -ersi**, and **-irsi.**

3. Reflexive pronouns ordinarily precede the conjugated forms of verbs and agree with the subject of the verb.

Ti vesti sempre in fretta!	*You always get dressed in a hurry!*
Ci alziamo ogni giorno alle sette.	*We get up every day at seven.*

4. Reflexive verbs are conjugated with **essere** in compound tenses.*

Ti sei riposato bene durante le ferie?	*Did you have a good rest over the vacation?*
Ci siamo divertiti a Milano.	*We had fun in Milan.*

5. When used with infinitives, the reflexive pronoun attaches to the infinitive ending, which drops its final **-e.**

Avete intenzione **di mettervi** i jeans per andare alla festa?	*Do you intend to put on jeans to go to the party?*
Bisogna **abituarsi** al nuovo orario.	*You have to get used to the new schedule.*

6. When modal verbs **dovere, potere,** and **volere** are used with the infinitive form of reflexive verbs, the reflexive pronoun can either precede the conjugated verb or be attached to the infinitive.

Mi voglio riposare durante le vacanze.	*I want to rest during the vacation.*
Voglio riposarmi durante le vacanze.	
Il bambino non **si può vestire** da solo.	*The child can't get dressed by himself.*
Il bambino non **può vestirsi** da solo.	

Uses

1. Some verbs are considered intrinsically reflexive. For example, **radersi** (*to shave*) and **lavarsi** (*to wash*) clearly refer back to the subject, since they are actions carried out upon one's own body. Others, such as **laurearsi** (*to get a college degree*) and **stabilirsi** (*to settle down, to get established*), may be described as reflexive in form but not in intrinsic meaning. However, they all follow the same basic grammatical patterns. Some of the most common reflexives are:

abituarsi (a)	*to get used (to)*
accorgersi (di)	*to notice*
annoiarsi	*to become bored*

---

*The use of reflexive verbs in compound past tenses is presented in **Capitolo 3, Strutture 2: Passato prossimo.**

arrabbiarsi	*to become angry*
farsi male	*to hurt oneself*
fermarsi	*to stop*
godersi	*to enjoy*
innamorarsi (di)	*to fall in love (with)*
lamentarsi (di)	*to complain (about)*
laurearsi	*to graduate (from a university)*
levarsi, togliersi	*to take off (clothing, etc.)*
rendersi conto (di)	*to realize, become aware (of)*
riposarsi	*to rest*
sentirsi	*to feel*
sistemarsi	*to settle down, get organized*
sposarsi	*to get married*
spostarsi	*to move*
stabilirsi	*to settle (in a place)*
svegliarsi	*to wake up*
trasferirsi	*to relocate, move*
trovarsi	*to be situated, find oneself*
vestirsi	*to get dressed*

2. Many verbs can be used both as reflexives and as transitive verbs, which act on separate direct objects.

Prima **veste** il bambino e poi **si veste.**	*First he dresses the baby and then he gets dressed.*
Devo **svegliare** Filippo domani alle sei perché non **si sveglia** mai da solo.	*I have to wake up Filippo tomorrow at six because he never wakes up on his own.*

3. When a subject acts upon his or her own body, clothing, or a personal possession, Italian uses reflexive verbs and definite articles. English, by contrast, uses possessive adjectives. Common expressions of this kind include:

bruciarsi (il dito, il braccio)	*to burn oneself (one's finger, arm)*
cambiarsi (i vestiti, le scarpe)	*to change (one's clothes, shoes)*
dimenticarsi (le chiavi, la cartella)	*to forget (one's keys, briefcase)*
lavarsi (i capelli, la faccia)	*to wash (one's hair, face)*
mangiarsi le unghie	*to bite (lit., to eat) one's nails*
mettersi (i vestiti, il cappello)	*to put on (one's clothes, a hat)*
pettinarsi	*to comb one's hair*
pulirsi (i denti, la camicia)	*to clean (one's teeth, shirt)*
slogarsi (il polso, la caviglia)	*to sprain (one's wrist, ankle)*
sporcarsi (il viso, le mani)	*to get (one's face, hands) dirty*

Sta' attento a non **bruciarti le mani!**	*Be careful not to burn your hands!*
Non **ti metti il costume da bagno?**	*Aren't you putting on your bathing suit?*

Reciprocal verbs

1. Plural reflexive constructions can be used to express a reciprocal action (*to each other, to one another*).

Si scrivono spesso.	*They write each other often.*
Ci incontriamo ogni estate nello stesso albergo.	*We meet (each other) every summer in the same hotel.*

2. The following verbs are commonly used reciprocally.

aiutarsi	Io e Luca **ci aiutiamo** sempre in cucina.
amarsi	Dante e Laura **si amavano** in segreto.
darsi appuntamento	**Ci diamo** appuntamento per il 15 giugno.
farsi regali	**Si fanno** regali a Natale.
odiarsi	Sono fratelli ma purtroppo **si odiano.**
(ri)vedersi	Allora, **ci vediamo** la settimana prossima!
salutarsi	Strano—**si salutano** ma non si fermano mai a parlare.
sentirsi (al telefono)	**Ci sentiamo** domani, va bene? Ciao, ciao!
volersi bene	È chiaro che tu e tuo marito **vi volete bene.**

3. Certain expressions can reinforce or clarify the reciprocal meaning.

fra di noi (voi, loro)	*among ourselves (yourselves, themselves)*
l'un l'altro (l'un l'altra)	*each other*
reciprocamente	*reciprocally, mutually*
a vicenda	*each other, in turn*

> Si parlano spesso **fra di loro.**   *They often speak among themselves.*
> Vi guardate **l'un l'altro** come   *You look at one another like two people*
>   due innamorati!   *in love!*

In pratica

A. Cosa ci mettiamo? Il tuo amico Bob si sposa con Elena, una ragazza italiana che ha conosciuto durante le vacanze. Di' quello che gli invitati alla cerimonia si mettono per il ricevimento.

> *Esempio:*   tu / una gonna molto elegante →
>   Tu **ti metti** una gonna molto elegante.

1. io / la blusa e i pantaloni di seta
2. la mia amica / la collana di perle vere
3. i miei compagni di camera / giacca e cravatta
4. voi due / il farfallino
5. Emanuela ed io / i nuovi sandali
6. tu / l'abito di Armani
7. Alex / la maglietta sporca

B. Tanto da fare! Il ricevimento per il matrimonio di Elena e Francesco sarà un'occasione per una festa molto elegante. La mamma di Elena organizza la festa, e dice ai parenti quello che devono o non devono fare. Ripeti i suoi ordini, usando **dovere** e i *verbi riflessivi.*

> *Esempio:*   cugina Marta / mettersi il vestito viola →
>   La cugina Marta deve mettersi il vestito viola. (La cugina
>   Marta si deve mettere il vestito viola.)

1. tu / alzarsi alle sette
2. le gemelle (*twins*) vestirsi molto bene

3. il piccolo Luigino / lavarsi e pettinarsi con molta cura

4. voi / non arrabbiarsi se alcuni ospiti (*guests*) arrivano in ritardo

5. Carlo / fermarsi dal fioraio (*florist*) a prendere le rose

6. io / riposarsi prima della cerimonia

7. le zie / non lamentarsi del tempo

8. noi tutti / divertirsi alla festa

C. Riflessivi vari. Completa le frasi con la forma adatta del *verbo riflessivo*, secondo il contesto.

Verbi: *abituarsi, annoiarsi, laurearsi, rendersi conto, slogarsi, sposarsi, trasferirsi, trovarsi*

1. Marcello adesso scrive la tesi, e l'anno prossimo _____.

2. In genere io _____ facilmente alle nuove situazioni.

3. Anna e Carlo sono innamorati, _____ a giugno; poi Carlo _____ a Milano per motivi di lavoro.

4. Sei in ritardo un'altra volta! Forse non _____ che arrivi sempre in ritardo!

5. Pisa _____ a circa (*about*) cinquanta chilometri da Firenze.

6. Non voglio portare i bambini alla conferenza perché _____ sicuramente.

7. Bob _____ il piede giocando a pallacanestro.

D. Cosa si fanno? Usando le espressioni seguenti, completa le frasi in modo logico con la forma adatta dei *verbi riflessivi*.

Espressioni: *bruciarsi la mano, cambiarsi gli occhiali, dimenticarsi il portafoglio, farsi la barba, lavarsi le mani, mangiarsi le unghie, pulirsi i denti, slogarsi la caviglia, sporcarsi il viso*

Esempio: Quei bambini _____ mangiando tanti cioccolatini.
           Quei bambini *si sporcano il viso* mangiando tanti cioccolatini.

1. Marisa _____ è molto nervosa perché sta per dare un esame molto difficile.

2. Se _____ a casa non ho soldi per mangiare in mensa.

3. Di solito quando va in cucina a prepararsi la pastasciutta (*any pasta dish*), Lele _____.

4. Ragazzi, non dimenticate di _____ prima di andare a un colloquio di lavoro (*job interview*).

5. Claudia non vuole andare a sciare perché ha paura di _____.

6. Un medico deve sempre _____ prima di visitare un cliente.

7. La mattina mi faccio la doccia, mi pettino e, dopo mangiato, _____.

8. Devo _____ per leggere e per guidare la macchina.

E. Sciarada (*Charades*). Dividete in gruppi di tre o quattro studenti. Scrivete queste espressioni e altre simili su dei pezzettini di carta e distribuiteli ai gruppi. Mimate le azioni e fate indovinare gli altri!

Espressioni: *amarsi, darsi appuntamento, farsi regali, incontrarsi, odiarsi, rivedersi, salutarsi, scriversi, telefonarsi*

3. Aggettivi qualificativi

Adjectives can modify nouns, pronouns, or other adjectives. They agree in gender and number with the word they modify. This chart shows the regular variants.

MASCHILE		
	Singolare	*Plurale*
-o → i	l'uomo perpless**o**	gli uomini perpless**i**
-e → i	l'accordo unanim**e**	gli accordi unanim**i**
-ista → isti	il signore ego**ista**	i signori ego**isti**
FEMMINILE		
	Singolare	*Plurale*
-a → e	la donna perpless**a**	le donne perpless**e**
-e → i	la decisione unanim**e**	le decisioni unanim**i**
-ista → iste	la signora ego**ista**	le signore ego**iste**

If an adjective modifies two or more words of different genders, it takes the masculine plural form.

Il partito e la coalizione sono compromess**i**.

Position of adjectives

1. Adjectives normally follow the noun they modify. Any adjective preceded by an adverb (**molto, poco, troppo, tanto,** and so on) *must* follow the noun.

Sono studenti **apatici.**
Sono giornalisti **molto entusiasti.**

2. Certain commonly used adjectives precede the noun they modify. Among them are **bello, bravo, brutto, buono, caro, cattivo, certo, giovane, grande, lungo, piccolo, primo, stesso, ultimo, vecchio,** and **vero.**

Quella senatrice è una **brava** persona.
Fate sempre gli **stessi** errori.
ma   Lei sa preparare degli spaghetti **molto buoni.**

3. Some adjectives change meaning depending on the position they occupy. Common examples include:

una **cara** persona (*dear*)	una macchina **cara** (*expensive*)
un **nuovo** televisore (*another*)	un televisore **nuovo** (*brand-new*)
una **certa** signora (*certain*)	una cosa **certa** (*sure*)
un **povero** ragazzo (*unfortunate*)	un ragazzo **povero** (*with little money*)
diverse cose (*a few, several*)	cose **diverse** (*different*)
un **vecchio** amico (*known for many years*)	un amico **vecchio** (*elderly*)
un **grand'**uomo (*great*)	un uomo **grande** (*large, tall*)

4. However, multiple common adjectives of the type listed in point 2 may precede the noun they modify.

È una **vecchia cara** amica.

In most cases, multiple adjectives follow the noun they modify.

È un'università **vecchia** e **famosa**.

Irregular plurals of adjectives

1. Most adjectives with irregular plurals follow the general patterns summarized below.

NEXT-TO-LAST SYLLABLE STRESSED	
-co → **-chi**	bianco → bian**chi**
-ca → **-che**	bianca → bian**che**
-go → **-ghi**	lungo → lun**ghi**
-ga → **-ghe**	lunga → lun**ghe**
-gia → **-ge**	gri**gia** → gri**ge**

SYLLABLE BEFORE NEXT-TO-LAST STRESSED	
-co → **-ci**	simpatico → simpati**ci**
-ca → **-che**	simpatica → simpati**che**

-i IN NEXT-TO-LAST SYLLABLE STRESSED	
-io → **-ii**	restio (*reluctant, unwilling*) → rest**ii**
-ia → **-ie**	restia → rest**ie**

FINAL **-i** UNSTRESSED	
-io → **-i**	vecchio → vecchi
-ia → **-ie**	vecchia → vecchie

2. Adjectives denoting certain colors are invariable in the plural: **beige, blu** (*navy / dark blue*), **marrone** (*brown*), **viola** (*purple / violet*), **rosa** (*pink*).

Ho i guanti (*gloves*) **beige** e gli stivali **marrone**.

3. In compound adjectives, only the ending of the final adjective changes in the plural: **i film italo-francesi, le teorie socio-politiche**.

In pratica

A. Descrizioni. Completa le frasi con gli *aggettivi indicati*. Attenzione alla posizione degli aggettivi!

Esempio: Ho troppa roba. Devo affittare un _____ appartamento _____. (nuovo) →
Devo affittare un **nuovo** appartamento.

1. Amo molto mia zia. È una ____ persona ____. (cara)
2. Chi vincerà le elezioni presidenziali? «Non è una ____ cosa ____», dice il giornalista. (certo)
3. I nostri vicini sono immigrati russi. Sono ____ persone ____ ma simpatiche e intelligenti. (povero)
4. La mia amica è traduttrice. Ha ____ dizionari ____ di lingue straniere. (diverso)

5. Conosco Fabia da molto tempo. È una _____ collega _____ di mio marito. (vecchio)

6. Non devi credere a Paolo; è un _____ bugiardo (*liar*) _____. (grande)

7. Quell'uomo è tanto noioso. Dice sempre le _____ cose _____. (stesso)

8. La signora Morelli insegna l'italiano ai profughi. Fa un _____ lavoro _____. (grande e importante)

9. Il padre di Alex ha sempre la _____ automobile _____. (stessa)

B. Aggettivi. Con un compagno / una compagna, inventa dei brevi dialoghi secondo l'esempio.

Esempio: le opere di Mozart / i concerti di Brahms (lungo) →
—Le opere di Mozart sono lunghe.
—Anche i concerti di Brahms sono lunghi.

1. i signori Costa / le loro figlie (simpatico)

2. la borsa di Gianna / i suoi guanti (rosa)

3. quest'armadio / questi quadri (vecchio)

4. l'ombrello / le scarpe (grigio)

5. le lezioni di fisica / i compiti (lungo)

6. gli edifici in Puglia / le chiese di Capri (bianco)

C. Indovinelli (*Riddles*). In piccoli gruppi, scrivete una descrizione di persone note ai vostri compagni di classe. Dopo, chiedete loro di indovinare (*to guess*) chi sono. Usate molti aggettivi e siate specifici. Usate un po' d'immaginazione!

Esempio: Quattro inglesi famosi, originali, bravissimi musicisti, non sempre simpatici.
Sono molto ricchi, e ormai sono abbastanza vecchi. →
Sono i Rolling Stones!

Possibilità: *Roseanne Barr, Bill e Hillary Clinton, Arnold Schwarzenegger, la regina Elisabetta, Leonardo da Vinci*

E adesso fate delle descrizioni simili di cose invece che persone.

Esempio: Un'università americana vecchia e famosa, privata, non molto grande, vicino a Boston. → È Harvard!

Possibilità: *la Vespa, la torre pendente di Pisa, il cappuccino, il Colosseo, un ristorante molto frequentato* (popular) *vicino al vostro campus, la pizza napoletana*

4. Aggettivi e pronomi possessivi

Possessive adjectives indicate ownership: *my* TV, *his* CDs, *their* camera. Possessive pronouns also indicate ownership but take the place of nouns: my TV and *hers*, their camera and *ours*.

Forms

SINGOLARE		PLURALE	
Maschile	*Femminile*	*Maschile*	*Femminile*
(il) mio	(la) mia	(i) miei	(le) mie
(il) tuo	(la) tua	(i) tuoi	(le) tue
(il) suo/Suo	(la) sua/Sua	(i) suoi/Suoi	(le) sue/Sue
(il) nostro	(la) nostra	(i) nostri	(le) nostre
(il) vostro	(la) vostra	(i) vostri	(le) vostre
(il) loro/Loro	(la) loro/Loro	(i) loro/Loro	(le) loro/Loro

Uses

1. In Italian, possessive adjectives and pronouns agree in gender and number with the noun they modify.

> **i film** di Lina Wertmüller   **i suoi** film
> **le opere** di Giuseppe Verdi   **le sue** opere

2. When two third-person possessive pronouns occur in the same sentence, use **di lui** or **di lei** to avoid ambiguity.

> l'amico **di lui,** non **di lei**

Use of definite articles with possessives

1. When a possessive adjective directly follows a conjugated form of **essere,** the article is generally omitted.

> Sono **tuoi** questi CD?

2. Possessive pronouns, however, generally retain the article, no matter what or whom they refer to.

> Mia madre è casalinga. E **la tua?**

3. The definite article is always used with **loro.**

> Questi sono **i loro** costumi. Sono **i loro.**

4. The definite article is omitted before singular unmodified nouns indicating family members.

> **Sua** sorella fa la presentatrice alla televisione.

5. However, the article is always used before plural or modified nouns indicating family members, including such affectionate terms as **mamma, papà,** and **babbo.** Its use before **nonno** and **nonna** is optional.

> **I miei** fratelli e **la mia** sorellastra vanno pazzi per i Simpsons.
> Anche **la nostra** cugina italiana li adora.

6. The expressions **i miei (tuoi, suoi,** and so on) refer to one's parents (less often, to the whole family).

> Il mese prossimo vado a trovare **i miei.**

7. Observe how English expressions such as *of mine* and *of yours* are conveyed.

Due mie amiche frequentano l'accademia di belle arti.
Quei tuoi amici sono un po' strani.

The adjective **proprio/a** (*one's own*) can reinforce the possessive or replace **suo** or **loro**. It is always used in impersonal statements.

Pago le tasse universitarie con **i miei propri** soldi.	*I pay my university tuition with my own money.*
Gustavo tende a nascondere **le proprie** idee.	*Gustavo tends to hide his own ideas.*
È importante conoscere **i propri** limiti.	*It is important to recognize one's own limits.*

Attenzione!

Remember that possessives are rarely used in Italian when referring to parts of the body or articles of clothing, particularly with a reflexive expression.

Si è rotto la gamba.
He broke his leg.

Franca ha dimenticato l'impermeabile.
Franca forgot her raincoat.

In pratica

A. Preferenze. Completa le frasi in modo logico.

Esempio: Giulia preferisce i suoi mobili ed io... preferisco **i miei.**

1. Io ho le mie amiche e Alex _____.
2. Voi ascoltate i vostri CD e Franca ed io _____.
3. Tu arredi (*decorate*) il tuo appartamento ed io _____.
4. I miei amici seguono i loro corsi e tu _____.
5. Noi guidiamo la nostra auto e i nostri amici _____.
6. Francesca prova (*tries on*) i suoi vestiti e voi due _____.
7. Tu difendi le tue idee e i tuoi amici _____.

B. Quattro chiacchiere. Completa le frasi con la forma adatta dell'*aggettivo possessivo*, dell'*articolo determinativo* o di **proprio**.

1. —Donata, quando vai a trovare _____ (*your folks*)?
   —Il week-end prossimo. È il compleanno _____ (*of my*) papà.

2. —Gino, lascia stare la macchina! _____ (*Your*) zii ti vogliono vedere!
   —Un attimo! Sono tutto sudato (*sweaty*); mi voglio cambiare _____ (*my*) camicia.

3. —Con chi va in vacanza Paolo? Con _____ (*his*) sorelle?
   —No, con alcuni _____ (*of his*) amici, mi pare.

4. —Mi piace lavorare con Paola perché è molto attenta con _____ (*her*) lavoro.
   —Hai ragione. È per questo che _____ (*her*) colleghi la stimano (*respect*) tanto.

5. —Alex non ha ancora chiesto scusa a _____ (*his*) padre?
   —Eh, cara mia, è difficile ammettere _____ (*one's own*) errori.

C. Conversazione a ruota libera (*free-wheeling*). Parla un po' della tua famiglia con un compagno/una compagna. Chiedigli/Chiedile...

> *Esempio:* i nomi dei nonni →
> I miei nonni materni si chiamano Rose e Gerald. Il mio nonno paterno, morto cinque anni fa, si chiamava Raffaele. Il nome della mia nonna paterna è Caterina.

1. ...l'indirizzo della sua famiglia
2. ...il numero e la professione (le attività principali) dei suoi fratelli e /o delle sue sorelle
3. ...l'età dei genitori quando lui è nato / lei è nata
4. ...il lavoro dei suoi genitori
5. ...il carattere del suo parente più eccentrico, e perché è eccentrico
6. ...il luogo di nascita dei suoi nonni

5. Espressioni interrogative

There are several ways to ask yes/no questions in Italian. Unlike in English, the word order can be the same as that of a declarative sentence. The sentence is made interrogative by

1. changing intonation so that vocal pitch rises at the end of a declarative sentence.

    È di Bologna?   È italiana?

2. adding **non è vero? è vero? vero?** or **no?** to the end of the sentence.

    Marco è maleducato, **no**?   Sei spagnolo, **non è vero**?

3. adding questions like **d'accordo?** or **va bene?** to the end of the sentence when you expect a positive response.

    Tornate presto, **va bene**?   Usciamo alle sette, **d'accordo**?

4. Placing the subject of a question either at the beginning or the end.

    Lele va a lezione?   Va a lezione **Lele**?

Interrogative adjectives

1. Interrogative adjectives modify nouns, pronouns, or other adjectives. They correspond to *what?*, *what kind of?*, *which?*, *how much?*, and *how many?* in English. With the exception of **che**, which is invariable, interrogative adjectives agree in gender and number with the nouns they modify.

2. **Quale** (*which* or *what*) has only two forms, singular and plural.

Quale paese preferisci?	*Which country is your favorite?*
Quali paesi hai visitato quest' estate?	*Which countries did you visit this summer?*

3. The invariable **che** (*what*) often substitutes for **quale** in informal Italian.

Che programma televisivo guardi?   *Which TV program are you*
                                         watching?

4. **Quanto** (*how much, how many*) follows the patterns of regular singular and plural adjectives: **quanto, quanta, quanti, quante.**

Quanti studenti ci sono in classe?   *How many students are in class?*
Quanto materiale devono studiare?   *How much material do they have to*
                                          study?

Interrogative pronouns

Interrogative pronouns take the place of nouns, or refer back to previously mentioned nouns, in questions. They correspond to *who?, whom?, what?,* and *which (one[s])?* in English.

1. **Chi** (*who, whom*) and **che, cosa** and **che cosa** (*what*) are invariable.

Chi fa acquisti ogni settimana?   *Who shops every week?*
Per **chi** è la borsa di pelle?   *For whom is the leather purse?*
Che (cosa) significa "i saldi"?   *What does "i saldi" mean?*

2. **Quale** and **quanto** can also be used as interrogative pronouns. They always agree with the nouns they replace. **Quale** drops its final **e** before a vowel.

Quali (negozi) preferite?   *Which (stores) do you prefer?*
Quante (cioè, quante nostre   *How many (i.e., how many of our*
  amiche) vengono al concerto?   *friends [f.]) are coming to the concert?*

3. In Italian, a preposition must *always* precede an interrogative pronoun; in contrast with informal English, it can never follow the pronoun.

Con chi studi?   *Who do you study with?*
A che cosa pensate? *What are you thinking about?*

Interrogative adverbs

Like other adverbs and adverbial expressions, **come** (*how*), **come mai** (*how come*), **dove** (*where*), **perché** (*why*), and **quando** (*when*) are invariable. (**Dove** and **come** contract before **e.**) In questions using these adverbs, the subject usually appears at the end.

Come pagano le tasse d'iscrizione Alex e Lele?

Come mai si lamentano i genitori?

Dove abitano Alex e Lele?

Perché affittano un appartamento a Milano?

Quando pensano di laurearsi?

In pratica

A. Interrogatorio. Ognuna delle domande a destra dovrebbe cominciare con un *aggettivo* o *avverbio interrogativo*. Tutte queste parole sono state cancellate (*have been deleted*). Reinseriscile (*Replace them*) nella forma adatta. Poi scegli la risposta corretta per ogni domanda. Se non sai le risposte, cerca di indovinare! Le risposte sono stampate al rovescio a piè a pagina (*upside-down at the bottom of the page*).*

❶ _____ popolarissimo attore è fratello di Shirley MacLaine?

E = Warren Beatty; **F** = Paul Newman; **V** = Robert Redford

❷ _____ di queste sinfonie fu composta da Robert Schumann?

C = La Primavera; **Q** = La Tragica; **T** = Resurrezione.

❸ _____ formulò la famosa «legge elementare» dell'elettrodinamica?

P = Ampère; **H** = Edison; **K** = Volta.

❹ A _____ musicista fu sentimentalmente legata la scrittrice George Sand?

H = Chopin; **W** = Liszt; **G** = Wagner.

❺ _____ nacque Carlo Collodi, il creatore di <u>Pinocchio</u>?

A = Firenze; **Y** = Roma; **S** = Torino.

❻ In _____ opera lirica è il personaggio di Norina?

U = Il barbiere di Siviglia; **L** = Don Pasquale; **Q** = I pagliacci.

Fonte: La Settimana Enigmistica. Copyright reserved.

B. Punti interrogativi. Forma le domande che corrispondono alle seguenti risposte.

Esempio: Parlano con **gli amici**? → **Con chi** parlano?

1. Alex e Lele escono **di sera.**
2. Decidono di andare **al bar.**
3. Ci vanno **a piedi,** perché la macchina è dal meccanico.
4. Al bar si incontrano con **due amici cinesi.**
5. I quattro amici chiacchierano **della loro vita.**
6. Wang e Bo sembrano distrutti **dalle lunghe ore di lavoro.**
7. **I genitori di Bo** sono proprietari di un negozio di borse.

*Le risposte sono: (1) Quale, E; (2) Quale, C; (3) Chi, P; (4) quale, H; (5) Dove, A; (6) quale, L.

Parliamo un po'!

 A. L'amicizia. L'amicizia è molto importante nella vita sia dei giovani che degli adulti. In coppia parlate dell'importanza dell'amicizia per voi. Quali aspetti considerate importanti e quali meno importanti?

Cominciamo: —Ho conosciuto il mio miglior amico quando frequentavo la scuola elementare.

—E io, il mio, all'asilo. Siamo ancora amici per la pelle (*friends for life*)!

 B. Un problema attuale. A differenza dei giovani italiani che spesso rimangono a vivere a casa con i loro genitori anche quando frequentano l'università, molti studenti americani iniziano a vivere da soli quando frequentano l'università. Lì godono di libertà e di indipendenza senza essere sempre sotto gli occhi dei genitori. Di conseguenza molti cominciano a bere un sacco di birra e ubriacarsi frequentemente. L'abuso dell'alcool è diventato uno dei più grossi problemi in quasi ogni campus americano. In gruppi parlate di questo problema e scambiatevi delle esperienze. Cercate di proporre delle soluzioni.

Cominciamo: —Non mi piace quando la mia compagna di stanza ritorna dalla festa ubriaca.

—Boh, che c'è di male se non disturba nessuno e…

 C. L'Italia multietnica. Negli ultimi anni l'Italia è diventata la meta di immigrati da tutti i paesi del mondo, e il problema del razzismo si è manifestato in vari modi anche tra i giovani. Chi di voi è stato/a in Italia e ha notato episodi di razzismo? Erano coinvolti soprattuto adulti o anche giovani? Parlatene insieme in classe.

Cominciamo: —Ho conosciuto alcuni ragazzi d'origine araba a Firenze e mi hanno raccontato come sono trattati male dai loro coetanei italiani.

—Io, non ho notato niente…

A. Strumenti di lavoro. Lele comincia un nuovo lavoro e fa la lista delle cose di cui ha bisogno. Completa la lista con gli *articoli indeterminativi* adatti.

Esempio: *un* vocabolario inglese

1. _____ penna stilografica
2. _____ una matita
3. _____ agenda
4. _____ zaino
5. _____ computer
6. _____ stampante (*f.*) laser

7. _____ sveglia
8. _____ forno a microonde
9. _____ macchinetta del caffè (*espresso maker*)
10. _____ permesso per il parcheggio

B. Al pub. Lele si prepara per uscire con gli amici per andare al pub. Descrivi cosa fa usando i seguenti verbi. Aggiungi dei dettagli alla tua descrizione.

Verbi: *darsi appuntamento, lavarsi, vestirsi, incontrarsi, sedersi, confidarsi, rallegrarsi*

C. Ricordi personali. Ripensa ai primi giorni all'università, alle esperienze nuove e inaspettate che hai affrontato. Pensa agli amici che hai conosciuto e le cose che avete fatto insieme. Scrivi un breve diario usando i *verbi reciproci* dati.

Verbi: *presentarsi, lamentarsi, rivedersi, telefonarsi, trovarsi*

D. Le descrizioni. Rileggi il dialogo **Alex e Lele al pub con gli amici cinesi** e cerca di descriverne i protagonisti usando gli *aggettivi qualificativi*.

1. Lele è _____
2. Alex è _____
3. Wang è _____
4. Bo è _____
5. I clienti sono _____

E. Tanti o uno? Volgi le espressioni singolari al plurale e viceversa.

Esempi: la risposta decisiva → le risposte decisive
i bei vestiti → il bel vestito

1. la grande università _____
2. la spiaggia lunga _____
3. i vecchi signori _____
4. gli studiosi perfezionisti _____
5. l'impiegato simpatico _____
6. i clienti maleducati _____
7. lo zaino rosa _____
8. il fiume largo _____
9. il pub pieno _____

F. Un incontro tra amici. Leggi attentamente il dialogo, poi completalo con le espressioni adatte.

NAOMI: Chi si vede! Gustavo! Dimmi, come stai?

GUSTAVO: Ciao, Naomi! Non lo sapevi? Mi sono slogato (*sprained*) _____[1] (*my*) caviglia e ho dovuto passare una settimana a letto.

NAOMI: Dove, a casa _____[2] (*your*)?

GUSTAVO: No, dai _____[3] (*my folks*). Quando ha sentito la notizia _____[4] (*my*) madre è corsa a prendermi.

NAOMI: Come al solito! _____[5] (*Your*) genitori sono davvero carini. E cos'hai fatto a casa _____[6] (*their*)?

GUSTAVO: Proprio niente. A dire il vero, mi sono piuttosto annoiato. Una sera sono venuti alcuni _____[7] (*of mine*) amici, ma per lo più ho passato le serate come uno zombi davanti alla TV.

NAOMI: Come, non ti piacciono i reality show?

GUSTAVO: Per carità! Sai da piccolo potevo guardare solo due ore di tivù a settimana. _____[8] (*My*) padre era molto severo. Io all'epoca mi lamentavo molto, ma ora capisco che aveva ragione.

NAOMI: È vero. Non sai quanto tempo _____[9] (*my*) fratelli ed io abbiamo sprecato (*wasted*) davanti al televisore. È tardi, mi dispiace ma devo lasciarti. _____[10] (*My*) sorella mi aspetta. Stammi bene!

GUSTAVO: Ciao, e grazie della visita!

G. Vita universitaria. Fa tutte le possibili domande che corrispondono alle seguenti risposte.

Esempio: Bruno studia legge perché vuole fare carriera in politica? →
Cosa studia Bruno? **Perché** studia legge?
Chi studia legge? **Che cosa** vuole fare?

1. Alex passa gran parte della giornata con la TV accesa mentre studia.
2. Ogni tanto apre il libro di chimica per studiare.
3. Simona prende la laurea entro il 20 giugno.
4. Il venerdì sera Lele e Alex vanno in birreria con un gruppo di amici.
5. Marta lavora durante l'estate per poter pagare le tasse d'iscrizione.

Scriviamo!

A. La tolleranza etnica. Conosci delle persone di etnie diverse? Hai forse qualche amico/a che appartengono a un gruppo d'origine diversa dalla tua? In che aspetto siete diversi? Quali interessi avete in comune?

B. Il razzismo. Hai mai visto un film o letto un romanzo che tratta il problema del razzismo? Spiega in che modo è stato presentato. Quali episodi del film o del romanzo hanno avuto un grande impatto su di te?

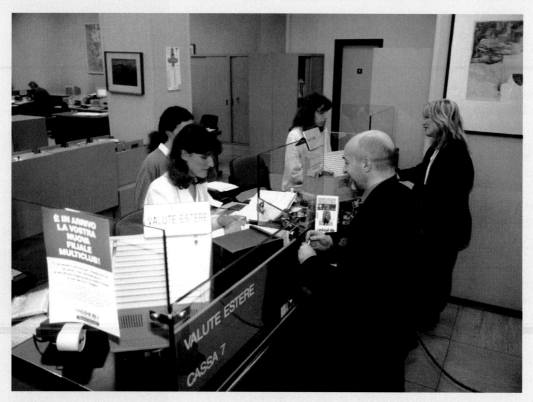

Anche se le cose sono cambiate, gli italiani si vestono ancora in modo tradizionale quando si tratta di certi lavori.

Per comunicare

1. Cercare lavoro
2. Raccontare eventi al passato
3. Descrivere come erano una volta le cose
4. Vari modi per fare qualcosa

Strutture

1. **Dovere, potere** e **volere**
2. Passato prossimo
3. Imperfetto
4. Avverbi

Tanto per cominciare

A. Una domanda di lavoro. Ti sei appena laureato/a e stai preparando la tua prima domanda di lavoro in cui descrivi le tue qualifiche scolastiche (dove hai studiato, quali corsi hai seguito e così via), le tue esperienze lavorative (anche i lavori temporanei fatti all'università) e quello che ti aspetti dal nuovo lavoro. Prepara il tuo curriculum (*résumé*) e poi presentalo ai tuoi compagni di classe.

 B. Tante possibilità. Con un compagno / una compagna, fa' un elenco delle professioni che ti interessano di più e di' perché hai fatto queste scelte.

Cominciamo: —Mi piacerebbe fare il pediatra perché mi piacciono i bambini ed è importante prendersi cura della loro salute.
           —Io vorrei essere…

CUSTODE

Cercasi custode a tempo pieno.
Chiamare Sonia Massei
Tel. ore pasti: 06-5932487.

BADANTE

Cercasi badante per coppia
anziani, part time, permesso
di soggiorno, referenze.
Telefonare allo 02-69003630
o spedire domanda a
via Mameli 40, 00153 Roma.

Lele impacciato al lavoro

Lele arriva sempre in ritardo al lavoro perché gli piace dormire.

Lele è al suo terzo giorno di lavoro e anche oggi arriva con qualche minuto di ritardo. In ufficio ci sono già Carla, la capoufficio, una donna di mezza età tranquilla ed amabile, e Franca, la sua assistente, una ragazza più o meno della stessa età di Lele, piuttosto aggressiva ma simpatica.

CARLA: *(con un sorriso ironico)* Buon giorno, Lele! Ma com'è che sei sempre in ritardo?

LELE: È colpa degli autobus, faccio del mio meglio per arrivare in orario ma il traffico...

FRANCA: Magari se tu uscissi di casa un po' prima...

LELE: Ci provo, ma alla sera vado a dormire tardi e al mattino non riesco a uscire dal letto prima delle 8.30 e poi abito lontano dal museo.

FRANCA: Tutti abitiamo lontano, cosa credi?

CARLA: Forse se vai a letto prima la sera...

LELE: Guardi che io alla sera studio, mica vado in giro a divertirmi.

FRANCA: Sì, certo e con chi studi?

LELE: Eh, scusate ma mi sembra di avere due mamme! Me ne basta una.

CARLA: Per carità, anche a me basta un figlio, il mio! Comunque, lasciamo stare il tuo ritardo, oggi rispondi tu al telefono. Cerca di essere sempre gentile, anche con le persone che sono scortesi con te.

LELE: Certo, ma cosa dico se mi fanno una domanda strana o difficile?

CARLA: Vedi, su quel foglio ci sono tutte le domande possibili con le risposte. Se non trovi la risposta, metti il cliente in attesa e parla con una di noi.

FRANCA: Dai, è facile, e poi la mattina scorre via in un attimo. E poi tu sei uno dei pochi che parla inglese bene, se telefona qualche turista straniero sai cosa dire.

CARLA: Noi intanto andiamo a prendere un caffè qui all'angolo. Tu prendi qualcosa?

LELE: No, sono al verde!

CARLA: Guarda che il caffè te lo offriamo noi.

LELE: Bene, allora il caffè mi piace lungo e con un goccio di latte caldo… e magari anche un cornetto… sapete ero in ritardo e non ho fatto colazione.

CARLA E FRANCA (*in coro*) Poverino!

Carla e Franca escono. Sono le 9.30 e subito arriva la prima telefonata per Lele.

LELE: Pinacoteca di Brera. Buon giorno, sono Gabriele.

CLIENTE: Buon giorno, che bello, ogni tanto qualcuno risponde!

LELE: (*Imbarazzato*) Prego?

CLIENTE: Niente, niente… a che ora aprite domani?

LELE: Domani apriamo alle 9.30.

CLIENTE: Benissimo, sono un insegnante e porto una classe di circa 30 studenti.

LELE: (*senza guardare il foglio*) Per le scuole l'ingresso è gratuito.

CLIENTE: (*un po' sorpreso*) Ah, bene. Come ha detto che si chiama Lei?

LELE: Gabriele.

CLIENTE: Bene. Quindi, non devo fare nessuna prenotazione?

LELE: No, a quell'ora c'è poca gente. Non si preoccupi.

CLIENTE: A domani allora.

Poco dopo rientrano Carla e Franca con la colazione per Lele. Vedono Lele che sta scrivendo velocemente qualcosa su un pezzo di carta.

FRANCA: Bene, vedo che lavori sodo.

LELE: Mi do da fare. Domani viene un'intera classe.

CARLA: Ah, sì? Meno male, in questi giorni va tutto un po' al rallentatore, ci sono poche prenotazioni. Quanti studenti?

LELE: Circa trenta.

CARLA: Mi piacciono queste notizie, sono quasi 300 euro.

LELE: (*sorpreso*) Come 300 euro? Non è gratis per le scuole?

CARLA: No, c'è il 20% di sconto sul biglietto intero per i gruppi con più di 20 persone.

LELE: Ma io credevo che le scuole… entrassero gratis… e ho detto che non avrebbero dovuto pagare niente.

FRANCA: Su, non avere paura. Capita a tutti di fare un po' di casino la prima volta al telefono.

CARLA: Beh, vorrà dire che d'ora in avanti e per un anno il caffè ce lo paghi tu a noi due… e magari anche i cornetti.

Hai capito?

Rispondi alle seguenti domande.

1. Dove lavora Lele?
2. Quando arriva al lavoro?
3. Chi lavora in ufficio con lui?
4. Perché è sempre in ritardo Lele? A chi dà la colpa?
5. Quando studia?
6. Dove vanno Carla e Franca?
7. Cosa deve fare Lele?
8. Chi telefona e cosa chiede?
9. Quale informazione sbagliata dà Lele al cliente?
10. In compenso all'errore che fa Lele, cosa suggerisce Carla?

Lessico ed espressioni comunicative

Sostantivi

la capoufficio	*head of the office, boss*
il cornetto	*croissant*
il foglio	*sheet of paper, form, leaf*
un goccio	*drop*
l'ingresso	*entrance*
lo sconto	*discount*

Aggettivi

amabile	*lovable*
impacciato	*embarassed*

Verbi

essere al verde	*to be broke, penniless*
mettere qualcuno in attesa	*to put on hold*
scorrere via	*to pass quickly*

Espressioni comunicative

al rallentatore	*slowly, in slow motion*
per carità!	*for goodness' sake!*

Vocabolario attivo

A. Quattro chiacchiere. Consulta il **Lessico ed espressioni comunicative** e completa le frasi che seguono.

1. —Angela, passami quel _____ giallo, lo voglio usare per stampare la nostra nuova pubblicità, è un bel colore.

   —Subito signora. Ne ho comprati molti assieme a penne e matite perché in quel negozio mi hanno fatto _____ su tutti i prodotti d'ufficio.

2. —Oggi prendo il caffè con _____ di latte e senza zucchero e magari anche _____; ho proprio fame. Sbrigati! Non ho tutto il giorno da perdere. Lo vuoi anche tu un tè?

   —_____! Il tè mi fa schifo e mi dispiace per l'attesa ma c'è un barista nuovo che fa i caffè _____, speriamo che si abitui.

3. —Lele, perché non esci con noi stasera? Andiamo in discoteca.

   —Mi dispiace, non posso. Non ho ricevuto ancora lo stipendio per questo mese e sono proprio _____. Non ho neanche i soldi per pagare _____ in discoteca.

4. —Flavia, quando presenti Alex ai tuoi?

   —_____! Mai! Lui è troppo arrogante e un po' snob per loro. Alex non è proprio quello che si dice una persona _____. Sarei proprio _____ di portarlo a casa mia.

5. —Tiziano, che tipo di persona è _____? Sei sempre così felice quando vai in ufficio.

   —È una signora sulla quarantina (*in her forties*), molto cordiale, che va d'accordo con tutti.

Anticipazioni grammaticali

A. Le solite lamentele. Completa il seguente brano con le forme adatte dei verbi **dovere, potere** e **volere**.

Lele si lamenta sempre del fatto che _____[1] (*dovere*) alzarsi ogni mattina alle otto perché secondo lui è troppo presto. Dice che non _____[2] (*potere*) mai bere il caffè con calma e che _____[3] (*dovere*) sempre uscire di casa in fretta. La sua capoufficio è molto gentile e non lo sgrida quando arriva tardi al lavoro. Alex _____[4] (*volere*) aiutarlo e cerca di svegliarlo mezz'ora prima, ma non _____[5] (*potere*) perché anche lui è sempre in ritardo. Tutti due _____[6] (*dovere*) mettere la sveglia lontano dal letto così quando suona non la _____[7] (*potere*) spegnere senza alzarsi.

B. Una gita a Milano. Metti il seguente brano all'*imperfetto* o al *passato prossimo* secondo il caso.

Valentina e Ivano **decidono** di passare la giornata libera in giro per Milano. **Si alzano** alle dieci, **fanno** colazione e **vanno** in centro. **Invitano** anche Alex ad accompagnarli, ma lui **dice** che è troppo impegnato e che poi alle dieci **è** ancora troppo presto per lui. Fuori **fa** molto bello e il primo posto dove **si fermano** è la Galleria. Come al solito, la Galleria **è** piena di gente che **gira** per i negozi o **prende** il caffè in uno dei molti bar eleganti. Anche Valentina e Ivano **guardano** le vetrine piene di vestiti all'ultima moda. Poi **vanno** alla Pinacoteca di Brera perché **vogliono** vedere alcune sale che non **hanno mai visto.** Purtroppo il museo **è** chiuso durante l'ora di pranzo. **Sono** molto delusi, per consolarsi **mangiano** un panino da Peck, la salumeria più chic e buona di Milano. Il panino **costa** un occhio della testa (*an arm and a leg*) ma **è** proprio delizioso. Dopo tutto questo camminare ad un tratto **si sentono** stanchi. **Salgono** sul metrò e **ritornano** a casa per riposarsi un po'. Di sera **si incontrano** con Alex e gli **raccontano** della loro giornata in centro. Alex invece non **ha** niente da raccontare, e **ascolta** annoiato la loro descrizione e poi improvvisamente **si addormenta** con la testa sul tavolo. Valentina e Ivano, stupefatti, **spengono** la luce e **escono.**

C. Gli avverbi. Forma gli *avverbi* dagli *aggettivi* dati.

1. largo → _____
2. magnifico → _____
3. raro → _____
4. semplice → _____
5. utile → _____
6. forte → _____

La Galleria Vittorio Emanuele II a Milano è nel cuore del quartiere commerciale e finanziario della città.

Strutture

1. *Dovere, potere* e *volere*

Forms

1. **Dovere, potere,** and **volere** usually accompany other verbs. This chart shows the present-tense conjugations of these *modal verbs,* as they are known.

dovere *must, to have to*		potere *can, to be able to*		volere *to want*	
devo	dobbiamo	posso	possiamo	voglio	vogliamo
devi	dovete	puoi	potete	vuoi	volete
deve	devono	può	possono	vuole	vogliono

2. Typically, **dovere, potere,** and **volere** precede an infinitive.

Giulio, non **devi** correre tanto!	*Giulio, you mustn't (shouldn't) rush around so much!*
Non **posso** sopportare quell'uomo.	*I can't stand that man.*
Ragazzi, **volete** venire al cinema?	*Guys, do you want to come to the movies?*

Uses

1. **Dovere** can also mean *to owe.*

Devo un sacco di soldi a mio fratello.	*I owe a lot of money to my brother.*

2. **Volere,** when accompanied by **ci** and used in the third-person singular or plural, is an impersonal expression meaning *to take (time)* or *to require.*

Ci vuole un'ora per preparare il sugo di pomodoro.	*It takes an hour to make tomato sauce.*
Ci vogliono due uova per fare la pasta fresca.	*Two eggs are needed to make homemade pasta.*

3. **Voler bene a qualcuno** (the final **e** is dropped from the infinitive) means *to be fond of, to care for,* or *to love someone.*

Voglio tanto **bene ai** miei nonni.	*I'm so fond of my grandparents.*

4. **Voler dire** means *to mean.* Used in this way, the final **e** is dropped from the infinitive and from the third-person singular.

Cosa **vuol dire** «essere al verde»?	*What does "essere al verde" mean?*

In pratica

A. Dialoghi-lampo. Rispondi con la forma addatta del *verbo modale*.

> *Esempio:* —Cominciamo? (**dovere**)
> —Sì, dovete cominciare subito!

1. Ripeto?
2. Studiano inglese?
3. Fai già i piani per le vacanze?
4. Ascoltate ciò che dico?
5. Finiscono il progetto prima della partenza?

> *Esempio:* —Rispondete? (**potere**)
> —No, non possiamo rispondere ora.

6. Vieni con noi?
7. Fanno delle proposte per una gita al mare?
8. Propongo una visita a Torino?
9. Esce stamattina *La Repubblica*?
10. Facciamo un giro del centro di Milano?

> *Esempio:* —Prendo un caffè. E tu? (**volere**)
> —Sì, voglio prendere un caffè anch'io.

11. Traduco un itinerario turistico in inglese. E Gianna?
12. Bruno va in museo. E loro?
13. Andiamo in vacanza a Rimini. E voi?
14. Scelgo un albergo molto economico. E tu?
15. Loro dicono due parole al cameriere. E noi?

B. Quattro chiacchiere. Completa gli scambi con la forma adatta di **dovere, potere, volere** o **volerci**.

1. —Come mai (tu) _____ frequentare i corsi estivi (*summer school*)?
   —L'anno prossimo _____ andare a Parigi, e _____ imparare il francese prima di partire.

2. —Mi dispiace, Paola, ma non posso pagarti ora i 20 euro che ti
   _____.
   —Non ti preoccupare! Mi _____ dare i soldi la settimana prossima.

3. —Professoressa, cosa _____ dire «cibernetica»?
   —Ragazzi, è un nome tecnico che _____ usare nel vostro tema domani.

4. Tommaso, stai a casa tutto il giorno con la bambina. Qualche volta non _____ uscire?
   —Sì, ma _____ uscire la sera e il week-end. Comunque (*Anyway*) sono contento di stare con Sandrina perché è mia figlia e le _____ bene.

5. —Franco, mi _____ accompagnare alla stazione?
   —Mi dispiace, Silvia, ma non _____; _____ studiare.

6. —Quanto tempo _____ per andare a Catania da Roma?
   —Dipende; in aereo, _____ un'oretta; in macchina, _____ sette ore.

C. Problemi d'abitazione. L'alloggio è quasi sempre un problema per gli studenti. Parla della tua situazione con un compagno / una compagna e da' dei particolari (*some details*). Chiedi…

> *Esempio:* se può studiare a casa →
> —Puoi studiare a casa?
> —No, non posso perché i miei compagni di camera fanno troppo chiasso (*uproar*). E tu?
> —Posso studiare a casa se chiudo la porta.

1. a che ora deve alzarsi per venire all'università
2. dove vive, e se vive nel dormitorio (in una casa privata, un appartamento) perché vuole o perché deve
3. con chi vive o se vive da solo/a, e se vive così perché vuole o perché deve
4. dove vuole vivere l'anno prossimo
5. se può ascoltare lo stereo o guardare la TV quando vuole
6. se può preparare i pasti (*meals*) a casa
7. se può parcheggiare la macchina (la bici, la motocicletta) facilmente

Ora va' avanti con le tue domande.

2. Passato prossimo

In everyday Italian, the **passato prossimo** is the tense most frequently used to express completed past events. Using as an example the verb **parlare,** its English equivalents in the first-person singular are *I have spoken, I spoke,* and (for emphasis) *I did speak.*

Regular forms

The **passato prossimo** consists of the present-tense forms of the auxiliary verbs **avere** or **essere** followed by the past participle of the verb. The past participle of verbs conjugated with **essere** agrees with the subject in gender and number. The following tables summarize the regular forms.

PAST PARTICIPLES		
parl**are** → parl**ato**	vend**ere** → vend**uto**	fin**ire** → fin**ito**

PASSATO PROSSIMO WITH **avere**		PASSATO PROSSIMO WITH **essere***	
ho parlato	**abbiamo** parlato	**sono** partito/a	**siamo** partiti/e
hai parlato	**avete** parlato	**sei** partito/a	**siete** partiti/e
ha parlato	**hanno** parlato	**è** partito/a	**sono** partiti/e

> **Attenzione!**
>
> One important spelling variation: the past participles of verbs ending in **-scere** or **-cere** end in **-sciuto** or **-ciuto** (cono**scere** → cono**sciuto**; pia**cere** → pia**ciuto**).

Don't forget: To express an action begun in the past but continuing in the present, use *present tense* + **da** + *time expression.*

> **Sono** a Venezia **da due anni.**   *I've been in Venice for two years.*

---

*A list of verbs requiring **essere** in the **passato prossimo** appears in Appendix I, F.

Irregular forms

Many verbs, particularly those in the second (**-ere**) conjugation, have irregular past participles. This list of the most common irregular past participles is grouped according to similarity of form.

IRREGULAR PAST PARTICIPLES	
essere **stato** nascere **nato**	scendere **sceso** spendere **speso**
fare **fatto**	esprimere **espresso** mettere **messo**
aprire **aperto** coprire **coperto** offrire **offerto** scoprire (*to discover*) **scoperto** soffrire (*to suffer*) **sofferto**	succedere (*to happen*) **successo** decidere **deciso** dividere **diviso** (sor)ridere (**sor**)**riso**
correggere **corretto** dire **detto** (e)leggere (**e**)**letto**	(av)venire (avvenire, *to happen*) (**av**)**venuto** bere **bevuto**
correre **corso** occorrere (*to be necessary*) **occorso**	nascondere (*to hide*) **nascosto** proporre **proposto** rispondere **risposto**

accendere (*to light, turn on*)
  acceso
dipendere **dipeso**
offendere **offeso**
prendere **preso**
rendere (*to render, make*) **reso**
	cogliere (*to pick, gather*) **colto**
	risolvere **risolto**
	togliere (*to take off, remove*) **tolto**
	
	(con)vincere (vincere, *to win*)
	  (**con**)**vinto**

MISCELLANEOUS IRREGULAR FORMS*	
affiggere (*to affix, post*) **affisso** discutere **discusso** esistere **esistito** (i)scrivere (**i**)**scritto** morire **morto** (pro)muovere (**pro**)**mosso** perdere **perso** (*or* **perduto**) piangere (*to cry*) **pianto** dipingere (*to paint*) **dipinto**	apparire **apparso** parere (*to seem*) **parso** scomparire (*to disappear*) **scomparso** assumere **assunto** raggiungere (*to reach*) **raggiunto**
concludere **concluso** chiudere **chiuso**	(ri)chiedere (**ri**)**chiesto** rimanere (*to remain, stay*) **rimasto** scegliere (*to choose*) **scelto** spegnere (*to put out, turn off*) **spento** vedere **visto** (*or* **veduto**)
(inter)rompere (**inter**)**rotto** tradurre **tradotto**	vivere **vissuto**

---

*Many second-conjugation verbs have related compound verbs. For example, **trarre** (*p.p.* **tratto**) is parallel to **distrarre** and **estrarre** (**distratto, estratto**); **prendere** (*p.p.* **preso**) is parallel to **riprendere, sorprendere** (**ripreso, sorpreso**), and so on.

Uses

Verbs conjugated with *avere*

Most verbs conjugated with **avere** in the **passato prossimo** are transitive; that is, they take a direct object. Their past participle does not agree in gender and number with the subject.

Ho finit**o** i compiti, poi ho guardat**o** un programma alla TV.	*I finished my homework, then watched a program on TV.*
Abbiamo vendut**o** la macchina.	*We sold the car.*

Verbs conjugated with *essere*

Verbs conjugated with **essere** in the **passato prossimo** include all reflexive and reciprocal verbs and verbs used with the impersonal **si** (**Capitolo 2, Strutture 2**), as well as verbs that indicate states of being (**essere, stare, diventare**) and motion (**andare, venire, arrivare, cadere, rimanere, tornare**). Their past participle agrees with the subject in gender and number. Most of these verbs are intransitive; that is, they do not take a direct object.

Laura **è** partit**a** per Padova.	*Laura left for Padua.*
Ci **siamo** incontrat**i** a Venezia.	*We met in Venice.*
Le ragazze si **sono** divertit**e** molto a Carnevale!	*The girls had a great time at Mardi Gras!*

The passato prossimo of *dovere, potere,* and *volere*

1. When used without an accompanying infinitive, **dovere, potere,** and **volere** are always conjugated with **avere** in the **passato prossimo.**

—**Hai comprato** il biglietto per l'Italia?	*Did you buy the ticket to Italy?*
—No, Michele non **ha voluto.**	*No, Michele did not want to.*
—**Hai visitato** la Pinacoteca di Brera?	*Did you visit the Brera Museum?*
—No, purtroppo non **ho potuto.**	*No, unfortunately I couldn't (wasn't able to).*

2. When used with an accompanying infinitive, the modal verbs **dovere, potere,** and **volere** can be conjugated with either **avere** or **essere**. In everyday Italian, **avere** is routinely used except with reflexive or reciprocal verbs whose pronouns precede the auxiliary.

Hanno voluto restare a Milano. **Sono voluti** restare a Milano.	*They wanted to remain in Milan.*

Hanno dovuto affrettarsi. **Si sono dovuti** affrettare.	*They had to hurry.*

Special use of auxiliaries in the *passato prossimo*

1. Certain verbs can be used either transitively or intransitively. Study the examples on the next page.

TRANSITIVI	INTRANSITIVI
Ho cambiato idea.	Come **sono** cambiati quei ragazzi!
Avete cominciato gli studi?	**È** cominciato il concerto?
Ieri **ho** corso due miglia.	**Sono** corsi a prendere l'autobus.
Ha finito i cioccolatini.	Le lezioni **sono** finite.
Hai passato una bella giornata?	**Sei** passata da Luigi?
Ho salito le scale.	**Sono** saliti in taxi.
Abbiamo suonato il violino.	Il telefono **è** suonato alle 3.00.
Hanno sceso i gradini.	**Sono** scesa dall'autobus.

Note that **correre, salire,** and **scendere** are conjugated with **essere** when a point of arrival or departure is indicated, but with **avere** when accompanied by a direct object.

2. Several common verbs are conjugated with **avere** even though they are normally used intransitively. They include **camminare, dormire, sognare,** and **viaggiare.**

3. Some verbs, particularly those that describe weather conditions, can be conjugated with either **avere** or **essere**. These include **piovere, nevicare,** and **grandinare** (*to hail*).

> **È piovuto** molto a Milano l'anno scorso.   *It rained a lot in Milan*
> **Ha piovuto** molto a Milano l'anno scorso.   *last year.*

Exception: **tirare vento** (*to be windy*) is always conjugated with **avere.**

> **Ha tirato vento** ieri.   *It was windy yesterday.*

In pratica

A. Quattro chiacchiere. Completa gli scambi mettendo i verbi al *passato prossimo.*

1. —Avanti, avanti! La festa _____ già _____ (cominciare)!
   —Scusateci! (Noi) _____ (partire) in ritardo e _____ (passare) mezz'ora a cercare un posto per parcheggiare.

2. —Renata, _____ (succedere) qualcosa? Come sei pallida (*pale*)!
   —Non ti preoccupare, sto bene. Solo che mi _____ (dovere) alzare alle 5.00 stamattina e sono stanchissima.

3. —_____ (divertirsi) al ricevimento Bruno e Claudia?
   —Eccome (*You bet*)! E Claudia _____ (rimanere) proprio stupita (*astounded*) quando _____ (ricevere) un premio (*prize*).

4. —Ragazzi, _____ (tornare) tardi ieri sera!
   —Eh, l'opera _____ (finire) dopo mezzanotte. (Noi) _____ (vedere) il *Don Carlos* di Verdi.

5. —Giorgio, hai l'aria (*you look*) un po' stralunata (*spaced out*) oggi. (Tu) _____ (cambiare) casa un'altra volta?
   —Purtroppo, sì, _____ (transferirsi) già due volte quest'anno e non mi _____ (potere) ancora abituare al ritmo di vita di questa città!

B. Che tempaccio! Oggi Mirella è di pessimo umore (*in an awful mood*) perché il tempo è orribile. Metti il brano al *passato prossimo*.

Oggi **nevica** molto e **tira** anche vento. **Cambio** idea: non **vado** a piedi al lavoro con questo tempaccio. Invece, **prendo** l'autobus. **Arrivo** in orario e **mi siedo** al computer. **Comincio** a scrivere. **Finisco** di lavorare alle 17.00 e nel frattempo (*in the meantime*) la neve **diventa** pioggia. Per riscaldarmi (*warm up*) un po', **passo** dalla mia amica Francesca che mi **prepara** un tè caldo. Lunedì scorso…

 C. Impressioni di una vacanza. Parla con un compagno / una compagna delle ultime vacanze che hai fatto. Chiedi a lui (a lei)…

> *Esempio:* dov'è andato/a →
> —Dove sei andata?
> —Io sono andata a trovare amici nel Maine. E tu?
> —Sono andato in Italia.

1. dov'è andato/a, e perché
2. quanto tempo ci è rimasto/a
3. come ha viaggiato (con quale mezzo di trasporto)
4. cosa ha trovato più interessante o notevole in quel posto, e perché
5. che tempo ha fatto
6. se ha osservato dei danni (*damage*) all'ambiente provocati dal turismo, e quali
7. se ha cercato di essere un / una turista «verde» (*mindful of environment*), e come

3. Imperfetto

The imperfect tense is used to convey actions in progress in the past. Using as an example the verb **cantare,** the first-person singular in the imperfect tense, **cantavo,** would translate in English as *I was singing, I used to sing, I sang, I did sing,* and (rarely) *I would sing.*

Forms

The imperfect tense is formed by adding the imperfect endings to the verb stem. This table shows the conjugations of regular verbs in the imperfect.

parl**are**		vend**ere**		fin**ire**	
parl**avo**	parl**avamo**	vend**evo**	vend**evamo**	fin**ivo**	fin**ivamo**
parl**avi**	parl**avate**	vend**evi**	vend**evate**	fin**ivi**	fin**ivate**
parl**ava**	parl**avano**	vend**eva**	vend**evano**	fin**iva**	fin**ivano**

Avere is regular in the imperfect; **essere** is irregular. Several other verbs are irregular only in that their original Latin or archaic Italian stem is used to form the imperfect. The following table shows the irregular imperfect forms of several common verbs.

essere	bere (bevere)	dire (dicere)	fare (facere)	porre* (ponere)	tradurre* (traducere)	trarre* (traere)
ero	bevevo	dicevo	facevo	ponevo	traducevo	traevo
eri	bevevi	dicevi	facevi	ponevi	traducevi	traevi
era	beveva	diceva	faceva	poneva	traduceva	traeva
eravamo	bevevamo	dicevamo	facevamo	ponevamo	traducevamo	traevamo
eravate	bevevate	dicevate	facevate	ponevate	traducevate	traevate
erano	bevevano	dicevano	facevano	ponevano	traducevano	traevano

Uses

The imperfect tense describes

1. a repeated, habitual action in the past. This use of the imperfect is often accompanied by expressions like **sempre, a volte, di solito, di rado** (*rarely*), **ogni (giorno, mese, anno), tutti i giorni (mesi), tutte le (mattine, domeniche, eccetera).**

D'estate i Giuliani **andavano** sempre al mare.	*In summer, the Giulianis would always go (used to go, went) to the seashore.*
Si alzavano presto ogni mattina, **facevano** una lunga passeggiata e **mangiavano** qualcosa di semplice.	*Every morning they would get up early, take a long walk, and eat something simple.*

2. a mental state or physical condition in the past

Da bambina Marianna **era** sempre allegra e vivace.	*As a child, Marianna was always cheerful and lively.*
Quel giorno **avevo** un mal di testa terribile.	*That day I had a terrible headache.*

3. age, date, time, and weather in the past

Nel 1987 **avevo** dieci anni.	*In 1987 I was ten years old.*
Era venerdì 8 luglio 1971.	*It was Friday, July 8, 1971.*
Erano le sette e **faceva** ancora molto caldo.	*It was seven o'clock and still very hot.*

4. an ongoing action or condition in the past

Io **leggevo** mentre le mie sorelle **giocavano** a scacchi.	*I was reading while my sisters played chess.*
C'era tanta gente a Carnevale!	*There were so many people at Mardi Gras!*

---

*Verbs with similar infinitive endings follow the same pattern: com**porre** → com**ponevo**; con**durre** → con**ducevo**; dis**trarre** → dis**traevo**.

5. since when or for how long something had been happening in the past. Italian offers two constructions, both using the imperfect tense, to express this situation. They are the past-tense equivalents of the present-tense constructions you have already learned.

imperfect + **da** + *time expression*	*imperfect* + *time expression* + **che**
Ti **aspettavo da** mezz'ora.	*I had been waiting for you for a half*
Era mezz'ora **che** ti aspettavo.	*an hour.*

In pratica

A. Quattro chiacchiere. Completa gli scambi mettendo i verbi all'*imperfetto.*

1. —Come mai siete rimasti a casa? Non _____ (volere) andare fuori?
   —_____ (fare) brutto tempo, e nessuno _____ (avere) voglia di fare un picnic sotto la pioggia.

2. —Gina, come mai non vedi più Michele e Laura? (Tu) mi _____ (dire) sempre che _____ (andare) tanto d'accordo.
   —Boh, all'inizio (loro) mi _____ (sembrare) delle persone sagge (*sensible*), ma poi _____ (proporre) sempre delle stupidaggini (*stupid ideas*). Mi sono accorta che _____ (essere) impossibile fare un discorso intelligente con loro.

3. —Scusami, Piera, ti ho interrotto. Cosa _____ (dire)?
   —_____ (lamentarsi) che _____ (essere) le 2.00 di notte quando sono tornati, quei disgraziati (*scoundrels*)!

4. —Cosa _____ (fare) i tuoi genitori quando (tu) _____ (essere) piccola?
   —Mio padre _____ (tradurre) saggi e novelle; mia madre _____ (lavorare) alle poste (*for the postal service*).

5. —Ti ricordi quando (noi) _____ (abitare) in Inghilterra e _____ (bere) il tè ogni pomeriggio?
   —Sì, (noi) _____ (essere) molto felici, anche se non mi _____ (piacere) tanto prendere il tè alle quattro del pomeriggio!

6. —Il nonno _____ (sapere) come far star tranquilli i bambini, non è vero?
   —Eccome! Ci _____ (distrarre) sempre con una favola o un giochino. Com'_____ (essere) bravo!

B. Sondaggio sull'infanzia. Fa' delle domande ad un compagno / una compagna per sapere come era da bambino/a. (Usa le espressioni interrogative con le forme adatte dei verbi all'imperfetto.) Poi raccogli le risposte e cerca di analizzare la sua generazione. Sii sincero!

> *Esempio:* passatempo / preferire →
> —Quale passatempo preferivi?
> —Preferivo (guardare la TV, giocare a *Dungeons & Dragons*, dare fastidio [*bother*] al mio fratellino...)

1. verdura (*vegetable*) / mangiare più spesso
2. verdura / detestare di più
3. tipi di film / preferire
4. ore di televisione / guardare ogni giorno
5. libri o riviste / leggere più spesso
6. tuo fratello / tua sorella / litigare (*argue*) con
7. nomignolo (*nickname*) / usare in genere
8. attività / fare il week-end
9. volte alla settimana (al mese? all'anno?) / pulire la tua camera

4. Avverbi

An adverb (**avverbio**) can modify a verb, an adjective, or another adverb.

Sibilla Aleramo scrive **meravigliosamente.**	*Sibilla Aleramo writes marvelously.*
Il suo ultimo libro è **molto** bello.	*Her latest book is very good.*
Purtroppo, le vendite dell'edizione inglese vanno **abbastanza** male.	*Unfortunately, sales of the English edition are going rather poorly.*

Forms

1. Adverbs are invariable. Although their forms vary widely (**poco, qua, volentieri, sempre**), they do not change to agree with the expressions modified. You are already familiar with many common Italian adverbs and adverbial expressions (**locuzioni avverbiali**): **bene, di solito, molto, piuttosto, spesso, tardi.**

Seguo il calcio; leggo **sempre** *La Gazzetta dello Sport.*

Quella rivista è **piuttosto** superficiale; non mi piace.

Non ho ricevuto l'ultimo catalogo della Pinacoteca di Brera; **di solito** arriva due volte all'anno.

2. Adverbs derived from adjectives are formed by attaching the suffix **-mente** to the feminine singular form of the adjective.

chiaro → chiar**amente**	diligente → diligent**emente**
Quel giornalista scrive **chiaramente.**	Franco lavora **diligentemente.**

Exception: leggero → legger**mente**

3. Adjectives ending in **-le** or **-re** drop the final **e** before **-mente.**

particolar**e** → particolar**mente**	facil**e** → facil**mente**
È una mostra **particolarmente** interessante.	Si trovano **facilmente** diversi quotidiani.

Position

1. Adverbs normally follow the verb.

Leggo **poco** le riviste che trattano l'arte contemporanea. Le compro **raramente.**

2. Certain common adverbs of time, such as **ancora, appena** (*just now, scarcely, as soon as*), **già, mai, più, sempre,** and **spesso** are usually placed between the auxiliary verb and the past participle in compound tenses. **Più** and **spesso** can also follow the verb.

> Il nuovo numero (*issue*) del periodico *Mediterraneo* è **già** uscito. Non l'ho **ancora** letto, però.

3. Adverbs can precede the verb for special emphasis.

> **Mai** ho letto qualcosa di tanto stupido!
>
> Una volta gli italiani preferivano le vacanze in Italia; **ora** gli piace andare all'estero.

4. **Anche** typically precedes the word it modifies. It can never appear at the end of a phrase or sentence. Note how the position of **anche** changes the meaning of a sentence.

> **Anche** Mirella fa da guida turistica. (Ci sono altre persone che fanno da guide turistiche.)
>
> *Mirella too works as a tourist guide. (There are other people who are tourist guides.)*
>
> Mirella fa **anche** da guida turistica. (Mirella è molto impegnata, organizza da sola i viaggi in Italia e all'estero, cura il sito dell'agenzia,…)
>
> *Mirella is also a tourist guide. (Mirella is very busy: she organizes trips in Italy and abroad, takes care of the agency's Web site, . . .)*

5. Many adverbs of time can appear at the beginning of the sentence.

> **Domani** prenderemo il tassì per andare all'aeroporto.

6. A useful adverbial phrase is **in modo** + *aggettivo*.

> Mi ha risposto **in modo strano** (mi ha risposto stranamente).

In pratica

A. Caratteri contrastanti. Franca e Franco sono gemelli dalle abitudini completamente diverse. Descrivi i due, usando le espressioni indicate. Forma gli *avverbi* quando necessario.

> *Esempio:* bere caffè (spesso, raro) →
> Franca beve **spesso** caffè.
> Franco, invece, beve **raramente** caffè.

1. comportarsi (*to behave*) (strano, serio)
2. amare le feste (particolare, poco)
3. parlare le lingue straniere (facile, difficile)
4. mangiare (rapido, tranquillo)
5. alzarsi (presto, tardi)
6. cantare (male, bene)

B. Blogs. Modifica le frasi usando gli avverbi indicati. Attenzione alla posizione dell'*avverbio!*

Esempio: Ho letto i suoi commenti. (non… mai, con interesse, spesso) →
Non ho **mai** letto i suoi commenti.
Ho letto **con interesse** i suoi commenti.
Ho letto **spesso** i suoi commenti.

1. Ho aggiunto delle foto al mio blog. (recentemente, ieri, mai)
2. Io e i miei amici abbiamo visto quel film italiano perché non ci piacciono i film sottotitolati. (non… ancora, senza attenzione, svogliatamente [*unwillingly*])
3. I miei amici hanno cominciato a leggere i blogs che scrivo. (subito, non… mai, appena)
4. Gli italiani hanno accettato le parole inglesi. (facilmente, non… più, recentemente)

Parliamo un po'!

A. Il primo lavoro. Parla con un compagno / una compagna del tuo primo lavoro. Digli/dille le tue impressioni positive e negative.

Cominciamo: —Il mio primo lavoro era da baby-sitter per mia cugina che a quel tempo aveva tre anni.
—Io invece tagliavo l'erba perché il papà mi dava dei soldi.

B. Essere licenziato (*fired*). Dividetevi in gruppi di tre o quattro persone e parlate dei problemi che affronta una persona che è stata licenziata. Includete nella vostra discussione l'esperienza personale se avete un lavoro o forse conoscete qualcuno che ha perso il lavoro.

Cominciamo: —Mio fratello è stato licenziato dalla Ford l'anno scorso. Non ha ancora trovato lavoro…
—Anch'io ho perso il lavoro, peró…

C. Le vacanze negli Stati Uniti. Con un compagno / una compagna parla delle vacanze tipiche degli americani, quanti giorni durano, quali sono le località preferite e così via.

Cominciamo: —A me piacciono le vacanze attive. Sciare in Colorado sarebbe ideale.
—Io invece adoro il mare! La Florida fa per me, perché…

A. Dialoghi-lampo. Completa gli scambi con la forma adatta di **dovere, sapere, potere, volere** o **volerci.**

1. —Cosa _____ fare per diventare curatore di un museo?
   —Caro mio, _____ molti anni di studio e un grande amore per l'arte.

2. —Francesca, in Italia _____ andare al museo anche il lunedì?
   —Per dirti la verità, non lo _____. Non ci vado quasi mai.

3. —Alex, quanto tempo _____ per andare in macchina da Roma a Milano?
   —Boh, _____ alcune ore di sicuro.

4. —Lele, come mai non _____ accompagnarci?
   —Per essere sincero, non _____ sopportare quella tua amica, Tina. Mi dà sui nervi (*gets on my nerves*)!

5. —Che simpatico tuo fratello! È gentile e spiritoso, mi piace tantissimo.
   —E sì, (noi) gli _____ tutti un mondo di bene.

6. —_____ molto tempo per prendere la laurea in Italia?
   —In teoria, no; chi _____ lo _____ fare anche in quattro anni.

B. Una crociera fallita. Completa il brano con la forma adatta del *passato prossimo.*

Giorgio _____[1] (prenotare) una crociera nel Mediterraneo perché voleva riposarsi un po'. Al lavoro _____[2] (avere) un periodo molto brutto ed impegnativo e si sentiva stanco. All'agenzia turistica l'_____[3] (convincere) che proprio una crociera sarebbe stata una vacanza ideale per lui. Prima della partenza Giorgio _____[4] (fare) tutti i preparativi; _____[5] (portare) il gatto da un suo amico, _____[6] (annafiare [*to water*]) le piante e _____[7] (comprare) una grande valigia nuova che _____[8] (riempire) con tutti i vestiti nuovi. Ci _____[9] (mettere) anche i suoi favoriti CD e una camera fotografica digitale.
   _____[10] (arrivare) il giorno della partenza. Giorgio _____[11] (chiamare) il tassì per andare all'aeroporto Malpensa perché la crociera _____[12] (dovere) partire da Genova. Una volta arrivato sulla nave, _____[13] (sistemarsi) nella sua cabina. La vacanza _____[14] (comiciare). Giorgio, tutto felice e rilassato, _____[15] (mettersi) il costume da bagno e _____[16] (avviarsi) verso la piscina. Ad un tratto _____[17] (sentire) un allarme e la voce del capitano che _____[18] (dire) ai passeggeri di sbarcare subito perché c'_____[19] (essere) un incendio al secondo piano.
   Povero Giorgio, _____[20] (ritornare) a casa senza godersi i suoi giorni di ferie ben meritate.

C. I ricordi. Completa le frasi dicendo cosa facevi a una certa età. Usa l'*imperfetto*.

1. A cinque anni _____
_____.

2. A undici anni _____
_____.

3. A sedici anni _____
_____.

4. A diciannove anni _____
_____.

D. Il giochetto dei contrari. Dopo ogni espressione, scrivi un'espressione contraria. Segui l'esempio.

Esempio: sempre → (non...) mai

1. qua _____
2. malvolentieri _____
3. anche _____
4. male _____
5. spesso _____
6. seriamente _____

7. tardi _____
8. molto _____
9. ancora _____
10. difficilmente _____
11. veloce _____
12. tranquillamente _____

Scriviamo!

A. Il primo lavoro. Quale era il tuo primo lavoro? Ti è piaciuto o era un'esperienza negativa? Quali aspetti del lavoro hai trovato interessanti? Qual è la cosa più interessante che hai imparato?

B. Una carriera desiderabile. Dopo che ti sarai laureato/a sai già cosa vuoi fare? Continuare con gli studi o cercare un lavoro? Secondo te, quale sarebbe il lavoro ideale? Spiega!

Chi può resistere al sapore del gelato?

Per comunicare

1. In un ristorante
2. Raccontare al passato
3. Quantità indefinite

Strutture

1. Pronomi diretti
2. Pronomi indiretti
3. Passato prossimo e imperfetto (riassunto)
4. Partitivo
5. Espressioni negative
6. **Conoscere** e **sapere**

Tanto per cominciare

 A. La cena in famiglia. Il quadro di una famiglia tutta riunita insieme a cenare con la mamma che prepara la cena è ormai un'immagine legata al passato. Con ambedue i genitori che lavorano, una famiglia tipica italiana riesce raramente a cenare insieme, i genitori spesso mangiano insieme mentre i figli si arrangiano magari riscaldando un piatto surgelato tirato fuori dal freezer o la pasta avanzata dai genitori. Con un compagno / una compagna parla delle cene a casa tua quando vivevi ancora con i tuoi.

Cominciamo: —A casa mia non si mangiava mai insieme.
—E da te?
—Noi siamo stati fortunati, mia madre non lavorava quando eravamo piccoli io, e i miei fratelli, e si mangiava ogni sera alle 7 quando mio padre ritornava a casa dal lavoro.

 B. Mamma mia, come sono grasso! L'obesità non è più solo un problema nazionale americano, invece include anche altre nazioni industrializzate. Mentre alcuni ingrassano, altri smettono di mangiare e diventano anoressici e bulimici. Per dimagrire o tenere il peso ideale molti seguono varie diete. Gli italiani in questo senso non differiscono molto dagli americani. L'ideale di un corpo magro, spesso pubblicizzato dal cinema e dalla moda, è molto vivo e diffuso specialmente tra i giovani. In coppia parlate se avete mai provato a fare una dieta e quale. Perché avete iniziato quella dieta?

Cominciamo: —Mi piace mangiare e non ho mai provato una dieta. Non voglio rinunciare a niente.
—Ma mangiare bene non è solo per la linea ma anche per la salute.

Amore, questa pizza è proprio buona; non la vuoi provare?

 C. Essere sani. In gruppi fate una lista di quello che mangiate e delle attività fisiche che svolgete per tenervi sani. Scrivete anche un elenco dei prodotti che considerate meno sani, ma che vi piacciono lo stesso.

    Cominciamo: —Mi piace la pizza da morire!
                         —Anche a me. E grazie alla pizza sono ingrassato 5 chili.

Un acquisto importante

Nel negozio gestiti dei genitori dell'amico di Lele si possono fare dei buoni affari.

Lele entra nel negozio dei genitori di Bo. Ha visto delle borse in vetrina ma non gli piacciono, gli sembrano piuttosto brutte. Nel negozio ci sono dei clienti cinesi che parlano con la madre. Alcuni momenti dopo arriva il padre dal retrobottega. Lele non lo conosce bene e allora si presenta.

PADRE: Buon giorno, posso esserLe utile?

LELE: Salve, sono Lele, un amico di Bo, si ricorda di me?

PADRE: (*Dopo un attimo di sorpresa*) Ah, sì... ora ricordo. Ci siamo visti con mio figlio un paio di volte al pub. Vero?

LELE: A dir la verità, non lo so. So che ci siamo già incontrati ma non mi ricordo dove.

PADRE: Cerca mio figlio? Vuole che lo chiami?

LELE: No, no. Gli ho appena parlato e poi lo vedo più tardi. Sono venuto per comprare qualcosa per me.

PADRE: Ah, bene. Sa cosa vuole, ha visto qualcosa che Le piace in vetrina?

LELE: Eh, ma Lei parla bene l'italiano!

PADRE: Ci mancherebbe altro! Lo parlo bene anche se ho un forte accento. Sono trent'anni che sono a Milano... forse sono più milanese di Lei!

LELE: Sicuramente, visto che io sono di Verona. Comunque alcuni miei amici stranieri che abitano qui da anni non lo sanno ancora parlare bene.

PADRE: Beh… cercava qualcosa in particolare?

LELE: Sì, una borsa da viaggio resistente e bella… non robetta insomma…

PADRE: Guardi, noi la robetta, come dice Lei, non la vendiamo. Ci sono articoli più a buon mercato e altri più costosi. Per esempio, questa borsa marrone è elegante e pratica allo stesso tempo. È anche molto capiente.

LELE: Quanto viene?

PADRE: 50 euro.

LELE: Ma se vado in un grande magazzino la pago la metà!

PADRE: Io non Le impedisco di andarci. È Lei che è venuto da me!

LELE: Sì, mi scusi. Però uno sconticino… in fondo sono amico di Bo.

PADRE: Sa quanti amici ha Bo a Milano? Sembra che siano tutti suoi amici quando vengono qui in negozio per comprare qualcosa! Comunque posso farLe 45 euro.

LELE: Le do 40 euro… va bene? Sono un povero studente!

PADRE: E io sono un povero cinese; 45 euro è già un prezzo stracciato. La guardi, è bellissima.

LELE: Ma non è di pelle!

PADRE: Ma Lei ha mai comprato una borsa di pelle? Costa il doppio di quella.

LELE: Guardi, ho bisogno anche di un portafoglio, il mio è a pezzi, lo distruggo perché lo riempio di cose inutili. Questo mi piace, è anche di marca. Facciamo 60 euro tutti e due.

PADRE: Lei non sa quello che dice! Lo sa che il portafoglio costa più della borsa.

LELE: È così difficile trattare con Lei.

PADRE: Beh, diciamo che so fare il mio mestiere.

In quel momento entra Bo.

PADRE: Oh, chi si vede… il figlio prodigo. (*rivolto a Lele*) Sa, io non lo vedo quasi mai!

BO: Ciao pa'. (*vedendo Lele*) Eh, fagli pagare tutto di più, questo è uno di quelli che si lamentano sempre dei prezzi.

LELE: Dai, non fare lo stronzo!

PADRE: Gli avrai detto tu di venire qui a chiedere gli sconti.

BO: Scherzo, però la borsa e il portafoglio a meno di 80 euro non li porti via. Ma poi perché ti serve la borsa? Dove vai?

LELE: Affari miei! Li prendo per 80 euro, forse non è un affarone, ma non ho scelta.

BO: Stasera io e Alex andiamo al solito pub. Vieni anche tu?

LELE: Sì, vi raggiungo là più tardi, prima ho da fare.

BO: Però mangia qualcosa prima di venire altrimenti fai la fine dell'ultima volta… ti ricordi…

LELE: Sì, sì, ma non c'è bisogno che me lo rammenti.

Hai capito?

Rispondi alle domande che seguono.

1. Che tipo di negozio hanno i genitori di Bo?
2. Con chi parla Lele?
3. Di che origine è il padre di Bo?
4. Da quanti anni abita a Milano?
5. Di dove è Lele?
6. Cosa vuole comprare?
7. Secondo lui, il prezzo è buono?
8. Prima di concludere l'affare, cosa chiede al padre?
9. Alla fine, quanto ha pagato in tutto?
10. Dove si incontrano la stessa sera Alex, Bo e Lele?

Lessico ed espressioni comunicative

Sostantivi

l'affare	*deal, business*
il magazzino	*department store*
il retrobottega	*back shop*
lo sconticino	*little discount*
la vetrina	*display window*

Aggettivi

capiente	*containing*
prodigo	*prodigal*
stracciato	*significantly reduced*

Verbi

impedire	*to forbid*
rammentare	*to remind*
riempire	*to fill up / out*
trattare	*to deal with*

Espressioni comunicative

a buon mercato	*cheap*
aver da fare	*to be busy*
ci mancherebbe altro	*obviously*
di marca	*brand name*

Vocabolario attivo

Quattro chiacchiere. Consulta il **Lessico ed espressioni comunicative** e completa le seguenti frasi con la parola adatta.

1. —Claudio, ho perso un sacco di soldi oggi. Stavo per concludere un buon _____, quando lo stronzo del mio capo mi _____ di continuare le trattative (*negotiations*).
2. —Chiara, mi è piaciuta tanto la borsa che abbiamo visto insieme in _____. Credi che ne abbiano un'altra nel _____?
   —Se no, l'avrà il signor Wang nel suo _____, non preoccuparti!
3. —Questa non è una valigia di qualità e non è neanche _____, è proprio una robetta. Lo _____ che mi ha dato il commesso era troppo piccolo.
   —Ma che aspettavi, un prezzo _____? È una valigia _____ e queste non sono mai _____.
4. —Sandra, sono occupatissima oggi, _____, non so da dove cominciare. Mi devi _____ a che ora dobbiamo incontrarci, non mi ricordo più.
   —_____ di uscire stasera quando veramente non hai un minuto libero!
5. —Mio padre dice sempre che sono un figlio _____, che non sono mai a casa. Si lamenta di non poter _____ con me. L'altro giorno mi ha detto: «Vedi qui c'è il modulo delle tasse che dovevi _____ da un po' e sta ancora sulla tua scrivania».

Anticipazioni grammaticali

A. Pronomi diretti. Rispondi alle seguenti domande usando i *pronomi diretti.*

1. Porti una giacca pesante in inverno? _____.
2. Ti metti gli stivali se piove? _____.
3. Hai un ombrello? _____.
4. Quando porti scarpe eleganti? _____.
5. Hai incontrato i tuoi amici al bar? _____.
6. Volevi comprare una borsa di pelle? _____.

B. Il partitivo. Completa le seguenti frasi con il *partitivo* e le *espressioni partitive.*

1. —Vuoi _____ (*some*) caffè?
   —Sì, grazie, e mi passi per favore _____ (*a bit*) zucchero.
2. —A _____ (*some*) mie amiche non piace cucinare perché dicono che le ricette sono troppo complicate.
   —Ma che dici, forse _____ (*a few*) ricetta, ma non tutte.
3. —Ieri sono venuti _____ (*quite a few*) studenti alla festa.
   —Hanno anche portato _____ (*several*) dolci e bebite.

C. Il passato prossimo e l'imperfetto. Completa il seguente brano scegliendo la forma corretta del verbo.

Lele _____[1] (alzarsi) stamattina tardi. _____[2] (sentirsi) ancora stanco ma _____[3] (dovere) essere a lezione alle 9.00. _____[4] (correre) a prendere l'autobus ed è _____[5] (arrivare) in tempo. Però _____[6] (dimenticare) lo zaino dove _____[7] (esserci) tutti i suoi libri.

Strutture

1. Pronomi diretti

SINGOLARE	PLURALE
mi	ci
ti	vi
lo, la, La	li, le

1. Direct-object pronouns (**i pronomi diretti**) replace direct objects: *Let's invite **Bob**; Let's invite **him**.* In Italian, direct-object pronouns usually precede the verb. However, they attach to the adverb **ecco,** to infinitives (which drop their final **-e**), and to most informal commands (**Capitolo 5, Strutture 1**).

Puliscono **le vetrine** ogni mattina. **Le** puliscono.	*They clean the display windows every morning. They clean them.*
Alex e **Lele?** Ecco**li**, in ritardo come sempre!	*Alex and Lele? Here they are, late as usual!*
La valigia? Abbiamo bisogno di comprar**la**.	*The suitcase? We need to buy it.*
Quel povero cane! Porta**lo** fuori!	*That poor dog! Take him outside!*

2. When **dovere, potere, volere,** or **sapere** precede an infinitive, a direct-object pronoun can either precede the conjugated verb or attach to the infinitive.

Dobbiamo organizzare **la festa. La** dobbiamo organizzare (Dobbiamo organizzar**la**).	*We have to organize the party. We have to organize it.*

3. **La** and **lo** elide before the various forms of **avere** and before verbs beginning with a vowel. **Mi, ti, ci,** and **vi** elide less frequently, and the plural forms **li** and **le** never elide.

Mauro? **L'**hanno visto (**Lo** hanno visto) al ricevimento.	*Mauro? They saw him at the reception.*
Ti aspettano (**T'**aspettano) al parco.	*They're waiting for you in the park.*
Quelle signore? **Le** ammiriamo molto.	*Those ladies? We admire them a great deal.*

4. When **lo, la, li,** and **le** precede forms of **avere** in compound tenses, the past participle must agree with these pronouns in gender and number. Agreement with other direct-object pronouns is optional.

Claudia? Non **l'**ho vist**a** alla festa.	*Claudia? I didn't see her at the party.*
Pierluigi e Dario? **Li** ho vist**i** ieri.	*Pierluigi and Dario? I saw them yesterday.*
Come mai non **ci** hanno chiamato (chiamat**i**)?	*How come they didn't call us?*

5. When used with **credere, dire, essere, pensare, sapere, sperare,** and similar verbs, **lo** can function as an invariable pronoun equivalent to *it* in English. It is also used this way with **essere** in sentences whose subject is implied rather than stated.

I tuoi hanno ragione; **lo** credo davvero.	*Your parents are right; I really think so.*
Stefano è diventato vegetariano? —Chi **l'**avrebbe pensato?	*Stefano has become a vegetarian? Who would have thought it?*
—Sai dove ha luogo la riunione?	*Do you know where the meeting is taking place?*
—Mi dispiace, non **lo** so.	*I'm sorry, I don't know.*
—Tua madre è dottoressa?	*Your mother is a doctor?*
—Sì, **lo** è.	*Yes, she is.*

6. The following Italian verbs always take a direct object, in contrast to their English counterparts: **ascoltare, aspettare, cercare, chiedere** (in the sense of *to ask for*), **guardare, pagare.**

Cercano Laura; **la** cercano.	*They're looking for Laura; they're looking for her.*
Abbiamo guardato le foto; **le** abbiamo guardate.	*We looked at the photos; we looked at them.*
Quanto hai pagato quegli scarponi?	*How much did you pay for those hiking boots?*
Quanto **li** hai pagati?	*How much did you pay for them?*

7. The pronoun **la** is used, alone and with other pronouns, in certain idiomatic expressions. You will learn more about how to use expressions with double-object pronouns in **Capitolo 5;** two common idioms using **la** alone are **saperla lunga** (*to know a thing or two*) and **smetterla** (*to quit, cut it out*).

Giulio è furbo; **la** sa lunga davvero!	*Giulio is shrewd; he knows a thing or two!*
Senti, **la** vuoi smettere? Sono stufa delle tue chiacchiere!	*Listen, will you cut it out? I'm fed up with your blabbing.*

In pratica

 A. Abitudini studentesche. Alternandoti con un compagno / una compagna, fate delle domande e rispondete secondo l'esempio. Usate i *pronomi diretti* nelle vostre risposte.

> *Esempio:* gli studenti / guardano / le soap opera alla TV →
> —Gli studenti guardano le soap opera alla TV?
> —Sì, le guardano. (No, non le guardano.)

1. molti studenti / leggere / i giornali studenteschi
2. tanti / usare / la palestra / per rilassarsi
3. alcuni / non mangiare / le verdure alla mensa
4. gli altri / preferire saltare / il pranzo
5. molti / avere / una relazione amorosa
6. la maggioranza / usare / la notte / per studiare prima dell'esame

B. Quattro chiacchiere. Completa gli scambi con i *pronomi diretti* adatti.

1. —Dove sono andati Giorgio e Nino? Non _____ vedo da tanto tempo.
   —Non _____ so, ma _____ puoi chiedere a Stefania, la loro vicina (*neighbor*).

2. —Silvia, che piacere riveder _____! Dimmi, quando _____ ho vista l'ultima volta?
   —Vediamo… sarà stato da Giacomo, un paio d'anni fa. E tu? Come _____ trovo bene! Sei in gran forma.
   —Grazie. _____ devo a mia moglie. Lei _____ sgrida (*scolds*) tutte le volte che mangio troppo.

3. —Alex, guarda se c'è latte nel frigo. Forse devi comprar _____.

4. —Mauro, ti ricordi di Gianni, quel ragazzo tanto gentile? È scappato (*eloped*) con la figlia dei Costa. Chi _____ avrebbe mai detto?
   —Eh, _____ ho sempre detto—sembra ingenuo Gianni, ma è uno che _____ sa lunga!
   —Non _____ sapevi che i Costa sono ricchissimi?

5. —Paolo, smetti _____! Il rumore che fai mi dà sui nervi.
   —Scusami, Teresa; ma avresti potuto dir_____ prima.

6. —Ma quando arriverà tua sorella? _____ aspettiamo già da mezz'ora…
   —Ah, ecco _____! Sta arrivando con il suo amico del cuore.

7. —Donata, queste vecchie riviste, _____ metto nel tuo studio?
   —Grazie, caro, non ne ho più bisogno. Puoi buttar_____ via (*throw away*). Anzi, puoi riciclar _____.

 C. Una settimana a Venezia. Sei appena tornato/a da un bellissimo viaggio a Venezia. Alternandoti con un compagno / una compagna, fate le domande e rispondete secondo l'esempio.

> *Esempio:* visitare / il Lido →
> —Hai visitato il Lido?
> —Si, **l'**ho visita**to**. (No, non **l'**ho visita**to**.)

1. vedere / Piazza San Marco
2. ammirare / i palazzi rinascimentali (*adj., Renaissance*)
3. comprare / una maschera tradizionale
4. vedere / le gondole
5. pagare molto / l'ingresso ai musei
6. bere / un caffè da Florian

2. Pronomi indiretti

Una vista della Piazza San Marco a Venezia.

SINGOLARE	PLURALE
mi	ci
ti	vi
gli, le, Le	gli (loro), Loro

1. Indirect-object pronouns replace indirect objects.

*I gave the book **to Mom**; I gave **her** the book.*
*I bought some flowers **for Phil**; I bought **him** some flowers.*

In Italian, indirect-object pronouns usually precede the verb. The only exception is **loro** (**Loro**), which always follows the verb.* Indirect-object pronouns attach to infinitives (which drop their final -**e**) and to most informal commands (**Capitolo 5, Strutture 1**).

Scrivo **agli amici** subito.	*I'll write to our (lit. to the) friends immediately.*
Gli scrivo subito. (Scrivo **loro** subito).	*I'll write to them immediately.*
Avevo intenzione di mandar**vi** un manifesto.	*I intended to send you a poster.*
Questo povero bambino ha fame. Compra**gli** un panino!	*This poor child is hungry. Buy him a sandwich!*

2. When **dovere, potere, volere,** and **sapere** precede an infinitive, an indirect-object pronoun can either precede the conjugated verb or attach to the infinitive.

Voglio offrire un caffè **a Gina**.	*I want to offer Gina a coffee.*
Le voglio offrire.	*I want to offer her a coffee.*
Voglio offrir**le** un caffè.	

3. In compound tenses, past participles *never* agree with indirect-object pronouns.

Maria? **L'**ho vist**a** ma non **le** ho detto niente.	*Maria? I saw her, but I didn't say anything to her.*
Andrea e Bruno? **Li** ho chiamat**i** e **gli** ho chiesto di venire al più presto.	*Andrea and Bruno? I called them and asked them to come as soon as possible.*

4. The following Italian verbs take an indirect object, in contrast to their English counterparts.

chiedere	Ho chiesto **a** Laura come stava; **le** ho chiesto come stava.
consigliare (*to advise*)	Abbiamo consigliato **a** Mario di cambiare casa; **gli** abbiamo consigliato di cambiare casa.
credere	Non credo **a** quell'uomo; non **gli** credo.
dare fastidio (*to bother*)	Gli insetti danno fastidio **a** Piero; **gli** danno fastidio.
domandare	Voglio domandare **a** Franca se esce con me. **Le** voglio domandare se esce con me.

---

*In everyday Italian, **gli** frequently replaces **loro**.
Ho dato **loro** una copia dell'articolo. (**Gli** ho dato una copia dell'articolo.)

fare bene/male (*to be good/bad to someone*)	L'aria fresca fa bene **ai** bambini; lo smog **gli** fa male.
fare paura (*to scare*)	Il film *Psycho* ha fatto molta paura **a** Silvia; **le** ha fatto molta paura!
rispondere	Voglio rispondere **alla** professoressa; **le** voglio rispondere.
somigliare (*to resemble*)	Somiglio **a** mia nonna; **le** somiglio molto.
telefonare	Vogliamo telefonare subito **a** Cristina. Vogliamo telefonar**le**!
voler bene (*to love; to be very fond of*)	Voglio proprio bene **ai** miei fratelli; **gli** voglio bene.

In pratica

 A. In classe. Alternandoti con un compagno / una compagna, fate delle domande e rispondete secondo l'esempio.

> *Esempio:* l'università / dare / borse di studio agli studenti
> —L'università dà borse di studio agli studenti?
> —Sì, gli dà borse di studio. (No, non gli dà le borse di studio.)

1. gli studenti / chiedere / al professore di spiegare i pronomi un'altra volta

   _____

2. in generale gli studenti / credere / ai loro professori

   _____

3. gli esami / fare paura / a Silvia

   _____

4. un tuo compagno di classe / dare fastidio / a te

   _____

5. il professore / assegnare / molti compiti a noi

   _____

6. gli studenti / rispondere subito / al professore

   _____

B. Una discussione (*argument*). Gilda e Adriano, due compagni di casa, stanno litigando (*are quarreling*). Completa il dialogo con i *pronomi indiretti* adatti.

GILDA: Adriano, finalmente ti trovo! Senti, voglio parlar_____[1] di una cosa.

ADRIANO: Che c'è? _____[2] ho già dato i soldi per l'affitto… E se tu e Manuela avete bisogno della macchina, _____[3] ho lasciato le chiavi in cucina.

GILDA: Non è questo. Ti ricordi, la settimana scorsa, _____[4] avevo chiesto di pulire il bagno…

ADRIANO: Non è vero! Non _____[5] hai detto niente.

GILDA: Hai ragione. Non _____⁶ ho detto niente, ma _____⁷ ho lasciato
un biglietto.

ADRIANO: Cosa _____⁸ dici! Non ho trovato nessun biglietto.

GILDA: Va bene, forse è andato smarrito (*it was lost*), ma ora _____⁹
chiedo di nuovo di pulire il bagno!

ADRIANO: Ma perché non lo dici a Paolo?

GILDA: Lo sai benissimo che non _____¹⁰ tocca (*not my turn*) questa
settimana—tocca a te!

ADRIANO: Ma non vedi come sono impegnato? La professoressa Brunetti
_____¹¹ ha dato tanti compiti questa settimana. Oggi pomeriggio
_____¹² devo consegnare gli appunti di laboratorio (*lab notes*),
domani una relazione (*report*) di tre pagine…

GILDA: So che hai tanto da fare. Ma non _____¹³ puoi fare questo favore?
I miei genitori arrivano domani sera, a voglio che trovino la casa
in ordine.

ADRIANO: Va bene, va bene. Stasera non posso, ma lo farò senz'altro
domani pomeriggio. E scusami se _____¹⁴ ho risposto male.

GILDA: Non ti preoccupare, Adriano. E grazie! _____¹⁵ fai un vero piacere.

C. Già fatto! Con un compagno / una compagna, fa' delle domande
con le parole date e poi rispondi secondo l'esempio.

Esempio: portare un regalo a Marta →
—Perché non porti un regalo a Marta?
—Non **le** voglio portare un regalo (non voglio portar**le**
un regalo!) (**Le** ho già portato un regalo!)

1. scrivere una cartolina a Alex
2. chiedere cento euro a papà
3. farmi un favore
4. dire due parole a Silvana
5. spiegare il problema ai genitori
6. pagare l'affitto al padrone di casa
7. darmi un consiglio (*advice*)
8. spedire un pacco a Gigi e a Laura

D. Quattro chiacchiere. Completa gli scambi con i *pronomi diretti* e
indiretti adatti.

1. —Ho sentito che tu e Beppe avete litigato. Cosa _____ hai detto al
ricevimento ieri sera?
—Niente. Quando _____ vedo non _____ saluto più e non _____ parlo.

2. —Allora, tua moglie è andata in quel panificio! Come _____ sembra? Ha
provato le rosette (*soft rolls*) che _____ avevo consigliato?
—No, purtroppo, _____ ha cercate, ma non ce n'erano più.

3. —Beppe, ho saputo che tu e Teresa vi vedete di nuovo (*again*). Com'è
successo? _____ hai comprato dei fiori? _____ hai portata a ballare?
—No, non ancora, ma l'ultima volta che _____ ho vista _____ ho
chiesto scusa.

4. —Come sta, Signora Pirelli? Quella vacanza a Capri _____ ha fatto bene?
—Sì, molto, e anche a mio marito. Ha detto che _____ piacerebbe tornare
l'anno prossimo.

5. —Ciao, Franco! Come va con tua moglie?
   —Benissimo, _____ voglio un mondo di bene.
   —E tuo figlio?
   —Lui è un angelo, come sua madre. Lui _____ somiglia proprio in tutto!

3. Passato prossimo e imperfetto (riassunto)

The **passato prossimo** and the **imperfetto** are both past tenses, but they are not interchangeable. This section summarizes the distinctions between the **passato prossimo** and the **imperfetto**. You can improve your command of these tenses by paying close attention to how they are used in class, in Italian texts and broadcasts, and in conversations with Italian acquaintances.

1. The **imperfetto** indicates an action that happened repeatedly or for an undefined period in the past. The **passato prossimo** indicates an action that was completed in the past—often at a precisely specified time.

Da piccolo **ero** spesso malato.	*As a child I was often sick.*
Sono stato malato due mesi fa.	*I was sick two months ago.*
Le **telefonavo** spesso per chiacchierare.	*I used to phone her often to chat.*
La settimana scorsa, però, non le **ho telefonato.**	*Last week, though, I didn't phone her.*

2. The **imperfetto** describes ongoing actions, or two or more conditions that existed simultaneously.

Io **lavoravo** al computer mentre gli altri **preparavano** la cena.	*I worked at the computer while the others prepared dinner.*
Faceva caldo e **c'era** molta gente.	*It was hot and there were a lot of people.*

3. The **imperfetto** describes actions or conditions that were in progress when another action was completed or another condition changed. The **passato prossimo** is used to convey the completed action or changed condition. The clause containing the **imperfetto** is often introduced by **mentre, poiché** (*since, because*), **siccome** (*since*), or **quando.**

Gli amici **sono passati** mentre io **lavoravo** in giardino.	*My friends came by while I was working in the garden.*
Poiché il tempo **era** bruttissimo, Luca **ha preso** un brutto raffreddore.	*Since the weather was awful, Luca caught a bad cold.*
Siccome non **sapevamo** che fosse arrivata, **siamo rimasti** molto sorpresi di vedere Paola.*	*Since we didn't know she had arrived, we were very surprised to see Paola.*

---

*The verb **rimanere** is used frequently in the **passato prossimo** to indicate a change in emotional or mental condition.

È rimasto stupito quando gli hanno dato il premio.	*He was amazed when they gave him the prize.*
Sono rimasti soddisfatti del tuo lavoro?	*Were they satisfied with your work?*

4. The **passato prossimo** is used to describe a series of completed actions.

Ho telefonato agli amici, **mi sono preparata** da mangiare, **ho preso** la bici... e via, al parco!

I phoned my friends, fixed myself something to eat, took my bike . . . and off to the park!

—Sapete, **ho vendicato** il padre, **ho vinto,** Isoarre **è caduto,** io... ma raccontava confuso, troppo in fretta, perché il punto a cui voleva arrivare ormai era un altro. —e mi battevo contro due, ed **è venuto** un cavaliere a soccorrermi, e poi **ho scoperto** che non era un soldato, era una donna, bellissima... (Italo Calvino, *Il cavaliere inesistente*)

"You know, I avenged my father, I won, Isoarre (the enemy knight) fell, I . . . " but he told the story confusedly, in too much of a hurry, because by then the point he wanted to make was a different one. ". . . and I was fighting against two, and a knight came to help me, and then I discovered that it wasn't a soldier, it was a lady, so beautiful . . ." (Italo Calvino, *The Nonexistent Knight*)

Special meanings of the **passato prossimo** and **imperfetto**

1. **Conoscere** and **sapere** have different meanings in the **passato prossimo** and the **imperfetto.**

Ho conosciuto molti professori famosi all'università.	*I met many famous professors at the university.*
Quando abitavo a Cambridge, **conoscevo** molti musicisti.	*When I lived in Cambridge, I knew many musicians.*
Ho saputo quello che era successo a Giorgio.	*I found out what had happened to Giorgio.*
Prima, però, non lo **sapevo.**	*Before, though, I didn't know (it).*

2. **Dovere, potere,** and **volere** in the **passato prossimo** signify a completed, definitive act. In the **imperfetto,** they simply describe a physical or mental condition in the past. Compare the following examples.

Ieri **ho dovuto** studiare.	*Yesterday I had to study (and I did).*
Ieri **dovevo** studiare (ma sono andata al mare).	*Yesterday I had to (was supposed to) study (but I went to the beach).*
Abbiamo potuto acquistare tutti i libri per il corso.	*We were able to buy all the books for the class.*
Con i soldi che **avevamo, potevamo** acquistare tutti i libri per il corso (ma abbiamo deciso invece di spenderli sui vestiti).	*With the money we had, we could have bought all the books for the course (but we decided to spend it on clothes instead).*
Ha voluto raccontarmi tutto.	*He wanted to tell me everything (right then and there).*
Voleva raccontarmi tutto (ma è arrivato Paolo).	*He wanted to tell me everything (but Paolo arrived).*

In pratica

A. Una serata d'autunno. Parla Paolo, un ragazzo siciliano arrivato a Milano per lavoro. Riscrivi il brano mettendo i verbi all'*imperfetto* o al *passato prossimo* secondo il contesto.

Esempio: Era un sabato sera di novembre…

È un sabato sera di novembre, grigio e un po' malinconico. **Mi sento** giù: **mi trovo** a Milano da poco, e non **conosco** molta gente. Non mi **piace** il freddo, e **penso** di lasciare il lavoro e ritornare a Palermo. **Sfoglio** il giornale per vedere cosa **c'è** alla tivù quando **suona** il telefono. È Laura, una mia collega di lavoro. Mi **dice** che **si trova** in Galleria con alcuni amici e **chiede** se **voglio** uscire con loro. **Rispondo** di sì e **riappendo** (*hang up*) il telefono, poi **mi tolgo** la felpa e **mi metto** qualcosa di decente. **Arrivano** poco dopo. **Vogliono** andare al cinema, ma non **sanno** cosa **proiettano** dalle mie parti. **Cerchiamo** sul giornale. Io **propongo** un film italiano, ma gli altri non **sono** d'accordo. Allora Laura **suggerisce** di andare in un pub. Non lo **conosco** ma mi piace e l'idea **ci divertiamo** un sacco anche se forse **bevo** troppa birra. **Sono** le undici quando **torno** a casa: **mi sento** meglio, meno isolato, anche impaziente di tuffarmi nella nuova vita qui a Milano.

B. Un incontro tra amici. Completa il dialogo, mettendo i verbi all'*imperfetto* o al *passato prossimo*.

CLAUDIO: Mirella, come va? (Tu) _____[1] (potere) andare alla mostra (*exposition*) ieri? Io c'_____[2] (essere), ma non ti _____[3] (vedere).

MIRELLA: No, purtroppo, ci _____[4] (volere) andare, ma all'ultimo momento _____[5] (dovere) lavorare. Dimmi un po', _____[6] (comprare) qualcosa di bello?

CLAUDIO: No, purtroppo. C'_____[7] (essere) tanta gente e non _____[8] (riuscire) a parlare direttamente con il pittore. Lui _____[9] (sembrare) molto simpatico e _____[10] (parlare) pazientemente con tutti presenti, però _____[11] (prendere) un catalogo delle sue opere. Te lo posso prestare se vuoi.

MIRELLA: Grazie! Sei molto gentile. (Tu) _____[12] (andare) da solo?

CLAUDIO: No, _____[13] (andare) con Vittoria, quella ragazza che _____[14] (conoscere) alla mostra di De Chirico.

MIRELLA: Ah sì? Non lo _____[15] (sapere) che (voi) _____[16] (essere) già tanto amici…

CLAUDIO: Ma dai, non scherzare! Ah, _____[17] (volere) anche dirti la cosa più interessante— _____[18] (sapere) che Lucia ha intenzione di finalmente presentare le sue ultime sculture. Questo sarà un gran bell'evento.

MIRELLA: Brava! Ma com'_____[19] (cambiare) (lei)! Io la _____[20] (conoscere) quando (noi) _____[21] (fare) il liceo. Non soltanto _____[22] (essere) timida, ma non _____[23] (dimostrare) per niente un talento artistico. E va bene, la gente può cambiare, e in meglio (*for the better*) a quanto pare!

CLAUDIO: Certamente! Ti saluto adesso—devo scappare. Ciao!

4. Partitivo

1. A partitive indicates an indefinite number of persons or things (*some, a few, several, any*) or a portion or quantity of something. In Italian the partitive is frequently conveyed using the preposition **di** plus the definite article (the combined forms of **di,** presented in **Capitolo 1**).

Vorrei **del** latte nel caffè.	*I'd like some milk in my coffee.*
Ho acquisato **dei** libri di cucina.	*I bought some cookbooks.*

2. In interrogative sentences and particularly in negative sentences, the partitive is usually omitted.

—C'è zucchero?	*Is there any sugar?*
—Mi dispiace; non c'è zucchero.	*I'm sorry; there isn't any (there's no) sugar.*
Avete amici negli Stati Uniti?	*Do you have any friends in the United States?*
Non mangio mai fragole; sono allergica.	*I never eat (any) strawberries; I'm allergic (to them).*

Other partitive expressions

1. **Un po' di** is used only with expressions that cannot be counted (**vino, pane, tempo, coraggio,** and so on).

Vuoi **un po' di** caffè?	*Do you want some (a bit of) coffee?*
Signori, ci vuole **un po' di** pazienza!	*Gentlemen, we must have a little patience!*

2. **Alcuni / alcune** is used only with the plural forms of nouns that can be counted (**libri, parole, scrittrici**).

Ho letto **alcune** poesie di Dante.	*I read some (a few, several) poems by Dante.*
Alcune mie amiche scrivono su quel giornale.	*Some (a few, several) friends of mine write for that paper.*

3. **Qualche** is used only with the singular form of nouns that can be counted. (**Qualche** + *singular noun* is singular in form but plural in meaning.)

Ho letto **qualche** poesia di Dante.	*I read some (a few, several) poems by Dante.*
Qualche mia amica scrive su quel giornale.	*Some (a few, several) friends of mine write for that paper.*

4. Other partitive expressions include **vari/varie** (*several*) and **diversi/diverse** (*a number of, a good many*), both of which are used with plural nouns that can be counted. **Parecchio,** which can be used with both singular and plural nouns, means *quite a few (quite a lot).*

Varie cose vanno ricordate.	*Several things must be kept in mind.*
Diverse persone hanno partecipato al convegno.	*A number of people took part in the conference.*
Sono venuti anche **parecchi** studenti.	*Quite a few students came too.*
Ci vuole **parecchio** tempo.	*It takes quite a bit of time.*

In pratica

A. Quattro chiacchiere. Completa gli scambi con la forma adatta del *partitivo* (**di** + *articolo*).

1. —Hai fatto _____ acquisti (*purchases*) oggi?
   —Sì. Mi sono comprato _____ magliette, _____ calzini e _____ slip (*women's underwear* [*m. pl.*]).

2. —Donata, cosa prendi? _____ pesce?
   —No, grazie, sono vegetariana. Dammi piuttosto _____ insalata e _____ pane.

3. —Sai che ci sono _____ errori in questa relazione (*report*)?
   —Non importa. Li correggo dopo.

4. —Avete lavorato molto ieri?
   —Veramente no. Abbiamo fatto _____ telefonate, abbiamo spedito _____ pacchi e basta.

B. Il partitivo. Completa i brani con **qualche, alcuni/e** o **un po' di,** come necessario.

1. Marco entra in un supermercato per comprare il necessario per il viaggio. È un supermercato con prezzi molto bassi. Vuole risparmiare _____¹ soldi anche se sa che _____² prodotti non sono i migliori. Anzi, _____³ volta gli è capitato di comprare cose veramente scadenti (*bad quality*). Questa volta compra _____⁴ caramelle, _____⁵ pacchetto di fazzolettini e _____⁶ bottigliette d'acqua. Il viaggio dura _____⁷ ore ed è sempre meglio avere tanto da bere.

2. Il professor Vanola è un vero pignolo. Ogni volta che apre un giornale si lamenta perché trova _____⁷ errori grammaticali e _____⁸ errore d'ortografia (*spelling*). Si lamenta anche perché l'italiano d'oggi sta adottando (*adopting*) _____⁹ parole inglesi, anche quando esistono _____¹⁰ espressioni italiane. Non gli piace che _____¹¹ dizionari italiani includano _____¹² appendici (*appendices*) con _____¹³ anglicismi.

C. Pratica con il partitivo. In coppia, fate le domande e rispondete. Cercate di adoperare due forme di espressioni partitive.

> *Esempio:* fare / errore ortografico →
> Fai degli errori ortografici?
> Purtroppo, faccio parecchi errori ortografici. E tu?

1. fare / errore di grammatica
2. conoscere / espressioni italiane / che usiamo tutti i giorni in inglese
3. i tuoi amici italiani / adoperare / anglicismi
4. i tuoi amici americani / conoscere / espressioni italiane
5. conoscere / scrittori e scrittrici italiani
6. leggere / romanzo contemporaneo

5. Espressioni negative

Forms

niente; nulla	*nothing*
nessuno/a; nessun(')...	*nobody; no . . .*
mai, non... mai	*ever; never*
non... ancora	*(not) yet*
non... più	*(not) anymore, any longer*
neanche	*(not) either; (not) even*
né... né	*neither . . . nor*

Uses

1. To make a sentence negative in Italian, **non** is placed before the verb. If **ci** is used in the same sentence, **non** precedes it.

Quest'anno **non** frequento l'università.	*This year I'm not attending the university.*
Non m'iscrivo; **non ci** vado per ora.	*I'm not enrolling; I'm not going there for now.*

2. When **non** accompanies other negative expressions, the word order is usually **non** + *verb* + *negative expression.*

STRUTTURA POSITIVA	STRUTTURA NEGATIVA
Faccio **tutto.**	**Non** faccio **niente.**
C'è **qualcosa** da bere?	**Non** c'è **nulla** (**niente**) da bere.
Conosci **tutti?** Conosci **qualcuno?**	**Non** conosco **nessuno.**
Conosco **tutti** i parenti.	**Non** conosco **nessun** parente.
Franco vince (*wins*) **sempre** a poker.	Franco **non** vince **mai** a poker.
Claudio e Gina sono **già** iscritti.	Claudio e Gina **non** sono **ancora** iscritti.
Mio fratello frequenta **ancora** l'università.	Mio fratello **non** frequenta **più** l'università.
Invitano **anche** Lisa.	**Non** invitano **neanche** Lisa.
Sia Michele **che** Laura viene alla festa.*	**Né** Michele **né** Laura vengono alla festa.

3. **Nessuno** is always singular, whether it is used as a pronoun or an adjective.

Nessuno vuol fare una domanda?	*Nobody wants to ask a question?*

4. When **nessuno** is used as an adjective, it changes like the indefinite article.

Non abbiamo **nessun'**idea di quando cominci il prossimo trimestre.	*We have no idea when the next semester begins.*
Non ho **nessun** orario fisso.	*I have no fixed schedule.*

---

*In contrast to English, **Sia... che** (*both... and*) is followed by a singular verb, whereas **ne... né** (*neither... nor*) is always followed by a plural verb.

5. When **nessuno** and **niente** precede the verb, **non** is omitted.

Nessuno mi aiuta, neanche l'assistente.	*Nobody is helping me, not even the teaching assistant.*

6. **Niente** (**nulla**), like the positive expression **qualcosa,** takes **di** before an adjective and **da** before an infinitive.

C'è **qualcosa di** interessante sul giornale?	*Is there something interesting in the newspaper?*
Non c'è **nulla di** interessante sul giornale.	*There's nothing interesting in the newspaper.*
Non cerchiamo **niente da** fare.	*We're not looking for anything to do.*

7. *Not . . . any* can be expressed in more than one way.

Non abbiamo esami.	*We don't have any exams. (We have*
Non abbiamo **nessun** esame.	*no exams.)*
Non abbiamo domande.	*We don't have any questions. (We*
Non abbiamo **nessuna** domanda.	*have no questions.)*

In pratica

 A. Siete proprio dei disgraziati! Alternandovi con un compagno / una compagna, fate delle domande e rispondete secondo l'esempio.

> *Esempio:* amica →
> —Hai molte amiche? —No, non ho nessun'amica.

1. CD   4. iPod
2. idea   5. amico straniero / amica straniera
3. bel vestito 6. DVD

Ora ripetete l'esercizio usando **neanche.**

B. Povero Alex! Alex è un gran pessimista. Digli che le cose vanno meno male di quanto non creda. (*Tell him things aren't going as badly as he thinks.*) Usa l'espressione **dai** (*come on!*) nelle tue risposte.

> *Esempio:* —Laura non mi telefona mai →
> —Ma dai, ti telefona sempre / qualche volta!

1. Nessuno mi invita alle feste.
2. Né Simona né Marta mi trovano simpatico.
3. Neanche il cane mi vuol bene.
4. Non c'è niente di bello nella mia vita.
5. Non sono più giovane.
6. Non ho niente da fare.

C. È una questione di carattere. Claudia e Claudio sono fratelli, ma hanno caratteri completamente diversi. Leggi ad alta voce la descrizione di Claudia e poi mettila al negativo per parlare di Claudio.

Claudia è una persona allegra e simpatica. È amica di tutti. Ha sempre qualcosa di gentile da dire a tutti, e ha sempre qualcosa da fare. Trova tempo ogni giorno sia per il lavoro che per gli amici. È già laureata, ma frequenta ancora qualche corso all'università. Tutti ammirano quella ragazza!

6. *Conoscere* e *sapere*

English has only one verb meaning to *know*, whereas Italian has two. **Conoscere** means *to be acquainted or familiar with someone or something*, or *to meet for the first time.* **Sapere** means *to know facts, to find out,* or *know how to do something.** Consider the following examples.

Conosci la cucina toscana?	*Do you know the cuisine of Tuscany?*
Non **conosco** bene i ristoranti italiani ad Ann Arbor.	*I'm not well acquainted with the Italian restaurants in Ann Arbor.*
Sai che tipo di ristorante è Il Palio?	*Do you know what kind of restaurant Il Palio is?*
Mio fratello non **sa** cucinare.	*My brother doesn't know how to cook.*
Conosco Rosa, ma non **so** dove abita.	*I know Rosa, but I don't know where she lives.*

In pratica

A. *Conoscere o sapere?* Completa le frasi con la forma adatta del verbo secondo il contesto.

1. —Claudio, _____ perché i cinesi vogliono venire in Italia?
   —_____ che vogliono un lavoro.

2. —Molti giovani d'oggi _____ solo quello che imparano a scuola, vero?
   —Non sono d'accordo, _____ anche aspetti importanti della vita politica, sociale ed economica del paese.

3. —Ragazzi, _____ una buona spaghetteria?
   —_____ che ce n'è una in via Dante.

4. —Mio fratello lavora per la FIAT, ma non _____ riparare la propria (*his own*) macchina. Per fortuna, _____ molti meccanici in città.

5. —Zia Adele _____ suo marito da venti anni, ma non _____ ancora per quale partito vota!

6. —Alberto, vuoi _____ una ragazza molto carina?
   —Eccome! Chi è?
   —Mia sorella Chiara. (Io) _____ che stasera non è impegnata (*busy*); vuoi venire da noi?

---

*Conoscere is a regular second-conjugation verb; the present-tense conjugation of **sapere** appears in Appendix I, E.

B. Chi conosci? Cosa sai? Con un compagno / una compagna, fa' domande e rispondi alle frasi seguenti, usando la forma adatta di **sapere** o **conoscere** secondo il contesto.

> *Esempio:* un buon ristorante francese in questa città →
> —Conosci un buon ristorante francese in questa città?
> —Sì, conosco un buon ristorante: Chez Luc. (No, non conosco un buon ristorante francese in questa città!)

1. i nomi dei candidati alle prossime elezioni municipali
2. il film *La finestra di fronte*
3. in quali zone d'Italia vanno i turisti
4. dove posso trovare un bell'abito nuovo senza spendere un patrimonio (*fortune*)
5. un bravo parucchiere
6. cucinare
7. che in Svizzera esistono quattro lingue ufficiali
8. quali lingue si parlano in Svizzera
9. una persona che parla più di due lingue
10. parlare tedesco

Parliamo un po'!

 A. Al ristorante. Con un compagno / una compagna parla del tuo ristorante preferito e perché ti piace.

> *Cominciamo:* —Mi piace il cibo indiano e cerco sempre un buon ristorante. Che tipo di ristorante preferisci?
> —A me non piace mangiare i piatti indiani perché sono troppo piccanti...

B. Una cena a sorpresa. In coppia parlate di una cena dove vi ha invitato il vostro ragazzo / la vostra ragazza. Parlate dei particolari della serata.

Cominciamo: —Il mio ragazzo mi ha portato in un ristorante dove servivano solo carne. Era un disastro perché…

—Per il nostro primo appuntamento il mio ragazzo mi ha portato in una pizzeria. Boh, ero un po' delusa…

C. Una cena ideale. In gruppi create un menù ideale. State attenti ai vostri gusti diversi, dovete essere d'accordo su tutto. Create prima una lista degli ingredienti necessari e dopo parlate delle ricette e del modo in cui devono essere realizzate.

Cominciamo: —Gli aperativi… ?

—Cosa vogliamo per antipasto?

Ripassiamo!

A. Domande personali. Rispondi alle domande usando i *pronomi diretti* e spiega il perché con una frase completa.

1. Bevi il caffè al mattino? _____ perché _____.

2. Mangi frutta ogni giorno? _____ perché _____.

3. Fai il bucato ogni settimana? _____ perché _____.

4. Prepari la cena per i tuoi amici? _____ perché _____.

B. Regali di Natale. Sostituisci gli *oggetti indiretti* con i *pronomi*.

1. A mia madre regalo una borsa. _____.

2. A mio padre do un libro di fantascienza. _____.

3. Ai miei nonni regalo una mia foto. _____.

4. Alla mia ragazza / al mio ragazzo regalo un CD. _____.

5. Al postino do 5 dollari. _____.

6. A Franco e Lele regalo i biglietti per una partita di calcio. _____.

C. Ritorno a casa. Completa il seguente brano usando il *passato prossimo* e l'*imperfetto*.

Una volta mi _____[1] (piacere) ritornare a casa dai miei. C'_____[2] (essere) i miei fratelli e la mia sorellina. Poi tutti _____[3] (trasferisi) in altre città dove _____[4] (trovare) lavoro e i miei genitori _____[5] (rimanere) soli. L'estate scorsa quando _____[6] (andare) dai miei, non _____[7] (sentirsi) felice come prima. La casa mi _____[8] (sembrare) vuota e deserta; le _____[9] (mancare) l'allegria e il chiasso che prima _____[10] (fare) noi ragazzi. Dopo un po' _____[11] (essere) contento/a di ritornare all'università.

D. Un ricevimento. Stai organizzando un ricevimento in onore del tuo compagno / della tua compagna di stanza appena laureato/a. Di' cosa ti serve usando l'*articolo partitivo*.

Esempio: (sedie) → ci vogliono delle sedie

Vocabolario utile: ci vuole; ci vogliono

1. tavole
2. bicchieri
3. bibite non-alcooliche
4. caffè
5. antipasti
6. pane
7. dolci
8. CD

E. Informazioni. Completa le frasi con i verbi **conoscere** e **sapere** secondo il caso.

1. (Tu) _____ dove si va per far riparare il computer?
2. (Tu) _____ un buon meccanico? I freni (*brakes*) della mia Volvo non funzionano.
3. (Tu) _____ dove si trova il mercato all'aperto?
4. (Tu) _____ giocare a tennis?
5. (Tu) _____ un bravo parrucchiere che non costi troppo?

F. Un appartamento da far pietà. Non avendo molti soldi hai affittato un appartamento in condizioni non buone. Rispondi alle domande in modo negativo.

1. Ha lo studio e la sala da pranzo? _____.

2. C'è anche il balcone? _____.

3. I tuoi amici vengono spesso a trovarti? _____.

4. Chi abita al piano superiore? _____.

5. I tuoi amici affittano ancora l'appartamento accanto al tuo?

_____.

6. C'è qualcosa di bello nel tuo appartamento?

_____.

Scriviamo!

A. Il frigorifero vuoto. In molte famiglie americane con due genitori che lavorano il rituale di mangiare insieme si è perso. Anzi, ogni membro si arrangia come può e i frigoriferi sembrano riempiti solo di bibite e roba surgelata e pronta per il forno a microonde. Che ne pensi di questa abitudine? Cosa succede nella tua famiglia? Chi fa la spesa?

B. I cuochi alla TV. In Italia e negli Stati Uniti negli ultimi anni si sono moltiplicati i programmi di cucina alla TV. Ne hai visto qualcuno? Ne segui qualcuno? A che cosa servono secondo te? Perché sono così popolari? Quali piatti preparano di solito?

La maggior parte degli italiani hanno quattro settimane lavorative di vacanza. Il mare, come questo a Viareggio, è sempre la meta preferita ma le città d'arte e la montagna sono in ascesa.

Per comunicare

1. Dare ordini
2. Descrivere persone e oggetti

Strutture

1. Imperativo
2. Pronomi doppi
3. **Ci** e **ne**
4. **Buono, bello, grande** e **Santo**

A. In treno. Con un compagno / una compagna parla di un tuo viaggio in treno. Era un'esperienza positiva o negativa? Spiega!

Cominciamo: —Sei mai andato/a in un treno? Dove?
—Sì, una volta sono andato/a da Ann Arbor a Chicago. Era in inverno…

Durante l'estate le stazioni diventano un luogo affollatissimo di gente che va in vacanza.

 B. Un viaggio memorabile. Con un compagno / una compagna parla di un viaggio che hai fatto sia con la tua famiglia che i tuoi amici, o forse da solo/a. Spiega perché questo viaggio era memorabile.

Cominciamo: —Una volta sono andato/a con la mia compagna di stanza in Florida. Che incubo!
—Anch'io ho avuto un'esperienza simile, ma io ho viaggiato assieme a mio fratello…

 C. L'impatto di un viaggio. Avete mai fatto un viaggio che ha avuto un'influenza importante sulla vostra vita? Un viaggio che ha cambiato le vostre idee o alterato la vostra visione del mondo e della gente? Parlatene in gruppi e poi discutetene insieme a tutti gli altri.

Cominciamo: —L'estate scorsa ho passato tre mesi in Guatemala con un'organizzazione di volontari.
—Che tipo di lavoro hai fatto?

Nel contesto

Avventure in treno

La prenotazione è assolutamente necessaria per viaggare in certi treni.

Alex e Lele sono in treno diretti a Monterosso. Lele ha invitato Alex ad andare con lui al mare all'ultimo momento e quindi Alex non ha avuto il tempo di portare niente con sé. Il treno non è ancora partito.

ALEX: Quanto ci mettiamo ad arrivare a Monterosso?

LELE: Ci vogliono tre ore e mezzo se il treno non ritarda.

ALEX: Io non ho fatto in tempo a portarmi niente, non ho neanche una maglietta per cambiarmi.

LELE: Quella te la presto io.

ALEX: E il resto?

LELE: Te lo compri quando arriviamo a destinazione. Cosa ti serve? Uno spazzolino, un rasoio, delle calze, un paio di mutande… non ti preoccupare!

ALEX: Ma, dimmi, tu cosa ci vai a fare a Monterosso?

LELE: Tu vieni e divertiti. Io ho delle cose da sbrigare in paese.

ALEX: Boh, sei sempre così misterioso!

In quel momento arriva un signore, piuttosto anziano ed elegante che guarda il posto dove è seduto Alex e sembra piuttosto perplesso.

SIGNORE: Mi scusi, ma Lei è seduto al mio posto.

ALEX: Impossibile!

SIGNORE: Scusi, sia gentile e mi faccia vedere il suo biglietto!

ALEX: Lele, daglielo e fagli anche vedere la prenotazione!

LELE: La prenotazione non c'è! Ha ragione il signore, ho la prenotazione per il mio posto ma non per il tuo. Era troppo tardi per fare la tua prenotazione e io avevo già la mia. Gliel'ho già detto al capotreno, appena si libera un posto te lo dice.

SIGNORE: Si alzi per favore… sono stanco di stare in piedi!

ALEX: (*un po' seccato*) E aspetti un attimo! Io ti accompagno nelle tue avventure misteriose e tu mi tratti così! Ci vuole un bel coraggio. Bell'amico che sei!

LELE: Te lo ripeto, non l'ho fatto apposta, non si potevano più fare prenotazioni, il treno è pieno!

SIGNORE: Allora? Si muova, io sto aspettando!

LELE: Dai, alzati, lascia il posto al signore!

ALEX: (*alzandosi*) E io dovrei stare tre ore e mezzo in piedi per colpa tua!

LELE: Così dimagrisci un po' e poi di solito a Genova scende molta gente e qualche posto si libera. Dai, rilassati un po'. Pensa che ti stai per fare una bella mini-vacanza.

ALEX: Già. A proposito, stamattina ho mangiato poco e male e adesso ho fame.

LELE: La carrozza accanto è quella ristorante, lì c'è il bar.

ALEX: Guarda che devi pagare tu perché io stavo per tornare dai miei stamattina anche per rifornirmi di soldi. Con me ho solo 10 euro.

LELE: Te ne bastano di meno per un caffè.

ALEX: Sì, ma io voglio mangiare, non bere solo un caffè.

Alex e Lele entrano nella carrozza ristorante.

CAMERIERE: Cosa posso darvi?

LELE: Ci dia due caffè!

ALEX: Il mio me lo faccia ristretto, per favore! E mi dia anche una brioche!

CAMERIERE: Le abbiamo finite. Ho finito tutti i dolci!

ALEX: Ma se non siamo ancora partiti?

CAMERIERE: Non mi hanno portato il rifornimento. Infatti non dovrei neanche servirvi perché il bar non apre finché non parta il treno. Se vuole ci sono delle tavolette di cioccolata.

ALEX: Me ne dia una allora!

LELE: Guarda che neppure io ho molti soldi.

ALEX: Non vai mica in malora per una tavoletta di cioccolata.

LELE: No, però…

ALEX: Non conoscevo questo tuo aspetto… sei un gran spilorcio. Comunque alla peggio faremo i bagnini a Monterosso!

LELE: Non dire stupidaggini! Mangia la tua cioccolata e stai zitto! Dai, torniamo ai nostri posti!

ALEX: Al TUO posto!

Alex e Lele ritornano dove erano prima. Lì trovano il bigliettario a cui fanno vedere i biglietti.

ALEX: C'è qualche posto libero nelle altre carrozze?

BIGLIETTARIO: Assolutamente no e ricordatevi che a Sestri Levante dovete cambiare treno! Questo non ferma a Monterosso.

ALEX: Ah, quindi a Sestri dobbiamo prendere la coincidenza?

BIGLIETTARIO: Sì, dovete aspettare una mezzoretta e poi c'è un locale che vi porta a Monterosso in 30 minuti.

ALEX: Insomma, arriveremo a Monterosso per cena.

LELE: Il solito esagerato!

Hai capito?

Rileggi il dialogo e scegli se le seguenti affermazioni sono **vere** o **false;** poi spiega le tue scelte.

1. Alex e Lele vanno a Monterosso.   V   F

2. Ci vanno per il lavoro.   V   F

3. Monterosso si trova in montagna.   V   F

4. Alex ha portato con sé tutti i vestiti che gli servivano.   V   F

5. Lele ha solo la sua prenotazione.   V   F

6. Alex ha fame ma non ha molti soldi per comprarsi da mangiare.   V   F

7. Ordinano solo un caffè nella carrozza ristorante.   V   F

8. Devono cambiare treno a Genova.   V   F

Lessico ed espressioni comunicative

Sostantivi

il bigliettario	*ticket collector*
il caffè ristretto	*strong coffee*
la calza	*sock*
il capotreno	*conductor*
la carrozza	*car*
la coincidenza	*connection*
la maglietta	*T-shirt*
le mutande	*underwear*
il rasoio	*razor*
il rifornimento	*supply*
lo spazzolino	*toothbrush*
lo spilorcio	*miser*
la tavoletta di cioccolata	*square of chocolate*

Aggettivi

anziano	*old*

Verbi

andare in malora	*to be ruined, to go to ruin*
ritardare	*to be late*

Espressioni comunicative

apposta	*on purpose*
insomma	*in short, well*
mica	*not at all*
piuttosto	*rather*

Vocabolario attivo

A. Associazioni. Scrivi le parole e le espressioni che associ ai seguenti nomi.

1. il bigliettario: a. _____ b. _____
2. la maglietta: a. _____ b. _____
3. il rasoio: a. _____ b. _____
4. lo spazzolino: a. _____ b. _____
5. la calza: a. _____ b. _____

B. Sinonimi. Scrivi i *sinonimi* delle seguenti parole ed espressioni.

1. lo spilorcio _____
2. andare in malora _____
3. ritardare _____
4. anziano _____

C. Quattro chiacchiere. Consulta il **Lessico ed espressioni comunicative** e completa le frasi che seguono.

1. —Credi che ogni treno in Italia abbia un _____?
   —Non lo so, credo di sì. Ci deve essere qualcuno che controlla la partenza e l'arrivo dei treni.
2. —Franco, quando sei stato l'ultima volta in treno, hai mangiato in _____?
   —No, perché non avevo abbastanza tempo perché la prima tappa del mio viaggio è durata solo un'ora, subito dopo dovevo scendere e prendere la _____. Allora, ho dovuto mangiare la _____ portata da casa.
3. —Alex, quando viaggi cosa metti nella valigia? Io finisco sempre con il portarmi troppe cose.
   —Viaggio solo con una valigetta e dentro ci metto le _____, le calze, un paio di scarpe e un maglione.

D. Da scrivere. Scrivi delle frasi complete usando i vocaboli dati.

1. il rifornimento _____.
2. apposta _____.
3. mica _____.
4. piuttosto _____.

Anticipazioni grammaticali

A. Ordini. Metti i seguenti verbi nella forma corretta dell'*imperativo.*

1. (tu / comprare) _____ i biglietti per il treno!
2. (noi / sedersi) _____ nel nostro scompartimento!
3. (Lei / non arrabbiarsi) _____!
4. (voi / fare) _____ la prenotazione!
5. (Loro / non ritardare) _____, il treno parte in orario!
6. (tu / non essere) _____ spilorcio!

B. Pronomi, pronomi! Con un compagno / una compagna fatevi le domande a vicenda. Rispondete secondo l'esempio, usando i *pronomi doppi.*

Esempio: Quando mi hai mandato gli appunti? → **Te li** ho mandati ieri.

1. Hai mai dato un consiglio sull'Italia a un tuo amico / una tua amica?

   _____.

2. Prima di un viaggio fai vedere l'itinerario ai tuoi genitori?

   _____.

3. Di solito, la tua agenzia turistica ti fa anche la prenotazione dell'albergo?

   _____.

4. Puoi suggerirmi una buon'agenzia e non troppo cara?

   _____.

5. Quest'agenzia ti ha organizzato anche gli altri viaggi?

   _____.

6. Se vogliamo fare un viaggio in gruppo, ci darà un prezzo scontato?

   _____.

 C. *Ci* e *ne*. Con un compagno / una compagna rispondete alle domande che seguono usando **ci** e **ne**.

1. Quante volte durante l'anno scolastico vai a casa?

   _____.

2. Quanti amici dal liceo sono con te alla stessa università?

   _____.

3. Sei mai andato/a in un paese straniero?

   _____.

4. Quante lingue parli?

   _____.

5. Incontri qualche volta i tuoi amici al bar?

   _____.

Strutture

1. Imperativo

The imperative is used for issuing orders and giving directions or advice. The following charts show the imperative forms of the regular and most common irregular verbs.

	guardare	prendere	aprire	finire
tu	guarda	prendi	apri	finisci
Lei	guardi	prenda	apra	finisca
noi	guardiamo	prendiamo	apriamo	finiamo
voi	guardate	prendete	aprite	finite
Loro	guardino	prendano	aprano	finiscano

	essere	avere
tu	sii	abbi
Lei	sia	abbia
noi	siamo	abbiamo
voi	siate	abbiate
Loro	siano	abbiano

	andare	dare	fare	stare	dire
tu	va'	da'	fa'	sta'	di'
Lei	vada	dia	faccia	stia	dica
noi	andiamo	diamo	facciamo	stiamo	diciamo
voi	andate	date	fate	state	dite
Loro	vadano	diano	facciano	stiano	dicano

Verbs that are irregular in the present indicative have similar irregularities in the imperative.*

	uscire	venire	sedersi
tu	esci	vieni	siediti
Lei	esca	venga	si sieda
noi	usciamo	veniamo	sediamoci
voi	uscite	venite	sedetevi
Loro	escano	vengano	si siedano

---

*The imperative of **volere, sapere, tradurre, comporre,** and other irregular verbs is given in Appendix I. Like **venire: tenere** (**tieni, tenga,** and so on).

1. The **noi** imperative form is expressed in English as *Let's + verb.*

Non **restiamo** a casa!	*Let's not stay home!*
Andiamo al mare!	*Let's go to the beach!*

2. The negative imperative of the **tu** form is **non** + *infinitive.* In all other persons, it is **non** + *affirmative imperative.*

Paolo, **sta'** zitto e **non ridere**!	*Paolo, be quiet and stop laughing!*
Non telefonate dopo le dieci!	*Don't call after 10:00!*
Professore, per favore **non parli** velocemente!	*Professor please don't speak quickly!*

3. Direct, indirect, and double object pronouns attach to the **tu, noi,** and **voi** affirmative imperative forms. The same is true of **ci** and **ne.**

Prova**lo**!	*Try it!*
Parla**tegli**!	*Speak to him!*
Da**glielo**!	*Give it to her / him!*
Alza**ti**!	*Get up!*
Andiamo**ci**!	*Let's go there!*
Compra**ne** due!	*Buy two of them!*

4. When pronouns, **ci,** or **ne** are attached to single-syllable imperative forms (**da', di', fa', sta', va'**), the initial consonant of the pronoun is doubled. The only exception is the pronoun **gli.**

Fa**mmi** un favore!	*Do me a favor!*
Fa**mmelo**!	*Do it for me!*
Va**cci**!	*Go (there)!*
Va**ttene**!	*Get out of here!*
Di**gli** la verità!	*Tell him the truth!*

5. Pronouns, **ci,** and **ne** precede all **Lei** and **Loro** imperative forms. They may precede or follow the negative imperative **tu, noi,** and **voi** forms.

Si accomodi!	*Make yourself comfortable!*
Signore, non **si** disturbino!	*Ladies, please don't bother!*
Non dir**melo**! Non **me lo** dire!	*Don't say that to me!*

6. **Loro,** used as an indirect-object pronoun, follows all imperative forms and is never attached to the verb.

Regaliamo **loro** i biglietti per la partita!	*Let's give them tickets for the game!*
Regaliamo**gli** i biglietti per la partita!	

In pratica

A. Comanda la mamma! Immagina di prepararti per un viaggio in Italia. Tua madre vuole che tu faccia certe cose prima della partenza e durante il viaggio e ti dà ordini. Segui l'esempio.

Esempio: prendere la valigia nuova → Prendi la valigia nuova!

Attenzione!

• On public signs and in written instructions, recipes, and other kinds of directions, the infinitive often replaces the imperative.

È una medicina. **Usare** con cautela. *This is a medicine. Use with caution.*

Lavare e **asciugare** accuratamente la frutta, poi **tagliare** a fettine piuttosto sottili... *Wash and dry the fruit carefully, then cut into fairly thin slices . . .*

• In requests, the present indicative is often used for politeness and to avoid an imperious tone. The construction **potere** + infinitive can also be used in such cases.*

Mi **da'** un cornetto, per favore? *May I have a croissant, please?*

Può farmi vedere quella borsa? *Can you show me that purse?*

*The conditional (presented in **Capitolo 6, Strutture 3**) may also be used to express polite commands.

1. non passare troppo tempo negli Internet caffè
2. portare il costume da bagno perché farà caldo
3. mettere il passaporto nella borsa
4. non dimenticare il biglietto
5. scrivere il numero di telefono dell'albergo a Capri
6. mandare delle cartoline alle zie
7. parlare solo italiano
8. non spendere troppo
9. non usare spesso la carta di credito

Ora tu dai gli stessi ordini ai tuoi amici, secondo l'esempio.

Esempio: prendere la valigia nuova → Prendete la valigia nuova!

B. Nell'agenzia turistica. La signora Manfredi, la proprietaria di un'agenzia turistica a Monterosso, dà tanto da fare al suo assistente. Fa' la parte della signora e da' ordini secondo l'esempio. Ripeti gli ordini con i pronomi quando possibile.

Esempio: trovarmi quel numero di telefono →
Mi trovi quel numero di telefono!
Me lo trovi!

1. spedire questi fax
2. prepararmi la lista dei nuovi alberghi
3. non battere le lettere adesso
4. fare presto (*hurry up*)
5. portarmi i giornali di oggi
6. andare subito in banca a depositare i soldi
7. non perdere tempo a navigare in Internet
8. dirmi chi ha telefonato mentre ero a pranzo
9. rispondere velocemente alla posta elettronica

Ora da' gli ordini a due assistenti.

Esempio: Trovatemi quel numero di telefono! → Trovatemelo!

C. Situazioni. Da' almeno tre ordini o consigli per ognuna delle situazioni seguenti.

Esempio: Il cane è salito di nuovo sul letto. →
Scendi subito! Non lo fare più! Ora va' fuori! Non fare la pipì sul letto!

1. Sono le due di notte, e due vostri amici continuano a fare baccano (*an uproar*) nella stanza accanto.
2. Vuoi fare qualcosa di bello con gli amici, ma loro si mettono di nuovo davanti alla TV e iniziano a mangiare.

3. Il parrucchiere sta per tagliarti troppo i capelli.

4. Una tua amica esita (*hesitates*) a parlarti di una cosa che le sta a cuore (*means a lot to her*).

5. Il gatto si rifiuta di mangiare quello che gli hai dato.

6. Vuoi dare una mano a due vecchie signore che salgono sull'autobus con tanti pacchi.

2. Pronomi doppi

When direct- and indirect-object pronouns are combined, they always follow a regular order, and the forms of the indirect-object pronoun change slightly.

PRONOMI DOPPI					
Indiretto		*Diretto*		*Doppio*	
mi	+	lo	=	me lo (me la, me li, me le, me ne*)	
ti	+	lo	=	te lo (te la, te li, te le, te ne)	
gli/le/Le	+	lo	=	glielo (gliela, glieli, gliele, gliene)	
ci	+	lo	=	ce lo (ce la, ce li, ce le, ce ne)	
vi	+	lo	=	ve lo (ve la, ve li, ve le, ve ne)	
loro/Loro	+	lo	=	lo… loro (la… loro, li… loro…, le… loro, ne… loro)	

Placement of double-object pronouns

1. Double-object pronouns precede most conjugated verbs. However, they attach to infinitives (which drop their final **-e**), to **ecco,** and to all but the **Lei** and **Loro** imperative forms (presented in **Strutture 1, Imperativo**).

Ti presto il DVD.	*I'll lend you the DVD.*
Te lo presto volentieri.	*I'll be glad to lend it to you.*
Cerca di dir**ci** la verità.	*Try to tell us the truth.*
Cerca di dir**cela.**	*Try to tell it to us.*
Porta**mi** quelle riviste, per favore.	*Bring me those magazines, please.*
Porta**mele!**	*Bring them to me!*

2. Double object pronouns can either precede **dovere, potere,** and **volere** or attach to their accompanying infinitives.

Vogliamo offrir**vi** la cena.	*We want to offer you dinner.*
Ve la vogliamo offrire.	*We want to offer it to you.*
Vogliamo offri**vela.**	

3. As an indirect-object pronoun meaning *to them* (and less frequently *to you* [*pl., form.*]), **loro** is generally replaced by **gli.**

Cosa hai offerto **loro**?	*What did you offer them?*
Cosa **gli** hai offerto?	

---

*The partitive **ne** will be presented later in this chapter.

In everyday Italian, the combined forms with **loro / Loro** are thus used infrequently. Nevertheless, you should be aware of their special rules for placement and word order.

a. The direct-object pronoun is placed before the conjugated verb; **loro** follows it.

La mando **loro** subito.	*I'll send it to them right away.*
L'abbiamo spiegato **loro.**	*We explained it to them.*

b. When used with **dovere, potere,** and **volere,** the direct-object pronoun + **loro** combination can assume either of the following patterns:

• Direct-object pronoun + conjugated form of **dovere, potere,** or **volere** + *infinitive* (the final **e** is often dropped) + **loro / Loro**

Li posso portar(**e**) **Loro** domani.	*I can bring them to you [pl., form.] tomorrow.*
Non **l'**abbiamo saputo spiegar(**e**) **loro.**	*We didn't know how to explain it to them.*

• Conjugated form of **dovere, potere,** or **volere** + *infinitive* with attached direct-object pronoun + **loro / Loro**

Posso portar**li Loro** domani.	*I can bring them to you [pl., form.] tomorrow.*
Non abbiamo saputo spiegar**lo loro / Loro.**	*We didn't know how to explain it to them.*

Double-object pronouns with reflexives

1. Reflexive pronouns also change form when combined with direct-object pronouns. These forms are identical to those of indirect-object pronouns, with one exception: the third-person singular and plural forms, which are **se lo, se la, se li, se le,** and **se ne.** The rules for placement are the same.

Piero si mette la giacca.	*Piero is putting on his jacket.*
Se la mette.	*He is putting it on.*
Vuole metter**sela. (Se la** vuole mettere.)	*He wants to put it on.*

2. When reflexive pronouns and **la** or **ne** attach to certain verbs, they acquire an emphatic, idiomatic meaning. Generally speaking, these verbs are less formal and more vivid than their "regular" counterparts. Both types of reflexive verbs are conjugated with **essere** in compound tenses.* The following are some of the most common.

andarsene (*to leave, go away*)	**Me ne vado,** ragazzi. A domani!
cavarsela (*to manage, get by*)	È finito l'esame? **Ve la siete cavata** bene?
godersela (*to live it up, have fun*)	Non hanno grossi impegni (*heavy responsibilities*); pensano solo a **godersela.**

---

*The past participle of verbs ending in **-sela** does not agree with the subject; it always ends in **-a.** The past participle of those ending in **-sene** agrees with the subject in gender and number.

Paolo è tanto nervoso; **se l'è** presa anche con il cane!	*Paolo is so touchy; he even got upset with the dog!*
Se ne sono andati presto perché si annoiavano alla festa.	*They took off early because they were getting bored at the party.*

intendersene (di) (*to be an expert in*)	Michele ha tre FIAT; **se ne intende** di macchine italiane.
passarsela (*to thrive* [*financially*])	Come sono eleganti! Ovviamente **se la passano** benino (*quite well*)!
prendersela (*to take offense*)	Perché **te la prendi** tanto? Non è una cosa seria!
sbrigarsela (*to make it* [*in time*])	**Me la sbrigo** in due minuti, perché è ancora presto.

In pratica

A. Esperienze giovanili. Sostituisci i pronomi ai nomi di *complemento diretto*. Fa' le domande e rispondi secondo l'esempio, utilizzando l'*imperfetto* del verbo.

> *Esempio:* I tuoi genitori (darti) ogni settimana i soldi da spendere →
> —I tuoi genitori ti davano ogni settimana i soldi da spendere?
> —Sì, me li davano ogni settimana. (No, non li davano ogni me settimana.)

1. In genere, i genitori (comprarti) la roba (*stuff*) per la scuola?
2. Gli amici (telefonarti) ogni giorno?
3. Gli insegnanti (farti) spesso le domande in classe?
4. La mamma (leggerti) ogni sera le fiabe (*fairy tales*)?
5. Gli amici (raccontarti) sempre i loro segreti?
6. Gli zii (mandarti) ogni anno un regalo a Natale?

 B. Fammi un piacere... ! Chiedi vari favori a un amico / un'amica che, purtroppo, oggi non può aiutarti. Lui/Lei spiega perché. Fa' le domande e rispondi secondo l'esempio.
Chiedi all'amico/a se ti può…

> *Esempio:* dare venti dollari →
> —Senti, mi puoi dare (puoi darmi) venti dollari?
> —Mi dispiace, non te li posso dare (non posso darteli); oggi sono anch'io senza soldi!

1. prestare gli occhiali da sole
2. passare Laura al telefono
3. copiare i suoi appunti (*class notes*) di chimica
4. lasciare le chiavi della macchina sotto lo zerbino (*doormat*) di casa
5. dare l'e-mail di Maurizio
6. tradurre la lettera di un'amica italiana
7. stampare un documento, la mia stampante (*printer*) è rotta

C. Lo scocciatore (*pain in the neck*). Vi sistemate davanti al televisore per guardare l'ultima puntata (*episode*) del vostro reality show preferito. Purtroppo, il vostro amico fa lo scocciatore, come al solito. Rileggete le sue richieste e i suoi commenti secondo gli esempi.

> *Esempio:* Ragazzi, passatemi i popcorn! → Passatemeli!
> Mario, ecco la penna che mi avevi prestato! → Eccotela!

1. Ragazzi, datemi l'elenco dei programmi!
2. Fiorella, passami quel cuscino (*pillow*)!
3. Ragazzi, portatemi i salatini (*munchies*)!
4. Mario, raccontami la puntata precedente!
5. Ragazzi, ditemi chi è quell'attore!
6. Mario, ecco il CD che ti avevo comprato!

D. Milano d'estate. Completa le frasi con la forma adatta delle seguenti espressioni: *andarsene, cavarsela, intendersene di, godersela, passarsela, sbrigarsela.*

In luglio, molti milanesi _____[1] al mare o in campagna. Quelli che rimangono si rilassano: Mangiano all'aperto, fanno delle passeggiate, o la sera vanno alla lunapark. In città, di solito, ci sono molti turisti stranieri che non _____[2] quando la temperatura sale a 33 gradi. Però, quelli che _____[3] arte e di cultura si divertono tanto, perché i musei sono meno affollati e ci sono tanti concerti e proiezioni di film all'aperto, spesso gratis (*free of charge*). Quelli che hanno pazienza e fanno la fila _____[4] in dieci minuti e trovano un buon posto (*seat*); riescono a godersi spettacoli di altissima qualità. I prezzi degli alberghi sono alti, ma è possibile _____[5] stando (*by staying*) all'ostello (*hostel*) o in un campeggio fuori città. A Milano d'estate fa caldo, c'è tanta afa, ma uno _____[6] lo stesso!

Milano: Chi resta in città cerca refrigerio (refreshments) *di sera in un bar all'aperto.*

3. *Ci e ne*

Ci

1. **Ci** replaces **a, da, in,** or **su** + *a noun indicating place.** It follows the same rules of placement as object pronouns.

> Vai subito **in ufficio? Ci** vai subito?
> Sono andata **al cinema. Ci** sono andata.
> Pensate di andare **a Milano?** Pensate di andar**ci?**
> Andiamo **da Gianni** stasera! Andiamo**ci!**

2. **Ci** can also replace **a** + *an infinitive phrase*, and most noun phrases introduced by **a, da, di, in,** or **su.**

> È riuscito **a finire il compito. Ci** è riuscito.
> Penso **all'esame. Ci** penso continuamente!
> Contiamo **sulla tua partecipazione. Ci** contiamo.

3. **Ci** is used in many idiomatic expressions. Here are some of the most common.

a. **Volerci** is an impersonal expression used only in the third-person singular or plural. It means *to take time* or *to require.* It is conjugated with **essere** in compound tenses.

> **Ci vuole** un'ora per arrivare a Detroit da Ann Arbor.
> **Ci sono voluti** tre anni per imparare bene l'italiano.

b. **Metterci** also means *to take time,* but can be used in any person.

> Avete filmato uno spot pubblicitario? Quanto tempo **ci avete messo?**

c. **Entrarci** means *to be relevant* or *to have to do with.*

> Quello che dicono proprio non **c'entra.**
> Che **c'entri** tu? (*what do you have to do with it?*)

d. **Tenerci a** means *to care about.*[†]

> Non perdo mai la mia telenovela preferita—**ci tengo** molto!
> Non presto a nessuno i miei libri—**ci tengo** tanto ai miei libri.

e. **Farcela** means *to manage.*

> Hai passato gli esami? **Ce l'hai fatta?** Bravo!

f. **Avercela con qualcuno** means *to hold a grudge against someone.*

> Franco **ce l'ha con** suo fratello da quando gli ha portato via la ragazza (*stole his girlfriend*).

Ne

Ne replaces a prepositional phrase, usually introduced by **di.**

---

*Vi, interchangeable with ci, is used infrequently in contemporary Italian.
†**Tenerci a** is used only with reference to things; to express the idea of caring about a person or persons, use **voler bene a.**
> **Voglio** tanto **bene a** quel bambino; gli **voglio** tanto **bene.**

1. As a partitive, **ne** means *of it* or *of them*, but is rarely expressed in equivalent phrases in English. It follows the same rules of placement as the object pronouns. In compound tenses, the past participle agrees in gender and number with the expression replaced by the partitive **ne.**

—Conosci **dei siti italiani** di calcio?	*Do you know some Italian Web sites about soccer?*
—Sì, **ne** conosco alcuni.	*Yes, I know some (of them).*
—Hai visto **dei programmi italiani?**	*Have you seen some Italian programs?*
—Ma certo, **ne** ho visti tanti!	*Certainly, I've seen so many (of them)!*
—Riesci a vedere **molti film italiani?**	*Do you manage to see a lot of Italian movies?*
—No, purtroppo, riesco a veder**ne** pochi.	*No, unfortunately, I don't manage to see many (lit., I manage to see few [of them]).*

2. **Ne** can also replace **di** + *infinitive phrase,* or an expression preceded by **di** when **di** means *of* or *about.* In these cases, there is no agreement in compound tenses.

Avete voglia **di guardare il telegiornale?**	*Do you feel like watching the news?*
Ne avete voglia?	*Do you feel like it?*
Hanno parlato **del nuovo reality show.**	*They talked about the new reality show.*
Ne hanno parlato.	*They talked about it.*

3. When **ne** is used with negative forms of the expression **esserci, ci** changes to **ce: c'è → ce n'è, ci sono → ce ne sono...**

—Mi dai **un po' di caffè?**	*Would you give me a little coffee?*
—Mi dispiace, non **ce n'è** più.	*I'm sorry, there's none left.*
—Ci sono **dei giovani registi italiani?**	*Are there any young Italian directors?*
—Certo, **ce ne sono** molti.	*Certainly, there are many.*

4. Indirect-object and reflexive pronouns change their final **-i** to **-e** when followed by **ne. Gli** changes to **glie-.**

Gianna **mi** ha parlato del suo viaggio.	*Gianna talked to me about her trip.*
Me ne ha parlato.	*She talked to me about it.*
Dario vuole compara**si** due moto.	*Dario wants to buy himself two motorcycles.*
Se ne vuole comprare due. (Vuole comprar**sene** due).	*He wants to buy himself two (of them).*
Perché avete comprato tante caramelle al bambino?	*Why did you buy the child so many candies?*
Perché **gliene** avete comprate tante?	*Why did you buy him so many (of them)?*

5. A useful idiom with **ne** is **non voler saperne di qualcuno (qualcosa):** *to want nothing to do with someone (something).*

Quel cliente antipatico? Non voglio più saper**ne** di lui!	*That unpleasant client? I want nothing to do with him!*
La grammatica italiana? Non **ne** vogliamo sapere!	*Italian grammar? We want nothing to do with it!*

In pratica

 A. Quanto tempo ci vuole… ? Chiedi a un compagno / una compagna quanto tempo ci vuole per fare queste cose. Sigui l'esempio.

> *Esempio:* per leggere un romanzo di Tolstoi →
> Quanto tempo **ci vuole** per leggere un romanzo di Tolstoi?
> **Ci vogliono** almeno tre settimane!

1. per fare i compiti d'italiano
2. per imparare bene una lingua straniera
3. per andare da Milano a Roma in macchina
4. per venire all'università da casa sua
5. per perdere cinque chili di peso
6. per scrivere una relazione di venti pagine
7. per prendere un'A in questo corso

Ora fa' le stesse domande con l'espressione **metterci**.

> *Esempio:* —Quanto tempo **ci metti** a leggere un romanzo di Tolstoi?
> —Ci metto almeno venti giorni.

 B. Quantità relative. Chiedi a un compagno / una compagna quante ne ha delle seguenti cose o persone. Usa le espressioni **affatto** (*at all*),* **poco, molto** o **tanto** nelle tue risposte.

> *Esempio:* soldi →
> —Quanti soldi hai?
> —Ne ho pochi. E tu?
> —Non ne ho affatto!

1. libri
2. amiche
3. vestiti di Prada
4. tempo libero
5. pazienza
6. CD
7. paia di scarpe
8. corsi difficili
9. energia

C. Abbasso (*Down with*) **la TV!** La televisione piace ben poco alla professoressa Pignola. Parafrasa le sue osservazioni secondo l'esempio, usando il **ne** nelle tue frasi.

> *Esempio:* Ci sono pochi programmi adatti ai bambini. →
> **Ce ne** sono pochi.

1. C'è troppa pubblicità.
2. Ci sono pochi telegiornali.
3. C'è molta gente che guarda la TV tutto il giorno.
4. C'è violenza da tutte le parti (*all over the place*).
5. Ci sono tante situazioni scabrose (*indecent*).
6. Insomma, ci sono poche trasmissioni buone alla TV!
7. C'è troppo sport.

---

*Remember that **affatto** is an adverb and is therefore invariable.

D. Esperienze e conoscenze culturali. Chiedi a un compagno / una compagna se ha visto (sentito, letto, eccetera) le seguenti cose. Usa la forma adatta del *partitivo*, e fa' attenzione all'accordo del *participio passato*!

> *Esempio:* telefilm italiani →
> —Hai visto dei telefilm italiani?
> —Sì, **ne** ho vi**sti** molti. (No, non ne ho vi**sti**.)

1. canzoni di Andrea Bocelli
2. romanzi di Italo Calvino
3. partite di calcio
4. film di Roberto Benigni
5. musica barocca
6. telenovelas
7. dibattiti politici
8. giochi a premi (*game shows*)

E. Quattro chiacchiere. Completa gli scambi con **ci, ce, ce l'** o **ne**.

1. —Martedì sera vado alla conferenza del professore Martini, _____ vieni anche tu?
   —No, non _____ ho voglia, il professore Martini è noioso.

2. —Ragazzi, _____ la fate? Vi do una mano se _____ avete bisogno.
   —Eh, finalmente ti preoccupi un po' di noi! Non _____ credo!

3. —Non volevi intervistare il regista? _____ sei riuscito?
   —No, e non me _____ parlare! _____ vuole molta pazienza con questi pezzi grossi (*big shots*).

4. —C'è un nuovo ristorante coreano. Penso di andar _____ al più presto.
   —Va bene. Fammi sapere cosa _____ pensi.

5. —Giulio, sta' zitto, per favore! Quello che dici proprio non _____ entra; il problema è un altro.
   —Va bene, Laura, è meglio che non _____ parliamo più.

6. —Dimmi un po'. _____ hai di nuovo con Marina? Prova a parlarle…
   —_____ ho provato! Non _____ voglio più sapere di quella donna.

F. Modi di dire. Parafrasa queste frasi usando **avercela con, entrarci, farcela, metterci, tenerci a** o **volerci**.

> *Esempio:* I voti sono di grande importanza per Lele. →
> Lele **ci tiene** molto ai voti.

1. I suoi commenti non sono molto pertinenti.
2. Hanno passato un'intera estate a riparare la casa.
3. Sono molto arrabbiata con Nino.
4. Sono necessari quattro anni per prendere la laurea in giurisprudenza (*law*).
5. Avete gran cura (*care*) della vostra Ferrari.
6. Finalmente ci siamo riusciti!

4. *Buono, bello, grande* e *Santo*

1. In the singular, **buono** follows the pattern of the indefinite article (**Capitolo 2, Strutture 1**) when it precedes the noun it modifies. Its plural forms are regular.

Franco è un buo**n** padre.
Il dottor Gilli è un buo**no** psicologo.

Che buo**n'**amica!
Ecco una buo**na** ricetta (*recipe*).

2. **Bello** follows the pattern of the definite article (**Capitolo 1, Strutture 2**) when it precedes the noun it modifies.

Che **bel** libro!
Ancona è una **bella** città.
Quel negozio vende tanti **begli** abiti!

MASCHILE		
	Singolare	*Plurale*
before most consonants	un be**l** vestito	due be**i** vestiti
before **s** + *consonant*, **z, ps**	un be**llo** spettacolo	due be**gli** spettacoli
before vowels	un be**ll'**orologio	due be**gli** orologi
FEMMINILE		
	Singolare	*Plurale*
before all consonants	una be**lla** foto	due be**lle** foto
before vowels	una be**ll'**occasione	due be**lle** occasioni

3. **Grande** and **Santo** (*Saint*) also have irregular forms when they precede the nouns they modify. Before plural nouns, **grande** and **Santo** are regular. Before singular nouns, they follow these patterns.

MASCHILE		
before most consonants	un **gran** signore	**San** Francesco
before **s** + *consonant*, **z, ps**	un **grande** zoo	**Santo** Stefano
before vowels	un **grand'**amico	**Sant'**Antonio

FEMMINILE		
before all consonants	una **grande** signora	**Santa** Chiara
before vowels	una **grand'**amica	**Sant'**Anna

Attenzione!

You will sometimes encounter **gran** before feminine nouns not beginning with **z, s** + *consonant*, or **ps**: una **gran** signora. **Gran** can also be an adverb meaning *really* or *quite*.

Sophia Loren è sempre una **gran** bella donna!

In pratica

A. Piccole conversazioni. Completa le frasi con la forma adatta di **bello, buono** o **grande.**

1. —Chi si vede! Che _____ sorpresa! Come stai, Arturo?
   —Benissimo! Senti, voglio presentarti il mio _____ amico Bruno di Biasi.
   —Molto piacere.

2. —Il professore Zatti è un _____ studioso (*scholar*) del Cinquecento.
   —Ah, sì. Ho letto alcuni suoi saggi e li ho trovati molto _____.

3. —Che _____ stivali! Perché non li compri?
   —Purtroppo, sono troppo _____ per me. Porto solo il 34 (*size 6*).

4. —È un _____ _____ uomo il signor Mirollo.
   —È simpatico, ed è pure un _____ padre e un ottimo (*excellent*) marito.

5. —Di chi saranno questi _____ pantaloni?
   —Lo sai benissimo, Laura. Dammeli (*Give them to me*) subito!

Parliamo un po'!

 A. Tempo libero. Con un compagno / una compagna parla dei tuoi passatempi preferiti.

Cominciamo: —Dopo le mie lezioni mi piace sdraiarmi (*to stretch*) sul sofà e non far niente. E tu, che ti piace fare quando hai un po' di tempo libero?
—Mi piace andare in palestra perché…

 B. Doveri e piaceri. Assieme a un compagno / una compagna parla del tempo che impieghi (*to take*) o che vuoi impiegare per fare certe attività. Usa i verbi **metterci** e **volerci** quando possibile.

Cominciamo: —Di solito arrivo a casa in mezz'ora ma se ho premura posso metterci anche molto di meno.
—Io non ci metto meno di 20 minuti in ogni caso.

 C. Abitudini vacanziere. In gruppi parlate delle vacanze tipiche degli americani e delle ragioni per cui spesso non usano le vacanze. Create una lista dei posti favoriti per le vacanze e un'altra con le ragioni perché molti non vanno in vacanza. Discutete la vostra lista con gli altri studenti.

Cominciamo: —Siamo veramente diventati le vittime del nostro lavoro.
—Sono d'accordo, si lavora sempre di più e ci si rilassa di meno.

Ripassiamo!

A. Direzioni. Uno studente appena arrivato all'università non conosce bene il campus e ti chiede dove si trovano certi posti. Digli dove andare per trovare le seguenti località: **la biblioteca, la libreria, la mensa, il bar, la pizzeria, il supermercato, la fermata dell'autobus.** Usa l'*imperativo* secondo l'esempio. Adopera vari verbi.

> *Esempio:* Gira a destra e di fronte a te ci sarà il campus centrale!

1. _____!
2. _____!
3. _____!
4. _____!
5. _____!
6. _____!
7. _____!

B. Ancora pronomi. Completa i dialoghi usando i *pronomi doppi,* **ci** e **ne.**

1. —Chiara, hai parlato della tua ultima vacanza agli amici?
   —Sì, _____ ho parlato.

2. —Patty, sei mai andata in Sardegna? Ho sentito che ha delle spiagge bellissime.
   —No, purtroppo non _____ sono mai andata, ma vorrei andar_____ un giorno.

3. —Regali al tuo amico / alla tua amica un CD a Natale?
   —Sì, _____ regalo.

4. —Compri una camicia per tua madre?
   —No. Non _____ compro perché abbiamo gusti diversi riguardo alla moda.

5. —Quanti regali comprerai in tutto? Sei sempre così generosa.
   —_____ comprerò dieci.

6. —Hai fatto vedere a Giovanni le foto che hai scattato in Puglia?
   —Sì, _____ ho fatt_____ vedere e gli è venuta voglia di andar_____.

C. Da rispondere. Rispondi alle seguenti domande e spiega la tua risposta.

1. Quanto tempo ci metti per finire il compito?
   _____ perché _____.

2. Quanto tempo ci vuole per arrivare a New York?
   Da noi _____ in macchina perché _____.

3. Quanto tempo ci vuole per ricevere la laurea?
   _____ quattro o cinque anni perché _____.

4. Quanto tempo ci vuole per imparare una lingua straniera?
   _____ parecchi anni perché _____.

5. Quanto tempo ci metti per organizzare una festa a casa tua?
   _____ una settimana perché _____.

6. Quanto tempo ci metti per riempire la valigia per un viaggio all'estero?
   _____ tre ore perché _____.

D. Da tradurre in italiano. Traduci le frasi che seguono.

1. What a beautiful day!
2. Did you see the big zoo in San Diego?
3. Saint Catherine is the protector of Siena.
4. The Santa Ana winds frequently cause fires in California.
5. My sister has beautiful hair.
6. We saw a great show on Broadway.
7. Claudio is a great friend of mine!

Scriviamo!

A. Una settimana di vacanza. Molti americani fanno solo una settimana di vacanza all'anno. Spesso portano con sé il computer per tenersi in contatto con il loro lavoro. Gli italiani invece si godono molte settimane di vacanza che passano rilassati e spensierati e ritornano al lavoro ben riposati. Secondo te, quali delle due scelta è la migliore e perché?

B. Un viaggio esotico. Se avessi opportunità di andare in un posto esotico, dove andresti e perché? Forse sei già andato/a in un tale posto. Descrivilo e cosa hai fatto una volta arrivato/a là?

Il clima sta cambiando, anzi è già cambiato.
TE NE SEI ACCORTO?

FIRMA la petizione per chiedere al governo italiano di **rendere vincolante il limite di 120 grammi di CO₂** al km per le case automobilistiche.

VERDI PACE
per la
notizieVerdi

Le campagne pubblicitarie per sensibilizzare la gente sui problemi ambientali si sono intensificate negli ultimi anni.

Per comunicare

1. Parlare dei piani futuri
2. Esprimere probabilità
3. Esprimersi in modo cortese
4. Indicare persone e oggetti

Strutture

1. Futuro semplice
2. Futuro anteriore
3. Condizionale presente e passato
4. **Dire, raccontare** e **parlare**
5. Costruzioni impersonali con **si**
6. Aggettivi e pronomi dimostrativi

Tanto per cominciare

Purtroppo nelle grandi città italiane non c'è solo il problema l'inquinamento dell'aria, ma anche i graffiti dappertutto.

 A. La questione dell'ambiente. Parla con un compagno / una compagna delle cose che fai per proteggere l'ambiente.

> *Cominciamo:* —Io non riciclo niente, sono troppo pigro/a. E tu?
> —Io invece sì, mi sento male se butto via una lattina senza riciclarla.

 B. Gli ambientalisti. Parlate in coppia delle organizzazioni nazionali che si occupano dell'ambiente in America. Forse siete membri di una tale organizzazione.

> *Cominciamo:* —Io sostengo sempre le organizzazioni che cercano di sensibilizzare la gente sull'importanza di usare meno l'automobile.
> —Io non voglio dare i soldi a nessuna di queste associazioni, sono un povero studente…

 C. L'arte alla salvaguardia dell'ambiente. Sono stati girati molti film negli Stati Uniti che criticano il governo perché non protegge abbastanza l'ambiente in cui viviamo. In gruppi fate una lista dei documentari o altri film che parlano dell'ambiente. Se non ne avete visti, potete fare una ricerca in Internet.

> *Cominciamo:* —Avete mai visto il film *Silkwood*?
> —Io sì. È un film molto forte.
> —Io, non l'ho mai neanche sentito. Però ho visto…

Ma l'albergo dov'è?

Molti italiani usano il telefonino per comunicare con la famiglia, con gli amici e per ragioni di lavoro. Ormai sono rari quelli che usano la rete fissa (landline).

Alex e Lele scendono dal treno. È una splendida giornata, il sole è appena tramontato.

LELE: Senti che aria pulita! Il profumo dei fiori, del mare…

ALEX: Certo, certo, tutto bellissimo però adesso vorrei sapere dove andremo a dormire?

LELE: Te l'ho già detto, non preoccuparti per l'albergo, qualcosa troveremo. Tu sei troppo teso, dovresti goderti questa meraviglia. (*guardando l'orologio*) Accidenti, è tardi, io dovrei fare una telefonata breve. Mi presteresti il tuo telefonino?

ALEX: Io prima telefonerei all'albergo e poi quand'è che te ne compri uno?

LELE: Di cosa?

ALEX: Telefonino!

LELE: Se posso uso quello degli altri e poi non voglio spendere soldi.

ALEX: E perché?

LELE: Non ti preoccupare. Dammi il tuo intanto!

Lele si apparta mentre Alex si gode lo spettacolo del mare e della costa frastagliata e rocciosa che si vede proprio dalla stazione. Vorrebbe prendere qualcosa da mangiare ma il bar ha appena chiuso.

LELE: Tutto a posto, dopodomani a quest'ora saremo già a Milano e avremo fatto tutto.

ALEX: Guarda che io non ho nessuna premura di tornare. Dai, adesso cerchiamoci un bell'albergo, ho voglia di farmi una doccia e poi mangiare qualcosa di buono.

LELE: A proposito, stasera ceneremo da Sandrino, verranno anche un paio di amici.

ALEX: Vecchi amici?

LELE: No, li ho conosciuti recentemente, in un certo senso sono più amici di mio padre che miei.

ALEX: Come sei misterioso, e Sandrino è un ristorante?

LELE: Sì, fanno un risotto ai frutti di mare che è favoloso.

ALEX: Beh, adesso che abbiamo sistemato la cena... cosa facciamo per l'albergo?

LELE: Andiamo all'ufficio turistico, loro ci daranno degli indirizzi utili.

Alex e Lele stanno parlando con una signora dell'ufficio turistico.

IMPIEGATA: Il miglior albergo è La Rocca, c'è una vista favolosa da ogni camera, è sistemato proprio a precipizio sul mare.

ALEX: È caro?

IMPIEGATA: Direi che è carissimo ma ne vale la pena.

LELE: Pagheremo con la carta di credito di mio padre. Non ti preoccupare!

IMPIEGATA: Io però chiamerei prima di andare. Eccovi il numero.

ALEX: Benissimo.

LELE: Dai, telefona!

ALEX: Chiedo due camere per due giorni?

LELE: No, due camere sono troppo costose. Ci costerebbero un occhio della testa. Dividiamo una doppia!

ALEX: Ve bene, con letti separati, però!

LELE: Ovvio. Non dormirei mai nello stesso letto dove dormi tu.

Alex compone il numero e parla brevemente e poi riappende seccato.

ALEX: È pieno!

LELE: In che senso?

ALEX: Come in che senso? È esaurito! Dice che dovremmo provare a Levanto perché sarà difficile trovare posto qui con delle giornate così belle.

LELE: Ma Levanto è brutta!

ALEX: E allora, se preferisci dormiremo in spiaggia.

LELE: Vieni, degli amici mi hanno detto che c'è un piccolo albergo a due passi dalla stazione, non è elegante ma è carino. Si chiama La Spiaggia. Andiamo a vedere com'è.

LELE: *(passando davanti a un negozio che espone bottiglie di vino)* Guarda lo Sciacchetrà, io berrei un buon biccherino adesso.

ALEX: Noooo! Mi farai diventare matto. Andiamo a cercare l'hotel. Quando lo avremo trovato torneremo qui.

LELE: Ma lo Sciacchetrà, lo conosci?

ALEX: *(seccato)* No, non lo conosco!

LELE: È il vino più famoso della zona. È un vino dolce da dessert. Ti fa girare la testa appena ne bevi un goccio.

ALEX: E tu lo berresti alle quattro del pomeriggio? Dai, andiamo, lo berremo stasera con i tuoi amici.

Hai capito?

Da rispondere. Rispondi in modo completo alle seguenti domande.

1. Come è la giornata quando Alex e Lele scendono dal treno?
2. Come Lele descrive l'aria?
3. Cosa stanno cercando i due amici?
4. Cosa non ha Lele?
5. Cosa vuole fare Alex quando trovano un albergo?
6. Con chi si devono incontrare da Sandrino?
7. Per quale piatto è conosciuto il ristorante?
8. Perché non rimangono all'albergo La Rocca?
9. Cosa suggerisce Lele per risparmiare sul costo dell'albergo?
10. Che tipo di vino menziona Lele e perché?

Lessico ed espressioni comunicative

Sostantivi

i frutti di mare	*seafood*
il goccio	*sip, drop*
il telefonino	*cell phone*

Aggettivi

esaurito	*sold out*
frastagliato	*jagged*
roccioso	*rocky*
teso	*stressed*

Verbi

appartarsi	*to isolate oneself*
avere premura	*to be in a hurry*
valere la pena	*to be worth*

Espressioni comunicative

a precipizio	*steep slope*
accidenti!	*darn!*
intanto	*in the meantime*
un occhio della testa	*very expensive*

Vocabolario attivo

A. Quattro chiacchiere. Completa le seguenti frasi basandoti sul **Lessico ed espressioni comunicative**.

1. —Silvia, che pensi quanti _____ hanno oggi gli italiani? Li vedo sempre parlare con qualcuno.
   —Direi la maggior parte, chiacchieroni che sono!
2. —Giorgio, ti piace il risotto alla milanese?
   —Sì, però preferisco quello ai _____. Adoro il pesce e i molluschi!
3. —Sandra, quest'anno non voglio andare al mare in Italia, molte coste sono _____ e _____. Hai un'idea dove potrei andare?
   —Certo, va' in Croazia, le spiagge sono bellissime e l'alloggio non ti costerà _____. Conosco il proprietario di un piccolo albergo a Rovigno. È proprio carino e _____ sul mare.
4. —_____! Non ho prenotato l'albergo in tempo e adesso è _____. Che faccio?
   —Claudio, non _____ di arrabbiarti. Rilassati, bevi _____ di Sciacchetrà e non essere sempre così _____. Ne troveremo un altro.

B. Sinonimi. Con l'aiuto del dizionario scrivi i *sinonimi* dei seguenti vocaboli.

1. avere premura _____
2. appartarsi _____
3. intanto _____

Anticipazioni grammaticali

A. Futuro semplice e anteriore. Metti i seguenti verbi nel *futuro semplice* e *anteriore*.

1. (io) essere _____ _____
2. (tu) avere _____ _____
3. (lui) andare _____ _____
4. (Lei) prestare _____ _____
5. (noi) dovere _____ _____
6. (voi) preoccuparsi _____ _____
7. (loro) bere _____ _____

B. Condizionale presente e passato. Metti i seguenti verbi nella forma corretta del *condizionale presente* e *passato*.

1. (io) essere _____ _____
2. (tu) avere _____ _____
3. (lui) volere _____ _____
4. (Lei) cercare _____ _____
5. (noi) venire _____ _____
6. (voi) fare _____ _____
7. (loro) dormire _____ _____

C. Dire, raccontare, parlare. Scrivi tre frasi complete con ognuno di questi verbi.

1. _____.
2. _____.
3. _____.

D. Costruzioni impersonali con *si*. Completa le frasi con la forma corretta dei verbi dati.

1. In questa classe (parlare) _____ solo italiano.
2. Oggi (rispettare) _____ l'ambiente più che nel passato.
3. (Cercare) _____ di ridurre l'inquinamento usando auto elettriche.
4. Quando (essere) _____ veramente vegetariani non (mangiare) _____ nessun tipo di carne.
5. Ieri sera (rimanere) _____ a casa perché c'era un programma interessante alla TV.
6. Sabato scorso (divertirsi) _____ alla festa.

E. Aggettivi e pronomi dimostrativi. Traduci in italiano le parole date in inglese.

1. (*This*) _____ rivista parla dell'ambiente, (*that*) _____ è dedicata agli animali in via d'estinzione.
2. (*That*) _____ albergo costa un occhio della testa, (*this*) _____ invece ha dei prezzi molto modici.

Strutture

1. Futuro semplice

Forms

Regular verbs

1. The future tense (**futuro semplice**) is formed by dropping the final **e** of the infinitive and adding the future-tense endings. Only in first-conjugation verbs (**-are**) does the vowel of the infinitive ending change, from **a** to **e**.

mand**are**	scend**ere**	prefer**ire**
mand**erò**	scend**erò**	prefer**irò**
mand**erai**	scend**erai**	prefer**irai**
mand**erà**	scend**erà**	prefer**irà**
mand**eremo**	scend**eremo**	prefer**iremo**
mand**erete**	scend**erete**	prefer**irete**
mand**eranno**	scend**eranno**	prefer**iranno**

2. In the future tense, verbs ending in **-care, -gare,** and **-scare** add an **h** to keep the hard consonant sounds: **giocare → giocherò; spiegare → spiegherò; cascare** (*to fall down*) **→ cascherò,** and so on.

3. Verbs ending in **-ciare, -giare,** and **-sciare** drop the **i** from the stem:

   cominciare → comin**c**erò; mangiare → man**g**erò; lasciare → las**c**erò.

Irregular verbs

Future-tense endings are always regular. However, many Italian verbs have irregular future *stems*. Here are some of the most common, grouped according to similar stems.

essere	**sarò, sar**ai,…		**avere**	**avrò, avr**ai,…
dare	**darò**		**andare**	**andrò**
fare	**farò**		**cadere**	**cadrò**
stare	**starò**		**dovere**	**dovrò**
bere	**berrò, berr**ai,…		**potere**	**potrò**
tenere*	**terrò**		**sapere**	**saprò**
venire*	**verrò**		**vedere**	**vedrò**
rimanere	**rimarrò**		**vivere**	**vivrò**
tradurre*	**tradurrò, tradurr**ai,…		**morire***	**morrò, morr**ai,…
			volere	**vorrò**

---

*Like **tenere: mantenere, sostenere;** like **venire: divenire, intervenire;** like **tradurre: introdurre, ridurre, condurre; morire:** less common regular form: **morirò, morirai,…**

Uses

1. The future tense is generally used the same way in Italian as in English.

La conferenza sull'ambiente **avrà** luogo alla fine del mese.	*The conference on the environment will take place at the end of the month.*
L'anno prossimo **lavoreranno** per i Verdi.	*Next year they'll work (they'll be working) for the Green Party.*

2. In informal Italian the present tense is often used to describe an imminent future action, particularly when that action is presented as a certainty.

Vengo subito!	*I'll be right there!*
Stasera **finisco** l'articolo.	*Tonight I'm going to finish the article.*

However, in formal language, or when a future action is not a certainty, the future tense must be used.

Secondo il giornale, «La signorina Clara de Angelis e il signor Marco Trivelli **si sposeranno** domenica il 3 settembre…»	*According to the paper, "Miss Clara de Angelis and Mr. Marco Trivelli will be married on Sunday, September 3 . . ."*
Un giorno forse **andremo** in Italia.	*One day maybe we'll go to Italy.*

3. The future is frequently used to express probability or possibility in the present.

Sarà intelligente, ma non sono affatto d'accordo con le sue idee radicali.	*She may be intelligent, but I don't agree with her radical ideas.*
Quella pubblicità **costerà** tanto.	*That commercial probably costs (must cost) a lot.*

4. The future tense must be used after (**non**) **appena** (*as soon as*), **finché** (**non**) (*until*), **quando,** and **se** when the verb in the main clause is in the future. Note the contrast with English in the following examples.

Se **potrà**, ci **manderà** il programma.	*If she can she'll send us the program.*
(Non) appena **finirò** i compiti, **usciremo** insieme.	*As soon as I finish my homework, we'll go out together.*

5. The expression **andare** + **a** + *infinitive* can never be used to express the future tense in Italian. Instead, it conveys the idea of *going (to a place) to do something*.

Andiamo (in biblioteca) **a** cercare quegli articoli sull'inquinamento dell'Mediterraneo.	*Let's go to the library to find articles on pollution in the Mediterranean.*

6. The expressions **stare per** + *infinitive* and **essere sul punto di** + *infinitive* mean *to be about to (do something)*.

Sono molto tesi perché **stanno per** dare l'esame.	*They are very nervous because they're about to take the exam.*
Senti, Paolo, mi puoi richiamare stasera? **Sono sul punto di** uscire.	*Listen, Paolo, can you call me back tonight? I am about to go out.*

In pratica

A. Il procrastinatore. Alex è un tipo svogliato (*listless*) e rimanda (*postpones*) sempre tutto. Nelle parole di Alex, di' quando eseguirà (*carry out*) le azioni seguenti. Usa le forme adatte del tempo *futuro* e dei *pronomi riflessivi* o di *complemento diretto*, secondo il contesto.

> *Esempio:* oggi / lavare la macchina (domani) →
> Oggi non ho voglia di lavare la macchina; la laverò domani.

1. Questa settimana / imbiancare (*to paint*) la cucina (la settimana prossima)
2. Oggi / pulire il garage (il prossimo week-end)
3. Adesso / ripetere questi esercizi (più tardi)
4. Ora / cominciare la traduzione in inglese (dopo)
5. Stamattina / svegliarmi presto (domani mattina)
6. Stasera / pagare i conti (domani)

E adesso ripeti l'esercizio cambiando il soggetto da **io** (Alex) a **noi** (Alex e Lele), secondo l'esempio.

> *Esempio:* oggi / lavare la macchina (domani) →
> Oggi non abbiamo voglia di lavare la macchina; la laveremo domani.

B. La giornata di un abitudinario (*creature of habit*). Metti il paragrafo al *futuro*. (La settimana prossima…)

> In genere **mi alzo** molto presto, prima delle 6. **Cerco** di fare un po' di ginnastica (se **faccio** ginnastica, **mi sento** meglio) e **faccio** la doccia. **Preparo** una prima colazione abbondante, **bevo** un caffè, **lascio** qualcosa al gatto, e **esco** prima delle 7.30. **Vado** a prendere l'autobus sotto casa e, mentre **aspetto**, **do** un'occhiata (*glance*) al giornale. **Arrivo** all'università verso le 8. **Vedo** i miei amici al caffè dell'università, dove **prendo** un cappuccino in piedi. Non ci **rimango** a lungo, perché **devo** arrivare in orario alla lezione di francese. Se **posso,** dopo la lezione, **leggo** qualcosa per le lezioni di domani, altrimenti io e un mio compagno di lezioni **andiamo** a mangiare in mensa. **Sto** in biblioteca fino a tardi. **Torno** a casa stanchissimo ma soddisfatto del lavoro fatto durante la giornata.

Ora ripeti l'esercizio cambiando il soggetto da **io** a **Franco e Tommaso.** Fa' tutti i cambiamenti necessari.

C. Quattro chiacchiere. Completa gli scambi con la forma adatta del *futuro* o del *presente*, secondo il contesto.

1. —Senti, Paolo, quando _____ (vedere) Manuela, le _____ (potere) dare questo biglietto?
   —Certo. _____ (Andare) a trovarla stasera, e glielo _____ (dare) senz'altro!

2. —Si _____ (sapere) i risultati dell'indagine domani?
   —Non lo so, ma se (i risultati) _____ (uscire), te lo _____ (fare) sapere subito.

3. —Ragazzi, cosa _____ (fare) stasera?

—Io _____ (stare) a casa a studiare; Gilda e il suo ragazzo _____ (andare) al cinema.

4. —Guarda il manifesto: «Umberto Eco _____ (tenere) una conferenza lunedì, 21 aprile. _____ (partecipare) alla discussione i professori Franco Cardini e Sergio Zatti.»

—Che bello! Io ci _____ (andare) senz'altro. Ci _____ (essere) anche tu, Mario?

—_____ (venire) se _____ (potere), ma probabilmente _____ (dovere) lavorare quella sera.

5. —Ma quando _____ (decidere) di sposarsi quei due?

—Non lo sapevi? Hanno già fissato (*set*) la data—verso la fine di giugno, quando il padre di Claudia _____ (tornare) dal Giappone.

2. Futuro anteriore

Forms

The future perfect (**futuro anteriore**) is formed with the future of the auxiliary **avere** or **essere** and the past participle of the verb.

VERBI CON **avere**	VERBI CON **essere**	
avrò imparato	sarò partito/a	mi sarò stabilito/a
avrai imparato	sarai partito/a	ti sarai stabilito/a
avrà imparato	sarà partito/a	si sarà stabilito/a
avremo imparato	saremo partiti/e	ci saremo stabiliti/e
avrete imparato	sarete partiti/e	vi sarete stabiliti/e
avranno imparato	saranno partiti/e	si saranno stabiliti/e

Uses

1. The future perfect expresses an action that will have taken place at a future time or before another future action takes place. It can be translated in English as *will have + past participle*.

| Per le otto **avremo finito** di mangiare. | *By eight o'clock we will have finished eating.* |
| Quando arriveranno alla stazione, il treno **sarà** già **partito.** | *When they arrive at the station, the train will already have left.* |

2. Expressions such as (**non**) **appena, quando,** and **dopo che** often introduce the future perfect in dependent clauses.

| Quando **avranno finito** il sondaggio, giudicheremo i risultati. | *When they have done the survey we will assess (lit., judge) the results.* |
| Appena **sarà arrivato** a Mosca, farà un'intervista all'ambasciatrice. | *As soon as he arrives in Moscow he'll conduct an interview with the ambassador.* |

3. The future perfect is frequently used to express probability in the past.

Avrà scritto l'articolo prima di
sapere i risultati.
Saranno usciti senza guardare
la previsione del tempo.

She must have written the article
before knowing the results.
They probably went out without
looking at the forecast.

4. In everyday Italian, the future tense often replaces the future perfect.

Appena potrà, finirà la tesi.

As soon as he can, he will finish the
thesis.

In pratica

A. Come saranno le cose? Metti al *futuro anteriore* le frasi indicate, secondo l'esempio.

Esempio: A mezzanotte vado a letto. (fra mezz'ora) →
Fra mezz'ora **sarò** già **andato** a letto.

1. I Perella partono per l'Inghilterra. (dopodomani)
2. Patrizia si sveglia. (fra mezz'ora)
3. Questo pomeriggio finisco i compiti. (per domani pomeriggio)
4. Alle cinque e mezzo laviamo la macchina. (per le cinque e mezzo)
5. La domenica tutti chiudono il negozio. (a quest'ora domenica prossima)

B. Quale futuro? Metti le frasi al *futuro anteriore* e al *futuro semplice*, usando le congiunzioni indicate.

Esempio: Il giornalista verifica i fatti, poi scrive l'articolo. (quando) →
Quando il giornalista **avrà verificato** i fatti, **scriverà** l'articolo.

1. Arrivano i delegati, poi si organizza una conferenza stampa (*press confer-ence*). (appena)
2. Vi stabilite a Washington, poi fate una ricerca sullo spreco delle risorse naturali in America? (appena)
3. Si mette in contatto con i rappresentanti di governo, poi cerca di fargli un'intervista. (dopo che)
4. Finisce la guerra nel Medio Oriente (*Middle East*), poi tu parti per gli Stati Uniti, vero? (appena)

 C. Sarà stato così. Con un compagno / una compagna, fa' le domande e rispondi usando il *futuro anteriore* (usa un po' di fantasia) per indicare la probabilità, secondo l'esempio.

Esempio: autobus / non circolare / giovedì
—Come mai gli autobus non hanno circolato giovedì?
—Mah, gli autisti **avranno fatto** sciopero (*strike*).

1. Franco / pronunciare / la parola «smog»
2. il professore / usare / la parola «week-end» invece di «fine settimana»
3. tuo fratello / mettersi quell'orrenda cravatta / per andare / festa
4. la cantante / cancellare / ultimo concerto
5. Lele / fare una brutta figura / all'albergo

3. Condizionale presente e passato

Condizionale presente

The conditional mood is formed by adding the conditional endings to the same verb stems used in the formation of the future tense presented earlier in this chapter.

provare → proverò → proverei

chiudere → chiuderò → chiuderei

The following chart shows the regular forms of the present conditional.

provare	chiudere	preferire
proverei	chiuderei	preferirei
proveresti	chiuderesti	preferiresti
proverebbe	chiuderebbe	preferirebbe
proveremmo	chiuderemmo	preferiremmo
provereste	chiudereste	preferireste
proverebbero	chiuderebbero	preferirebbero

1. The same spelling changes that occur in future-tense forms of verbs ending in **-care, -gare, -ciare, -giare,** and **-sciare** occur in the present conditional.

cercare → cercherò → cercherei

pagare → pagherò → pagherei

cominciare → comincerò → comincerei

mangiare → mangerò → mangerei

lasciare → lascerò → lascerei

2. Verbs with irregular stems in the future have identical stems in the conditional. These include:

essere → sarò → sarei

avere → avrò → avrei

volere → vorrò → vorrei

Uses

1. The conditional expresses polite wishes and requests.

| **Vorrei** un cappuccino e due cornetti. | *I'd like a cappuccino and two croissants.* |
| **Mi farebbe** questo piacere? | *Would you do me this favor?* |

2. The conditional expresses a hypothetical situation. This usage often precedes a clause introduced by **ma, però,** or less frequently, **solo che.***

---

*Another use of the conditional to convey the outcome of hypothetical situations is presented in **Capitolo 9, Strutture 1: Periodo ipotetico con** *se.*

Attenzione!

Do not confuse the conditional mood with the past tenses. *Would* and *could* are frequently used in English to describe repeated or habitual actions in the past, and unwillingness or inability to do something.

Una volta al mese **chiamavamo** le nostre famiglie. *Once a month we would [used to] call our families.*

—Perché non **ha voluto** accompagnarci? *Why wouldn't he (didn't he want to) come with us?*

—Voleva accompagnarci, ma non **ha potuto.** *He wanted to, but he couldn't (wasn't able to).*

Andremmo al cinema, ma non abbiamo soldi.

We'd go to the movies, but we don't have any money.

Prenderesti dei voti migliori, solo che non studi abbastanza.

You'd get better grades, only you don't study enough.

3. The conditional is used to express a prediction or rumor. It is used frequently in media reports of unconfirmed events.

Dovrebbe essere un inverno molto mite.

It should be a very mild winter.

Secondo alcuni, il primo ministro **sarebbe** gravemente ammalato.

Some allege that the prime minister is seriously ill.

Condizionale passato

The past conditional is formed with the present conditional of **avere** or **essere** plus the past participle of the verb.

VERBI CON **avere**	VERBI CON **essere**
pagare	**tornare**
avrei pagato	**sarei** tornato/a
avresti pagato	**saresti** tornato/a
avrebbe pagato	**sarebbe** tornato/a
avremmo pagato	**saremmo** tornati/e
avreste pagato	**sareste** tornati/e
avrebbero pagato	**sarebbero** tornati/e

Uses

1. The past conditional is used to describe hypothetical situations, possibilities, theories, or rumors in the past.*

Avrei chiuso la finestra, ma faceva troppo caldo.

I would have closed the window, but it was too hot.

Saremmo venuti prima, ma abbiamo perso il treno.

We would have come earlier, but we missed the train.

2. The past conditional is used to convey a future action following verbs of knowing, believing, or conveying information in the past. In these cases, the present conditional would be used in English. Take careful note of the difference between Italian and English in these examples.

Hanno detto (scritto, affermato, comunicato, promesso,...) che **sarebbero arrivati** lunedì!

They said (wrote, affirmed, communicated, promised, . . .) that they would arrive on Monday.

Eravamo sicuri che il senato **avrebbe accettato** la proposta.

We were sure that the senate would accept the proposal.

---

*The use of the past conditional with the imperfect subjunctive is presented in **Capitolo 9, Strutture 1: Periodo ipotetico con** *se.*

In pratica

A. In giro per la città. Metti i verbi al *condizionale presente* per esprimere desideri e richieste.

> *Esempio:* Scusi, mi *saprebbe* dire dov'è la fermata dell'autobus numero 11?

1. Ragazzi, _____ (potere) farmi passare? Ho fretta!
2. Signora, mi _____ (fare) vedere quei pantaloni che sono in vetrina?
3. Per favore, (io) _____ (volere) un caffè macchiato.
4. Signori, _____ (desiderare) sedersi qui vicino alla finestra?
5. Bambino, ti _____ (piacere) un palloncino (*balloon*) per il tuo compleanno?
6. (Noi) _____ (preferire) viaggiare in prima classe, c'è meno gente.
7. Scusi, mi _____ (passare) il sale, per favore?
8. (Lei) _____ (avere) per caso una penna da prestarmi?
9. (Tu) Mi _____ (dare) un passaggio?
10. (Lei) Mi _____ (potere) dire dove vendono i biglietti dell'autobus?

B. Le solite giustificazioni. Completa i dialoghi con la forma adatta del *condizionale passato*.

> *Esempio:* —Come mai non hai smesso di fumare?
> —*Avrei smesso*, ma ho passato un periodo molto stressante e fumare mi rilassa.

1. —Ragazzi, come mai rientrate così tardi?
   —_____ prima, ma siamo rimasti senza benzina.
2. —Perché Monica e Roberto hanno bevuto tanto ieri sera?
   —Hanno detto che non _____, ma gli amici hanno insistito.
3. —Ebbene, signor Brown? Come mai non ha consegnato la relazione (*paper*)?
   —L'_____ ma il cane l'ha mangiata, aveva molta fame!
4. —Perché Anna non è venuta alla festa?
   —Ha detto che _____, solo che ha dovuto lavorare all'ultimo momento.
5. —Come mai non ti sei ricordato del nostro anniversario?
   —Me ne _____, però mi sono confuso il giorno a causa dell'anno bisestile (*leap year*).
6. —Come mai si sono alzati dopo mezzogiorno?
   —Hanno detto che _____ prima, ma la sveglia non è suonata (*the alarm clock didn't go off*).

C. Quello che Lele promette... ma non fa. Lele non è la persona più affidabile (*trustworthy*) del mondo. Di' quello che ha detto che avrebbe fatto, e quello che ha fatto invece. Lele ha detto...

> *Esempio:* «Vi darò una mano in cucina». →
> Lele ha detto che ci avrebbe dato una mano in cucina; invece è rimasto tutto il giorno alla spiaggia.

1. «Vi presterò dieci euro.»

2. «Tornerò a casa prima di mezzanotte.»

3. «Andrò a trovare la zia Augusta.»

4. «Non uscirò più con la tua ragazza.»

5. «Mi laurerò entro sei mesi.»

6. «Rispetterò il limite di velocità.»

D. Un po' di traduzione. Completa i dialoghi, traducendo le espressioni tra parentesi.

1. —Io pensavo che (*they would invite*) _____ Giuliana.
   —(*They must have forgotten*) _____, ma io non ci credo.

2. —Che cosa (*would you do*) _____ con due mesi di vacanza?
   —(*I'd start*) _____ a scrivere il mio romanzo. E tu?
   —Boh, io (*would try*) _____ a mettere in ordine la casa.

3. —Roberto, (*I'd like*) _____ usare la macchina. (*Would you lend it to me*) _____?
   —Va bene, ma (*you should have*) _____ dirmelo prima. (*I wouldn't have put it*) _____ nel garage!

4. —Ed ora un servizio del nostro corrispondente internazionale.
   —Secondo le ultime notizie, il Presidente (*allegedly left*) _____ da Mosca senza avere ottenuto il consenso degli alleati alla sua proposta. Le stesse voci riferiscono che il Presidente (*apparently has*) _____ l'intenzione di presentare un nuovo progetto alla prossima riunione, in marzo.

 E. Un bel sogno. Immagina di essere completamente libero/a, senza impegni e senza preoccupazioni economiche. Cosa faresti? Parlane con un compagno / una compagna secondo l'esempio. Chiedi a lui / a lei…

> *Esempio:* dove (vivere) →
> —Dove vivresti?
> —Io vivrei a Parigi. E tu?

1. con chi (vivere)

2. come (organizzare) le sue giornate

3. fino a che ora (dormire)

4. a quali progetti (dedicarsi)

5. (scrivere) agli amici e ai parenti, o (preferire) non essere in contatto con nessuno

6. (fare) spesso dei viaggi e dove

7. quali problemi personali (volere) risolvere in questo periodo

8. (tornare) a lavorare; se sì, dove

4. *Dire, raccontare e parlare*

In Italian, *to tell* is expressed using the verbs **dire** and **raccontare**. **Dire** means *to say* or *tell*; **raccontare** means *to narrate, recount,* or *relate,* and is usually used to describe an extended narration. The verb **parlare** (**di**) means *to speak* or *to talk* (*about*).

Cosa **dici?** Non ti capisco.	*What are you saying? I don't understand you.*
Voglio **raccontarti** un mio sogno.	*I want to tell you my dream (a dream of mine).*
Laura **parla** molto bene italiano, ma non **parla** mai dei tre anni che ha passato in Italia!	*Laura speaks Italian very well, but she never talks about the three years she spent in Italy!*

In pratica

A. *Dire, parlare* o *raccontare?* Scegli il verbo adatto.

1. Io _____ sempre agli amici le mie avventure estive (*summer*).

2. Perché (tu) _____ solo delle esperienze negative?

3. Greg e Kim _____ che tra tutte le città italiane preferiscono Napoli.

4. Pasqualino è così noioso! _____ sempre senza _____ mai niente d'interessante.

5. Susanna, mi _____ la stessa storia per l'ennesima volta!

6. Gianmaria ama molto _____ dei suoi viaggi, ma io _____ che le più belle vacanze sono quelle che si passano (*you take*) a casa!

7. La gente _____ che l'inquinamento è peggiorato in tutte le grandi città.

B. Modi di dire. Forma delle frasi utilizzando le espressioni seguenti e i verbi **dire, parlare** o **raccontare,** secondo il contesto.

Esempio: il tempo → Gli inglesi parlano sempre del tempo!

1. una fiaba

2. come preparare la pizza

3. le bugie (*lies*)

4. la politica americana

5. gli avvenimenti (*events*)

6. perché non posso dormire

5. Costruzioni impersonali con *si*

1. Constructions with **si** can be used to give transitive verbs in the third-person singular or plural a passive meaning. This construction is expressed in English using the passive voice or as *people, they, one, you,* or *we,* depending on context.

| **Si ammirano** molto le attività dei Verdi. | *The activities of the Green Party are widely admired. (People greatly admire the activities of the Green Party.)* |
| **Si proiettano** molti documentari sull'ambiente. | *A lot of documentaries about the environment are shown. (They show many documentaries about the environment.)* |

2. In compound tenses, **si** constructions use the auxiliary **essere,** and the past participle of the verb agrees with the subject in gender and number.

Un film così controverso non **si è** mai vist**o.**	*Such a controversial film has never been seen.*
Si sono dimenticat**i** i volantini.	*The flyers were (have been) forgotten.*

3. Direct- and indirect-object pronouns precede **si.** Only **ne** follows it, **si** changing to **se** (**si** + **ne** = **se ne**).

Si ascolta attentamente il senatore.	*People listen attentively to the senator.*
Lo si ascolta attentamente.	*People listen to him attentively.*
Si distribuiscono i distintivi ai partecipanti del convegno.	*Badges are distributed to the participants of the conference.*
Glieli si distribuiscono all'ingresso.	*They are distributed to them at the entrance.*
Si parla spesso delle future attività degli ambientalisti.	*People often talk about future actions of environmentalists.*
Se ne parla spesso.	*People often talk about it.*

4. Note that when **si** is used with modal verbs and another pronoun, the pronoun is positioned either before **si** or attached to the infinitive.

Si possono capire le idee dei Verdi senza essere attivi nel movimento.	*The ideas of the Green Party can be understood without being active in the movement.*
Le si possono capire (**Si possono** capir**le**) senza essere attivi nel movimento.	*They can be understood without being active in the movement.*

5. Another impersonal construction uses **si** and the third-person singular of the verb. In this case **si** means *one, people in general,* or *we,* and depending on context can be translated as *one, people, we, they,* and so on.

Oggi, **si vive** in fretta.	*Today, people live in a rush.*
Si resta più spesso a casa di fronte alla TV.	*They stay at home watching TV more often.*

6. When reflexive verbs are used in **si** constructions, **si si** becomes **ci si.**

Ci si meraviglia quando i canali veneziani sono puliti.	*People are astounded when Venetian canals are clean.*
Ci si afferma difficilmente nel mondo della politica.	*It is hard to succeed in the political world.*

7. When reflexive verbs are used in **si** constructions, the auxiliary verb in compound tenses is always **essere.** If the verb's normal auxiliary is **avere,** the past participle ends in -**o**; if its normal auxiliary is **essere,** the past participle ends in -**i.**

Si è parlat**o** molto dello sprofondimento di Venezia.	*People have talked a lot about Venice sinking.*
Si è rimast**i** a Venezia a vedere il Carnevale.	*We stayed in Venice to see Mardi Gras.*
Ci si è divertit**i** tanto!	*We had such a great time!*

8. Adjectives and nouns following a **si** construction are always in the masculine plural.

Quando si è famos**i,** la vita non è sempre facile.
When you're famous, life isn't always easy.

Quando si è medic**i,** bisogna lavorare tanto.
When you're a doctor, you have to work a great deal.

9. In abbreviated messages such as classified ads, **si** is often attached to the end of the verb.

Vende**si** Ferrari.
Ferrari for sale.

Cerca**si** idraulici.
Seeking plumbers.

In pratica

A. Una giornata alla Lega italiana per l'ambiente. Mirella, una giovane impiegata, parla in termini impersonali di una giornata tipica. Trasforma le frasi usando le costruzioni impersonali con **si.**

Esempi: Arriviamo alla Lega alle 8.30. → **Si** arriva alla Lega alle 8.30.
Prendiamo il caffè al bar. → **Si** prende il caffè al bar.

1. Andiamo alla prima riunione.
2. Parliamo dei progetti futuri.
3. Dividiamo i compiti.
4. A mezzogiorno andiamo in un bar e mangiamo dei panini.
5. Torniamo alla Lega.
6. Discutiamo dei dettagli di un progetto menzionato al mattino.
7. Torniamo a casa e leggiamo la posta elettronica.

Ora metti le frasi al passato prossimo.

Esempi: Si **è** arrivati alla Lega alle 8.30.
Si **sono** presi il caffè al bar.

B. Uno studente straniero cerca di orientarsi. Carlo, uno studente appena arrivato dall'Italia, ha varie domande. Fa' le domande e rispondi secondo l'esempio.

Esempio: cosa / fare / il sabato sera in questa città →
Cosa **si fa** il sabato sera in questa città?
Si va al cinema o si mangia fuori… insomma, **ci si** diverte!

1. dove / mangiare bene
2. a che ora / alzarsi per andare a lezione
3. dove / vendere i giornali stranieri
4. come / abbonarsi (*subscribe*) al giornale locale
5. cosa / portare per andare a ballare
6. quando / iscriversi ai corsi
7. come / andare in giro

C. Un po' di consiglio. Chiedi a un compagno / una compagna cosa si può fare in queste situazioni. Segui l'esempio.

> *Esempio:* essere tristi →
> —Cosa si può fare quando si è tristi?
> —Quando si è tristi, (si può telefonare a qualcuno, si può cantare una bella canzone, si può guardare un cartone animato [*cartoon*]...)

1. sentirsi soli
2. essere di cattivo umore (*in a bad mood*)
3. sentirsi nervosi prima di un esame
4. essere arrabbiati
5. essere stanchi prima di un'occasione importante
6. trovarsi in disaccordo con un amico / un'amica

6. Aggettivi e pronomi dimostrativi

The demonstrative pronouns **questo** and **quello** can function either as adjectives (modifying nouns) or as pronouns (replacing nouns).

Aggettivi dimostrativi

1. When used as adjectives, both **questo** (*this, pl., these*) and **quello** (*that, pl., those*) always precede the noun they modify.

2. **Questo** has the four regular forms of adjectives ending in **-o: questo, questa, questi, queste.** Before singular nouns beginning with a vowel, it can elide to **quest'.**

Questi giovani sono volontari nella Lega.
Quest'annuncio (**questo** annuncio) è troppo lungo.

3. **Quello** is irregular and undergoes the same changes as the definite article (see **Capitolo 1, Strutture 2**).

MASCHILE		
	Singolare	*Plurale*
before most consonants	**quel** telefonino	**quei** telefonini
before s + *consonant*, **z, ps**	**quello** scrittore	**quegli** scrittori
before vowels	**quell'**albergo	**quegli** alberghi

FEMMINILE		
	Singolare	*Plurale*
before all consonants	**quella** spiaggia	**quelle** spiagge
before vowels	**quell'**informazione	**quelle** informazioni

Pronomi dimostrativi

1. **Questo** and **quello** can also be used as pronouns, to replace an implicit or previously mentioned person, place, or thing. **Questo** means *this, this one* (in the plural, *these*); **quello** means *that, that one* (pl., *those*).*

Mi interessano le riviste politiche, ma **questa** è troppo di destra.	*I'm interested in political journals, but this one is too right-wing.*
Cerchi un programma in TV adatto ai bambini?	*You're looking for a TV show suitable for children?*
Quelli sul canale 7 sono molto istruttivi.	*Those on channel 7 are very educational.*

2. As pronouns, both **questo** and **quello** have only four forms.

	MASCHILE	FEMMINILE
Singolare	questo	questa
	quello	quella
Plurale	questi	queste
	quelli	quelle

3. **Quello,** used with **di,** usually indicates possession.

Come vanno i programmi di riciclo in Puglia?	*How are the recycling programs in Puglia?*
Quelli di Bari vanno bene, ma **quelli di** Taronto no.	*Those in Bari are going fine but those in Taronto are not going well.*

In pratica

A. Questo, quello o… ? Per ognuna delle seguenti cose o persone, da' la forma adatta dell'*aggettivo dimostrativo,* secondo l'esempio.

Esempio: scrittore / artista (*f.*) → questo scrittore e quell'artista

1. accademico / professore
2. pensione / albergo
3. carta d'identità / passaporto
4. linguisti / scienziati
5. aria pulita / zona inquinata (*polluted*)
6. foto (*pl.*) / disegni (*drawings*)

 B. Conversazione con uno/a snob. Oggi sei con un amico / un'amica che ama acquistare prodotti cari e di marca. Con un compagno / una compagna, crea dei dialoghi secondo l'esempio.

> *Esempio:* stivali (di Gucci) →
> —Come sono belli quegli stivali!
> —Sì, forse, ma io preferisco quelli di Gucci.

---

*When used in the same sentence, **quello** (**quelli**) and **questo** (**questi**) can mean the former and the latter. This use is generally confined to written Italian.

> Conosco i giornali importanti di San Francisco e New York: **quelli** sono superficiali, mentre **questi** sono molto più interessanti.
> *I'm familiar with the major San Francisco and New York newspapers; the former are superficial while the latter are much more interesting.*

1. automobili (sportive)
2. scarpe (di Ferragamo)
3. zaino (di Patagonia)
4. guanti (di pelle)
5. abito da sera (di Armani)
6. orologi (Movado)
7. foulard (*scarf, m.*) (di Hermès)
8. borse (di Prada)

Negli ultimi anni i negozi di alta moda si sono moltiplicati in tutte le città italiane.

C. Conversazione fra due amanti di musica rock. Completa il dialogo con la forma adatta degli *aggettivi* o dei *pronomi dimostrativi,* secondo il contesto.

RINO: Ascolta _____ canzoni. Ti piacciono?

DINO: Non c'è male, ma preferisco _____ dei *Posse 99.*

RINO: Anche a me piace _____ CD; ho letto la recensione (*review*) sull'ultimo numero di _____ rivista americana *Rolling Stone.*

DINO: Ah sì, _____ è un periodico molto interessante. A proposito, hai letto l'articolo sul problema delle discoteche?

RINO: No, di chi è?

DINO: Lucio Mingozzi, _____ scrittore che ha una rubrica settimanale su *Tuttamusica.*

RINO: Di quale problema parla in _____ articolo?

DINO: Di _____ della droga in particolare, ma parla anche dei giovani che scappano di casa (*runaways*).

RINO: Lo leggerò senz'altro (*for sure*). Allora, lo vuoi _____ CD?

DINO: Sì, grazie. E in compenso ti do _____ copia del mio articolo su Janis Joplin.

RINO: E chi è?

DINO: Chi era, vuoi dire. Non ti ricordi? _____ cantante famosa degli anni sessanta!

Gli italiani assieme agli altri europei cercano di riciclare i loro rifiuti.

 A. La mia città. Con un compagno / una compagna parla dell'ambiente della tua città. Ci sono dei centri per il riciclaggio? Esistono delle zone meno inquinate? Qual è la causa dell'inquinamento? Ci sono mezzi pubblici (*public transportation*)?

    Cominciamo: —Dove abiti tu ci sono molte industrie?
                          —Sì, ci sono due industrie chimiche . . .

 B. L'America inquinata. Con un compagno / una compagna fa' una lista delle città americane più inquinate e spiega quali industrie ci sono o forse se ci sono altre ragioni che causano l'inquinamento.

    Cominciamo: Pittsburgh → l'industria . . .
                  New York → . . .

 C. Il futuro del nostro pianeta. In gruppi parlate del futuro dell'ambiente. Quali problemi affronteremo riguardo all'inquinamento? Cosa dobbiamo fare oggi per proteggere l'ambiente per le future generazioni? Fate due liste: una con i possibili problemi e l'altra con le vostre soluzioni. Includete anche gli animali che sono in via di estinzione (*endangered*) a causa dell'inquinamento. Scambiate le vostre liste con la classe.

    Cominciamo: —Gli oceani saranno sempre più inquinati a
                      causa di . . .
                —Sono d'accordo . . .
                —Penso che dobbiamo mettere . . .

A. Tutto al futuro. Completa le frasi che seguono con il *futuro semplice* o *anteriore* secondo il caso.

1. Appena (smettere) _____ di piovere, uscirò.
2. (Io/parlare) _____ al mio compagno di stanza di cominciare a riciclare le lattine di Coca-Cola che beve ogni giorno.
3. Franco porterà le bottiglie di vetro al riciclo, appena (trovare) _____ il contenitore abbastanza grande per contenerle tutte.
4. (Io) ti (aiutare) _____ pulire la cantina e così (tu/potere) _____ organizzare meglio ciò che può essere riciclato.
5. Appena (io/avere) _____ completato questo progetto, (iscriversi) _____ a un'organizzazione ambientalista.

B. Varie probabilità. Completa le frasi usando il *futuro semplice* o *anteriore* per esprimere la probabilità.

> *Esempio:* Tina non è a scuola / essere malata →
> Tina non è a scuola, **sarà** malata.

1. Giorgio non ha portato gli appunti / li / dimenticare / a casa

   _____.

2. Silvia è assente oggi / essere raffreddata

   _____.

3. Ivano non ha parlato con Silvia alla festa / essere arrabbiato con lei

   _____.

4. Quanti anni ha la professoressa / essere sulla cinquantina

   _____.

5. Lele è arrivato tardi al lavoro / svegliarsi tardi

   _____.

C. In giro per Milano. Completa le frasi con il *condizionale presente* e *passato* secondo il caso.

1. Signora, _____ (potere) indicarmi dov'è la metropolitana?
2. Ragazzi, _____ (dovere) mettervi le giacche ieri perché a Milano fa freddo in inverno.
3. Signore, (io) _____ (volere) vedere il Duomo. Che autobus devo prendere?
4. Claudio, ti ho promesso che _____ (venire) a trovarti, ma non ho avuto tempo.
5. Barbara, devo andare all'aeroporto. Mi _____ (prestare) dieci euro per il tassì?

D. Quattro chiacchiere. Completa il dialogo con i verbi **dire, raccontare** e **parlare.**

1. —Lele, con chi _____ al telefono?
   —Ti _____ l'ennesima volta di non interrompermi.
2. —Alex, _____ un'altra volta che ti è successo quando eri in America.
   —Ma dai, non ne voglio _____ più. È imbarazzante.
3. —Patrizia, _____ bene inglese. Da quanti anni lo studi?
   —Da due anni, ma ciò che (tu) _____ non è vero, faccio ancora un sacco di errori.

E. Al centro riciclaggi. Completa le frasi con le costruzioni con **si.**

1. Prima (raccogliere) _____ le lattine, gli oggetti di vetro e i giornali.
2. Tutto (mettere) _____ in un gran contenitore.
3. Poi questi oggetti riciclabili (inserire) _____ nei diversi recipienti.
4. In molti supermercati (ricevere) _____ soldi per le lattine e le bottiglie di plastica e di vetro.

F. Dimostrativi. Traduci in italiano.

1. I don't like these boots; I prefer those with high heels.

   _____.

2. This auditorium is too small for the conference; we will need the one on the second floor.

   _____.

3. This car or that one—I don't care, as long as it's economical.

   _____.

4. Those friends of yours are very nice; I'll introduce them to Pia and Melinda.

   _____.

5. This novel is going to be boring for you; I would buy that one on the third shelf.

   _____.

Scriviamo!

A. La Terra in pericolo. Gli scienziati parlano sempre di più dell'aumento della temperatura terrestre che minaccia il futuro del nostro pianeta. Si dice che questi cambiamenti siano il risultato dell'industrializzazione e dell'abuso dell'ambiente da parte dell'uomo. Ti preoccupa questa situazione? Spiega!

B. L'ambiente. Quale importanza ha nella tua vita l'ambiente? Cosa fai per rispettarlo?

È veramente il caso di festeggiare una laurea che vale sempre meno e che non assicura un posto di lavoro?

Per comunicare

1. Esprimere e chiedere un'opinione
2. Esprimere emozioni positive e negative al presente

Strutture

1. Congiuntivo presente
2. Congiunzioni
3. Aggettivi e pronomi indefiniti

Tanto per cominciare

 A. Una professione poco pratica. Hai scelto una materia di studio che i tuoi genitori e anche i tuoi amici considerano non pratica per trovare un lavoro. Giustifica la tua scelta a un tuo compagno / una compagna. Di' le ragioni della tua scelta e in quale campo vorresti lavorare una volta laureato/a. Devi convincerlo/a che hai scelto la professione giusta per la persona che sei e le cose in cui credi.

Cominciamo: —Mi piace da morire lo studio delle lingue. Un giorno vorrei lavorare all'estero.
—Boh, anche a me sembra interessante, ma dove trovi lavoro?

Le materie umanistiche, come storia dell'arte, non sono considerate materie che offrono un futuro sicuro.

 B. Le professioni «sicure». In gruppi di tre o quattro parlate delle materie di studio che garantiscono un lavoro dopo la laurea. Create una lista e giustificate le vostre scelte. Considerate anche lo stipendio e le ore lavorative che questi lavori richiedono. Parlate della vostra lista con un altro gruppo.

Cominciamo: —Credo che i dottori trovino sempre lavoro sia negli Stati Uniti che in Italia.
—Però il loro corso di laurea è il più lungo di tutti.
—Sì, certo, però…

Una cena costosa

Non c'è niente di meglio che una bella chiacchierata fra amici davanti a qualcosa di buono da mangiare.

Lele ha chiesto alla sua amica Simona di portare qualcuno che lei conose per Alex a cena. Alex e Lele stanno per entrare nel ristorante Montalcino, uno dei più cari della città, dove le ragazze li stanno aspettando. Alex è piuttosto agitato perché, di solito, con le donne è timido. Prima di entrare fa delle domande a Lele:

    ALEX: Ma perché hai scelto questo ristorante?
    LELE: Perché so che è buono e che paghi tu.

ALEX: Va be', lasciamo stare, ma com'è questa Marta?

LELE: Ma, sai, credo di averla incontrata solo una volta.

ALEX: Cosa fa, studia?

LELE: No, fa la cassiera.

ALEX: Come la cassiera?

LELE: Pensi che la professione sia un problema? Credi sia umiliante fare la cassiera?

ALEX: No, che c'entra?

LELE: Comunque, è una laureata disoccupata come… come lo saremo noi.

ALEX: Il tuo pessimismo mi conforta. Ma tu questa Simona, da quanto tempo la conosci?

LELE: Da un paio di settimane. Mi piace un casino. Voglio che lei venga con me a fare una vacanza al mare così possiamo conoscerci meglio. Dai, smettiamo di parlare e andiamo…

All'interno del ristorante, dopo le presentazioni.

ALEX: (*rivolto a Simona*) Allora, dimmi che facoltà frequenti?

SIMONA: Ho scelto forse il corso di laurea meno importante di tutta l'università ma mi piace. Faccio letterature comparate.

ALEX: Sai, l'importante è che tu faccia ciò che ti piace, qualcosa che ti stimoli intellettualmente.

SIMONA: (*interessata a parlare con Alex*) Lele pensa che io abbia scelto la facoltà sbagliata. Lui dice che quando mi sarò laureata non avrò molte possibilità di trovare un posto.

ALEX: Senti chi parla, proprio tu Lele che hai scelto un corso di laurea apparentemente inutile.

LELE: Ma comunque io…

SIMONA: (*interrompendo Lele*) Comunque è bello che tu pensi che la cosa più importante sia la soddisfazione personale.

ALEX: Forse ho un concetto un po' sorpassato dell'università, forse nessuno la pensa più così, ma mi piace pensarla un po' come l'avevano immaginata i grandi del Rinascimento. Io non seguo un corso a meno che non mi interessi veramente.

Lele e Marta si guardano in faccia quasi incapaci di interrompere i discorsi fra Alex e Simona. Poi Lele, finalmente, si intromette.

LELE: Allora, Marta, parlami della tua vita dopo la laurea.

MARTA: È uno schifo, ti senti inutile, fai un sacco di domande di lavoro e o non ti rispondono o se vai a un colloquio quasi ti prendono in giro perché il lavoro offerto non corrisponde a quello dell'annuncio. Penso proprio di aver fatto la scelta sbagliata.

ALEX: Però ti sono piaciuti i corsi che seguivi? Ti sei sentita soddisfatta da quello che studiavi?

LELE: Cosa importa se poi nella vita non trovi lavoro?

MARTA: Esatto.

ALEX: Ognuno fa le scelte che vuole, ma per me l'università serve a darti una cultura, a farti pensare…

SIMONA: Bravo Alex!

ALEX: E poi, Lele, non sei coerente con quello che dici. Sebbene tu parli così, hai scelto anche tu qualcosa che non serve nella vita?

LELE: Ma almeno lo ammetto. Tu invece ti illudi che serva a qualcosa.

In quel momento arriva il cameriere che dopo aver preso le ordinazioni conclude dicendo:

CAMERIERE: …E da bere? Io consiglierei una bella bottiglia di Brunello di Montalcino, va benissimo con quello che avete ordinato.

ALEX: (*sapendo il prezzo del Brunello cerca di protestare*) Ma… secondo me, qualsiasi vino potrebbe andare bene… no?

LELE: No, Alex, non dire sciocchezze. Non c'è niente di meglio del Brunello. Io lo trovo un vino squisito. Chiunque se ne intenda non potrebbe che ordinare il Brunello.

SIMONA: Per me fa lo stesso, tanto sono astemia.

ALEX: Anch'io, sono praticamente astemio.

LELE: (*scoppia in una risata*) Ma se bevi come una spugna!

ALEX: Birra, forse, ma con il vino vado piano.

LELE: (*rivolto a Marta*) Vorrà dire che lo berremo noi, vero Marta?

MARTA: Verissimo.

Alla fine della cena Alex e Simona sghignazzano, chiacchierano e sembra quasi che si conoscano da molti anni mentre Lele e Marta si scambiano sguardi timidi e un po' imbarazzati. Il cameriere porta il conto e Lele lo passa a Alex immediatamente. Poco dopo Alex e Lele stanno allontanandosi dal ristorante dopo avere salutato Simona e Marta.

ALEX: Beh, il prezzo valeva bene la cena.

LELE: Considerando che ti sei anche trovato una ragazza, hai fatto un affarone.

ALEX: Via, Simona in fondo non è il tuo tipo. Hai bisogno di qualcuno che sia più pratico, non un'idealista come Simona. Ecco, vedi, Marta sarebbe il tipo perfetto per te.

LELE: Grazie, vedo che sei un esperta, probabilmente. Hai messo su un'agenzia per cuori solitari.

ALEX: Se vuoi ci metto io una parola buona con Marta.

Hai capito?

Rispondi alle domande che seguono.

1. Com'è Alex con le donne?
2. Che cosa vuole sapere Alex da Lele prima di entrare nel ristorante?
3. Cosa ha in mente di fare Lele con Simona?
4. Che lavoro fa Marta?
5. Cosa studia Simona?
6. Che ne pensa Alex delle scelte di Simona?
7. Che idea ha Alex dell'università?
8. Tra i quattro amici chi è astemio?
9. Durante la cena chi chiacchiera di più?
10. Cosa pensano Alex e Lele di Simona e Marta?

Lessico ed espressioni comunicative

Sostantivi

il colloquio	*interview*
lo schifo	*disgust*
la spugna	*sponge*

Aggettivi

astemio	*abstemious*
coerente	*coherent, logical*
rivolto	*turned*
saporito	*tasty*

Verbi

intromettersi	*to interfere*
prendere in giro	*to mock, to make fun of*
scoppiare	*to burst*
sghignazzare	*to sneer*

Vocabolario attivo

Quattro chiacchiere. Completa i dialoghi con l'aiuto del **Lessico ed espressioni comunicative.**

1. —Marta, come è andato _____ per il posto che volevi?
   —Non me ne parlare, ho fatto _____.
2. —Alex, ma perché dici di essere _____, bevi come _____.
   —È vero, di solito non bevo, ma quando un vino è _____ non lo rifiuto.
3. —Lele, non sei molto _____ in ciò che dici, perché le tue spiegazioni della faccenda non valgono.
   —(Alex _____ a Simona). Non ascoltare ciò che dice Lele, lui _____ sempre nelle cose che non capisce.
4. —Ragazzi, perché _____ a ridere, ogni volta che mi vedete.
   —Non arrabbiarti, dobbiamo _____ qualcuno per divertirci, e non è vero che sei sempre tu la nostra vittima.
   —Ecco, vi vedo di nuovo _____, e adesso sono veramente imbarazzato.

1.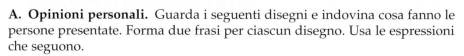

Anticipazioni grammaticali

A. Opinioni personali. Guarda i seguenti disegni e indovina cosa fanno le persone presentate. Forma due frasi per ciascun disegno. Usa le espressioni che seguono.

Espressioni: *penso che, credo che, dubito che, suppongo che, voglio che, preferisco che, ho paura che, è strano che.*

3.

2.

4.

B. L'indicativo o il congiuntivo. Metti i seguenti verbi nella forma corretta.

1. Dato che Lele, Alex, Simona e Marta _____ (avere) fame decidono di andare al ristorante Montalcino.
2. Siccome il ristorante _____ (essere) molto popolare, non c'è un tavolo libera.
3. Sebbene Alex _____ (conoscere) i proprietari, gli amici devono aspettare il loro turno.
4. A meno che gli altri clienti non _____ (finire) presto la cena, ci sarà d'aspettare per almeno un'ora.
5. Anche se Alex e Lele _____ (stare) perdere la pazienza, le ragazze sono di buon umore e li prendono in giro.
6. Alex e Lele sono disposti ad aspettare a condizione che un tavolo _____ (liberarsi) tra poco.

C. Aggettivi e pronomi indefiniti. Completa le frasi traducendo in italiano le parole in parentesi.

1. (*Every*) _____ fine settimana vado al cinema.
2. Mi piace (*any*) _____ film straniero.
3. (*Some*) _____ volta rimango a casa e guardo la TV.
4. (*Whoever*) _____ bussi alla porta non l'apro.
5. Non ho paura di (*nothing*) _____, ma (*someone*) _____ nel mio vicinato è stato derubato due settimane fa.

Strutture

1. Congiuntivo presente

The subjunctive mood expresses an event, act, or state not as an objective fact, but as it is perceived subjectively. The subjunctive is also used to describe situations that are contrary to fact or possible but not actual.

Forms

The following charts show the regular forms of the present subjunctive. All three singular forms are the same.

	imparare	ripetere	sentire	restituire
io, tu, lui / lei, Lei	impari	ripeta	senta	restituisca
noi	impariamo	ripetiamo	sentiamo	restituiamo
voi	impariate	ripetiate	sentiate	restituiate
loro, Loro	imparino	ripetano	sentano	restituiscano

1. Verbs ending in **-care** and **-gare** insert an **h** before subjunctive endings.

   mancare → manchi; pagare → paghi

2. Verbs ending in **-ciare, -giare, -sciare,** and **-gliare** drop the i before subjunctive endings.

   baciare → baci; mangiare → mangi; lasciare → lasci; sbagliare → sbagli

3. Verbs ending in **-iare** retain the **i** from the stem in the singular and **loro** forms only if the **i** is stressed.

   sciare → scii, sciamo, sciate, sciino

   inviare → invii, inviamo, inviate, inviino

Exception: studiare → studi, studiamo, studiate, studino

4. The subjunctive stems of the following common irregular verbs are identical to the stem of the **noi** form of the indicative.

avere (**abbi**amo)	essere (**si**amo)
abbia*	sia*
abbiamo	siamo
abbiate	siate
abbiano	siano

---

*Remember that all three singular forms are the same.

dare (diamo)	fare (facciamo)	sapere (sappiamo)	stare (stiamo)	volere (vogliamo)
dia	faccia	sappia	stia	voglia
diamo	facciamo	sappiamo	stiamo	vogliamo
diate	facciate	sappiate	stiate	vogliate
diano	facciano	sappiano	stiano	vogliano

5. The present subjunctive forms of three common irregular verbs are as follows:

andare	potere	piacere
vada	possa	piaccia
andiamo	possiamo	
andiate	possiate	
vadano	possano	piacciano

The subjunctive conjugations of other common irregular verbs are listed in Appendix I, E.

Uses

1. The subjunctive is used primarily in dependent clauses introduced by **che.** The verb or expression in the independent clause determines whether the indicative or subjunctive is used in the dependent clause. **Che** + *subjunctive* is the equivalent of several different constructions in English, including dependent clauses introduced by *that* and infinitive phrases introduced by a noun or pronoun (as in the third example on the right). **Che** can never be omitted in Italian.

Objective fact or certainty:	**Opinion, uncertainty, desire, or emotion:**
Ti assicuro **che dicono** la verità.	Credo **che dicano** la verità.
I assure you (that) they are telling the truth.	*I think (that) they are telling the truth.*
Sappiamo **che Lele parte** domani.	Non siamo certi **che Lele parta** domani.
We know (that) Lele's leaving tomorrow.	*We're not sure (that) Lele's leaving tomorrow.*
	Voglio **che escano** subito.
	I want them to go out immediately.

2. Some verbs and expressions commonly used with the subjunctive are listed on the next page.

VERBS INDICATING A COMMAND, PREFERENCE, OR WISH	
aspettare (aspettarsi) (*to expect*)	pregare
chiedere	pretendere (*to demand, expect*)
comandare	proibire
desiderare	proporre (*to propose*)
esigere (*to require*)	raccomandare
impedire (*to prevent*)	sperare
insistere	suggerire
ordinare	vietare (*to forbid*)
permettere	volere
preferire	

VERBS AND EXPRESSIONS INDICATING DOUBT, OPINION, OR UNCERTAINTY	
avere l'impressione	dubitare
non essere sicuri	immaginare
(non) credere	pensare
non sapere (se)	supporre

VERBS AND EXPRESSIONS INDICATING EMOTION	
avere paura	essere infelici
essere sorpresi	piacere
essere contenti	dispiacere
essere scontenti	temere
essere felici	

IMPERSONAL EXPRESSIONS	
(non) è bene	(non) è strano
(non) è difficile	è incredibile
(non) è giusto	è ora (*it's time, it's about time*)
(non) è importante	(non) bisogna
(non) è (im)possible	(non) pare
(non) è (im)probabile	
(non) è (in)opportuno ([*im*]*proper*)	(non) sembra (*it seems / doesn't seem*)
	peccato (*it's too bad; it's a shame*)
(non) è male	può darsi
(non) è meglio	
(non) è necessario	può essere (*it may be*)
(non) è preferibile	

3. The present subjunctive is used when the action of the dependent clause occurs at the same time or later than the action of the independent clause.

Sembra che (lei) **stia** bene.   *It seems she's in good health.*
Mi aspetto che tu **arrivi** in classe   *I expect you to show up in class*
  entro le dieci.   *by ten o'clock.*

4. When the subject of the main and dependent clauses is the same, **di** + *infinitive* is used instead of the subjunctive. (**Di** is omitted after **desiderare, preferire, volere,** and forms of **piacere.**)

SAME SUBJECT	DIFFERENT SUBJECTS
Sperano **di laurearsi** a giugno.	Sperano **che (lei) si laurei** a giugno.
They hope to graduate in June.	*They hope she graduates in June.*
Credo **di avere** ragione.	Credo **che abbiano** ragione.
I think I'm right.	*I think they're right.*
Vuoi **farlo** subito?	Vuoi **che (io) lo faccia** subito?
Do you want to do it right away?	*Do you want me to do it right away?*

5. Following impersonal expressions, the infinitive is used if there is no expressed subject. Otherwise, **che** + *subjunctive* is used.

NO EXPRESSED SUBJECT	EXPRESSED SUBJECT
È meglio **dirglielo** personalmente.	È meglio **che glielo dicano** personalmente.
It's better to tell [it to] him in person.	*It's better for them to tell (it to) him in person.*
Bisogna **fare** presto.	Bisogna **che facciate** presto.
It's necessary to (You / We have to) hurry up.	*You have to hurry up.*

6. Certain verbs that express permission, command, or advice (such as **impedire, lasciare,* permettere, proibire, proporre, raccomandare, vietare**) can be followed by either **che** + *subjunctive* or **di** + *infinitive*. In the second construction, the subject of the infinitive is expressed as the indirect object of the main verb.

Permettono che lui **parli.**
Gli permettono **di parlare.**   *They allow him to speak.*
(Permettono a **lui di parlare.**)
Ordina che io **esca.**
Mi ordina di **uscire.**   *He orders me to go out.*

7. In everyday speech, the future tense can sometimes substitute for the present subjunctive when the action in the dependent clause occurs later than the action in the main clause. After verbs of volition, command, or expectation, however, only the subjunctive can be used.

Credi che **farà (faccia)** bello domani?   *Do you think it'll be nice tomorrow?*
Penso che **arriveranno (arrivino)** dopo le dieci.   *I think they'll arrive after ten o'clock.*

ma

---

*Lasciare + *infinitive* is presented in **Capitolo 12, Strutture 3.**

Desidera che Lei **venga** a trovarla dopodomani.	*She wants you to come see her the day after tomorrow.*
Esigono che **rientriate** entro il 15 maggio.	*They require you to return before May 15.*

In pratica

A. Tante faccende. Fa' osservazioni su quello che queste persone hanno in programma di fare oggi. Segui l'esempio.

> *Esempio:* Laura risponde a un annuncio (*newspaper ad*) (è bene) →
> È bene **che risponda** a un annuncio.

1. Io mi iscrivo a un corso di ginnastica aerobica. (è ora)
2. Le mie amiche cercano un nuovo appartamento. (è meglio)
3. Rita invia dei pacchi. (bisogna)
4. Tu restituisci i libri in biblioteca. (è necessario)
5. Il cugino Umberto comincia ad abituarsi alla vita di questa città. (pare)
6. Passiamo in banca a fare un versamento (*deposit*). (è possibile)
7. Marcello paga il conto della luce. (è importante)
8. Voi due siete in ufficio tutto il giorno. (è probabile)
9. Gianluca non ha niente da fare. (è bene)
10. Ti svegli molto presto domani mattina. (bisogna)

B. Quattro chiacchiere. Completa i dialoghi con la forma adatta dell'*indicativo* o del *congiuntivo*, secondo il contesto.

1. —Sai, ho saputo che Mauro _____ (avere) intenzione di lasciare la moglie. Ti pare possibile?!
   —Cosa vuoi che (io) ti _____ (dire)? Pare che lui _____ (avere) un'altra donna. Mauro è sempre stato un maschilista.

2. —Gilda, spero che i fiori ti _____ (piacere).
   —Ma certo che mi _____ (piacere)! Sono bellissimi, e tu sei un tesoro.

3. —Roberto non è venuto. Sua moglie ha detto che _____ (stare) male oggi.
   —Peccato che non ci _____ (essere)! Ci si diverte tanto con lui.

4. —Dottoressa, desidera che io _____ (chiamare) il marito della signora Zatti?
   —Sì, è necessario che _____ (venire) al più presto. Sembra che il bambino _____ (stare) per nascere!

5. —Senti, è probabile che io _____ (assumere, *to hire*) quei giovani americani, ma non li conosco bene. Come sono?
   —Sono sicura che ti _____ (potere) fidare di (*depend on*) loro. Sono bravi e molto rispettosi.

6. —Ilaria non sa ancora niente di quello che è successo. Vuoi che (io) le _____ (scrivere)?
   —Certo, scrivile subito. È importante che lo _____ (sapere) al più presto.

C. Una signora autoritaria. La mamma di Alex è una persona piuttosto severa. Di' quello che permette (o non permette) ai membri della famiglia. Segui l'esempio.

> *Esempio:* Non permette che il marito fumi in casa. →
> Non permette al marito di fumare in casa.
> Non gli permette di fumare in casa.

1. Non permette che Alex lasci i vestiti sporchi per terra.
2. Non permette che il gatto dorma sul letto.
3. Non lascia che la figlia ritorni dopo mezzanotte.
4. Proibisce che il cane entri in salotto.
5. Non lascia che i figli guardino la TV fino a tardi.
6. Vieta che il marito mangi dolci perché ha il colesterolo alto.
7. Proibisce che la figlia compri l'iPod.
8. Vieta che Alex vada a Milano in macchina.

D. Trasformazioni. Trasforma le frasi usando le espressioni tra parentesi. Segui l'esempio.

La mamma di Alex è severa.

> *Esempio:* Non bevi più. (è bene / ho saputo / sei contento) →
> È bene che tu non beva più.
> Ho saputo che non bevi più.
> Sei contento di non bere più.

1. Non posso venire al ricevimento. (è probabile / mi dispiace / sono certo)
2. Lele nasconde qualcosa di strano. (è evidente / siete convinti / è meglio)
3. Laura e Alex non escono più insieme. (Laura e Alex sono contenti / vedo / ho l'impressione)
4. Rimango altre due settimane. (vogliono / sono molto felice / è necessario)
5. Traduci un volume di saggi. (ti piacerebbe / è interessante / mi dicono)
6. Alex va a trovare i genitori tutti i fine settimana. (Franco dice / ti assicuro / bisogna)

2. Congiunzioni

Conjunctions connect words, phrases, and clauses.

> Decaf *or* regular?
> She's *both* intelligent *and* exceptionally kind.
> *Although* I don't agree with him, I respect his opinion.
> Keep working *until* they return.

1. You are already familiar with such common Italian conjunctions as **appena, che, e, ma, mentre, o,** and **se.** On the following page, there is a representative list of other conjunctions frequently used in Italian.

anche se (*even if*)	o… o (*either . . . or*)
anzi (*on the contrary, indeed*)	oppure, ossia, ovvero (*or, that is*)
dal momento che (*as soon as, since*)	perché (*because, so that*)
dato che (*since, as*)	perciò (*for this reason, therefore*)
di conseguenza (*therefore,*	però (*however*)
consequently)	poiché (*since, seeing that*)
difatti, infatti (*in fact, as a matter*	pure (*still, yet*)
of fact)	quindi (*therefore, consequently*)
dopo che (*after*)	siccome (*as, since*)
dunque (*therefore*)	tanto (*however, after all, in*
e… e (*both . . . and*)	*any case*)
eppure (*and yet, nevertheless*)	tuttavia (*still, nevertheless*)
giacché (*since*)	
nondimeno (*nevertheless, however,*	
still)	

Non mi dà fastidio; **anzi**, mi fa piacere!	*It doesn't bother me; in fact, I am glad!*
È vero che Galileo disse «**Eppure** si muove»?	*Is it true that Galileo said, "And yet it (the earth) moves"?*
Siccome non pensavo di vederti, non ho portato il libro.	*Since I wasn't expecting to see you, I didn't bring the book.*
Non abbiamo finito; **tuttavia,** siamo riusciti a fare molto.	*We haven't finished; nevertheless, we've accomplished a great deal.*

2. The following conjunctions are always followed by the subjunctive.

a meno che… non (*unless*)
affinché, perché,* in modo che (*so that, in order that*)
benché, malgrado, sebbene, quantunque (*although*)
prima che (*before*)
purché, a patto che, a condizione che (*provided that*)
senza che (*without*)

Ve lo ripeto **perché** capiate.	*I'm repeating it so that you understand.*
Esce di casa **senza che** lo sappia nessuno.	*He leaves the house without anyone knowing [it].*
Sebbene sia piuttosto esigente, è una persona gentilissima.	*Although he's rather exacting, he's a very kind person.*

3. **Non** must always follow **a meno che.** Although it cannot be omitted, it is not expressed in English.

Lo farò **a meno che** gli altri **non** abbiano obiezioni.	*I'll do it unless the others have objections.*

———

*When **perché** means *because*, it takes the indicative.

4. **Per, prima di,** and **senza** + *infinitive* are used when the subject of the main and dependent clauses is the same.

SAME SUBJECT	DIFFERENT SUBJECT
Lavoro **per** mangiare!	Lavoro **perché** tu possa mangiare!
I work so I can (in order to) eat!	*I work so you can eat!*
Telefonale **prima di** uscire.	Telefonale **prima che** esca.
Call her before you go out (before going out).	*Call her before she goes out.*
Fallo **senza** dire niente.	Fallo **senza che** lui sappia niente.
Do it without saying anything.	*Do it without his knowing anything.*

5. Many English expressions function as both prepositions and conjunctions. In Italian, equivalent expressions sometimes have different forms for the different functions.

BECAUSE: **a causa di, perché**	
Le lezioni sono annullate **a causa dello** sciopero.	*Classes are cancelled because of the strike.*
Le lezioni sono annullate **perché** c'è uno sciopero.	*Classes are cancelled because there's a strike.*

SINCE (IN TIME EXPRESSIONS): **da, da quando**	
Aspettiamo **da** mezzogiorno.	*We've been waiting since noon.*
Aspettiamo **da quando** ha telefonato.	*We've been waiting since he called.*

UNTIL: **fino a, finché (non)**	
Lavoriamo **fino alle** due.	*Let's work until 2:00.*
Lavoriamo **finché non** arrivano.	*Let's work until they get here.*

In pratica

A. Pensieri vari. Completa le frasi con le espressioni dalla lista che segue.

Espressioni: *anche se, anzi, dato che, dopo che, dunque, fuorché, però, tanto*

1. È un po' snob—non gli piace nessun tipo di vino _____ quello francese.
2. _____ vi siete già decisi, non c'è niente da discutere.
3. Stanca io? _____, sarei capace di continuare fino a mezzanotte.
4. _____ avevo letto il giornale, ho finito il caffè e me ne sono andata.
5. Non lo sgridare! _____ è un bambino e non capisce queste cose.

(continued)

6. Non mi piace quello che ha detto, _____ devo dire che ha perfettamente ragione.

7. Non dare retta (*pay attention*) a quell'uomo, _____ sembra una persona seria.

8. Chi è il filosofo che disse «Penso, _____ esisto»?

B. Dialoghi-lampo. Completa i brevi dialoghi usando il *congiuntivo*, l'*indicativo* o l'*infinito*.

1. —Hai comprato il regalo per la mamma di Alex?
   —No, pensavo di comprarlo oggi, siccome _____ (avere) un po' di tempo libero.

2. —Quando andate in Italia?
   —Dopo che (noi) _____ (finire) gli studi.

3. —Ti sei messa gli orecchini nuovi?
   —No, me li voglio mettere prima di _____ (andare) alla festa.

4. —Ho paura che le lasagne non ti piacciano.
   —Anzi, mi _____ (piacere) enormemente!

5. —I genitori ti lasciano andare al mare con Lele?
   —Sì, a condizione che gli _____ (telefonare) ogni sera.

6. —Com'è andato il viaggio?
   —Abbiamo perso l'aereo, le nostre valigie sono state smarrite; tuttavia, _____ (divertirsi).

7. —Vai a sciare?
   —Sì, ci vado sebbene non _____ (fare) freddo e la neve _____ (essere) bagnata.

8. —Alex, domani mattina dobbiamo partire molto presto.
   —Va bene, ma cerchiamo di uscire senza _____ (svegliare) i miei.

C. Biglietto a un collega. L'avvocatessa Di Lorenzo parte per un congresso (*conference*). Completa il biglietto che lascia a un collega mettendo i verbi all'*indicativo* o al *congiuntivo*, secondo il contesto.

Giulio—Ciao, scusami la fretta, ma dato che tu _____[1] (sapere) quanto ho da fare in questi giorni, capirai perché (io) _____[2] (scrivere) così di furia (*in a rush*)! Poiché (tu) _____[3] (fare) ricerche sul caso Morandi, ti lascio il mio materiale purché me lo _____[4] (restituire) al mio ritorno. Mi raccomando, non farlo vedere a Carlo—sebbene _____[5] (essere) molto bravo, gli piace troppo chiacchierare, anche se _____[6] (sembrare) così discreto. Due cose: non cercare di usare la stampante (*printer*) a meno che la signorina Fredi non ti _____[7] (dare) una mano, e non dimenticare di chiedere il rimborso delle spese (*reimbursement*) prima che il signor Muti _____[8] (andare) in vacanza. E siccome il mio assistente _____[9] (essere) allergico, ti prego di non fumare in ufficio. Buon lavoro! Ci vediamo tra un paio di settimane.

D. Convinzioni e abitudini. Completa le frasi secondo le tue idee personali.

1. I miei genitori mi mantengono mentre studio all'università perché (*so that*)…

2. Io, però, leggo e studio per…

3. Sono per lo più (*for the most part*) una persona tranquilla; nondimeno…

4. Mi metto sempre qualcosa di elegante prima di…

5. Preferisco vestirmi prima che…

6. In genere, faccio colazione dopo che…

7. Non esco mai di casa senza…

8. Delle volte, però, esco senza che…

9. Mi piace uscire con gli amici e divertirmi anche se…

10. Secondo me, è importante cercare di aiutare gli altri; perciò…

3. Aggettivi e pronomi indefiniti

1. Indefinite adjectives and pronouns express an undefined quality or quantity. The following indefinite adjectives can refer to people or things. They are singular and invariable.

AGGETTIVI
ogni (*every*) qualche (*some*) qualunque, qualsiasi (*any, any sort of, whatever*)

Cerco di fare ginnastica **ogni** giorno.	*I try to work out every day.*
Qualche volta, però, preferisco dormire!	*Sometimes, though, I prefer to sleep!*
Qualsiasi persona intelligente può capire il loro problema.	*Any intelligent person can understand their problem.*

2. **Ogni** and **qualche** always precede the noun. **Qualunque** and **qualsiasi** can follow the noun if it is preceded by an indefinite article.

Mettiti **una** camicia **qualunque.**	*Put any (kind of) shirt on.*
Non si tratta di **un** libro **qualsiasi;** è un capolavoro!	*We're not dealing with just any book; it's a masterpiece!*

Remember that **qualche** is used only with nouns whose quantities can be counted: **qualche studente, qualche disco** (but **un po' di farina, della frutta**). **Qualche** is presented in detail in **Capitolo 4, Strutture 4 (Partitivo).**

3. The following are the most commonly used indefinite pronouns.

PRONOMI INDEFINITI
chiunque (*anyone, whoever, whomever*) niente, nulla (*nothing*) ognuno/a (*each, everyone*) qualcosa (*something*) qualcuno/a (*someone*) uno/a (*one*)

Lo può vedere **chiunque**.	*Anyone can see it.*
Ognuno lo sa.	*Everyone knows it.*
Compramene **uno** simile.	*Buy me one like that.*
C'è **qualcosa** anche per me?	*Is there something for me too?*

Remember that **qualcosa, niente,** and **nulla** can be followed by **di** + *masculine singular adjective* or **da** + *infinitive.*

qualcosa (niente, nulla) **di** bello	*something / nothing nice*
qualcosa (niente, nulla) **da** fare	*something / nothing to do*

4. The following expressions can function as both adjectives and pronouns.

AGGETTIVI	PRONOMI
alcuni/e (*some, a few*)	alcuni/e (*some, a few*)
altro/a/i/e (*other*)	altro (*something else, anything else*)
	altri/e (*others*)
certo/a/i/e (*certain, some*)	certi/e (*certain people, some people*)
ciascuno/a (*each*)	ciascuno/a (*each one*)
molto/a/i/e (*much, many, a lot of*)	molto/a/i/e (*much, many, a lot*)
nessuno/a (*no, not any*)	nessuno/a (*no one, nobody*)
parecchio/a (*quite a lot of*)	parecchio/a (*quite a lot*)
parecchi, parecchie (*quite a few*)	parecchi, parecchie (*quite a few*)
poco/a, pochi/e (*few, little*)	poco/a, pochi/e (*few, little*)
tanto/a/i/e (*so much, so many*)	tanto/a/i/e (*so much, so many*)
troppo/a/i/e (*too much, too many*)	troppo/a/i/e (*too much, too many*)
tutto/a/i/e (*all, every, whole*)	tutto (*everything*)
	tutti/e (*everyone*)

Alcuni volevano restare, **altri** no.	*Some people wanted to stay, others didn't.*
—Vuole **altro?**	*Anything else?*
—No, grazie, basta così.	*No, thanks, that's all.*
A **certa** gente piace questa roba.	*Some people like this stuff.*
Certi si sono rifiutati di farlo.	*Certain people refused to do it.*
C'era **parecchia** gente dai Marino.	*There were quite a lot of people at the Marinos' house.*
—Quanti ne avete?	*How many of them do you have?*
—**Parecchi. (Pochi.) (Nessuno.)**	*Quite a few. (Few.) (None.)*

5. When used as adjectives, **ciascuno** and **nessuno** follow the same pattern as the indefinite article (**Capitolo 2, Strutture 1**).

ciascun professore, ciascuno studente, ciascuna fiaba, nessun dottore, nessuno psicologo, nessun'avventura

6. When used as an adjective, **tutto** requires the definite article.

tutto il mese	*the whole month*
tutte le volte	*every time*

Although the article is omitted in the idioms **tutt'e due** (*both*), **tutt'e tre** (*all three*), and so on, it must be used when these expressions modify a noun.

| tutt'e due **i** bambini | *both babies* |
| tutt'e quattro **le** macchine | *all four cars* |

Don't forget that when **molto, poco, tanto,** and **troppo** function as adverbs, they are invariable.

| È **molto** delusa. | *She's very disappointed.* |
| Sono **troppo** sicuri di sé. | *They're too sure of themselves.* |

In pratica

A. Pensieri vari. Completa le frasi con una delle espressioni dalla lista che segue.

Espressioni: *chiunque, niente, ogni, ognuno, qualche, qualcosa, qualcuno, qualunque, un*

1. Lele cercava un appartamento da tre settimane ed era quasi disperato, ma poi è riuscito a trovare _____ di piccolo in centro, non troppo costoso.

2. A Barbara piace solo l'hip-hop. Non le interessa un CD _____!

3. «_____ per sé e Dio per tutti». (*"Each [one] for himself and God for all."*)

4. Bo è intelligente, spiritoso e gentilissimo. È _____ che non si dimentica!

5. Non abbiamo _____ da fare sabato sera. Ragazzi, avete _____ idea?

6. Non è un lavoro difficile. Lo può fare _____.

7. Gianna, c'è _____ problema? Recentemente ti vedo preoccupata.

8. Quell'uomo mi dà sui nervi! _____ volta che lo vedo, dice tante stupidaggini!

B. Una fiabetta. Sostituisci un *pronome indefinito* alle parole indicate. Fa' tutti i cambiamenti necessari.

C'era una volta un re con un figlio unico che amava moltissimo.

> *Esempio:* Non solo il padre, ma **tutte le persone** volevano bene a quel principe. →
> Non solo il padre, ma **tutti** volevano bene a quel principe.

1. **Nessuna persona** era capace di negargli qualcosa, compreso suo padre, il re.

2. Un giorno, però, il principe si ammalò. **Ogni persona** ebbe subito paura.

3. **Molti dottori e maghi** (*magicians*) dissero che il principe sarebbe morto di lì a poco (*soon*).

4. **Qualche persona** andò a dire al re che il principe amava la principessa Gelsomina, figlia del nemico del re.

5. «È vero», disse il principe. «Non voglio **altre cose.** Voglio solo Gelsomina in sposa».

6. Questo, però, era **qualche cosa** che il re considerava impensabile.

7. «Sono disposto a darti in sposa **qualunque ragazza** tu voglia», rispose il re, «ma quella, no».

8. Il principe continuava a piangere e sospirare, e diventava sempre più pallido. **Tutte le persone del reame** (*kingdom*) piansero insieme a lui.

Ora finisci tu la fiaba. Sii creativo/a!

Parliamo un po'!

 A. Utile o perdita di tempo? Oggigiorno senza delle buone basi di informatica è difficile trovare lavoro in molti campi. Che experienza avete voi di computer? Quando lo usate solo per divertimento? A livello professionale che uso ne fate? Quali siti visitate con una certa regolarità e perché? Spiegate l'importanza dell'Internet nella vostra vita giornaliera. Parlatene in coppia.

> *Cominciamo:* —Non vedo l'ora che le mie lezioni finiscano per poter ritornare a casa e mettermi di fronte al mio computer. Mi piace soprattutto visitare il sito di ESPN per vedere le ultime notizie sportive.
> —Anch'io passo ore intere di fronte allo schermo, ma sto cercando un lavoro, mi laureo quest'anno.

 B. Non si può stare senza. In coppia provate a fare un elenco di tutte quelle professioni che oggigiorno non possono fare a meno del computer. Non solo quelle dove il computer sveltisce certi compiti ma quello dove è essenziale.

> *Cominciamo:* —Secondo me, il controllore di volo ormai non si può fare senza il computer.
> —Vero, ora ci sono troppi aerei che volano molto vicini.

 C. Le carriere diverse. A volte i giovani finiscono con lo studiare e laurearsi in materie che non sono veramente quello che volevano ma piuttosto quello che i loro genitori volevano che facessero. Poi dopo si pentono e decidono di cambiare carriera per fare quello che veramente sentono come una loro scelta. Conoscete qualcuno che abbia fatto un cambiamento del genere? Sapete perché l'ha fatto? Forse alla ricerca di uno stipendio migliore o perché aveva perso il lavoro. Discutete in gruppi di questo aspetto della carriera di un giovane.

> *Cominciamo:* —E adesso che ti sei licenziato (*quit*) cosa farai?
> —Prima mi prendo qualche giorno di vacanza, poi voglio vedere se ci sono, degli annunci sul giornale che offrono un lavoro all'estero, voglio andare via, non importa a fare cosa…

Ripassiamo!

A. Un messaggio elettronico. Completa il brano con la forma corretta dell'*indicativo* e del *congiuntivo* presente secondo il caso.

Mandare	Tenere	Allegato	Cancellare	✉

A: Angela@yahoo.it

Da: Luciana@librero.it

Soggetto: Un appuntamento con Marco

Cara Angela,

ti scrivo in fretta dato che io _____[1] (dovere) uscire tra poco. Viene Marco a prendermi e andiamo in palestra insieme. Sebbene lui _____[2] (dire) che non sono grassa, non gli credo. Mi sembra che lui non _____[3] (essere) sincero perché vuole che noi _____[4] (vedersi) ogni giorno. È un bravo ragazzo, ma a me piace Alex di più. Non sono sicura se Alex lo _____[5] (sapere), anzi sono sicura che lui _____[6] (rendersi conto). Devo andare, c'è Marco che mi aspetta giù.

Ciao,

Luciana

B. La lingua dei computer. Completa le frasi con i verbi al *congiuntivo presente*.

1. Sembra che navigare in rete _____ (essere) il divertimento preferito non solo dei giovani.

2. Alla gente di tutte le età piace se qualcuno gli _____ (mandare) messaggi.

3. È possibile che questi messaggi _____ (finire) nelle mani di quelli che rubano le identità personali e in questo modo _____ (ottenere) informazioni private e confidenziali.

4. Mi diverto se i miei amici mi _____ (forwordare) delle barzellette.

5. Vuoi che io _____ (annullare) l'ultimo messaggio?

6. Bisogna che voi _____ (salvare) il testo allegato (*attached*).

C. Comportamento al computer. Completa le frasi secondo le tue opinioni ed esperienze personali.

1. In genere, passo quattro ore al giorno al computer per _____.

2. Navigo regolarmente in rete a meno che _____.

3. Visito molti siti fuorché _____.

(continued)

4. Mi piacciono i videogiochi a condizione che _____.

5. Scambio messaggi con i miei amici senza _____.

D. Mini-dialoghi. Completa i brevi scambi con le forme adatte di **alcuni, altro, certo, nessuno, niente, parecchio** e **troppo.** Attenzione! Alcune espressioni vengono usate più volte.

1. —Hai comprato l'ultimo CD di Vasco Rossi?
   —Non ancora, ma _____ dicono che sia ottimo, lo comprerò questa settimana.

2. —Quel nuovo computer, come l'hai trovato?
   —Veloce, me l'ha raccomandato un _____ Gianni, l'amico di mia sorella.

3. —Uffa, non c'è _____ alla TV.
   —Come, ci sono _____ reality show che ti piacciono tanto; anzi per me ce ne sono _____.

4. —Signorina, desidera _____?
   —No, grazie, basta così.

5. —Cerco una stampante nuova. La mia si è rotta ieri.
   —Ne ho viste _____ da Best Buy.

6. —Ho chiamato Alex al cellulare, ma non ha risposto _____.
   —Anch'io ci ho provato una volta ma avevo _____ fretta per lasciare il messaggio alla sua segretaria telefonica.

Scriviamo!

A. Résumé. Scrivi il tuo résumé. Includi i tuoi dati personali, le scuole frequentate, le esperienze di lavoro, la conoscenza delle lingue straniere, eccetera.

B. In cerca di lavoro. Ti sei appena laureato/a e stai cercando lavoro. Scrivi una lettera di presentazione a una compagnia o a un'associazione che opera nel settore in cui ti sei laureato/a.

Il numero delle donne professioniste in Italia è in aumento.

Per comunicare

1. Esprimere e chiedere un'opinione al passato
2. Esprimere emozioni positive e negative al passato

Strutture

1. Pronomi tonici
2. Altri usi del congiuntivo
3. Congiuntivo passato
4. Congiuntivo imperfetto e trapassato

Tanto per cominciare

41enne?mamma

di due bambine, molto sola e sempre più in difficoltà nell'affrontare la vita quotidiana, cerca un uomo pronto ad accoglierci e a formare una famiglia. Vivo in provincia di Treviso, ma ti cerco ovunque tu sia, se tu sia l'uomo che sogno. Scrivimi: raini523@hotmail.com

Lo stereotipo degli italiani come la nazione della gente estroversa e socievole, nega l'aumento delle agenzie e dei siti che offrono i loro servizi per introdurre la gente.

A. Una serata in quattro. Il tuo miglior amico / la tua miglior amica non ha un ragazzo / una ragazza. Tu invece sì. Hai deciso di presentare un tuo amico / una tua amica e hai suggerito che potreste uscire tutti e quattro insieme. Con un compagno / una compagna parlate dei vostri piani per la serata. Forse vi siete già trovati in una situazione simile. Dite come è andata, bene, male? Cosa avete fatto insieme? Come ha reagito il tuo amico / la tua amica? Hanno continuato a vedersi?

Cominciamo: —Questa era una serata incredibile…
—In che senso? Bella, noiosa?

B. L'amore in rete. Molta gente oggi non ha tempo per socializzare e spesso si sente sola e isolata, senza opportunità di conoscere altre persone fuori dal lavoro. Per questo motivo sono nati molti siti dove la gente può conoscere un potenziale fidanzato o fidanzata. Conosci qualcuno che visita regolarmente questi siti? Con un compagno / una compagna parlate delle esperienze di questa persona e dite cosa ne pensate di questo modo per conoscere gli altri. Avete mai provato a navigare in uno di questi siti? Che impressione avete avuto?

Cominciamo: —Mia sorella si è sposata con uno che ha conosciuto sul sito…
—Anche mio cugino…

Nel contesto

Quasi sfrattati, quasi in vacanze

Alex, Lele e loro amiche discutono dei vantaggi di fare il viaggio in treno, il megliore mezzo di trasporto per evitare il traffico sull'autostrada.

Alex e Lele stanno salendo le scale del loro appartamento dopo una giornata all'università.

ALEX: Guarda c'è una busta sulla nostra porta!

LELE: Strano!

ALEX: (*apre la busta e legge*) È del nostro padrone di casa, dice che non abbiamo pagato l'affitto.

LELE: Come? Pensavo che l'avessi già pagato!

ALEX: Beh, forse mi sarò dimenticato, ho così tante cose per la testa in questi giorni.

LELE: L'importante è che tu abbia messo via i soldi che ti ho dato!

ALEX: Certo, cosa credi che io sia andato a spenderli?

LELE: No, per carità! Comunque dovresti darmi un po' di quei soldi perché stasera parto, vado a fare un fine settimana al mare con Marta. Domani è il suo compleanno e sono rimasto senza contanti.

ALEX: Vedo che non hai avuto bisogno del mio aiuto con Marta… comunque (*un po' imbarazzato*)… i soldi, pensavo non ti servissero e un po' li ho usati per comprare dei libri per i corsi…

LELE: Eh, no!!!!!

ALEX: Ma dai!

LELE: Come, ma dai? Ma dai un corno! Non ci sono scuse. Vorrei che tu capissi i casini in cui mi metti. Prima con il padrone di casa e adesso con Marta. E poi, scusa, erano ben 400 euro.

ALEX: Sai 150 per i libri, e poi altre cosette.

LELE: Cosette, ma come parli? Cosa sono altre cosette?

ALEX: Non sapevo che fossi così isterico. Calmati! E poi cosa c'entro io con Marta?

LELE: C'entri… c'entri…

ALEX: Se non hai contanti usa la carta di credito!

LELE: Non posso, per questo mese non posso più addebitare niente…

ALEX: E allora, invita anche me al mare e pago io con la mia.

LELE: Io non voglia essere in tre!

ALEX: Ma no, cosa hai capito? Telefona a Marta e dille di far venire Simona.

LELE: Guarda che l'agenzia per cuori solitari ha già fatto il suo dovere. Ti ho fatto conoscere Simona adesso arrangiati tu con lei.

ALEX: Ho bisogno di un po' di tempo per consolidare l'amicizia con Simona… e…

LELE: Non se ne parla neppure!

ALEX: Beh… allora annulla tutto.

LELE: Guarda che la stupidaggine l'hai fatta tu spendendo i soldi dell'affitto senza che io lo sapessi. Comunque le telefono e vediamo cosa si può fare.

Qualche ora dopo Alex e Lele sono davanti a un'agenzia di noleggio automobili.

LELE: E' l'agenzia meno costosa che abbia trovato.

ALEX: Ah, bene! Ma pensavo che andassimo in treno.

LELE: Ci vuole troppo tempo e poi visto che paghi tu…

ALEX: E quando ci raggiungono Simona e Marta?

LELE: Dovrebbero essere qui a momenti. Marta mi ha detto che poi dal mare loro vanno a Roma perché Simona ha delle cose da fare lì. Torneremo da soli.

ALEX: Beh, l'importante è che vengano… temevo che non venissero.

Entrano in agenzia.

IMPIEGATO: Buon giorno.

LELE: Abbiamo una prenotazione a nome Miceli.

IMPIEGATO: Miceli, Miceli… per oggi?

LELE: Sì, certo!

IMPIEGATO:	…eccola, ma veramente è per domani.
LELE:	Io pensavo di averla fatta per oggi, ma non c'è problema.
IMPIEGATO:	E invece c'è, per oggi non ci sono macchine disponibili, sono tutte fuori.
LELE:	Non ce n'è neppure una che costi anche di più?
IMPIEGATO:	Beh, ci sarebbe un mini-van a otto posti.
ALEX:	Ma che siamo matti? Ti pare che io paghi il mini-van?
LELE:	Guarda che i soldi sono anche miei, tu li hai solo usati prima di me…
IMPIEGATO:	Guardate, è inutile che litighiate. Mi dispiace ma mi sono accorto che il mini-van è qui perché ha problemi meccanici. Comunque, dovunque andiate è la stessa storia, il tempo è bello e molti turisti noleggiano la macchina in questo periodo.
LELE:	E allora?
ALEX:	E allora risparmiamo e andiamo in treno.
LELE:	Ma ci mettiamo una vita! E poi lo dici tu a Marta e Simona?
ALEX:	Sì, andiamo.

Mentre escono si imbattono in Simona e Marta.

ALEX:	Eccovi qua. Abbiamo disdetto la prenotazione, sì insomma, la macchina non è il modo più bello per socializzare e conoscersi. Chiunque guidi si stressa.
LELE:	E allora?
ALEX:	Andiamo in treno… il mezzo più rilassante che ci sia…
MARTA:	Sono d'accordo… il treno mi piace moltissimo.
SIMONA:	Anche a me… che idea geniale hai avuto Alex.

Hai capito?

Rispondi alle domande in modo completo.

1. Perché il padrone di casa ha messo una busta sulla porta di Alex e Lele?
2. Cosa ha fatto Alex con i soldi per l'affitto?
3. Perché Lele ha bisogno di soldi?
4. Cosa vuole Alex che Lele faccia?
5. Dove dovrebbero andare tutti insieme?
6. Che problemi ci sono all'agenzia di autonoleggio?
7. Perché Alex non vuole noleggiare il mini-van?
8. Alex è contento di proporre di andare in treno?
9. Come prendono la notizia Simona e Marta?

Lessico ed espressioni comunicative

Sostantivi

la busta	*envelope*
il casino	*mess*
la stupidaggine	*stupid thing*

Aggettivi

disponibile	*available*
solitario	*lonely*
sfrattato	*evicted*

Verbi

addebitare	*to charge*
affrettarsi	*to hurry*
annullare	*to cancel*
arrangiarsi	*to manage*
entrarci	*do with it*
mettere via	*to put away*
raggiungere	*to reach*

Espressioni comunicative

un corno!	*rubbish, not at all!*

Vocabolario attivo

A. Il contrario. Scrivi il contrario delle seguenti frasi. Fai i cambiamenti logici necessari.

Esempio: <u>Ce la prendiamo con calma</u> perché siamo in anticipo. →
Ci affrettiamo perché siamo in ritardo.

1. È la stagione turistica e tutte le camere nell'albergo sono <u>occupate</u>.
2. La tua camera è sempre <u>in ordine</u>. Brava!
3. Il padre di Alex è una persona <u>socievole</u>. Va d'accordo con tutti.
4. La banca mi <u>ha accreditato</u> 200 euro, non so come mai.

B. Quattro chiacchiere. Completa le seguenti frasi secondo il contesto.

1. LELE: Ti sei dimenticato di pagare l'affitto. Adesso metti nella
   _____ i soldi e li porti al padrone di casa.
   ALEX: Che _____, mi sono proprio dimenticato che eravamo già
   alla fine del mese.

2. LELE: Alex, dobbiamo _____ l'abbonamento all'*Espresso*. Io ti curo
   (*I'll check on you*) e ho notato che non lo leggi mai.
   ALEX: _____! Io lo leggo e non voglio disdire (*to cancel*)
   l'abbonamento.

3. ALEX: Questo mese non ho speso i soldi per l'affitto. Invece li _____.
   LELE: Bravo, almeno adesso riusciremo a _____ e a non affondare
   in un mare di debiti.

4. ALEX: Lele, non posso _____ più niente. La mia carta di credito
   _____ il limite.
   LELE: Che _____ io con i tuoi debiti? _____ meglio con le tue
   spese.

Anticipazioni grammaticali

A. Da completare. Completa le seguenti frasi usando i *pronomi tonici*
necessari.

1. Alex divide l'appartamento con Lele, abita con _____ da due anni.
2. Bo esce con Barbara da un po'. Va sempre da _____ a sentire un po'
   di musica e a studiare.
3. Alex non parla spesso con i suoi genitori, non gli piace parlare con
   _____.
4. Claudio e io andiamo da Peck. Vuoi andare anche _____?
5. Simona e io prepariamo la cena stasera. Volete venire da _____?
6. Ragazzi, so che state traslocando e vi voglio aiutare. Ditemi, cosa posso
   fare per _____?

B. In cerca di lavoro. Completa le frasi con la forma corretta dei verbi dati
in parentesi.

1. Per qualsiasi lavoro tu _____ (fare) domanda, ti chiederanno almeno
   due anni di esperienza.
2. Per quanto Marisa _____ (sforzarsi) di lavorare senza lamentarsi,
   trova il suo capo una persona antipatica e scortese.
3. Chiunque ti _____ (chiedere) di preparare il caffè, non lamentarti
   perché sei l'ultimo arrivato in ufficio.
4. La ditta dove hai fatto domanda cerca anche qualcuno che _____
   (sapere) il giapponese.
5. Fare il professore è l'unica professione che mi _____ (piacere)
   perché mi lascia la libertà di organizzare la giornata come voglio.
6. Non capisco perché loro _____ (volere) avere un secondo colloquio
   di lavoro con te?
7. Mi dispiace, ma non c'è niente che io _____ (potere) fare per aiutarti,
   il lavoro devi cercartelo tu da solo.

C. Mia madre. Completa le frasi con la forma corretta del verbo secondo l'esempio.

> *Esempio:* Mia madre ha lavorato fuori casa per molti anni nonostante avesse tre figli. (è incredibile) →
> È incredibile che mia madre **abbia lavorato** fuori casa per molti anni nonostante avesse tre figli.

1. Ha lavorato anche di notte per guadagnare di più. (mi pare) →
   _____

2. Mio padre non ha mai aiutato mia madre a fare i lavori di casa. (è pazzesco) →
   _____.

3. Mia madre non era mai stanca anche se aveva tre figli. (era strano) →
   _____.

4. È riuscita anche a passare molto tempo con me. (era bene) →
   _____.

5. Mio padre alla sera spesso usciva con gli amici. (era ingiusto) →
   _____.

D. Congiuntivo imperfetto e trapassato. Metti i verbi nel *congiuntivo imperfetto* e *trapassato* secondo l'esempio.

> *Esempio:* (io) cucinare → cucinassi → avessi cucinato

1. (lei) bere → _____ → _____
2. (tu) pulire → _____ → _____
3. (loro) badare → _____ → _____
4. (voi) riuscire → _____ → _____
5. (noi) crescere → _____ → _____

Strutture

1. Pronomi tonici

SINGOLARE	PLURALE
me	noi
te	voi
lui, lei, Lei	loro, Loro
sé	sé

1. Disjunctive pronouns (**i pronomi tonici**) are most commonly used after prepositions.

> Questo lavoro non è per **te.**
> Sono andata al cinema con **lui.**

2. Disjunctive pronouns can also be used as direct objects immediately following the verb, for emphasis or to distinguish two or more objects in the same sentence.

> —Il professore vuole vedere tutti gli studenti?
> —No, vuole vedere solo **noi.**
> —Avete incontrato Stefano e Irene?
> —Abbiamo incontrato **lui,** non **lei.**

3. Disjunctive pronouns are also used in comparative expressions and exclamations.

> Caro mio, mio fratello
> è molto più bello di **te**!

My dear, my brother is much better looking than you!

> Le mie amiche lavorano quanto **lui,** ma guadagnano meno.

My (female) friends work as much as he, but they earn less.

> —Mia sorella ha trovato un nuovo lavoro.

My sister found a new job.

> —Beata **lei**!

Lucky her!

4. **Sé** (third-person singular or plural) refers back to the subject of the sentence. It can mean *himself, herself, yourself,* or *yourselves* (*formal*), *itself,* or *themselves.*

> Franco è pieno di **sé:** parla solo di **sé** stesso.
> Sono egoisti; pensano solo a **sé** stessi.

5. **Da** + *disjunctive pronoun* can also substitute for **da solo/a/i/e,** meaning *by myself, yourself,* and so on. The third-person form is always **da sé.**

> Faccio sempre tutto **da me** (**da sola**).
> Francesco preferisce prepararsi la valigia **da sé** (**da solo**).

Attenzione!

Reminder: **da** + *proper name* or *disjunctive pronoun* means *at* or *to someone's house:*

Andate sempre **da Giulia** (**da lei**). Venite **da me** stasera—c'è un bel film alla TV.

6. **Dopo, senza, sotto, su,** and many other prepositions require **di** when followed by disjunctive pronouns.

Siete arrivati dopo **di noi?**	*Did you arrive after us?*
Sono venuta **senza** Roberto; sono venuta **senza di** lui.	*I came without Roberto; I came without him.*
Abitano **sotto di** me.	*They live below me.*

In pratica

A. Che confusione! Lele è un po' confuso (come al solito)! Correggilo secondo l'esempio. Sostituisci i *nomi o pronomi indicati* con le forme adatte dei *pronomi tonici*.

> *Esempio:* Chiara mi ha invitato al ricevimento! (Stefano) →
> No, no, ha invitato **lui,** non **te!**

1. Quelle belle ragazze ci vogliono invitare a cena. (Marco e Bob)
2. Lisa mi ha dedicato questa poesia. (Davide)
3. Devo prestare la bici a Sergio. (Anna)
4. Rita ha invitato gli altri al cinema. (tu e Franco)
5. Mirella mi ha portato questi biscotti. (io)
6. Mirella prende in giro Lamberto. (tu)

B. Sempre da soli. I tuoi amici sono molto indipendenti! Parlane secondo l'esempio.

> *Esempio:* Gioia → Fa tutto **da sé.**

1. noi ragazze   3. i ragazzi   5. Piera e Mira
2. Claudio   4. io   6. tu e Paolo

Ora ripeti l'esercizio usando le forme adatte di **da solo,** secondo il soggetto.

> *Esempio:* Gioia → Fa tutto da sola.

C. Problemi di cuore, amici di palazzo. Completa i brani con le forme adatte dei *pronomi tonici*, secondo il contesto.

1. Ieri Francesca, la mia ragazza, è andata al cinema senza di _____.[1] Sono rimasto molto deluso. Io le ho telefonato, e mi ha detto che questo non voleva dire nulla. Secondo _____,[2] Roberto è solo un amico e ieri preferiva vedere quel film con _____,[3] punto e basta (*that's all there is to it*). Dentro di _____,[4] però, non ero convinto di tutto ciò, e gliel'ho detto. Francesca mi ha risposto che, in fin dei conti (*when you come right down to it*), Roberto è un ragazzo simpatico e un po' timido, che non ha molti amici, e perciò (*therefore*) non devo dire niente contro di _____.[5] Forse ha ragione; è meglio non essere così geloso.

2. Abitiamo in un bel palazzo in centro. Sopra di _____[1] c'è una sola famiglia, i Colombo. Sono sempre molto gentili verso di _____,[2] ed io mi occupo spesso del loro cane, Fulmine. Sotto di _____[3] ci sono due famiglie, i de Sanctis e i Guarnaccia. I Guarnaccia abitano in questo palazzo da tre anni. I de Sanctis sono venuti dopo di _____,[4] ma ci conosciamo

già bene. Ho fatto amicizia (*I've made friends*) con la loro figlia Tiziana; esco spesso con _____.[5] Abbiamo dei vicini simpaticissimi: possiamo contare su di _____,[6] e questo ci fa piacere.

 D. Discorso sulla carriera. A coppia parlate delle opportunità lavorative che hanno oggi le donne negli Stati Uniti, riportando l'opinione di altre persone.

1. Secondo lui/lei, quale professione è molto popolare e perché?
2. Secondo i suoi amici / le sue amiche, quale carriera sarebbe meno attraente e perché?
3. Secondo lui/lei, quali problemi al lavoro affrontano oggi le donne americane?
4. Secondo i suoi genitori, la posizione della donna negli Stati Uniti è migliorata o peggiorata negli ultimi venti anni? Spiega il loro punto di vista.

2. Altri usi del congiuntivo

1. In addition to its uses described in **Capitolo 7, Strutture 1**—expressions of feelings, opinions, and descriptions of contrary-to-fact situations—the subjunctive is used in relative clauses introduced by:

a. indefinite expressions.

chiunque	(*whoever*)
comunque	(*however, so, anyway*)
dovunque	(*wherever*)
per quanto	(*however, however much*)
qualsiasi	(adjective: *whatever, whichever*)
qualunque	(adjective: *whatever, whichever*)
qualunque cosa	(pronoun: *whatever, whichever*)

Chiunque ti **offra** il lavoro, accettalo!	*Whoever offers you a job, accept it!*
Comunque vada il colloquio, non scoraggiarti!	*However the interview goes, don't get discouraged!*
Qualunque ditta **scegliate,** siamo contenti.	*Whichever firm you choose, we are happy.*
Per quanto Marta cerchi, non riesce a trovare un lavoro.	*However much Marta tries, she can't manage to find a job.*

b. **qualcosa, qualcuno,** and other expressions indicating people or things that are hypothetical.

Ho trovato **qualcosa** che non **costa** troppo.	*I found something that doesn't cost too much.* (actual)

ma

Vuole **qualcosa** che non **costi** troppo.	*She wants something that doesn't cost too much.* (hypothetical)
Qui c'è **qualcuno** che **sa** parlare francese.	*There's someone here who can speak French.* (actual)

Cercano **qualcuno** che **sappia** parlare francese.	*They're looking for someone who can speak French.* (hypothetical)

c. **il più** (*the most*), **il meno** (*the least*) and similar expressions, including **il primo, il solo, l'unico,** and **l'ultimo.**

È il libro **più noioso** che ci **sia.**	*It's the most boring book there is (in existence).*
È la persona **meno diligente** che io **conosca.**	*She is the least diligent person I know.*
È la **sola** speranza che ci **rimanga.**	*It's the only hope we have left!*

d. a negative expression (**non... nessuno, non... niente / nulla, non c'è, non è che**).

Non vedo **nessuno** che **si diverta** a questa festa.	*I don't see anyone having a good time at this party.*
Non c'è **niente** che mi **interessi** in questo negozio.	*There's nothing that interests me in this shop.*
Non c'è lavoro che gli **vada** a genio.	*There isn't a job that suits him.*

2. The subjunctive is used to emphasize uncertainty in indirect questions after such verbs as **non capire, chiedere (chiedersi), domandare (domandarsi),** and **non sapere.**

Non capisco cosa **succeda.**	*I don't understand what's going on.*
Mi domando se lui **abbia** veramente un lavoro.	*I wonder if he really has a job.*
Non sappiamo dove **lavorino.**	*We don't know where they're working.*

3. The subjunctive can be used in independent clauses to express:

a. a wish, blessing, or curse (sometimes introduced by **che**).

Che siate felici insieme!	*May you be happy together!*
Che Dio vi **benedica!**	*May God bless you!*
«**Vivan** le femmine, **viva** il buon vino!»	*"Long live women, long live good wine!"*
Che **arrivino** presto così risolviamo il problema!	*May they arrive soon so that we can solve the problem!*

b. an assumption, doubt, or speculation (introduced by **che**).

Che siano già a Roma?	*Could they be in Rome already?*
Che abbiano divorziato?	*Maybe they divorced?*

c. an indirect command (sometimes introduced by **che**).

Che faccia da sé!	*Let her do it by herself!*
Che entrino subito!	*Have them come in immediately!*

In pratica

A. Due generazioni. Completa il brano con la forma adatta del *verbo*.

Dovunque _____[1] (andare) le sue tre figlie ed i nipotini (*grand-children*), la signora Panozzo è contenta di accompagnarli. Quest'estate affittano una casa al mare, ma alla fine non è che _____[2] (esserci) tutte le figlie. La figlia maggiore, Francesca, madre di due bambine, è all'estero per lavoro, però ha mandato dalla nonna i bambini; Claudia, che fa l'avvocatessa, e suo marito sono separati, nessuno capisce cosa _____[3] (succedere) tra loro. Claudia è troppo impegnata con il suo lavoro e con le figlie e non viene spesso a trovare sua madre e anche stavolta non è venuta. Per fortuna, c'è Rosaria, la figlia minore, l'unica che _____[4] (rimanere) legata alla signora Panozzo. Per quanto Rosaria _____[5] (volere) fare la casalinga come aveva fatto sua madre, per ragioni economiche deve lavorare, però trova sempre il modo di passare un po' di tempo con la madre.

La signora guarda i nipotini correre sulla spiaggia e comunque loro _____[6] (comportarsi) non le danno fastidio (*to annoy*). La sola cosa che la _____[7] (preoccupare) è che i nipotini le sembrano un po' viziati (*spoiled*). Però, qualunque _____[8] (essere) l'idea che le sue figlie hanno sull'educazione, lei non s'intromette (*interferes*). La signora Panozzo non capisce come _____[9] (funzionare) queste famiglie moderne con i genitori che lavorano e l'educazione dei figli affidata sia all'asilo o alla scuola e molto spesso… alla televisione.

«Ma Mamma», le dice spesso Claudia, «non capisco come tu _____[10] (potere) vivere così. Perché non trovi un hobby, magari (*perhaps*) un gruppo ricreativo per anziani? Non ti annoi sempre stare da sola?» Per la signora, però, non c'è una cosa che _____[11] (avere) più valore della famiglia e le piace curare i nipotini. Per quanto la sua vita _____[12] (sembrare) monotona dal punto di vista delle figlie, lei è contenta e non c'è nessun altro modo di vivere che la _____[13] (attrarre) di più.

B. Dal dentista. Ecco una serie di brevi dialoghi ambientati in uno studio dentistico. Completa con la forma adatta dell'*indicativo* o del *congiuntivo*, secondo il contesto. Personaggi: una segretaria, l'assistente del dentista, il dentista e una paziente.

1. La segretaria e l'assistente del dentista:
   SEG.: Il dottore vuole prendere un fax per l'ufficio, vuole un fax che _____ (funzionare) anche da segretaria telefonica (*answering machine*) ma che costi poco.
   ASSIS.: Eh, lo so è un tirchio (*tightwad*) e poi cambia idea ogni minuto su quello che vuole.
   SEG.: Io sono stufa (*fed up*) dei suoi capricci che lo _____ (comprare) lui!

2. La segretaria parla al dentista al telefono:
   SEG: Dottore, c'è qualcuno al telefono che _____ (chiedere) di Lei.
   DENT.: Per favore, Le dica se può _____ (richiamare) tra dieci minuti!
   SEG.: Le parli Lei, per favore. Io ho già provato, è molto insistente e qualsiasi cosa io _____ (dire) non ascolta.

Le nonne italiane oggi sono molto attive e spesso badano ai loro nipotini.

3. Il dentista con una paziente nuova:

DENT.: Signorina, mi domando chi _____ (fare) questo lavoro. È pessimo.

PAZ.: Guardi l'importante è che lei _____ (mettere) a posto questo dente. Non mi interessa altro.

DENT.: Mi domando chi _____ (essere) il suo dentista. Ha fatto un lavoro pessimo.

PAZ.: Ho proprio bisogno di un dentista che _____ (sapere) come trattare i pazienti.

DENT.: Per oggi abbiamo quasi finito. Per il dolore (*pain*) può prendere un'aspirina.

4. La paziente e assistente:

ASSIST.: Quando può venire la prossima volta?

PAZ.: Guardi, questo mese non c'è neanche una giornata che _____ (andare) bene per me. Mi dica Lei e cercherò di trovare il tempo.

ASSIST.: Cosa ne dice di martedì prossimo alle 11.00?

PAZ.: Farò il possibile, _____ (vedersi) martedì alle 11.00.

3. Congiuntivo passato

1. The past subjunctive is formed using the present subjunctive of **avere** or **essere** plus the past participle of the main verb.

VERBI CON **avere**		VERBI CON **essere**	
capire		riuscire	
che io	**abbia** capito	che io	**sia** riuscito/a
che tu	**abbia** capito	che tu	**sia** riuscito/a
che lui (lei, Lei)	**abbia** capito	che lui (lei, Lei)	**sia** riuscito/a
che noi	**abbiamo** capito	che noi	**siamo** riusciti/e
che voi	**abbiate** capito	che voi	**siete** riusciti/e
che loro (Loro)	**abbiano** capito	che loro (Loro)	**siano** riusciti/e

È probabile che Barbara **abbia** già **ripreso** il lavoro.
Non credo che **sia rimasta** a casa con i figli.

It's likely that Barbara has already gone back to work.
I don't think she stayed at home with the children.

2. The past subjunctive is used when the action of the dependent clause takes place **before** the action of the main clause, and the main clause is in the present, future, or imperative. The past subjunctive is used with the same words and expressions that require the present subjunctive.

È possibile che ne **abbiamo parlato** ieri (la settimana scorsa).
Penso che **sia uscita** a mezzogiorno.
Riprenderà a lavorare fra un mese sebbene **sia** già **guarito** ora.
Mi domando cosa **sia** veramente **successo.**

It's possible we spoke about it yesterday (last week).
I think she went out at noon.
He will go back to work in a month although he has already recovered.
I wonder what really happened.

In pratica

A. La donna di ieri. Trasforma le seguenti frasi usando il *congiuntivo passato* e le espressioni indicate.

Esempio: Mia madre ha fatto tutti i lavori di casa. (è incredibile) →
È incredibile che **lei abbia fatto** tutti i lavori di casa.

1. Poche donne si sono lamentate di questo lavoro. (sembra)
2. Molte, infatti, hanno avuto paura di lavorare fuori di casa. (è probabile)
3. Mia zia, però, ha cercato un lavoro quando l'ultimo dei tre figli ha incominciato la prima elementare. (mi sembra)
4. È riuscita ad avere grandi soddisfazioni nel mondo del lavoro. (mi pare)
5. Mio zio si è occupato molto dei loro figli. (è bene)
6. Non si è mai sentito sminuito (*overshadowed*) dal successo della moglie. (penso)
7. Gli altri parenti hanno trovato strana questa loro sistemazione. (ho l'impressione)
8. Loro due, però, se la sono cavata bene. (pare)

B. Nuovi ruoli. Usa le espressioni indicate per esprimere le tue opinioni.

Espressioni: *credo, (non) è bene, (non) è male, è possibile, (non) mi dispiace, (non) mi pare*

Esempio: La famiglia tradizionale è sparita. →
Non mi pare (Mi dispiace, È possibile) che la famiglia tradizionale **sia sparita.**

1. Le donne hanno fatto male ad esigere (*to require*) gli stessi diritti degli uomini.
2. Molte donne in carriera hanno deciso di non avere figli.
3. Negli ultimi anni la disparità tra uomo e donna nel mondo del lavoro è diminuita.
4. Molti ragazzi sono cresciuti disadattati (*maladjusted*) e indisciplinati perché la madre lavora fuori di casa.
5. I figli sono diventati più indipendenti.
6. In genere, il padre di oggi ha assunto un ruolo più attivo nell'educazione dei figli.
7. Per lo più, le coppie non hanno risolto il problema delle faccende domestiche e dei vari impegni familiari.

C. Supposizioni. In gruppi di due o tre, esprimete le vostre reazioni alle ultime novità che vi vengono raccontate. Seguite l'esempio.

Esempio: Laura e Massimo non si vedono più. →
Che abbiano litigato? Che lui si sia innamorato di un'altra ragazza? Che lei si sia stancata delle sue bugie?

1. Lele non è venuto al pub sabato sera.
2. Alex esce di casa tutte le notti all'una e torna un'ora dopo.

(continued)

3. Il professor Mazzoni non si fa vivo (*hasn't shown up*) a lezione per un paio di giorni.
4. Bo e Wang, i due amici cinesi di Alex, frequentano lo stesso bar.
5. Vostra sorella è diventata di colpo (*suddenly*) seria e studiosa.

 D. Donne moderne. Con un compagno / una compagna preparate una scenetta (*skit*) di due o tre minuti su una delle situazioni seguenti. (Le studentesse prenderanno a volte i ruoli maschili, e gli studenti a volte i ruoli femminili.) Ogni coppia presenterà la sua scenetta davanti alla classe; poi discuterà insieme i vari problemi presentati. Usate il *congiuntivo passato* dove possibile.

Esempio: Matilde e Roberto Neri, una giovane coppia i cui rispettivi lavori che li impegnano molto. Roberto si lamenta perché Matilde non ha fatto il bucato, e lui parte il giorno dopo per un viaggio d'affari.

ROB: Matilde, non capisco perché tu non abbia lavato le mie camicie. Parto domani! Adesso cosa faccio?

MAT: Ma è possibile che tu non abbia ancora capito la mia situazione? Lavoro anch'io fino alle nove, a volte anche le dieci di sera. Non capisco perché tu abbia aspettato fino all'ultimo momento per dirmelo. E poi non sono tua madre!

1. La dottoressa Piazza e la signora de Marchis, la sua assistente. La signora de Marchis non può lavorare fino a tardi come prima perché adesso si occupa del padre che è molto malato. La dottoressa è dispiaciuta (*sorry*).

2. Mario e Fiora Monetti, una giovane coppia. Hanno una sola macchina e di solito la usa Fiora che accompagna anche la figlia all'asilo. Mario di solito prende l'autobus, ma la settimana prossima Fiora ha un appuntamento presto al mattino e discutono su chi possa accompagnare la figlia all'asilo.

4. Congiuntivo imperfetto e trapassato

Congiuntivo imperfetto

1. The imperfect subjunctive is formed by adding the imperfect subjunctive endings to the verb stem.

	sperare	ricevere	partire	capire
che io	sper**assi**	ricev**essi**	part**issi**	cap**issi**
che tu	sper**assi**	ricev**essi**	part**issi**	cap**issi**
che lui (lei, Lei)	sper**asse**	ricev**esse**	part**isse**	cap**isse**
che noi	sper**assimo**	ricev**essimo**	part**issimo**	cap**issimo**
che voi	sper**aste**	ricev**este**	part**iste**	cap**iste**
che loro (Loro)	sper**assero**	ricev**essero**	part**issero**	cap**issero**

2. **Avere** is regular in the imperfect subjunctive; **essere, dare,** and **stare** are irregular.

	essere	dare	stare
che io	fossi	dessi	stessi
che tu	fossi	dessi	stessi
che lui (lei, Lei)	fosse	desse	stesse
che noi	fossimo	dessimo	stessimo
che voi	foste	deste	steste
che loro (Loro)	fossero	dessero	stessero

3. Verbs that use the Latin or archaic Italian stem to form the **imperfetto** use the same stem in the imperfect subjunctive.

bere	**bev**evo	**bev**essi
fare	**fac**evo	**fac**essi
tradurre	**traduc**evo	**traduc**essi
dire	**dic**evo	**dic**essi
porre	**pon**evo	**pon**essi

4. The imperfect subjunctive is used when the verb in the main clause is in any past tense or any form of the conditional, and the action of the dependent clause takes place at the same time or after the action of the main clause. It follows the same words and expressions that require the present subjunctive.

Avevamo l'impressione che **vi annoiaste.**	*We had the impression that you were bored.*
Vorrei che Paoletto **stesse** zitto ogni tanto!	*I wish Paoletto would shut up once in a while!*
Gli ho detto quello che pensavo così che non **ci fossero** più equivoci.	*I told them so that there wouldn't be any more misunderstandings.*
Sebbene **fosse** ricca, non si dava delle arie.	*Although she was rich, she didn't put on airs.*

5. The imperfect subjunctive is used to express regrets or desires that are unattainable or unlikely to be fulfilled. Such sentences are usually introduced by **almeno, magari,** or **se.**

Almeno **facesse** bello!	*If only it were nice out!*
Magari **potessi** andare!	*If only I could go!*
Se tu **sapessi!**	*If you only knew!*

Congiuntivo trapassato

1. The past perfect subjunctive is formed using the imperfect subjunctive of **avere** or **essere** plus the past participle of the main verb.

	VERBI CON **avere**	VERBI CON **essere**
	vedere	**partire**
che io	**avessi** visto	**fossi** partito/a
che tu	**avessi** visto	**fossi** partito/a
che lui (lei, Lei)	**avesse** visto	**fosse** partito/a
che noi	**avessimo** visto	**fossimo** partiti/e
che voi	**aveste** visto	**foste** partiti/e
che loro (Loro)	**avessero** visto	**fossero** partiti/e

2. The past perfect subjunctive is used when the verb in the main clause is in any past tense or any form of the conditional, and the action of the dependent clause takes place before that of the main clause. It follows the same verbs and expressions that require the present subjunctive.

Credevo che **fossero** già **partiti**.	*I though they had already left.*
Era la musica più bella che io **avessi** mai **sentito**.	*It was the most beautiful music I had ever heard.*
Vorrei che me l'**aveste detto** prima.	*I wish you had told me it earlier.*

3. The imperfect subjunctive or past perfect subjunctive is always used after the expression **come se** (*as if*), regardless of the tense in the main clause.

Si comporta **come se fosse** un pezzo grosso.	*He acts as if he were a big shot.*
Tutto continuava **come se** non **fosse successo** niente.	*Everything went on as if nothing had happened.*

4. Like the imperfect subjunctive, the past perfect subjunctive is used to express regrets or desires that were not fulfilled.

Avessero seguito i tuoi consigli!	*If only they had followed your advice!*
Magari **fossi arrivato** un'ora prima!	*If only I had arrived an hour earlier!*

In pratica

A. Una famiglia moderna. La signora Guarini vorrebbe che gli altri componenti della famiglia facessero di più per aiutarla. Fa' la sua parte e segui l'esempio.

Esempio: Lavare i piatti (il marito) → Vorrei che lavasse i piatti.

1. pulire la camera (i figli)
2. passare l'aspirapolvere (*vacuum*) (tu)
3. venire a prendermi in ufficio (Ornella)
4. telefonare al pediatra (il marito)
5. mettersi d'accordo (voi ragazzi)

6. uscire a comprare il pane (Roberto)

7. fare le spese (il marito)

B. Matrimonio all'antica. Metti le frasi al *passato*, secondo l'esempio.

   Esempio: Il signor Ferri preferisce che la moglie stia sempre a casa. →
   Il signor Ferri preferiva che la moglie **stesse** sempre a casa.

1. Non vuole che la moglie vada a lavorare fuori.

2. La signora Ferri, da parte sua, non esige che il marito le dia una mano in cucina o che l'aiuti con i lavori di casa.

3. Secondo lei, è meglio che la donna faccia queste cose.

4. La signora Ferri è contenta che il marito mangi, beva e guardi la TV quando torna a casa dal lavoro.

5. Lei pensa di frequentare un corso serale, ma ha paura che il marito si opponga a questo progetto.

6. Teme che lui le dica, «È inutile sprecare il tempo con queste sciocchezze!»

7. Non è che lui sia un tiranno (*tyrant*), ma insiste che le sue esigenze siano rispettate.

8. Gli fa piacere, infatti, che la moglie si distragga e che si diverta un po'.

 C. Desideri di una donna moderna! Troppe cose da fare, poco tempo libero. A coppia, immaginate ciò che vorrebbe una donna d'oggi. Seguite l'esempio. Continuate con la discussione basata su questo esercizio.

   Esempio: Ho troppe cose da fare (io) →
   Magari fossi meno impegnata!

1. avere più tempo libero (io)

2. aiutarmi in cucina (mio marito)

3. lavare i piatti (i figli)

4. annaffiare (*to water*) le piante (mio figlio)

5. spolverare (*to dust*) i mobili (mia figlia)

6. fare il bucato (mio marito)

Cosa pensate di questa situazione / questo matrimonio?

D. Già fatto? Franca de Barberis, manager e madre, cerca di organizzare un po' la famiglia. Trasforma le frasi secondo gli esempi.

   Esempi: Hai fatto il bucato? (tu) →
   No, credevo che l'avessi fatto tu.
   Avete apparecchiato (*to set*) la tavola? (Laura) →
   No, credevamo che l'avesse apparecchiata Laura.

1. Enrico, hai stirato (*ironed*) le tue camicie? (tu)

2. Marco e Laura, siete andati al mercato a comprare la verdura? (papà)

3. Laura, hai pulito il bagno? (Marco)

4. Enrico, ti sei fermato al supermercato a prendere il pesce? (tu)

5. Marco ed Enrico, siete passati dal meccanico a ritirare la macchina? (Lo zio Carlo)

6. Laura, hai ordinato la pizza? (gli altri)

Parliamo un po'!

 A. Mia madre. Descrivi al tuo compagno / alla tua compagna gli impegni che ha tua madre sia al lavoro che a casa e di' cosa vorresti che lei facesse invece.

Cominciamo: —Mia madre ha sempre fretta perché fa l'infermiera e in più fa tutto a casa. Vorrei che lei si divertisse di più. / Mi piacerebbe che lei si riposasse.

 B. Mia nonna. Con un compagno / una compagna parla dei lavori che faceva tua nonna quando era giovane. Da' la tua opinione sulla vita di tua nonna usando le seguenti espressioni: *mi pareva che, sembrava che, credevo che, volevo che, era strano che, così via.*

Cominciamo: —Mia nonna ha avuto cinque figli e viveva in campagna. Da piccolo/a mi sembrava che lei fosse molto forte.

 C. Lamentele del passato. Con un compagno / una compagna discutete di quello che non vi piaceva che i vostri fratelli / le vostre sorelle vi facessero o dicessero quando vivevate ancora tutti a casa dei genitori.

Esempio: Quando ero bambino/a non mi piaceva che i miei fratelli _____. Volevo che loro _____.

 D. Io nel futuro. Immagina il tuo futuro da moglie o marito. Spiega al tuo compagno / alla tua compagna com'è secondo te un matrimonio di successo e quello che ti aspetti dalla tua futura moglie o dal tuo futuro marito.

Cominciamo: —Voglio sposarmi a trentacinque anni…
—Io no, vorrei avere una famiglia appena mi laureo…

 E. Non più solo per uomini. In gruppi fate un elenco delle professioni che una volta erano svolte solo dagli uomini. Spiegate le ragioni… di questo tipo di discriminazione.

Cominciamo: —Una volta le donne non facevano il poliziotto.
—Secondo voi, perché?

 F. Suggerimenti. In gruppi scrivete le vostre idee come la società potrebbe aiutare la donna moderna. Discutete i vostri suggerimenti con gli altri gruppi.

Cominciamo: —Le università potrebbero…
—Il sindaco del paese / della città potrebbe…
—Pensiamo che la società debba…
—Varie organizzazioni femministe dovrebbero…
—Vogliamo che i posti di lavoro…

Ripassiamo!

A. Mini-dialoghi. Completa gli scambi con i *pronomi tonici* adatti. Usa anche le preposizioni quando necessario.

1. —Ragazzi, che si fa stasera?
   —Perché non venite da _____? Abbiamo comprato dei nuovi DVD.

2. —Lele e io ci teniamo molto a vedere quel film. Non dimenticare di telefonarci.
   —D'accordo, non ci vado senza _____.

3. —Alex ti ha accompagnato al ricevimento?
   —No, è arrivato dopo _____, ma ci siamo visti e ci siamo dati appuntamento per venerdì prossimo.

4. —Andiamo dai Mauro sabato sera?
   —Veramente, preferisco non andare da _____. Sono degli egoisti che parlano solo di _____ stessi.

5. —Dicono che Bo abbia un nuovo portatile e anche una nuova stampante. Il padre glieli ha regalati.
   —Beato _____!

6. —I Pieri abitano nel vostro palazzo?
   —Sì, proprio sotto _____.

B. In cerca di lavoro. Completa le frasi usando le seguenti espressioni e metti i verbi al *congiuntivo*.

Espressioni: *chiunque, a meno che non, comunque, dovunque, per quanto, qualcuno, l'unico, non capire*

1. _____ Marta _____ (desiderare) cambiare lavoro, deve continuare a fare la cassiera perché non si è presentata un'altra buona occasione.

2. Ha fatto domanda in molti posti, ma _____ lei _____ (avere) due colloqui non l'hanno assunta.

3. Le ditte cercano sempre _____ che _____ (avere) più esperienze di lei.

4. _____ _____ (andare) le cose Marta continuerà a cercare un lavoro diverso.

5. _____ lei non _____ (trovare) un lavoro part time, dovrà mandare il bambino all'asilo.

6. _____ posto dove lei _____ (potere) trovare un orario flessibile è all'interno di una grande azienda.

7. Lei _____ perché _____ (essere) tanto difficile trovare un lavoro nel campo in cui si è laureata.

C. Un colloquio fallito. Sei appena tornato/a da un colloquio di lavoro che non è andato tanto bene. Completa le frasi spiegando come è andata la faccenda. Segui l'esempio.

Esempio: Mi sembra che la mia preparazione per il colloquio non sia stata sufficiente.

1. Pare che l'intervistatore _____.
2. È incredibile che il colloquio _____.
3. È probabile che loro _____.
4. Ho l'impressione che lo stipendio _____.
5. È bene che io non _____.

D. Desideri. Completa le seguenti frasi in modo opportuno.

Esempio: Per poter capire quest'articolo volevo qualcuno che... →
Per poter capire quest'articolo volevo qualcuno che **leggesse** bene il tedesco.

1. Per ottenere il posto volevo che le lettere di presentazione

_____

2. Per il posto dell'insegnante al liceo il direttore voleva qualcuno che

_____

3. Per insegnare ai ragazzini volevano qualcuno che

_____

4. Per prepararmi bene per il colloquio volevo che qualcuno

_____

5. Per fare una bella figura volevo che qualcuno

_____

6. Per non essere nervoso/a volevo che qualcuno

_____

E. Magari! Esprimi un desiderio che può ancora succedere usando il *congiuntivo imperfetto* o un rimpianto (*regret*) usando il *congiuntivo trapassato*.

Esempi: a. Mi guardo nello specchio e penso, magari **fossi** più magra!
b. Ho seguito molte diete, magari **avessi scelto** solo quella che veramente funziona.

1. Il professore mi fa domande difficili, magari
   a. _____.
   b. _____.
2. Sono andata/o a studiare storia dell'arte in Italia, magari
   a. _____.
   b. _____.
3. Ho il mio primo colloquio di lavoro dopo la laurea e sono in ritardo, magari
   a. _____.
   b. _____.
4. Credevo che l'università mi preparasse per un lavoro, magari
   a. _____.
   b. _____.

Scriviamo!

A. Il presidente. Molti paesi hanno eletto donne nel ruolo di presidente o primo ministro. Gli Stati Uniti invece non hanno mai avuto una donna a capo del paese. Secondo te, quali potrebbero essere le ragioni di questo fenomeno contro tendenza?

B. Donne vittime. La violenza contro le donne è purtroppo un fatto presente in diversi paesi del mondo. Gli Stati Uniti non sono un'eccezione. Varie organizzazioni nazionali e internazionali cercano di prevenire e scoraggiare i crescenti abusi nei confronti di donne di tutte le età. Che ne pensi tu?

La faccia demografica dell'Italia è radicalmente cambiata negli ultimi vent'anni e molti nati in Italia oggi sono d'origine straniera.

Per comunicare

1. Esprimere situazioni ipotetiche
2. Fare paragoni
3. Paragonare persone e cose (I)

Strutture

1. Periodo ipotetico con **se**
2. Concordanza dei tempi nel congiuntivo
3. Comparativo
4. Superlativo

A. La lingua sparisce. Molti figli di immigrati non parlano la lingua madre dei loro genitori. Anzi, si dice che già la prima generazione nata nel nuovo paese non conosce per niente la lingua madre e al massimo sa riconoscere solo qualche parola in dialetto che ha sentito dai nonni. Questa è una situazione tipica di quasi tutti gli immigrati che hanno figli nel paese in cui si stabiliscono. Parlate a coppia di questo fenomeno e cercate di identificarne le ragioni. Forse avete voi stessi la stessa esperienza o per lo meno sapete di qualcuno che l'ha avuta?

Cominciamo: —Sono italiano/a di terza generazione, e non parlo italiano per niente.
—I miei sono venuti negli anni '80 dalla Russia e…

 B. Little Italy. In tante città americane esistono dei quartieri popolati dagli immigrati italiani. Di solito si chiamano Little Italy. C'è un quartiere di questo tipo anche nella tua città? Cosa ci si trova? Secondo te, perché gli immgrati si sono stabiliti in quella particolare zona? Parlane con un tuo compagno / una tua compagna.

Cominciamo: —Sono di New York e Little Italy è un quartiere molto conosciuto.
—Sì, ci sono stato, è pieno di ristoranti, soprattutto della gente del sud d'Italia.

Rifornimento in un autogrill

L'autogrill è il posto migliore per un boccone veloce e per riposarsi quando si è stanchi.

Alex e Lele stanno guidando sull'autostrada, tornano da una breve vacanza al mare. Hanno noleggiato una macchina perché non avevano voglia di fare il viaggio di ritorno in treno. Lele ha premura di tornare a casa perché ha un appuntamento importante. La benzina è quasi finita e tutte due hanno bisogno di una pausa. Si fermano in un autogrill.

ALEX: Ci fermiamo qui?

LELE: Qualunque posto va bene, tanto gli autogrill sono tutti uguali.

ALEX: Beh, sì, però in alcuni posti si possono mangiare solo panini. Io vorrei mettere sotto i denti qualcosa di caldo.

LELE: Ma è possibile che tu abbia sempre fame? Comunque mi sembra che questo sia abbastanza grande, avrà sicuramente il ristorante.

LELE: Vedi qualche posto libero per parcheggiare? Mi sembra tutto pieno.

ALEX: Parcheggia qui.

LELE: Ma è vietato!

ALEX: Mica ti danno la multa.

Alex e Lele entrano nell'autogrill.

ALEX: Accidenti, guarda quanta gente alla cassa! Sarebbe meglio che tu ti mettessi in fila mentre io vado in bagno.

LELE: Ma non volevi mangiare qualcosa di caldo?

ALEX: Sì, ma…

LELE: Adesso è venuta fame anche a me, io vado al ristorante…

ALEX: Va beh, se proprio insisti a invitarmi…

LELE: Ma, io… veramente…

ALEX: Ho capito, ho capito, credi che sia così taccagno? Guarda, se mi lasci in pace un po' pago anche il tuo pranzo.

LELE: Bene, accetto subito!

Dopo qualche minuto i due amici si ritrovano in fila vicino alla cassa. Lele ha preso prosciutto e melone come antipasto, risotto ai funghi come primo e una bistecca con contorno di fagiolini come secondo, Alex solo un'insalata caprese, del prosciutto crudo e una fetta di torta.

ALEX: Mi pare che tu ti faccia mancare niente.

LELE: Tu, piuttosto, mi sembrava avessi detto di avere una fame da lupi e invece…

ALEX: Sì, però devo stare attento a come spendo i soldi. (*poi rivolto alla cassiera*) Insieme, grazie!

CASSIERA: Sono 30 euro in tutto.

ALEX: (*dà alla cassiera la carta del bancomat*) Ecco.

CASSIERA: Vede il cartello? A questa cassa accettiamo solo contante.

ALEX: Beh, allora vado all'altra.

CASSIERA: Mi dispiace è chiusa, la collega è in pausa pranzo.

ALEX: E allora?

CASSIERA: Non c'è soluzione, è necessario che Lei paghi in contanti.

ALEX: Ma non ne ho.

CASSIERA: E allora deve aspettare che torni la collega. Sarà qui fra mezz'ora.

ALEX: Ma tutto ciò è assurdo.

LELE: Non ti scaldare! Pago io in contanti, ho 25 euro… metti giù la torta e siamo a posto.

ALEX: Ah, e perché io dovrei rinunciare a qualcosa e tu a niente?

LELE: Perché tu non hai soldi e io ne ho abbastanza per me e per un po' del tuo pasto.

ALEX: Bell'amico!

CASSIERA: Scusate ma l'importante è che vi sbrighiate a decidervi, non mi importa chi paga. La gente dietro di voi sta aspettando.

ALEX: Non è giusto!

CASSIERA: Vuole che chiami il direttore, così spiega tutto a lui.

ALEX: No, no. È meglio lasciare stare, metto giù la mia torta.

LELE: Ecco bravo!

Lele paga e allontanandosi ha un'aria preoccupata.

LELE: Ci basteranno 3 euro e venti per la benzina? Tu non hai proprio niente?

ALEX: (*vuotando le tasche*) Sono al verde. Ma vedrai, ce la faremo… è una macchina che consuma poco.

Nel contesto   **219**

Dopo circa mezz'ora, Alex e Lele sono fermi in macchina sulla corsia di emergenza.

LELE: Non fare lo spiritoso. Beh, non ci resta che chiamare il carro attrezzi, a meno che tu non voglia andare a piedi alla prossima stazione di servizio. Sono solo sette chilometri.

ALEX: Telefona e ricordati che sei tu lo sportivo!

LELE: Ci costerà almeno 100 euro.

ALEX: E beh? Vuoi dormire sulla corsia d'emergenza?

LELE: E poi ho un appuntamento importante stasera.

ALEX: Se non ti sbrighi all'appuntamento ci arriverai domani.

Hai capito?

Alcune delle seguenti frasi sono **vere** e le altre **false.** Scegli la risposta giusta.

1. Alex e Lele viaggiano in treno.   V F

2. Vanno a Milano.   V F

3. Si fermano a un autogrill per mangiare.   V F

4. Il parcheggio dell'autogrill è semi-vuoto.   V F

5. L'autogrill ha il bar ma non il ristorante.   V F

6. Lele ordina un pasto completo.   V F

7. Alex lascia che Lele paghi per tutti e due.   V F

8. La cassiera accetta solo il contante e non il bancomat.   V F

9. L'altra cassiera non c'è perché è andata a casa.   V F

10. Alex e Lele non hanno soldi per la benzina.   V F

11. Telefonano agli amici di venire a prenderli.   V F

Lessico ed espressioni comunicative

Sostantivi

l'autogrill	*highway restaurant and snack bar*
il carro attrezzi	*tow truck*
la carta del bancomat	*debit card*
il contorno	*side dish*

la corsia di emergenza	*shoulder of a highway*
la fetta	*slice*
il fungo	*mushroom*
l'insalata caprese	*salad made with tomatoes, mozzarella cheese, and basil leaves*
la multa	*parking / traffic ticket*
la stazione di servizio	*gas station*

Aggettivi

taccagno	*stingy*

Verbi

aver premura	*to be in a hurry*
farcela	*to make it, to manage*
mettere sotto i denti	*to eat*
vietare	*to prohibit*

Espressioni comunicative

aver fame da lupi	*to be very hungry*
mica	*not at all*
non scaldarti!	*keep cool!, don't fuss!*

Vocabolario attivo

A. Quattro chiacchiere. Completa le frasi consultando il **Lessico ed espressioni comunicative.**

1. —Lele, sono stanco, fermiamoci all'_____. Ho fame, voglio

   _____.

   —Ma dai, aspetta un po'! Tra poco siamo a Genova e possiamo mangiare in un buon ristorante. In più vedo che il parcheggio è pieno e il cartello dice che è _____ parcheggiare dall'altro lato.
2. —Alex, sbrigati alla cassa. Ho un appuntamento stasera e _____, non voglio essere in ritardo.

   —Lele, _____, abbiamo solo un'ora in macchina. Ti assicuro che

   _____.
3. —Claudio, cosa è successo sull'autostrada? Ho visto tante macchine sulla _____ e la polizia che dava delle _____. C'era anche _____ che portava via alcune macchine.

   —Non ne so niente, dobbiamo guardare il telegiornale stasera. Tu che vedi tutto, hai visto per caso una _____?
4. —Mannaggia (*Darn*)! Lele, ti ricordi dove ho messo il portafoglio? Spero di non averlo perso, dentro ho _____ perché non mi piace portare tanto contante.

(continued)

—L'ultima volta l'ho visto vicino al vassoio (*tray*) su cui mettevi il
_____ di fagiolini. Poi l'hai ripreso, _____ l'ho rubato io!

5. —Alex, è l'ora di cena. _____ e non mi basta solo un' _____ e
una _____ di torta. Vorrei comprarmi un panino al prosciutto ma
sono al verde (*broke*).

—Ma che, sei un _____, risparmi sempre, dato che sei al verde.
Perché non ti prepari un risotto ai _____ a casa, il che ti costerà
poco e ti riempe lo stomaco.

Anticipazioni grammaticali

A. Un corso di laurea. Completa le frasi in modo opportuno.

1. Se io (dovere) _____ rifare il mio corso di laurea, non studierei mai
le letterature comparate.
2. Se avessi studiato economia, (trovare) _____ lavoro più facilmente.
3. Se mi presento bene al colloquio, (essere) _____ assunta.
4. Se invece io (arrivare) _____ in ritardo al colloquio, non mi offriranno
il lavoro.
5. Se arrivi in ritardo al colloquio, loro _____ (pensare) che non te ne
frega niente del lavoro.

B. L'Italia che cambia. Completa il brano con la forma corretta dei verbi.

Alex crede che la presenza di diverse etnie (essere) _____[1] una cosa
buona per l'Italia. Secondo lui, è importante che la gente (accettare)
_____[2] questa nuova realtà. Infatti lui pensa che gli italiani (diventare)
_____[3] più tolleranti verso i nuovi immigrati negli ultimi vent'anni.
Qualche anno fa si dubitava che i nuovi arrivati (potere) _____[4]
inserirsi nella società. Alcuni sono diventati cittadini nel pieno senso
della parola, mentre altri credevano che l'Italia non (fare) _____[5]
per loro. È interessante il fatto che i figli di questi primi immigrati, nati
in Italia, (considerarsi) _____[6] veri italiani.

C. Comparativi. Completa le frasi con il *comparativo di uguaglianza*, di
maggioranza e di *minoranza* secondo i simboli.

1. Lele è _____ tirchio _____ Alex. (−)
2. Marta è _____ intelligente _____ Simona. (=)
3. Lele è _____ imbarazzato _____ Alex. (+)
4. Il risotto ai funghi è _____ saporito _____ il risotto al limone. (=)
5. Storia dell'arte è _____ facile _____ chimica. (+)

D. Tutto è perfetto. Traduci le seguenti frasi in italiano.

1. This wine is excellent. _____.
2. Lele is the happiest person of all Alex's friends. _____.
3. Their friendship is very important to both of them. _____.
4. Simona is the most sincere of all Lele's girlfriends. _____.
5. Lele is very embarassed. _____.
6. Alex's father is a nitpicker. _____.

Strutture

1. Periodo ipotetico con *se*

A hypothetical construction has two parts: a dependent clause, introduced by **se,** which conveys a supposition or hypothesis, and a main or independent clause which indicates the consequences of the hypothesis. The order of the two clauses is not fixed.

There are three kinds of hypothetical constructions. The first indicates events or conditions that are actual or very likely.

Se andrò in centro, passerò da zia Giulia.	*If I go downtown (which is very likely), I'll stop by Aunt Giulia's.*

The second indicates possibility.

Cercherei un appartamento più grande se mi offrissero quel lavoro.	*I would look for a bigger apartment if they offered me that job (and they might or might not).*

The third indicates conditions that are improbable or impossible.

Se tu avessi detto la verità, ora non saresti nei guai.	*If you had told the truth (but you didn't), you wouldn't be in trouble now.*

The tenses and moods that can be used in each type of hypothetical construction are presented in the tables and examples that follow.

1. Actual or likely

se CLAUSE	INDEPENDENT CLAUSE
present indicative **se** + future past indicative	present indicative future past indicative imperative

In this construction, the events in the **se** clause are presented as certain or likely.

Se **fa** freddo, **resto** a casa.	*If it's cold (and it probably will be), I'm staying home.*
Se **studierete,** non **avrete** problemi.	*If you study (and it's likely that you do), you won't have any problems.*
Se **si sentiva** male, **doveva** stare a letto.	*If he felt ill (and he did), he should have stayed in bed.*
Fa' uscire il cane se non **può** stare zitto!	*Let the dog out if he can't keep quiet (and he can't)!*

Attenzione! Remember that when both clauses convey a future action, **se** + *future* must be used. (In English, *if* + *present* is used.)*

Se **verrai, potrai** conoscere i miei zii.	*If you come you'll be able to meet my aunt and uncle.*

But if the **se** clause conveys a present action and the main clause a future action, a mixed construction is possible.

Se **facciamo** presto, **potremo vedere** lo spettacolo delle 19.00.	*If we hurry (now), we'll be able to see the 7:00 show (later tonight).*

2. Possible or imaginary

se CLAUSE	INDEPENDENT CLAUSE
se + imperfect subjunctive	present conditional past conditional

In this kind of construction, the situation in the **se** clause is uncertain or imaginary.

Se mi **accompagnassi, potremmo** discutere dei nostri progetti.	*If you came with me (and you might or might not), we could discuss our plans.*
Non l'**avrebbe trattata** male se non **fosse** uno scemo.	*He wouldn't have treated her badly if he weren't an idiot! (but he is).*
Se io **fossi** in te, lo **comprerei.**	*If I were you, I'd buy it.*

3. No longer possible

se CLAUSE	INDEPENDENT CLAUSE
se + past perfect subjunctive	present conditional past conditional

> **Attenzione!**
>
> In English, *if* clauses sometimes contain conditional forms. In Italian, the conditional can appear only in the main clause, *never* in the **se** clause of a hypothetical sentence.
>
> Se **telefonasse, saremmo** meno preoccupati. *If he would call (were to call, called), we would be less worried.*

In this construction, the situation in the **se** clause is contrary to facts that have already occurred.

Se **avessi preso** il treno delle 5.00, ora **sarei** a Roma.	*If I had taken the 5:00 train (but I didn't), I would be in Rome by now.*
Se tu mi **avessi accompagnato, avremmo potuto** discutere dei nostri progetti.	*If you had come with me (but you didn't), we could have discussed our plans.*

---

*For more on the future and future perfect in clauses introduced by **se, (non) appena, finché,** and **quando,** see **Capitolo 6, Strutture 1 and 2.**

In pratica

A. Le tue abitudini. Di' quello che fai o quello che farai in queste situazioni. Usa il *periodo ipotetico* con **se,** secondo gli esempi.

> *Esempi:* (fare) bel tempo / (fare) jogging intorno al lago →
> Se fa bel tempo, faccio jogging intorno al lago.
> (trovarsi) al verde (*broke*) / (chiedere) dei soldi al mio
> compagno di camera →
> Se mi troverò al verde, chiederò dei soldi al mio compagno di
> camera.

1. non (avere) voglia di fare da mangiare / (comprare) una pizza surgelata (*frozen*)
2. (alzarsi) di buon'ora / (partire) con il treno delle sette e mezzo
3. (piovere) / (stare) a casa a guardare dei video
4. (esserci) dei saldi (*sales*) in centro / (passare) tutto il week-end a fare compere
5. (invitare) gli amici a cena / (fare) la pasta ai funghi (*mushrooms*)
6. nessuno (essere) libero sabato sera / (leggere) un bel romanzo o (pulire) la mia camera

B. Quattro chiacchiere. Completa i dialoghi con la forma adatta dei verbi tra parentesi.

1. —Se (tu) _____ (andare) in centro, passa da Giacomo e ricordagli che c'è una riunione giovedì sera.
   —Non ti preoccupare. Se ha detto che sarebbe venuto, _____ (venire). È molto serio.

2. —Ah, se (noi) _____ (studiare) prima, ora non dovremmo passare la notte in bianco (*pull an all-nighter*).
   —E se fossimo davvero intelligenti, non _____ mai _____ (iscriversi) a un corso di matematica!

3. —Se non eri d'accordo, perché non _____ (dire) qualcosa?
   —Boh, l'avrei fatto se non _____ (esserci) tanta gente.

4. —Quale università _____ (frequentare) Silvia se Harvard non le darà una borsa di studio?
   —Non lo so. Se solo _____ (chiedere) un prestito dalla banca, forse le _____ (dare) e poi si potrebbe iscrivere dove vuole.

5. —Se vieni in macchina, non _____ (dimenticare) di riportarmi gli sci.
   —Va bene. Lo farò se _____ (potere).

C. Contro il razzismo. Completa le frasi con la forma adatta dei verbi tra parentesi.

> *Esempio:* Se le persone <u>conoscono</u> (conoscere) gente di etnie diverse, sono in genere più tolleranti.

1. Se la gente fa lo sforzo (*effort*) di mettersi al posto degli immigrati, _____ (riuscire) a capire cosa vuol dire discriminare.
2. Io mi iscriverò il semestre prossimo se l'università _____ (offrire) un corso sulla storia degli indiani americani.

3. Non penso che il problema dell'immigrazione si risolva innalzando delle mura ai confini di stato, e poi se uno vuole, _____ (entrare) lo stesso.

4. Se la gente _____ (prendere) l'abitudine di riflettere sul modo di dire le cose, potrebbe evitare tanti problemi.

5. Se i miei amici avessero discusso con calma quel malinteso (*misunderstanding*), forse non _____ (venire) alle mani (*to blows*).

6. Se (noi) _____ (cercare) di capire le cause del razzismo, potremmo riuscire a trovare dei modi per risolvere questo problema.

7. Se la polizia _____ (arrestare) chi sfrutta gli immigrati ci sarebbero meno problemi.

 D. Sondaggio. In gruppi guardate questa tabella e fate voi lo stesso sondaggio fra i compagni / le compagne di classe. Alla fine, paragonate i risultati con quelli dei giovani intervistati nel sondaggio italiano. Poi inventate alcune altre domande, con cinque o sei risposte possibili, per fare un sondaggio.

Esempio: —Cosa faresti se scoprissi che un tuo amico copia (*cheats*) agli esami?
—Lo direi al professore / alla professoressa.
—Gli parlerei delle consequenze se continua a copiare.

Se scoprissi che un tuo amico si droga, cosa faresti?

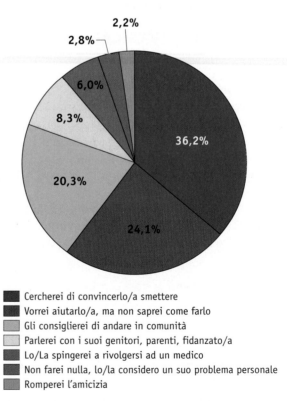

- Cercherei di convincerlo/a smettere
- Vorrei aiutarlo/a, ma non saprei come farlo
- Gli consiglierei di andare in comunità
- Parlerei con i suoi genitori, parenti, fidanzato/a
- Lo/La spingerei a rivolgersi ad un medico
- Non farei nulla, lo/la considero un suo problema personale
- Romperei l'amicizia

E. Ipotesi personali. Completa le frasi in modo logico.

Esempio: Farei ginnastica ogni giorno se → non fossi sempre stanco/a!

1. Se andassi più spesso a piedi…
2. Se fossi più aperto/a al problema degli immigrati…
3. Sarei più disinvolto/a (*uninhibited*) con le donne / gli uomini se…
4. Se riuscissi ad addormentarmi prima di mezzanotte…
5. Non avrei scelto di vivere con il mio compagno / la mia compagna di camera se…
6. Se potessi comprare una casa più grande…
7. Se mangiassi meno dolci…

2. Concordanza dei tempi nel congiuntivo

In a sentence requiring the subjunctive, the tense of the dependent verb is determined by the tense of the main verb and the relationship in time between the events or conditions in the two clauses.

The following tables and examples summarize the sequence of tenses and moods.

1. Main-clause verb in the present, future, or imperative

MAIN CLAUSE	ACTION OF DEPENDENT CLAUSE	
present indicative	concurrent →	present subjunctive
future	future →	present subjunctive
imperative	past →	past subjunctive

Credo che **venga.**	*I think she is coming (will come).*
Credo che ci **sia venuta** ieri.	*I think she came yesterday.*
Qualunque cosa **faccia,** lo tratteranno bene.	*Whatever he does, they'll treat him well.*
Qualunque cosa **abbia fatto,** lo tratteranno bene.	*Whatever he did, they'll treat him well.*
Sii contenta che **partano** domani!*	*Be glad they're leaving tomorrow!*
Sii contenta che **siano partiti** ieri!*	*Be glad they left yesterday!*

There is one important exception to this pattern. When the dependent clause conveys a habitual action or ongoing condition in the past, the imperfect or past perfect subjunctive is used.

È probabile che i Medici **ammazzassero** spesso i loro nemici.	*It's likely that the Medicis often killed their enemies.*
Sembra che **fosse stato** molto felice in Francia.	*It seems he had been very happy in France.*

---

*These constructions are used more in writing than in speaking. The indicative is increasingly used in spoken Italian.

MAIN CLAUSE	ACTION OF DEPENDENT CLAUSE	
any past tense	concurrent →	imperfect subjunctive
present conditional	future →	imperfect subjunctive
past conditional	past →	past perfect subjunctive

Pensavo che **venisse**.	*I thought he was coming (would come).*
Pensavo che **fosse venuta**.	*I thought she had come.*
Ha studiato musica sebbene i genitori **fossero** contrari.	*She studied music although her parents were against it.*
Ha studiato musica sebbene **fossero stati** contrari.	*She studied music although they had been against it.*
Vorrei che **fosse** più aperto nelle sue opinioni.	*I wish he were (would be) more open-minded.*
Vorrei che **fosse stato** più disposto ad accettare le opinioni degli altri.	*I wish he had been more willing to accept the opinions of others.*
Sarebbe stato meglio se non **aveste detto** niente.	*It would have been better if you had said nothing.*

Attenzione!

Remember that the past conditional can also be used to convey a future action from a point of view in the past. It follows verbs such as **credere, domandare, dire, pensare, sapere,** and **promettere.***

Non credevo che **sarebbe arrivato** in tempo.
I didn't think that he would arrive on time.

*The use of the past conditional in place of the subjunctive is discussed in **Capitolo 6, Strutture 3.**

In pratica

A. Quattro chiacchiere. Completa i dialoghi con la forma adatta dei verbi tra parentesi.

1. —Speriamo che Massimo _____ (cambiare) idea e che _____ (decidere) di iscriversi all'università.
   —Mah, è inutile che (voi) gliene _____ (parlare). È un testardo (*stubborn person*), fa sempre di testa sua.

2. —Vorrei che (tu) non _____ (dire) niente a Franco di quel che abbiamo discusso. Ora va in giro e lo ripete a tutti.
   —Lo so. Gliene ho parlato affinché _____ (capire) la situazione, ma avrei fatto meglio a stare zitto.

3. —Come mai non vedo Lara da tanto tempo? Credevo che _____ (volere) restare un po' da queste parti (*around here*).
   —Mi pare che _____ (partire) ieri. Un suo amico le ha offerto un passaggio (*ride*).

4. —Lucia ha detto che (tu) _____ (andare) al mercato. Cos'è successo? Ti sei dimenticato di nuovo?
   —No, credevo che ci _____ (andare) tu!

5. —Ho due biglietti per il concerto di musica classica. Credi che Antonio _____ (essere) interessato?
   —La musica classica gli piace tanto. Dubito che _____ (dire) di no!

6. —Dove sono i Duranti? Credevo che _____ (avere) intenzione di venire con noi.
   —È meglio che non _____ (venire)! Sono insopportabili.

B. Rischio razzismo. Trasforma le frasi seguenti usando le espressioni tra parentesi. Fa' tutti i cambiamenti necessari.

Esempio: Molti giovani hanno rapporti diretti con gli extracomunitari.
(non sembra / avrei pensato / il sondaggio ha negato) →
—Non sembra che molti giovani abbiano rapporti diretti…
—Avrei pensato che molti giovani avessero rapporti diretti…
—Il sondaggio ha negato che molti giovani avessero rapporti diretti…

1. In Italia esiste un'intolleranza latente verso gli immigrati. (era probabile / sono sorpreso/a / ci dispiace)

2. I giovani sono aperti e disponibili. (mi fa piacere / sarebbe bene / il sociologo dubita)

3. Fino a pochi anni fa l'Italia era una società molto omogenea. (molti erano contenti / ho l'impressione / avrei pensato)

4. Il razzismo non era un problema prima degli anni ottanta. (può darsi / non sono sicuro/a / molti credono)

5. Gli extracomunitari portano via posti di lavoro agli italiani. (molti hanno temuto / alcuni negano / molta gente concluderà)

 C. A chi tocca? Mauro e Giovanna fanno parte di un gruppo che organizza una manifestazione contro il razzismo. Alternandoti con un compagno / una compagna, crea brevi dialoghi secondo l'esempio.

Esempio: bisogna / tu / restare in ufficio oggi (Franco) →
—Bisogna che tu resti in ufficio oggi.
—No, bisogna che Franco resti in ufficio!

1. era necessario / tu / telefonare alla senatrice Pesenti (Silvia)

2. voglio / tu / scrivere il comunicato stampa (*press release*) (Silvia)

3. pensavo / tu e Franco / montare il palco per il comizio (*political meeting*) (gli altri)

4. preferisco / gli altri / occuparsi dei microfoni (tu)

5. bisognava / tu e Silvia / distribuire i volantini (gli altri)

6. volevo / Silvia / organizzare il ricevimento dopo il comizio (tu)

D. Speranze e timori sul problema dell'immigrazione. Completa le frasi in modo logico.

Esempio: Vorrei che i giovani d'oggi… →
fossero più tolleranti (cercassero di conoscere e di frequentare i nuovi immigrati, non temessero l'arrivo degli stranieri…).

1. In una società multirazziale è necessario che…

2. Preferirei che i leader politici…

3. Tra pochi anni tutti penseranno che…

4. Prima pensavo che il razzismo…

5. Ora credo che la causa principale del razzismo…

6. Ho paura che la società americana…

7. Non avrei pensato che gli italiani…

8. Temo che l'intolleranza…

3. Comparativo

There are two main kinds of comparatives in Italian: comparatives of equality (*uguaglianza*) and of inequality (*disuguaglianza*). The second category, in turn, includes two levels of comparison: superiority (*maggioranza*) and inferiority (*minoranza*).

The comparative of equality

1. **(Così)… come** and **(tanto)… quanto** are used to express equality with adjectives and adverbs. **Così** and **tanto** are often omitted. When used, **così** and **tanto** precede the adjective or adverb; **come** and **quanto** follow the adjective or adverb.

La mia macchina è (**così**) vecchia **come** quella di Bob.	*My car is as old as Bob's.*
Mio marito fa da mangiare (**tanto**) spesso **quanto** me.	*My husband cooks as often as I do.*

2. Personal pronouns used with **come** or **quanto** are disjunctive.*

È bravo **come** te.	*He's as good as you are.*
Lavora **quanto** loro.	*She works as much as they do.*

3. To compare verbs, use **(tanto) quanto**. When both are used, **tanto** is followed directly by **quanto**.

Hanno speso (**tanto**) quanto noi.	*They spent as much as we did.*

4. The expression **tanto… quanto** is also used when comparing nouns. **Tanto** precedes and **quanto** follows the noun they modify. Both agree with the noun in gender and number.

Mi serve **tanto** zucchero **quanta** farina.	*I need as much sugar as flour.*
Abbiamo ricevuto **tanti** biglietti **quanti** ne abbiamo spediti.	*We got as many cards as we sent out.*

The comparative of inequality

Più (meno)… di and **più (meno)… che** are used to express inequality.

1. **Di** is used

a. before nouns

Stefano è **più** lunatico **di** Luisa.	*Stefano is moodier than Luisa.*
Il golf è **meno** faticoso **della** pallacanestro.	*Golf is less tiring than basketball.*

b. before pronouns (Remember that disjunctive pronouns follow prepositions.)

Il tuo cellulare è **più** piccolo **del** mio.	*Your cell phone is smaller than mine.*
Grazia passa **meno** tempo **di** me in biblioteca.	*Grazia spends less time in the library than I (do).*
Questo abito è **più** elegante **di** quello.	*This suit is more elegant than that one.*

---

*See **Capitolo 8, Strutture 1** on disjunctive pronouns.

c. before numbers

Costa **più di** cento dollari.   *It costs more than $100.*
Meno di venti persone sono venute   *Fewer than twenty people came to the*
  alla conferenza.   *lecture.*

2. **Che** is used

a. before infinitives

Secondo me, è **più** difficile   *In my opinion, skating is more difficult*
  pattinare **che** sciare.   *than skiing.*

b. before prepositions

Ci sono **più** librerie a Cambridge   *There are more bookstores in*
  che a Berkeley.   *Cambridge than in Berkeley.*

c. to compare two qualities of the same person or thing

È **più** volonteroso **che** intelligente.   *He's more hard-working than*
     intelligent.

d. in direct comparisons of two nouns

Ho **meno** DVD **che** compact disc.   *I have fewer DVDs than CDs.*

3. **Di più** and **di meno** directly follow the verb when there is no second term of comparison.

Devi applicarti **di più.**   *You must apply yourself more.*
Ha detto che avrebbe speso **di**   *He said he would spend less.*
  meno.

4. *Than* before a conjugated verb is expressed as **di quel(lo) che** + *indicative* or **più (meno)... di quanto** + *indicative* or *subjunctive.*

Quel ragazzo è **più** furbo   *That boy is more shrewd than you*
  ...**di quel che** cred**i.**   *think.*
  ...**di quanto** cred**i** (tu cred**a**).

Hanno fatto **meno**   *They did less than I thought.*
  ...**di quel che** immaginavo.
  ...**di quanto** immagin**avo** (io
  immagin**assi**).

In pratica

A. Due gemelli. Pino e Nino sono due gemelli uguali in tutto. Parlane usando il *comparativo di uguaglianza.*

Esempio: avere amici → Pino ha tanti amici quanti ne ha Nino.

1. avere un appartamento elegante   5. uscire spesso con ragazze
2. vestirsi bene   6. scherzare e ridere
3. guadagnare un sacco di soldi   7. avere un carattere dolce
4. essere in forma   8. essere estroverso

B. Qual è la tua opinione? Paragona le seguenti persone e cose secondo la tua opinione personale. Usa le espressioni indicate e aggiungine altre, se vuoi.

Esempio: vivere in città, vivere in campagna: interessante, salubre, difficile... →
Secondo me, vivere in città è più interessante (meno salubre, più difficile, meno noioso) che vivere in campagna.

1. la bici, la macchina: economico, pratico, comodo (*convenient*)...
2. andare a piedi, andare in autobus: dannoso all'ambiente, veloce, piacevole...
3. i politici, i giornalisti: onesto, cinico, arrogante...
4. la musica moderna, l'opera: interessante, noioso, popolare...
5. leggere un libro, guardare la TV: rilassante, faticoso, stimolante...
6. i giovani d'oggi, i giovani di dieci anni fa: consumista, impegnato, arrivista (*careerist*)...

C. Quattro chiacchiere. Completa i dialoghi con le espressioni adatte.

1. —Ho letto l'ultimo libro di Sandro Veronesi e mi è piaciuto molto. Tutti dicevano che era molto _____ difficile _____ altri.
   —Infatti, anch'io l'ho trovato molto _____ complicato _____ mi avevano detto.
2. —Ecco, signora, non c'è un foulard (*scarf*) _____ bello _____ questo. Glielo incarto? (*Shall I wrap it for you?*)
   —Grazie, no. Cercavo qualcosa che costasse un po' _____.
3. —Sono proprio depressa. Ho ricevuto di nuovo un voto _____ bello _____ mi aspettassi. Cosa dovrei fare?
   —Dovresti studiare _____. Te lo dico sempre!
4. —Conosci Paolo, quel ragazzo di Mantova? Non ho mai visto una persona simpatica _____ lui.
   —Sì, lo conosco, ma è una persona _____ affascinante _____ onesta.
5. —Mi dispiace, Laura, di non averti aiutato la settimana scorsa. Avrei dovuto fare _____. Ti chiedo scusa!
   —Mah, non sono veramente arrabbiata. Sono _____ delusa (*disappointed*) _____ altro.
6. —Sai, mi sono iscritto a un corso di T'ai Chi. Niki mi ha detto che è rilassante _____ lo yoga.
   —Attento, però è molto _____ arduo _____ tu possa immaginare.
7. —Ho sentito dire che c'era un sacco di gente alla riunione, _____ vi aspettavate.
   —È vero, _____ cento persone si sono presentate. Siamo rimasti molto sorpresi.

4. Superlativo

The absolute superlative

The absolute superlative (*il superlativo assoluto*), expressed in English as, for example, *very expensive, extremely difficult, quite easily,* can be formed several ways in Italian.

1. most simply, by modifying an adjective or adverb with **molto, estrema-mente, assai** (*rather, very, much*), **bene** (*rather, very*), **notevolmente, partico-larmente,** or other adverbs

È una persona **molto** esigente.	*She's a very demanding person.*
È un concetto **estremamente** difficile.	*It's an extremely difficult concept.*
Sei **assai** pigro!	*You're rather lazy!*
Ha fatto **ben** poco.*	*He did very little.*

2. with adjectives, by dropping the final vowel of the masculine plural form and attaching the suffix **-issimo/a/i/e**

interessante	→	interessant**i**	→	interessant**issimo/a/i/e**
antico	→	antic**hi**	→	antich**issimo/a/i/e**
simpatico	→	simpatic**i**	→	simpatic**issimo/a/i/e**

Abbiamo visto una mostra **interessantissima.**	*We saw a very (an extremely, a really) interesting exhibition.*
Sono delle rovine **antichissime.**	*These are very ancient ruins.*
Sono dei ragazzi **gentilissimi.**	*They're really nice kids.*

3. with simple adverbs, by dropping the final vowel and adding **-issimo.** (**Exception: poco** → poc**hissimo**). In the case of adverbs ending in **-mente**, by adding **-mente** to the feminine form of the superlative adjective.[†]

molto	→	molt**issimo**
tardi	→	tard**issimo**
rapidamente	→	rapid**issimamente**

Mi piace **moltissimo.**	*I like it a great deal.*
Sono arrivati **tardissimo;** erano già le due.	*They arrived very late; it was already two o'clock.*
È un tipo nervoso; parla sempre **rapidissimamente.**	*He's the nervous type; he always speaks extremely fast.*

4. by repeating an adjective or adverb or using certain stock phrases

«Zitti zitti, piano piano non facciamo confusione; per la scala del balcone presto andiamo via di qua!»	*"Very quiet, very carefully, let's not make a mess; with the ladder on the balcony let's get out of here fast!"*

—Rossini-Sterbini, *Il barbiere di Siviglia*

Quell'articolo è **pieno zeppo** d'errori.	*That article is chock full of mistakes.*
Aspettiamo fino a domani—ora sono **stanca morta.**	*Let's wait until tomorrow—right now I'm dead tired.*

Other stock phrases: **caldo bollente** (*boiling hot*), **freddo pungente** (*bitterly cold*), **innamorato cotto** (*madly in love*), **nuovo di zecca** (**nuovo fiammante**) (*brand-new*), **ricco sfondato** (*filthy rich*), **ubriaco fradicio** (*dead drunk*)

---

*Note that **bene** usually drops its final **e** when it precedes an adjective or another adverb.
[†]See **Capitolo 3, Strutture 4** on the form and placement of adverbs.

5. less frequently, by adding a prefix to an adjective

essere **arci**stufi (*to be totally fed up*), l'olio d'oliva **extra**vergine, lo zucchero **sopra**ffino (*ultra-fine*), della pasta **stra**cotta (*overcooked*), una bevanda **super**-alcolica (*hard liquor*), uno stile **ultra**moderno

The relative superlative

1. The relative superlative (*il superlativo relativo*) designates something or someone as the ultimate (*the most expensive, the longest*) compared to others in the same category. The relative superlative can modify adjectives or adverbs. To form the relative superlative of adjectives, place the definite article and **più** or **meno** before the comparative form. Note the use of **di** in its varied forms (and, less frequently, of **tra**) where *in* or *of* would appear in English.

I quadri di van Gogh sono **i più** ambiti **del** mondo.	*Van Gogh's paintings are the most sought-after in the world.*
È **la meno** egoista **di** tutte.	*She's the least selfish one of all.*
L'*Otello* è **la più** apprezzata **tra** le opere di Verdi.	*Otello is the most admired of Verdi's operas.*

2. The definite article is not repeated when the superlative follows the word it modifies.

È **il** bar **più popolare** del quartiere.	*It's the most popular café in the neighborhood.*
È **la** mensa **meno affollata** del campus.	*It's the least crowded cafeteria on campus.*

3. The definite article is generally not used with the superlative of adverbs unless the adverb is modified with **possibile.**

Tra tutti i candidati, Martelli ha parlato **più** chiaramente.	*Among all the candidates, Martelli spoke the most clearly.*
L'abbiamo fatto **il più** rapidamente **possibile.**	*We did it as quickly as possible.*

4. The relative superlative is often followed by the subjunctive.

È la persona più tollerante che io **conosca.**	*She's the most tolerant person I know.*
Sono le ricette meno complicate che si **possano** trovare.	*They're the least complicated recipes you (one) can find.*
Era il bambino più bello che io **avessi** mai **visto.**	*He was the most beautiful baby I had ever seen.*

In pratica

 A. Lamentele studentesche. A coppia elencate le varie difficoltà che incontrano gli studenti universitari, usando una forma del *superlativo assoluto.*

> *Esempio:* I nostri corsi sono difficili. →
> I nostri corsi sono **difficilissimi** (molto difficili, assai difficili, particolarmente difficili...)

1. I corsi sono affollati.

2. I professori sono sempre impegnati (busy, unavailable).

3. Il programma di studi è duro.

4. Le tasse d'iscrizione sono alte.

5. L'orario è pesante.

6. Il laboratorio linguistico è buio e deprimente.

7. Gli appartamenti in questa città sono costosi.

8. I posti per parcheggiare sono scarsi.

B. Come sono? Completa le frasi in modo logico, usando una delle espressioni indicate.

Espressioni: *arcistufo, caldo bollente, innamorato cotto, ricco sfondato, strapieno, stanco morto, superveloce, ubriaco fradicio*

1. I biglietti per il concerto erano esauriti da mesi; lo stadio era _____ di gente.

2. Il senatore si può permettere (*can afford*) una campagna elettorale «populista» perché è _____.

3. Quella minestra è _____; state attenti a non bruciarvi la bocca!

4. Quando l'ho visto, Mauro aveva gia bevuto tre birre e qualche bicchierino (*shot*) di liquore. Era _____.

5. Quasi tutti i paesi moderni hanno treni _____.

6. Mio marito pretende (*demands*) molto da me, è un pigrone (*lazybones*) che non mi dà mai una mano. Sono _____ di lui e delle sue lamentele!

7. Oggi Renata è andata a lezione, ha lavorato, ha fatto delle ricerche in biblioteca, e ha corso quattro miglia. Sarà _____!

8. Franco non fa altro che parlare di quella ragazza che ha conosciuto a Siena. Poverino—è _____!

C. Quattro chiacchiere. Completa i dialoghi traducendo le espressioni tra parentesi.

1. —Per favore, Claudio, mi batta questo fax e me lo dia da firmare (*as soon as possible*).
   —Va bene, signora. Ora sono (*extremely busy*) ma lo farò prima di mezzogiorno.

2. —Sul serio, *Il nome della rosa* è (*the most interesting book*) che io abbia letto.
   —Ma è (*really long*)! Ed io preferisco i fumetti (*comics*).

3. —A che ora vuole tornare da Torino, dottor Lazzi?
   —(*As late as possible*) Ho tanto da fare e devo assolutamente finire tutto prima di tornare.

4. —Quell'uomo è (*the craziest person; crazy* = **pazzo**) che io conosca!
   —Hai ragione, è un po' strano, ma è veramente (*very kind*).

5. —Come va la vita?
   —(*Very poorly*), oggi mi ha fermato un poliziotto e mi ha fatto una multa.
   —E scommetto (*I bet*) che andavi (*really fast*), come al solito.

(continued)

Strutture   **235**

6. —Come hai trovato i miei amici di Londra? Non sono (*really nice*)?
   —Lo sono tutti, ma Patrizia mi ha trattato (*the most kindly of all*).
      È proprio carina!

 D. Nuovi arrivati. Alternandoti con un compagno / una compagna, fa' la parte di uno studente / una studentessa appena arrivato/a in questa città. Fate delle domande e rispondete secondo l'esempio.

> *Esempio:* negozio / elegante / città (+) →
> —Qual è il negozio più elegante della città?
> —Secondo me, Armani A/X è il negozio più elegante della città.

1. libreria / interessante / città (+)
2. club / snob / campus (−)
3. bar / economico / zona (+)
4. edificio / vecchio / campus (−)
5. professore o professoressa / famoso/a / università (+)
6. discoteca / popolare / Italia (+)
7. giornale / noto / città (+)
8. ristorante / costoso / quartiere (−)

Parliamo un po'!

 A. Il razzismo latente. Gli Stati Uniti cercano da anni di abolire il razzismo dal settore pubblico e dalla vita privata degli americani. Si sono fatti grandi passi avanti, ma anche qualche passo indietro come per esempio le nuove leggi che in alcuni stati aboliscono completamente il fattore etnico come elemento importante nell'ammissione all'università e nella ricerca di un posto di lavoro. Secondo te, questo è giusto? Parlane con un tuo compagno / una tua compagna.

> *Cominciamo:* —Un mio amico afro-americano non è stato ammesso all'università di sua scelta perché gli mancavano due punti dal totale dei punti che doveva avere per essere accettato. Non credo sia giusto.
> —Sono d'accordo con te...

B. L'America va ancora forte. Nonostante vari problemi politici ed economici, gli Stati Uniti attirano ancora un gran numero di immigranti in cerca di una vita migliore. Da anni si discute molto delle leggi che dovrebbero regolare l'afflusso di immigranti. In alcuni stati come il Texas, l'Arizona e la California il problema è molto sentito. Hai qualche suggerimento su come risolvere questo problema. Parlane con un tuo compagno / una tua compagna.

> *Cominciamo:* —Io permetterei che...
> —Io invece no, gli immigrati illegali dovrebbero...

C. Un amico / un'amica diverso/a dagli altri. In gruppi di tre o quattro parlate di un amico / un'amica di un'etnia diversa dalla vostra. Che impatto ha avuto sulla sua vita il fatto di essere cresciuto/a in una cultura differente? Quali difficoltà ha avuto per inserirsi nella società? Quale aspetto dell'adattamento ha trovato più difficile? Si sente ancora isolato/a? Fate una lista della gente di varie etnie che conoscete.

Cominciamo: —Un mio amico dalla Somalia è venuto negli Stati Uniti da adolescente. Ci è voluto molto tempo prima che lui si sentisse parte della società americana.

—Credo che quest'esperienza debba essere traumatica…

—I miei genitori mi hanno parlato delle loro difficoltà quando immigrarono vent'anni fa…

Ripassiamo!

A. Opinioni personali. Completa le frasi esprimendo la tua opinione.

1. Se fossi il presidente dell'università per un giorno _____ .

2. Se fossi stato/a più tollerante _____ .

3. Se incontro uno studente straniero _____ .

4. Se frequenterò un corso sul razzismo _____ .

5. Se conoscessi un immigrato senza documenti _____ .

B. Cosa dicono gli italiani degli immigrati. Completa le frasi con le forme adatte dei verbi indicati.

1. Tanti italiani sono emigrati nelle Americhe; sarebbe bene se (noi) _____ (accettare) gli immigrati che vengono oggi nel nostro paese.

2. Prima pensavo che gli immigrati _____ (essere) tutti dei lavoratori abusivi (*illegal*).

3. Non capisco perché certa gente vuole che loro _____ (tornare) ai loro paesi.

4. Mi vergogno dell'atteggiamento di tanti italiani. Vorrei che _____ (cercare) almeno di capire i problemi dei nuovi arrivati.

5. Anzi sono sorpresa che molti giovani non _____ (associare) con i loro coetanei di etnie diverse.

C. Come sono? Completa le frasi secondo l'esempio.

> *Esempio:*   Io sono _____ alto _____ Marco. (+)
> Io sono *più alto di* Marco.

1. Lele è _____ spilorcio _____ Alex. (+)
2. Lele è _____ studioso _____ Alex. (−)
3. Alex ha _____ amici _____ Lele. (=)
4. Alex studia _____ _____ si diverte. (+)
5. Lele ha _____ amici _____ amiche. (−)

D. Tutti super! È la prima volta che Jim va in Italia e gli piace tutto quello che ci trova. Scrivi le frasi secondo l'esempio.

> *Esempio:*   chiesa / bello / vedere →
> È una chiesa bellissima; è la chiesa più bella che io abbia mai visto.

1. gelato / delizioso / assaggiare

   _____.

2. negozio / elegante / vedere

   _____.

3. palazzo / antico / visitare

   _____.

4. persone / gentile / conoscere

   _____.

5. vino / buono / bere

   _____.

Scriviamo!

A. Immagina! Ti sei appena laureato/a e hai trovato un buon lavoro presso una ditta che manda spesso i suoi impiegati all'estero dove devono rimanerci alcuni anni. Alcuni di questi paesi hanno una cultura completamente diversa da quella occidentale. Immagina quali difficoltà incontreresti una volta arrivato/a in un paese straniero. Come le risolveresti?

B. Sentirsi rifiutato/a. Hai ricevuto la laurea da una prestigiosa università e adesso stai cercando lavoro da professore/professoressa. Ti sorprende che tutte le università dove hai fatto domanda ti abbiano ignorato. Cosa faresti in questo caso? Cambieresti carriera, continueresti a studiare? Forse hai già avuto un'esperienza negativa in cui non hai superato un colloquio. Scrivi le tue impressioni.

C. La mia vita. Tutti noi abbiamo passato dei momenti bellissimi nella nostra vita e altri meno positivi. Descrivi i lati positivi e negativi della tua vita da studente/studentessa.

I prodotti italiani hanno conquistato il mondo grazie alla loro alta qualità e all'originalità del design.

Per comunicare

1. Paragonare persone e cose (II)
2. Spiegare com'è fatto qualcosa
3. Dire dove si trova qualcuno o qualcosa

Strutture

1. Comparativi e superlativi irregolari
2. Costruzione passiva
3. Pronomi relativi
4. Altre preposizioni

A. La mensa. Quando frequentano l'università, molti studenti americani mangiano alla mensa studentesca. Secondo alcuni non si mangia bene. Con un compagno / una compagna parla di quello che viene offerto in queste mense. Di' cosa mangi di solito e quello che invece non vuoi nemmeno assaggiare e perché.

Cominciamo: —Odio la pasta servita ogni venerdì perché…
—Anch'io, mi fa proprio schifo…

 B. Al caffè. C'è un caffè nella tua città dove preparano vari tipi di caffè italiano? Ci vai qualche volta? Cosa prendi di solito? Hai notato se ci sono clienti abituali? Cosa fa la gente nel caffè? Studia, legge, chiacchiera? Parlane con un compagno / una compagna.

Cominciamo: —Di solito bevo un caffè americano a casa prima di uscire, e tu?
—Io invece preferisco il cappuccino perché…

 C. Made in Italy. In gruppi di tre o quattro parlate dei prodotti italiani che si trovano nella vostra città. Ciascun gruppo deve creare una lista di almeno cinque prodotti e dire dove si possono comprare, quanto costano e paragonateli poi a simili prodotti americani. Includete anche i prodotti non mangerecci (*edible*) come per esempio vestiti, musica, così via. Confrontate poi il vostro elenco con quello di altri gruppi.

Cominciamo: —Quando preparo una spaghettata per i miei amici compro sempre la pasta Barilla perché…
—Ma che, anche gli spaghetti Prince sono buoni e…
—Che ne sai tu, non cucini mai…

Nel contesto

In un bar di paese

Prima di andare al lavoro gli italiani bevono un caffè spesso al bar sotto casa.

Alex e Lele entrano in un bar. Il locale è un po' sporco, per terra è pieno di carta, i tavoli e le sedie sono vecchi e i muri sono quasi gialli dal fumo. È mattino presto e ci sono molti lavoratori che prendono un caffè prima di iniziare il loro turno di lavoro.

ALEX: Questo è il bar più squallido che abbia mai visto!

LELE: Dai, non fare lo schizzinoso. Il bar che frequenti vicino all'università è peggiore di questo.

ALEX: Non mi sembra! Vediamo se hanno qualcosa da mettere sotto i denti.

LELE: Guarda le brioche sul banco sono…

ALEX: Sono state fatte almeno una settimana fa. Se ne mangiassi una potrei stare male.

LELE: Questo è il motivo per cui tutti le mangiano bevendo caffè corretto con la grappa.

ALEX: Grappa?

LELE: Non hai notato che tutti ordinano grappa?

ALEX: Beh, per me la grappa è come un pugno nello stomaco.

LELE: Giusto, serve a digerire la brioche che è… invecchiata… come la grappa.

ALEX: Va beh, vado a ordinare, cosa vuoi?

LELE: Caffè con grappa e brioche… ovviamente.

ALEX: Bravo, così quando incontriamo tuo padre gli vomiti addosso come è tua abitudine quando bevi troppo.

LELE: Fai sempre le cose più grandi di quello che sono!

In quel momento un uomo dall'aria un po' sconvolta seduto vicino a loro parla a Lele.

UOMO: Mi scusi, avrebbe da accendere?

ALEX: Ma guardi che non si può fumare qui.

UOMO: No, no, Mario ci lascia fumare.

ALEX: Mario è il barista?

UOMO: Eh, sì. Mario è già stato multato due volte ma non ci dice niente se fumiamo.

ALEX: Male, comunque non ho da accendere.

UOMO: Peccato. Siete forestieri?

LELE: Più o meno.

UOMO: Un consiglio, andatevene da qui! Non c'è niente da fare. Questo è il paese più noioso che ci sia.

LELE: Eh, lo so, lo so.

Alex va per ordinare. C'è moltissima gente al banco e tutti parlano in dialetto veneto. Il barista serve tutti tranne lui. Dopo un po' Alex torna al tavolo seccatissimo.

ALEX: Sono stato totalmente ignorato dal barista.

LELE: Non hai stile, bisogna farsi vedere più forti degli altri e parlare in dialetto. Lascia fare a me.

Lele si avvicina al banco e in tono che non lascia dubbi fa l'ordinazione poi torna da Alex che da lontano non ha sentito quello che Lele ha ordinato. Poco dopo arriva il cameriere, chiaramente il figlio del barista perché gli assomiglia moltissimo, che porta un vassoio.

CAMERIERE: Ecco la vostra colazione.

ALEX: Quant'è?

LELE: Lascia, faccio io, sei mio ospite.

Guarda lo scontrino e dà una banconota al cameriere. Intanto Alex mangia con faccia un po' schifata un boccone della brioche e poi beve un sorso di caffè. Appena finito di bere emette un urlo.

ALEX: Che schifo! C'è della grappa nel caffè!

LELE: Io ho ordinato un caffè normale!

ALEX: È la cosa più schifosa che abbia mai bevuto.

LELE: Dai, bevi che ti aiuta a digerire la brioche.

ALEX: Sei matto? Adesso vado a dire quello che penso al barista.

LELE: Aspetta, non ne vale la pena!

Alex però si è già alzato per andare al bancone dove il barista sta versando proprio un bicchierino di grappa a un cliente. Ora al banco c'è meno gente di prima.

ALEX: Mi scusi!

BARISTA: (*con tono un po' ironico*) Dimmi, caro…

ALEX: Ho ordinato un caffè normale, liscio e Lei mi ha fatto un caffè con grappa.

BARISTA: Beh, meglio no?

ALEX: La grappa mi fa schifo!

BARISTA: Ah… bestemmia.

TUTTE LE PERSONE AL BANCO: Bestemmia!!!! È matto! (*in dialetto*) Xe mato!

BARISTA: Guarda caro, sei il cliente più strano che mi sia mai capitato, ma in fondo mi sei simpatico e capisco che non sei di qui. Io adesso ti faccio un altro caffè e poi ti faccio assaggiare tre grappe diverse e poi mi dici se ti fanno tutte schifo. Ci vuole pazienza con la grappa.

Dopo circa mezz'ora Alex e Lele escono dal bar.

ALEX: Beh, devo ricredermi… quella al mirtillo e alla pera erano davvero buone, non sembravano neppure grappa.

LELE: Guarda, quando incontriamo mio padre tu non dire niente, non aprire neanche bocca. Dall'alito sembra che tu abbia fatto un bagno nella grappa. Lascia che parli io.

Hai capito?

Rispondi alle domande in modo completo.

1. Com'è il bar dove entrano Alex e Lele?
2. Perché Alex non vuole mangiare le brioche?
3. Perché tutti ordinano la grappa assieme alle brioche?
4. È vietato fumare in questo bar?
5. Che dice Alex dopo aver assaggiato il caffè?
6. Perché non gli è piaciuto il caffè?
7. Per rimediare la situazione, cosa offre ad Alex il barista?
8. Alla fine Alex è contento o no? Perché?

Lessico ed espressioni comunicative

Sostantivi

l'alito	*breath*
il banco	*counter*
la banconota	*banknote*
il boccone	*bite*
la grappa	*type of hard liquor*
il mirtillo	*blueberry*
il pugno	*fist*
lo schizzinoso	*hard to please person*
lo scontrino	*receipt*
il sorso	*sip*

Aggettivi

schifato	*disgusted*
seccato	*annoyed*

Verbi

accendere	*to light*
multare	*to fine*
vomitare	*to throw up*

Vocabolario attivo

A. Quattro chiacchiere. Completa le frasi consultando il **Lessico e le espressioni comunicative.**

1. —Recentemente sono ingrassato come un maiale, ieri mi sono guardato allo specchio e sono rimasto _____ dalla mia pancia, poi ho sentito che il mio _____ era terribile, puzzava d'aglio… Dio mio, troverò mai qualcuno che m'ami?
    —Anch'io sono ingrassato e sono _____ perché non mangio e ingrasso lo stesso.
2. —Mi piace fare la spesa nei supermercati che hanno sul _____ cose da assaggiare. Così mangio un _____ di ciascuna cosa offerta e se c'è un succo di frutta gratis ne bevo un _____.
    —Nel mio supermarket non offrono mai le cose gratis, dovrei fare la spesa al tuo.
3. —In genere non bevo molto, ma mi piace la _____ al _____.
    —E lo so, sei un vero _____. Non so mai cosa offrirti da bere. Ti ricordi quella volta quando hai _____ dopo aver bevuto lo spumante che secondo te faceva schifo?

4. —Non _____ la sigaretta, qui è vietato fumare. Sarai _____.
   —E va bene, guardiamo _____ e paghiamo il conto. Io fumo fuori all'aria fresca.
5. —Il barista mi doveva restituire tre _____ invece dell'una.
   —E che vuoi che io faccia, gli do _____ nello stomaco?

Anticipazioni grammaticali

A. Più o meno. Esamina attentamente le frasi seguenti e di' se la *forma irregolare* del *comparativo* è sostituibile alla forma regolare senza cambiare significato. Poi con la forma irregolare o regolare fa' un *superlativo relativo*.

Esempio: Marco è più alto di Luisa. (massimo) → non sostituibile → Marco è **il più alto** di tutta la famiglia.

1. Lele è più buono di Alex. (migliore) _____
2. La strega (*witch*) è più cattiva di Cenerentola (*Cinderella*). (peggiore) _____
   _____
3. Mio fratello è più grande di me. (maggiore) _____
4. La mia camera è più grande della tua. (maggiore) _____
5. Mia sorella è più piccola di me, ha solo 12 anni. (minore) _____
   _____
6. Il Duomo di Siena è più piccolo del Duomo di Firenze. (minore) _____
   _____
7. La torre di Pisa è più alta del Duomo. (superiore) _____

B. Al passivo. Volgi le frasi che seguono nella *forma passiva*.

1. Il barista ha offerto la grappa ad Alex. → _____.
2. Lele invita Alex a colazione. → _____.
3. Lele pagherà il conto. → _____.
4. Alex mangia una brioche. → _____.
5. Il poliziotto ha multato l'automobilista indisciplinato. → _____.

C. Pronomi relativi. Combina le parole in modo da ottenere una frase logica.

1. Il programma televisivo / piacere / che / mi / essere / molto / Mario
   _____
2. Mario / essere / il cui / cuoco / padre / possedere / un ristorante
   _____
3. Quello che / preparare / Mario / piatti italiani / essere / tipico
   _____
4. Dormire / chi / pesci / pigliare / non
   _____
5. La macchina / è andato / quella / Alex / con cui / è / a Monterosso
   _____

D. Ancora le preposizioni. Scrivi le *preposizioni* contrarie a quelle date.

1. dentro → _____
2. presso → _____
3. dietro → _____
4. dopo → _____
5. sotto → _____

Lessico ed espressioni comunicative **245**

Strutture

1. Comparativi e superlativi irregolari

Adjectives

1. A few common adjectives have both regular and irregular comparative and superlative forms.

	ABSOLUTE SUPERLATIVE	COMPARATIVE	RELATIVE SUPERLATIVE
buono	buonissimo	più buono	il più buono
	ottimo	migliore	il migliore
	very good	*better*	*the best*
cattivo	cattivissimo	più cattivo	il più cattivo
	pessimo	peggiore	il peggiore
	very bad	*worse*	*the worst*
grande	grandissimo	più grande	il più grande
	massimo	maggiore	il maggiore
	very big	*bigger*	*the biggest*
piccolo	piccolissimo	più piccolo	il più piccolo
	minimo	minore	il minore
	very small	*smaller*	*the smallest*
alto	altissimo	più alto	il più alto
	supremo, sommo	superiore	il superiore
	very high	*higher*	*the highest*
basso	bassissimo	più basso	il più basso
	infimo	inferiore	l'inferiore
	very low	*lower*	*the lowest*

2. There are no hard-and-fast rules for choosing between the regular and irregular forms. Generally speaking, the regular forms denote material qualities and the irregular forms have more abstract or figurative meanings.

Il bambino è **piccolissimo;** non ha ancora un mese.	*The baby is tiny; he's not even a month old.*
È una questione di **minima** importanza.	*It's an issue of very little importance.*
Preferisco i sandali con i tacchi **più alti.**	*I prefer the sandals with higher heels.*
Si crede **superiore** a certe cose.	*He thinks he's above certain things.*

3. When applied to people, **più buono** and **più cattivo** are used to describe character, while **migliore** and **peggiore** are used to evaluate skills or competence.

Franca è la persona **più buona** che io conosca.	*Franca is the finest person I know.*
È anche la manager **migliore** della ditta.	*She's also the best (most capable) manager in the firm.*

4. **Maggiore** and **minore** are used to express *older* and *younger*.

La mia sorella **maggiore** si chiama Giulia.	*My oldest sister's name is Giulia.*
Nina è la **minore** delle mie sorelle.	*Nina is my youngest sister.*

5. **Massimo** and **minimo** are frequently used with the definite article as relative superlatives.

Secondo molti, Petrarca è il **massimo** poeta italiano.	*Many think that Petrarca is the greatest Italian poet.*
Mi dispiace, non ho **la minima** idea.	*I'm sorry, I haven't the slightest idea.*

Adverbs

1. A few common adverbs have irregular comparative and superlative forms.

	ABSOLUTE SUPERLATIVE	COMPARATIVE	RELATIVE SUPERLATIVE
bene	benissimo ottimamente *very well*	meglio *better*	(il) meglio *the best*
male	malissimo pessimamente *very poorly*	peggio *worse*	(il) peggio *the worst*
molto	moltissimo *very much*	(di) più *more*	(il) più *the most*
poco	pochissimo *very little*	(di) meno *less*	(il) meno *the least*

2. The definite article is generally not used with the relative superlative unless the adverb is modified with **possibile.**

Hanno fatto **meno** di tutti.	*They did the least of all.*
È un pigrone; cerca sempre di fare **il meno possibile.**	*He's really lazy; he always tries to do as little as possible.*

3. **Di più** and **di meno** are used directly following a verb when no second term of comparison appears.

Il dottore gli ha detto di fumare **di meno.**	*The doctor told him to smoke less.*
Dovresti esercitarti **di più.**	*You should practice more.*

4. **Sempre più (sempre di più)** means *more and more;* **sempre meno (sempre di meno)** means *less and less.* Both sets of expressions are used directly after verbs, but **sempre di più** and **sempre di meno** are not followed by an adjective or noun.

Alcuni americani diventano **sempre più** ricchi.	*Some Americans are becoming more and more wealthy.*
L'americano medio, però, guadagna **sempre di meno.**	*The average American, though, earns less and less.*

5. A few additional expressions are **più... più** (*the more . . . the more*), **meno... meno** (*the less . . . the less*), and **più (meno)... meglio** (*the more [less]... the better*).

«Quanto è bella, quanto è cara! **Più** la vedo e **più** mi piace.»	*"How beautiful she is, how dear! The more I see her, the more I like her."*

—Donizetti-Romani, *L'elisir d'amore*

Più piove, **meglio** è.	*The more it rains, the better.*
Meno siamo, **meglio** è.	*The fewer we are, the better.*

6. **Meglio** and **peggio** are often used as masculine nouns meaning *the best (thing), the worst (thing).*

Ah, dimenticavo di dirvi **il meglio.**	*Oh, I was forgetting to tell you the best thing.*
Il peggio è passato.	*The worst is over.*

In pratica

A. Dialoghi-lampo. Completa gli scambi con la forma adatta di *il meglio, il/la migliore, il peggio* o *il/la peggiore.*

1. —Com'è andato l'esame?
   —_____ di quanto mi aspettassi, purtroppo! Ho preso un brutto voto!

2. —Hai un nuovo lettore (*player*) per i compact disc?
   —Sì, è molto _____ di quello vecchio, che ormai non funzionava più.

3. —C'è qualcosa di bello sul giornale?
   —Sì, quest'anno hanno scelto Sharon Stone come l'attrice _____ vestita. È sempre così elegante.

4. —Ti è piaciuto il concerto?
   —Non me ne parlare! Quel pianista è terribile; di fatti è _____ che io abbia mai sentito.

5. —È molto brava quella tua collega?
   —No, ma crede di lavorare _____ di me.

6. —Come sta Giacomo? Sempre (*Still*) malato?
   —La moglie mi ha detto che sta _____ di ieri, infatti oggi è uscito a fare una passeggiata.

7. —I Rossi ti hanno parlato in quel modo? Che maleducati (*boors*)!
   —Aspetta—non hai ancora sentito _____!

8. —Come ti sembrava la torta della pasticceria Il Fornaio?
   —_____ che io abbia mai assaggiato (*tasted*). Ti consiglio di andarci al più presto.

B. Due ragazze di talento. Stefania e Sara sono due sorelle simpatiche, belle e dotate (*gifted*). Stefania è molto brava, ma Sara è più brava ancora. Trasforma le frasi secondo l'esempio.

Esempio: Stefania canta bene. → Sara canta meglio.
Stefania è una buona pianista. → Sara è una pianista migliore.

1. Stefania sa ballare bene.
2. Stefania è socievole, ha molti amici.
3. Stefania sta attenta a quello che mangia, infatti mangia pochi grassi.
4. Stefania guarda poco la TV.
5. Stefania è una buona tennista.
6. Stefania parla bene il tedesco.
7. Stefania ha vinto una grande coppa (*trophy*).
8. Stefania si tiene in forma e cammina molto.

 C. Valutazioni. Alternandoti con un compagno / una compagna, esprimete la vostra opinione sulle seguenti persone o cose.

Esempio: come giocare a tennis / Eric Smith (bene) →
—Come gioca a tennis Eric Smith?
—Gioca **benissimo a tennis!** Gioca **meglio** di tutti!

1. come essere / Danny De Vito (basso)
2. quanto guadagnare / Donald Trump (molto)
3. come essere / gli orologi Rolex (buono)
4. come cantare / il professore (male)
5. quanto essere / Shaquille O'Neal (alto)
6. quanto studiare / Bart Simpson (poco)
7. come essere / i Munchkins (piccolo)
8. come ballare / la professoressa (bene)
9. quanto essere / i Cardassians di *Star Trek* (cattivo)
10. come essere / le balene (*whales*) (grande)

D. Il nuovo benessere. Completa il paragrafo traducendo le espressioni in parentesi.

Gli italiani all'inizio degli anni '90 godevano di un (*excellent*)[1] tenore di vita. È vero che lavoravano (*a great deal*),[2] ma (*the more*)[3] lavoravano, (*the more*)[4] guadagnavano, e potevano quindi concedersi belle vacanze e piacevoli divertimenti. Erano anche più sani: gli italiani (soprattutto le italiane) avevano un'età media (*higher*)[5] che prima. Le famiglie italiane, però, diventavano (*smaller and smaller*)[6]: il tasso di natalità è (*lower*)[7] di quello degli anni '70, e il divorzio è diventato un fenomeno (*ever more common*).[8] Dal lato intellettuale, il tasso di scolarità (*school attendance*) in Italia era (*very high*),[9] pressoché totale. Il numero di analfabeti era (*very small*),[10] mentre il numero degli studenti universitari è diventato (*larger and larger*).[11] Questo benessere diffuso non ha comportato solo benessere, però: la mania degli italiani per le auto ha provocato (*greater*)[12] danni all'ambiente. E cosa promette il futuro? Si vedrà…

E. Conversazione a ruota libera. Chiedi a un compagno / una compagna informazioni su di lui/lei e sulle loro esperienze.

> *Esempio:* il/la maggiore della sua famiglia →
> —Chi è il maggiore della tua famiglia?
> —La maggiore della mia famiglia è mia sorella Patrizia. E della tua famiglia?
> —Sono figlio unico!

1. il/la minore della sua famiglia
2. il nome del suo migliore amico / della sua migliore amica
3. il suo peggior vizio (*vice*)
4. la sua qualità migliore
5. la miglior festa a cui è stato/a mai invitato/a
6. il peggior film che abbia visto recentemente
7. il luogo dove ha trascorso (*passed*) la migliore vacanza
8. il luogo dove ha trascorso il peggiore week-end di quest'anno o di quello passato

2. Costruzione passiva

In the active voice, the subject performs the action of the verb: *Frank reads the book.* In the passive voice (**la costruzione passiva**), the subject undergoes the action of the verb: *The book is read by Frank.* All the tenses reviewed so far have been presented in the active voice only, but every verb tense has both an active and a passive voice.

1. The passive is formed with **essere** and the past participle of the main verb. The following chart shows the passive voice of **salutare** in the present tense and the **passato prossimo.**

PRESENTE	PASSATO PROSSIMO
sono salutato/a	**sono stato/a** salutato/a
sei salutato/a	**sei stato/a** salutato/a
è salutato/a	**è stato/a** salutato/a
siamo salutati/e	**siamo stati/e** salutati/e
siete salutati/e	**siete stati/e** salutati/e
sono salutati/e	**sono stati/e** salutati/e

The forms of the other tenses follow these basic patterns. In the imperfect: **ero salutato/a, eri salutato/a,** and so on. Note that in the **passato prossimo** and other compound tenses, **essere** is followed by two past participles: **stato** and the past participle of the main verb.

2. In the passive voice the past participle agrees in gender and number with the subject.

Gli stilisti italiani **sono** ammirati in tutto il mondo.	*Italian designers are admired all over the world.*
La fontana **fu** costruita nel '600.	*The fountain was built in the 1600s.*

3. Only transitive verbs can be used in the passive voice. If the agent (the person performing the action) is expressed, it is preceded by **da** + *article* (if necessary).

COSTRUZIONE ATTIVA	COSTRUZIONE PASSIVA
Alex guida la macchina. *Alex drives the car.*	La macchina è guidata **da** Alex. *The car is driven by Alex.*
Alex incontrerà gli amici. *Alex will meet friends.*	Gli amici saranno incontrati **da** Alex. *Friends will be met by Alex.*
L'amico di Alex ha invitato le ragazze in un bar. *Alex's friend invited the girls to a bar.*	Le ragazze sono state invitate in un bar **dall'**amico di Alex. *The girls were invited to a bar by Alex's friend.*

4. In Italian, only the direct object of an active verb can become the subject of a passive construction. In English, by contrast, the indirect object can sometimes function as the subject of a passive verb. Compare and contrast:

Un attore famoso consegnerà un Oscar a Sophia Loren.
A famous actor will present an Oscar to Sophia Loren.

Un Oscar è stato dato a Sophia Loren dall'Accademia.
An Oscar was given to Sophia Loren by the Academy.
Sophia Loren was given an Oscar by the Academy.

The final English example cannot be translated literally into Italian.

5. In simple tenses of the passive voice, **venire** can replace **essere.**

Il cappuccino **viene** (**è**) bevuto al mattino.
Cappuccino is drunk in the morning.

Il caffè, però, **verrà** (**sarà**) servito dopo cena.
The coffee, though, will be served after dinner.

6. **Andare** can also substitute for **essere.** In simple tenses only, it conveys the idea of duty, obligation, or necessity.

Queste regole **vanno** rispettate.
These rules must be respected.

I compiti **andavano** fatti tutti i giorni.
Assignments had to be done every day.

Andare and **rimanere** are frequently used in both simple and compound tenses with verbs indicating destruction or loss, such as **distruggere, perdere, sprecare** (*to waste*), and **smarrire** (*to lose, misplace*).

Molti manoscritti **sono andati** smarriti.
Many manuscripts were lost.

Il palazzo **è rimasto** distrutto dopo il bombardamento.
The building was destroyed after the bombing.

In pratica

A. L'Italia e il mondo. Metti le frasi alla *forma attiva.*

Esempio: Armani è ammirato da tutti. → Tutti ammirano Armani.

1. Versace è stato ucciso in Florida da un giovane pazzo.
2. Le sfilate di moda a Milano sono organizzate da stilisti molto noti.
3. I vestiti creati dagli stilisti italiani sono portati da molte attrici americane.
4. Un nuovo negozio con vini e formaggi italiani è stato aperto ad Ann Arbor.
5. Purtroppo, i migliori vini italiani non vengono mai messi sui menù dei ristoranti americani.
6. Le ricette tradizionali italiane sono preparate solo da pochi cuochi americani.

B. Pellegrino Artusi (1820–1911). Metti le frasi alla forma passiva.

Esempio: Molti italiani considerano Artusi un classico della cucina italiana. →
Artusi è considerato un classico della cucina italiana da molti italiani.

1. Artusi scrisse nel 1891 uno dei più popolari libri di cucina in Italia.
2. Artusi ha pagato le spese della pubblicazione della prima edizione del libro.
3. L'autore chiamò il suo libro *La Scienza in cucina e l'Arte di mangiar bene.*
4. La casa editrice Einaudi ha pubblicato nel 1995 una delle varie edizioni del libro.
5. Artusi ci ha scritto 790 ricette.
6. Molte giovani cuoche italiane useranno questo testo anche in futuro.

C. Un'altra brutta giornata per Alex. Povero Alex, gli accadono (*happen*) sempre dei disastri! Descrivi quello che gli è successo. Segui l'esempio.

Esempio: Ho perduto la cartella (*briefcase*). →
La cartella è andata (rimasta) perduta.

1. Ho sprecato cento euro comprando qualcosa che non mi serve.
2. Ho smarrito la chiave di casa.
3. Ho perso (perduto) gli occhiali da sole.
4. Ho distrutto la macchina di mio padre.
5. Ho sporcato la nuova giacca di pelle.
6. Ho rotto il computer di mia sorella.

3. Pronomi relativi

Relative pronouns connect the dependent clause in a complex sentence to the main clause. In Italian, unlike English, relative pronouns must *always* be expressed.

Le borse **che** mi piacciono sono Fendi.	*The purses (that) I like are Fendi.*
Il cantante **di cui** parliamo è Eros Ramazzotti.	*The singer we're talking about (about whom we're talking) is Eros Ramazzotti.*

Few Italian and English relative pronouns correspond exactly. Be sure to study the examples below carefully, paying special attention to sentence structure.

Che

1. **Che** (*who, whom, which, that*) is invariable. **Che** can refer to a person or a thing, and can have as its antecedent the subject or object of a clause.

L'uomo **che** ci ha salutato (salutati/e) fa il barista.	*The man who greeted us is a bartender.*
L'amico di Lele **che** conosciamo arriva tra poco.	*Lele's friend whom we know will arrive shortly.*
Le riviste **che** ho comprato (comprate)* sono importanti.	*The magazines (that) I bought are important.*

2. **Quello che** (**quel che, ciò che**) means *that which* or *what*. It refers only to things. **Tutto quello che** (**tutto quel che, tutto ciò che**) means *everything that* or *all that*.

—**Quello (Ciò) che** dicono è molto interessante.	*What they're saying is very interesting.*
—Sì, ma non sono d'accordo con **tutto quello che** propongono.	*Yes, but I don't agree with everything (lit., all that which) they're proposing.*

3. **Quello** (**quella, quelli, quelle**) **che** means *the one that, the ones that*. It can refer to people or things.

Antonella è **quella che** scrive la tesi sul pop culture italiana.	*Antonella is the one who is writing her thesis on Italian pop culture.*
I pittori rinascimentali **sono quelli** che preferisco.	*Renaissance painters are the ones (lit., those which) I prefer.*

Cui

1. **Cui** (*whom, which, that*) typically follows a preposition. (The preposition **a,** however, is frequently omitted with **cui.**) It is invariable and can refer to people or things.

Il bar **in cui** siamo entrati era molto affollato.
The bar we entered (lit., into which we entered) was very crowded.

Il cameriere (**a**) **cui** ho dato la mancia mi ha trovato un tavolo libero.
The waiter to whom I gave the tip found me an empty table.

Quello **di cui** hanno bisogno è un nuovo cuoco in cucina.
What they need (lit., that of which they have need) is a new cook in the kitchen.

---

*The agreement of the past participle with its antecedent is optional in such cases.

2. **Il (la, i, le) cui** expresses ownership (*whose, of which*). As with other Italian possessives, the definite article agrees with the thing possessed, not the possessor.

La signora **il cui** figlio è giornalista
è molto orgogliosa di lui.

*The lady whose son is a journalist
is very proud of him.*

Lo spettacolo **i cui** biglietti sono
esauriti è quello che Lele voleva
vedere.

*The show whose tickets are sold out
is the one Lele wanted to see.*

Quale

Il quale (**la quale, i quali, le quali**) can replace **che** or **cui,** particularly in sentences that might otherwise be ambiguous.* The article agrees in gender and number with the antecedent and combines with prepositions when necessary.

Ho salutato il marito di Claudia **il quale** (cioé, il marito, non Claudia) ci
ha comprato le brioche.
*I greeted Claudia's husband, who (that is, the husband, not Claudia) bought us
brioches.*

Le ragazze con **le quali (con cui)** usciamo lavorano in un negozio di
abbigliamento.
The girls with whom we're going out work in a clothing store.

Le sale **nelle quali / in cui** si presentano le sfilate di moda sono nel
centro di Milano.
The halls in which they're presenting the fashion shows are in downtown Milan.

Chi

Chi is invariable and refers only to people. It always takes a singular verb. It is used without an antecedent, and appears frequently in proverbs. Depending on the context, it can mean *the one who, he* or *she who, those who, whoever, whomever,* and so on.

Chi dorme non piglia pesci.
Chi beve il vino prima della minestra saluta il dottore dalla finestra.[†]

Chi vuole può comprarsi un programma nel ridotto.
Whoever / Anybody who wants to may purchase a program in the lobby.

Chi can be preceded by prepositions.

Danno un premio **a chi** ha creato la più originale pubblicità per la pasta
Barilla.
*They're giving a prize to the one who has created the most original ad for Barilla
pasta.*

Non toccare! Questo spumante è **per chi** vince il premio.
Don't touch! This champagne is for whoever wins the prize.

---

*These expressions are more formal than those with **cui** and appear most frequently in written Italian.
[†]See whether you can find English equivalents to these two proverbs on your own!

In pratica

A. Quattro chiacchiere. Completa gli scambi con i *pronomi relativi* adatti. Usa le preposizioni semplici o articolate se necessario.

1. —Come si chiama il ragazzo _____ esce Barbara?
   —Si chiama Bruno, non ti ricordi? È quello _____ ti ho parlato l'ultima volta.

2. —Chi è quella signora _____ hai salutato?
   —È la donna _____ figli fanno l'università (*study at the university*) con Chiara.

3. —Sai, quel signore _____ sembrava tanto gentile mi ha imbrogliato (*cheated*).
   —Te l'ho sempre detto, è meglio non fidarsi _____ non conosci bene.

4. —Come si chiama il ristorante _____ abbiamo mangiato con i Silva?
   —Non lo so. È proprio _____ mi domandavo io.

5. —Che ragazzino viziato (*spoiled*)! Quello _____ ha bisogno è una bella sgridata (*scolding*).
   —Sono d'accordo. Anche a me non piace molto il modo _____ ti ha parlato.

B. Al festival del cinema. Forma una singola frase usando il *pronome relativo* adatto.

> *Esempi:* Il film era difficile da capire. L'ho visto ieri sera. →
> Il film che ho visto ieri sera era difficile da capire.
> Quell'attrice è molto ammirata. I suoi film sono famosi in tutto il mondo. →
> Quell'attrice, i cui film sono famosi in tutto il mondo, è molto ammirata.

1. Ho intenzione di noleggiare (*rent*) quel film. Il regista di quel film ha vinto vari premi.

2. Il regista ha licenziato (*fired*) l'attore principale. L'attore arrivava sempre in ritardo sul set.

3. Vogliamo mangiare in quel ristorante. Hanno girato un film famoso in quel ristorante.

4. Quell'attrice è bravissima. Le hanno dato un premio al festival del cinema di Cannes.

5. Lo sceneggiatore (*scriptwriter*) dà una conferenza alle 5.00. Le sue opere sono molto controverse.

6. Cercavo un romanzo. Hitchcock ha tratto la trama del film *Vertigo* da quel romanzo.

C. Jeopardy! A coppia scrivete una risposta per ciascuna categoria indicata, usando un *pronome relativo* in ogni frase. Poi organizzate una bella gara (*contest*) con un'altra coppia. Usate un po' di fantasia!

Pronomi relativi: *che; (in, da, a) cui; chi; il quale… ; il cui… ; quello che*

Categorie: *la cucina italiana, famosi piatti italiani, il mondo dell'opera, città italiane, i vini italiani più pregiati nel mondo, il cinema italiano, la letteratura italiana*

Esempio: È il politico italiano più controverso. →
Chi è Silvio Berlusconi?

4. Altre preposizioni

The most frequently used prepositions were presented in **Capitolo 1, Strutture 3.** Here are some other prepositions and prepositional phrases that occur frequently in both written and spoken Italian.

Prepositions

contro (*against*)	eccetto (tranne, salvo),	senza (*without*)
dentro (*inside*)	(*except*)	sopra (*above*)
dietro (*behind*)	lungo (*along*)	sotto (*below*)
dopo (*after*)	presso (*in care of; in the*	verso (*toward*)
durante (*during*)	*house/office of; near*)	

Dietro la casa c'è un giardino.	*There's a garden behind the house.*
Lungo il fiume ci sono tante panchine.	*There are many benches along the river.*

Prepositional phrases

accanto a (*beside*)	fuori di (*outside of*)	oltre a (*in addition to,*
davanti a (*in front of*)	insieme a (*along with*)	*other than, beyond*)
di fronte a (*opposite,*	intorno a (*around*)	prima di (*before*)
in front of)	invece di (*instead of*)	vicino a (*near*)
fino a (*until, as far as*)	lontano da (*far from*)	

Abitiamo piuttosto **lontano dall**'aeroporto.	*We live pretty far (away) from the airport.*
Oltre a questo, non ha detto nulla.	*Other than this, he said nothing.*
Il cane è **fuori**?	*Is the dog outside?*
—No, è già venuto **dentro**.	*No, he's already come inside.*
Da' un'occhiata **intorno**!	*Take a look around!*
Dove sono i ragazzi?	*Where are the kids?*
—Sono **sopra**.	*They're upstairs.*

Attenzione!

Many prepositions can also be used as adverbs.

In pratica

A. Il giochetto dei contrari. Sostituisci le espressioni indicate con le espressioni contrarie.

Esempio: La pasticceria è **davanti al** cinema. →
La pasticceria è **dietro** il cinema.

1. La gelateria è **vicino a** casa mia.
2. Sono entrata nella pizzeria **dopo** gli amici.

3. **Fuori del** cinema vendono bibite e panini.

4. Sono uscita **senza** gli amici.

5. Abbiamo parcheggiato la macchina **dietro** la banca.

6. Il parcheggio è molto **lontano dal** cinema.

7. Sono arrivata a casa **prima degli** altri.

8. Preferisco andare alle partite di calcio **insieme ai** miei fratelli.

B. Piccola descrizione. Descrivi un ambiente che conosci bene (l'università, il tuo quartiere, la tua camera) usando le *preposizioni* seguenti.

> **Preposizioni:** *accanto a, davanti a, dentro, dietro, di fronte a, fuori di, intorno a, lontano da, lungo, sopra, sotto, vicino a*

> *Esempio:*   **Intorno alla** casa dei miei genitori ci sono tante altre casette. **Davanti a** casa loro c'è un parcheggio coperto; **accanto al** parcheggio c'è una piccola baracca (*shed*). **Dentro** la baracca tengono la roba (*things, implements*) per il giardino…

Parliamo un po'!

A. Studio italiano. Negli ultimi dieci anni il numero degli studenti americani che studiano italiano sia al liceo che all'università è aumentato notevolmente. Le ragioni potrebbero essere moltiplici: i nonni o i genitori sono italiani, la lingua stessa è molto bella, l'influsso della cultura italiana è visibile in molti settori della vita americana (l'industria alimentare, la musica, la moda). Parla con un compagno / una compagna delle ragioni per cui tu studi italiano.

> *Cominciamo:*   —I miei nonni vengono dalla Sicilia, ma non mi hanno insegnato a parlare italiano.
> —Io prendo lezioni di canto è l'italiano è…

B. Il cappuccino o l'espresso? Una delle bevande preferite degli americani è il caffè. Anni fa la scelta del caffè era semplice: si beveva nero, con zucchero o con latte. Però oggi ci sono tanti posti, come per esempio Starbucks, che offrono non soltanto il caffè americano ma anche il cappuccino, l'espresso e molte altre bevande a base di caffè. Si può dire che il caffè ha finalmente ottenuto in America lo status di bevanda popolare come da secoli lo è in Italia. Con un compagno / una compagna parla delle ragioni che secondo te hanno fatto cambiare i gusti degli americani verso il caffè. Includi anche la tua esperienza personale e della tua famiglia riguardo al caffè.

> *Cominciamo:*   —Mi sorprende che nel campus siano stati aperti recentemente tanti caffè.
> —Io non sono sorpreso/a per niente, è un posto dove incontro i miei amici per studiare insieme e bere un buon cappuccino.

C. Scambi culturali e commerciali. I legami sia culturali che commerciali tra gli Stati Uniti e l'Italia sono molto intensi, specialmente negli ultimi decenni. L'influenza americana in Italia si vede dappertutto e allo stesso tempo l'Italia è più che mai presente nella vita giornaliera degli americani. In gruppi di tre o quattro parlate di questi scambi mutui e discutete poi le vostre conclusioni con gli altri gruppi. Secondo voi, la globalizzazione della cultura mondiale è una cosa positiva o negativa? Spiegate tenendo in mente gli Stati Uniti e l'Italia.

Cominciamo: —L'estate scorsa sono stato/a in Italia e ho visto McDonald's dappertutto.
—Anch'io li ho visti però il loro menù è un po' diverso…
—Allora che mi dite, che non dovrei andare in Italia perché…

Anche in Galleria Vittorio Emanuele II di Milano il fast-food ha molto successo, specialmente tra i giovani.

Ripassiamo!

A. A proposito di comparativi e superlativi. Completa con le forme corrette dei *comparativi* e dei *superlativi irregolari* degli aggettivi e degli avverbi.

1. La pasta è decisamente _____ (meglio / migliore) in Italia.
2. Le lasagne preparate dalla mia compagna di stanza sono le _____ (peggiore / peggio) che ci siano.
3. Io ho 20 anni, mio fratello ne ha 17, allora io sono il _____ (minore / maggiore) della mia famiglia.
4. Franco non prende mai buoni voti e perciò si sente _____ (superiore / inferiore) ai suoi amici.
5. Giorgio ha bevuto troppo Chianti ieri sera. Ancora oggi gli gira la testa e si sente _____ (peggio / meglio).

B. Le abitudini cambiate. Volgi il seguente paragrafo nella *forma passiva*.
Ogni mattina, prima di uscire bevo un caffè. Spesso non mangio niente, ma ieri ho preparato la colazione per me e la mia compagna di casa. Abbiamo mangiato uova strapazzate e pane tostato. Abbiamo bevuto anche succo d'arancia. La colazione le è piaciuta moltissimo e penso che domani le servirò qualcosa di diverso.

_____

_____

_____

_____

C. Da scegliere. Completa le frasi con il *pronome relativo* corretto.

1. Il giornale _____ leggo è *Il Corriere della sera*.
   a. il cui   b. la quale   c. che
2. Non ricordo il nome del cantante italiano _____ canzoni ti piacciono tanto.
   a. di cui   b. le cui   c. i quali
3. Ho conosciuto la sorella di Rosella _____ abita ad Ancona.
   a. la quale   b. chi   c. che
4. _____ mi piacerebbe fare, è passare l'estate in Toscana.
   a. che   b. ciò che   d. cui
5. Di _____ è la Vespa parcheggiata dietro alla mia Honda?
   a. che   b. la quale   c. chi

D. Una camera tipica di studenti. Descrivi la camera presentata nella fotografia usando le seguenti preposizioni: *contro, dentro, dietro, lungo, sopra, sotto, accanto a, davanti a, di fronte a, vicino a, lontano da.*

_____

_____

_____

_____

_____

Scriviamo!

A. Un lungo soggiorno in Italia. Immagina che qualcuno ti abbia offerto un lavoro in Italia che durerà un anno. Ci andresti? Quali problemi d'adattamento prevedi? Un volta in Italia, cosa faresti oltre a lavorare? Che cosa ti mancherà di più?

B. I vini italiani. Trova dei siti che parlino della produzione dei vini in Italia e della loro esportazione nel mondo e scrivi un breve saggio. Guarda su una mappa d'Italia le zone dove si coltivano i vini più pregiati. Come mai secondo te si producono in quelle zone? Scrivi poi della tua conoscenza dei vini italiani e in quali occasioni li hai assaggiati.

C. Stereotipi. Le nostre idee di come sono gli altri che vengono da culture diverse dalla nostra spesso sono sbagliate e basate su quel poco che abbiamo sentito dagli altri, da film e libri. Frequentemente questi stereotipi non sono veri, ma a volte contengono anche delle verità. Una volta gli italiani in America erano visti in una luce negativa. Quest'immagine è cambiata con il tempo e con una più profonda conoscenza della cultura italiana. Spiega come era lo stereotipo degli italiani nel passato e come sono percepiti oggi.

A volte il rapporto tra regista e attore è molto complesso: Federico Fellini e Marcello Mastroianni sul set del film La città delle donne *(1980).*

Per comunicare

1. Raccontare al passato remoto
2. Esprimere come o quando succede un'azione

Strutture

1. Passato remoto
2. Gerundio e tempi progressivi
3. Participio presente e passato
4. Infinito

261

Tanto per cominciare

A. La Mafia nel cinema. La Mafia è da sempre un soggetto molto attuale sia nel cinema italiano che in quello americano. Con un compagno / una compagna parlate di un film americano o italiano che avete visto che parla della Mafia. Cercate di identificare gli elementi importanti del film (la famiglia, i ruoli diversi degli uomini e delle donne, i soldi, il concetto dell'onore e del rispetto degli altri…) e poi cercate di paragonare con le altre coppie il modo diverso in cui la Mafia viene presentata in Italia e negli Stati Uniti.

Cominciamo: —Nel *Il padrino* (*The Godfather*) i personaggi femminili…
—Anche nei film americani le donne…

B. La violenza sullo schermo. Oggi molti film americani fanno vedere scene di violenza e brutalità di tutti i tipi. Il dialogo di questi film è spesso molto volgare. Secondo te, perché sono molto popolari, specialmente tra i giovani? Parlane con un compagno / una compagna.

Cominciamo: —Hai visto l'ultimo film di… ?
—Sì, mi è piaciuto anche se…

C. Una crociera. Dato che molti italiani preferiscono le vacanze all'estero, spesso vanno in crociera in posti esotici. Questo tipo di vacanza è anche molto diffuso in America. In gruppi di tre o quattro parlate di questo modo di passare una vacanza. Che cosa vi piace e che cosa invece non vi attrae per nulla. Forse uno di voi ci è andato/a e conosce qualcuno che abbia trascorso le ferie facendo tappa ogni giorno in un posto diverso. Era un'esperienza positiva o negativa?

Cominciamo: —L'anno scorso sono andato/a con un gruppo di amici…
—Interessante, anch'io ci sono stato/a allo stesso tempo…

Quel ramo del lago di Como...

Una bella gita in battello rilassa tutti.

Alex e Lele sono arrivati a Como la mattina presto. È una giornata splendida
e decidono di prendersi qualche ora lontano dallo stress degli ultimi giorni
facendo un giro del lago in battello. Alex va a comprare i biglietti.

> ALEX: Buon giorno, scusi una domanda: partendo adesso, a che ora
> arrivo a Luino?
> IMPIEGATA: Dipende se prende l'aliscafo o il traghetto.
> ALEX: Ah, il primo che parte cos'è?

Dopo aver consultato il computer la signora risponde.

IMPIEGATA: Volendo potrebbe prendere quello delle 8.50, che è un aliscafo, e arriva a Luino alle 9.20.

ALEX: Perfetto! Mi dia due biglietti di andata e ritorno.

IMPIEGATA: Mi scusi ma dopo aver guardato meglio il computer mi sono accorta che quello delle 8.50 è pieno.

ALEX: Va be', allora prenderemo il traghetto.

IMPIEGATA: L'unica differenza è che ci mette un po' di più perché ferma dappertutto.

ALEX: Ma è possibile salire e scendere nelle fermate intermedie?

IMPIEGATA: Comprando qui il biglietto per Luino Lei è obbligato a scendere alla fine della corsa e non prima.

ALEX: D'accordo.

Alex e Lele si avviano al molo e poi salgono sul traghetto.

LELE: L'unica cosa che mi ricorda il Lago di Como sono *I promessi sposi*. Lo lessi quando ero alle medie. Mi ricordo che non mi piacque per niente.

ALEX: Lessi, piacque… ma come parli…

LELE: Beh, cosa c' di strano… mi sembrano secoli da quando lo studiai… E poi Manzoni mi ispira qualcosa di classico… non so.

ALEX: Comunque, arrivati a Luino ci facciamo un giretto e poi torniamo indietro, giusto?

LELE: Beh, cos'altro vuoi fare?

ALEX: Conoscendoti, magari ti era venuta qualche idea strana in testa.

LELE: Cosa vuoi che ci sia di strano da fare a Luino?

Una ragazza più o meno della loro età si avvicina a Alex.

GRAZIA: Alex! Cosa stai facendo qui… ?

Alex si gira e guarda con aria sorpresa la ragazza che ha parlato. Subito non la riconosce.

GRAZIA: Stai invecchiando… non ti ricordi più di me?

ALEX: (*esita un momento*) Come no! Loredana…

GRAZIA: Grazia… quasi c'eri.

ALEX: Dove stai andando?

GRAZIA: Vado a una festa a Luino.

ALEX: Alle 8 del mattino?

GRAZIA: Non fare lo spiritoso.

ALEX: Beh, sono le 8 o no?

GRAZIA: Sì, certo, ma vado ad aiutare a preparare la festa. Dai, vienici anche tu… e anche il tuo amico ovviamente.

ALEX: Ah, si scusa, lui è Lele.

LELE: Dopo aver incontrato una donna Alex non capisce più niente e si dimentica di tutto e tutti… sono Lele comunque.

GRAZIA: Salve… ma voi dove stavate andando?

LELE: Finiti gli impegni scolastici non, stavamo godendoci lo spettacolo del lago da veri studenti sfaccendati.

GRAZIA: E allora non vedo il problema. Scendiamo a Luino e ci divertiamo tutti insieme.

LELE: Per me va benissimo.

ALEX: Sì, purché non facciamo tardi perché devo sbrigare delle cose a casa prima che i miei vadano a letto.

GRAZIA: Non c'è problema. Credo ci siano corse fino alle 10.00.

È buio e all'imbarcadero di Luino sta partendo l'ultimo traghetto. Alex e Lele arrivano di corsa. Stanno urlando per attirare l'attenzione, ma il traghetto ha ormai lasciato il molo.

ALEX: E adesso? Partito l'ultimo traghetto abbiamo solo due alternative o il taxi, e ci costerà un occhio della testa, o fare l'autostop… e qui non ti prende su nessuno.

LELE: Non guardarmi così, Non è colpa mia.

ALEX: No? Dopo aver mangiato, ballato e bevuto ho dovuto letteralmente trascinarti fuori di là.

LELE: Era una bella festa… e Grazia è proprio gentile.

ALEX: Grazia o no… adesso cosa facciamo?

LELE: Correre, correre… con te si è sempre di corsa. Guarda, ti pago io il taxi, così mi lasci in pace.

ALEX: Sì, ma io non arrivo in tempo per parlare con i miei.

Da una macchina appena arrivata al molo si sente una voce femminile.

GRAZIA: Perso il traghetto?

LELE: È Grazia!

ALEX: Sì, purtroppo.

GRAZIA: Dai, venite che Marta ci dà un passaggio fino a Como.

LELE: Che fortuna, andare fino a Como con Grazia.

ALEX: Già, proprio una fortuna…

Hai capito?

Dopo aver letto il testo completa le seguenti frasi in modo logico.

1. Alex e Lele sono arrivati _____.
2. Vogliono _____.
3. L'impiegata gli dice che per andare a Luino possono prendere _____.
4. Per andare in traghetto ci vuole più tempo perché _____.
5. L'unica cosa che ricorda Lele del Lago di Como _____.
6. Alex non riconosce subito _____.
7. Lei invita Alex e Lele _____.
8. Alex e Lele non arrivano in tempo per _____.
9. Gli dà il passaggio fino a Como _____.

Lessico ed espressioni comunicative

Sostantivi

l'aliscafo	*hydrofoil*
il battello	*boat*
la corsa	*route*
l'impegno	*duty*
l'imbarcadero	*pier*
il molo	*dock*
il traghetto	*ferry*

Aggettivi

sfaccendato	*idle*

Verbi

accorgersi	*to notice*
sbrigare	*to hurry*
trascinare	*to drag*

Espressioni comunicative

costare un occhio della testa	*to be very expensive*
fare lo spiritoso	*to be funny*
magari	*probably*

Vocabolario attivo

A. Associazione. Collega le due colonne in modo logico.

1. l'aliscafo
2. la corsa
3. l'impegno
4. trascinare
5. accorgersi
6. avviarsi

a. incamminarsi
b. rendersi conto
c. tirare
d. il tragitto
e. il traghetto
f. il dovere

B. Da completare. Completa le frasi consultando il **Lessico ed espressioni comunicative.**

1. Di fronte a casa mia a Rovigno c'è un gran _____ da dove partono i _____ per Venezia.
2. Devi _____ le cose a casa, perché saremo in ritardo per prendere il battello e poi dovremo prendere il tassì che ci costerà _____.

3. Lele vuole sempre essere al centro dell'attenzione, specialmente in compagnia delle ragazze, e spesso _____.
4. Tutti gli studenti sono _____ durante l'estate quando non devono studiare per gli esami.
5. Alex ha dovuto _____ Lele dalla festa perché era tardi.

Anticipazioni grammaticali

A. Raccontare al passato. Volgi i verbi del brano che segue dal *passato prossimo* al *passato remoto*.

Alex e Lele hanno comprato / _____ i biglietti di andata e ritorno per una gita in battello. Sono andati / _____ a Luino. Dato che il battello era pieno, hanno preso / _____ il traghetto. Durante la gita Lele ha detto / _____ ad Alex che il Lago di Como gli ricorda *I promessi sposi*, il famoso romanzo di Manzoni. Lui l'ha letto / _____ alle medie e non gli è piaciuto / _____.

B. Gerundi. Completa le frasi con le forme corrette del *gerundio presente* e *passato*.

1. (*Having seen*) _____ la versione americana del film *L'ultimo bacio*, sono rimasta delusa.
2. (*Being*) _____ uno studente di cinema, Giorgio conosce molti registi italiani.
3. (*Having*) _____ uno zio che scrive copioni (*scripts*), ha imparato da lui come scriverli.
4. (*Having been*) _____ a Cinecittà and (*having seen*) _____ lo studio 5, ha capito il mondo in cui Federico Fellini ha girato quasi tutti i suoi film.

C. Participi. Scrivi il *participio presente* e *passato* dei seguenti verbi e trova il nome che è derivato dal verbo. Segui esempio.

Esempio: parlare → parlante → parlato → il parlare

1. rispondere → _____ → _____ → _____
2. consultare → _____ → _____ → _____
3. scendere → _____ → _____ → _____
4. volere → _____ → _____ → _____

D. Infiniti. Inserisci la *preposizione* corretta, se necessario, prima degli *infiniti* dati.

Lele sa che a Grazia piace _____[1] ascoltare la musica classica, così ha deciso _____[2] invitarla a un concerto. Pensa anche _____[3] portarla in un buon risto-rante dopo il concerto. È andato _____[4] comprare i biglietti il giorno prima perché aveva paura _____[5] non trovare più posto se avesse aspettato il giorno del concerto. Era molto contento _____[6] poter uscire con lei e _____[7] passare una serata piacevole con una ragazza che gli piace. Però quando ha aperto l'armadio si è ricordato che il vestito bello l'aveva portato _____[8] lavare in lavanderia. Nella camera dell'amico Alex ha trovato un vestito che per lui era troppo piccolo ma in fondo andava bene _____[9] passare una serata al concerto. Avrebbe detto a Grazia che in lavanderia si era ristretto.

Lessico ed espressioni comunicative

Strutture

1. Passato remoto

Regular verbs

The following chart shows the past absolute of regular verbs. Note the alternate endings for the first-person singular and third-person singular and plural of **-ere** verbs.

tentare	vendere	scoprire
tent**ai**	vend**ei** (vend**etti**)	scopr**ii**
tent**asti**	vend**esti**	scopr**isti**
tent**ò**	vend**è** (vend**ette**)	scopr**ì**
tent**ammo**	vend**emmo**	scopr**immo**
tent**aste**	vend**este**	scopr**iste**
tent**arono**	vend**erono** (vend**ettero**)	scopr**irono**

Irregular verbs

1. The following common verbs are irregular in all persons in the **passato remoto.**

essere	dare	stare
fui	diedi (detti)	stetti
fosti	desti	stesti
fu	diede (dette)	stette
fummo	demmo	stemmo
foste	deste	steste
furono	diedero (dettero)	stettero

Other verbs are irregular in the first- and third-person singular and the third-person plural, but regular in the other persons. Once you know the irregular **passato remoto** stem of these verbs, add the endings **-i, -e,** and **-ero** to form, respectively, the first- and third-person singular and the third-person plural.

avere	nascere	scrivere
ebb**i**	nacqu**i**	scriss**i**
avesti	nascesti	scrivesti
ebb**e**	nacqu**e**	scriss**e**
avemmo	nascemmo	scrivemmo
aveste	nasceste	scriveste
ebb**ero**	nacqu**ero**	scriss**ero**

Other verbs that follow this pattern are listed in Appendix I.

2. **Bere, dire, fare, porre, tradurre,** and **trarre** all have irregular stems in certain forms of the **passato remoto.** As in the **imperfetto,** their regular forms are based on their original Latin or archaic Italian stems.

bere (bevere)	dire (dicere)	fare (facere)	porre (ponere)	tradurre (traducere)	trarre (traere)
bevvi	dissi	feci	posi	tradussi	trassi
bevesti	dicesti	facesti	ponesti	traducesti	traesti
bevve	disse	fece	pose	tradusse	trasse
bevemmo	dicemmo	facemmo	ponemmo	traducemmo	traemmo
beveste	diceste	faceste	poneste	traduceste	traeste
bevvero	dissero	fecero	posero	tradussero	trassero

Uses

1. The **passato remoto** and the **passato prossimo** are both used to describe completed actions in the past. The **passato remoto,** however, is used only for actions that occurred in the distant past.

Ieri **ho scoperto** che non avevo un vestito per il concerto.

Dante **scrisse** *La Divina Commedia* nel XIV° secolo.

Yesterday I discovered I didn't have a suit for the concert.

Dante wrote The Divine Comedy *in the fourteenth century.*

2. The use of the **passato remoto** differs from that of the imperfect in the same way as does the **passato prossimo.** (See **Capitolo 4, Strutture 3** for a discussion of this distinction.)

Faceva freddissimo il giorno in cui **morì** Giuseppe Verdi.

Michelangelo **scolpì** il *Davide* quando aveva ventisei anni.

It was very cold the day Giuseppe Verdi died.

Michelangelo sculpted David *when he was twenty-six.*

3. Though usage varies regionally, the **passato remoto** is rarely used in everyday conversation—particularly in northern Italy—but is commonly used in literary texts and narrations of historical events.

Così **scomparve** Cosimo, e non ci **diede** neppure la soddisfazione di vederlo tornare sulla terra da morto. Nella tomba di famiglia c'è una stele che lo ricorda con scritto: «Cosimo Piovasco di Rondò — **Visse** sugli alberi — **Amò** sempre la terra — **Salì** in cielo».

—Italo Calvino, *Il barone rampante*

Thus Cosimo disappeared, and he didn't even give us the satisfaction of seeing him return to earth as a dead man. In the family tomb there is a slab that commemorates him with an inscription: "Cosimo Piovasco di Rondò—He lived in the trees—He always loved the earth—He ascended to heaven."

In pratica

A. Anch'io! Riscrivi le frasi usando **anche** e il nuovo soggetto tra parentesi.

Esempio: Io comprai molti libri usati. (gli altri) →
Anche gli altri comprarono molti libri usati.

1. Tutti credettero alle parole di quell'uomo. (Silvia)
2. Luigi finì di leggere l'articolo. (noi)
3. Lele nascose i soldi nella valigia. (tu)
4. Sentii gli spari (*shots*). (I vicini [*neighbors*])
5. La signora Benetti chiamò subito la polizia. (io)
6. Alex arrivò tardi al molo. (voi)
7. Alex e Lele andarono al cinema. (Bo)

B. Trasformazioni. Cambia le frasi dal *singolare* al *plurale*.

Esempio: Scrissi delle poesie. → Scrivemmo delle poesie.

1. Stetti un po' in silenzio, poi parlai. (stare/parlare)
2. Rimasi male (*I was upset*) quando sentii le brutte notizie. (rimanere/sentire)
3. Vidi una cosa interessante, ma non potei parlarne. (vedere/potere)
4. Non accompagnai Alex alla stazione perché non ebbi tempo. (accompagnare/avere)
5. Vinsi la gara (*competition*) e ricevetti un bel premio. (vincere/ricevere)
6. Feci uno sbaglio quando spesi tutti i soldi. (fare/spendere)

E ora trasforma le frasi seguenti dal *plurale* al *singolare*. Fa' tutti i cambiamenti necessari.

Esempio: Decisero di cambiare casa. → Decise di cambiare casa.

1. Videro la prova e scoprirono la verità.
2. Scelsero una bella macchina ma poi non la comprarono.
3. Non seppero rispondere, quindi tacquero.
4. Chiusero il negozio e tornarono subito a casa.
5. Andarono in Italia nel l902 e vissero prima a Milano, poi a Roma.
6. Conobbero alcune persone importanti; così si sistemarono abbastanza bene.

 C. Avvenimenti storici. A coppia fate le domande e rispondete.

Esempio: la seconda guerra mondiale / finire / 1945 →
—Quando **finì** la seconda guerra mondiale?
—**Finì** nel 1945.

1. i Normanni / conquistare la Bretagna / 1066
2. Colombo / arrivare nelle Americhe / 1492
3. Machiavelli / scrivere *Il principe* / 1513
4. Bach e Handel / nascere / 1685
5. Dante / morire / 1321
6. Garibaldi / sbarcare in Sicilia / 1860

2. Gerundio e tempi progressivi

Gerunds

The Italian gerund corresponds to the present participle in English.

Vedendo i film di Passolini, è rimasta scioccata.	*Seeing Passolini's films, she was shocked.*
Non **avendo letto** il copione, non lo posso criticare.	*Not having read the script, I can't comment on it.*

Forms

1. There are two gerunds: present (or simple) (*walking, running*), and past (or compound) (*having walked, having run*). The gerund is invariable. The following charts show the two forms in Italian.

GERUNDIO PRESENTE (SEMPLICE)		
parl**are** parl**ando**	scend**ere** scend**endo**	part**ire**, fin**ire** part**endo**, fin**endo**

GERUNDIO PASSATO (COMPOSTO)	
VERBI CON **avere**	VERBI CON **essere**
avendo parlato	**essendo** partito/a/i/e

2. Verbs that use their original Latin or archaic Italian stem to form the imperfect use the same stem to form the gerund.

bere → **bev**evo → **bev**endo

dire → **dic**evo → **dic**endo

fare → **fac**evo → **fac**endo

tradurre → **traduc**evo → **traduc**endo

Uses

1. The gerund usually replaces a subordinate clause expressing cause, manner, means, or time. The present gerund conveys an action or condition simultaneous in time with that of the main clause; the past gerund conveys an action or condition prior to that of the main clause. In English, these constructions are introduced by expressions such as *while, since, as, when,* or *by.*

Dormendo (mentre dormivo) ho fatto un brutto sogno.	*While sleeping, I had a bad dream.*
Non **avendo letto** l'articolo, non ho potuto prendere parte alla discussione.	*Not having read the article, I couldn't take part in the discussion.*
Arrivando, abbiamo notato il gran disordine.	*Upon arriving, we noticed the big mess.*

Volendo, lo potresti fare facilmente.
Eliminando molti cibi grassi, sono riusciti a dimagrire.

Willing to, you could do it easily.
By eliminating many fatty foods, they managed to lose weight.

2. The gerund has the same subject as that in the main clause.

SAME SUBJECT	DIFFERENT SUBJECTS
Ho visto tua sorella **tornando** a casa. *While (I was) going home, I saw your sister.* Uscendo dal mercato, ho incontrato il signor Zatti. *While (I was) leaving the market, I met Mr. Zatti.*	Ho visto tua sorella **che mentre tornava a** casa. *I saw your sister (while she was) going home.* Ho incontrato il signor Zatti **che / mentre usciva** dal mercato. *I met Mr. Zatti (while he was) leaving the market.*

3. If the past gerund is formed with **essere,** the past participle agrees with the subject in gender and number.

Essendo partiti in fretta, hanno dimenticato i pacchi.

Having left in a hurry, they forgot the packages.

4. Reflexive and object pronouns, **ci,** and **ne** are attached to the present gerund (and to **avendo** or **essendo** in the past gerund). When direct-object pronouns are used with the past gerund, the past participle agrees with the object in gender and number.

Sentendomi male, sono rimasta a letto tutto il giorno.
Parlandogli, mi sono accorto che non mi ascoltava.
Andandoci ogni giorno, abbiamo imparato i nomi delle strade.
Essendoci rimasta a lungo, sono diventata piuttosto esperta.
Avendolo visto due volte in biblioteca, ho deciso di presentarmi.

Feeling ill, I stayed in bed all day.
While speaking to him, I realized he wasn't listening.
By going there every day, we learned the names of the streets.
Having remained there a long time, I became quite an expert.
Having seen him twice in the library, I decided to introduce myself.

5. The construction **pur** + *gerund* can substitute for **benché/sebbene** + *subjunctive.*

Pur essendo ricco (Benché sia ricco), non è felice.

Though he's rich, he's not happy.

■ Attenzione!

The English gerund often functions as a noun. In Italian, the gerund cannot function this way; the infinitive, however, can function as a noun.

Andare in aereo lo spaventa.
Flying terrifies him.

Mi piace moltissimo **mangiare** in quel ristorante.
I really like eating in that restaurant.

The progressive tenses

I TEMPI PROGRESSIVI		
	Presente	Imperfetto*
io	**sto** leggendo	**stavo** leggendo
tu	**stai** leggendo	**stavi** leggendo
lui, lei, Lei	**sta** leggendo	**stava** leggendo
noi	**stiamo** leggendo	**stavamo** leggendo
voi	**state** leggendo	**stavate** leggendo
loro, Loro	**stanno** leggendo	**stavano** leggendo

1. The gerund can be used with the present or imperfect of **stare** to form the progressive tenses: **sto mangiando,** *I am (in the process of) eating;* **stavo dormendo,** *I was (in the process of) sleeping.* In Italian, these are emphatic forms; they are used (much less frequently than in English) to stress that an action is or was *in progress.*

Ragazzi, cosa **state facendo?**	*Guys, what are you doing (right now)?*
Stavo fantasticando quando il telefono è suonato.	*I was daydreaming when the phone rang.*

2. Pronouns, **ci,** and **ne** can either attach to the gerund or precede **stare.**

É entrata mentre **mi** stava abbracciando (stava abbracciando**mi**).	*She came in while he was embracing me.*
Ci stiamo pensando. (Stiamo pensando**ci**.)	*We're thinking about it.*

In pratica

A. Istantanee (*Snapshots*). Sono le undici di sera. Di' quello che le seguenti persone stanno facendo in questo momento.

Esempio: Anna (stirare i vestiti) → Sta stirando i vestiti.

1. io (chiacchierare al telefono)
2. Roberto (finire una traduzione)
3. voi due (guardare il telegiornale)
4. Piero ed io (discutere i programmi per il week-end)
5. tu (mettersi) il pigiama per andare a letto
6. i miei compagni di camera (aiutarsi) con i compiti per il giorno dopo

Ora ripeti l'esercizio dicendo quello che stavano facendo alle undici ieri sera.

Esempio: Anna (stirare i vestiti) → Stava stirando i vestiti.

---

*The progressive tenses can also be used in the subjunctive.

Mi pare che **stia** dormendo.	*I think he's sleeping.*
Credevo che **stesse** dormendo.	*I thought he was sleeping.*

B. Una giornata ecologica. Alex vuole far vedere a Lele come si dovrebbe comportare uno che vuole salvare l'ambiente. Sostituisci una costruzione con il *gerundio* (con o senza **pur,** secondo il contesto) alle espressioni indicate.

> *Esempi:* Mentre mi vestivo, ho deciso di andare a piedi all'università. →
> **Vestendomi,** ho deciso di andare a piedi all'università.
> Sebbene avessi caldo, non ho acceso l'aria condizionata. →
> **Pur avendo caldo,** non ho acceso l'aria condizionata.

1. Benché fossi un po' stanco, non ho voluto usare la macchina per andare al lavoro.
2. Ho visto la mia amica Donata mentre camminavo in via Verdi.
3. Quando mi sono fermato all'angolo, ho depositato le pile scariche (*dead batteries*) nel recipiente per riciclaggio delle pile.
4. Poiché è vegetariana, Donata non va mai nei ristoranti dove servono soprattutto carne.
5. Col cercare attentamente, sono riuscito a trovare quaderni di carta riciclata.
6. Sebbene ne avessi voglia, mi sono rifiutato di comprare i salatini in confezioni (*snacks in packages*) di plastica.
7. Se vuole, uno riesce a vivere in armonia con l'ambiente senza molti problemi.

C. Al festival del cinema. Alex e Lele amano il cinema e se c'è un festival da qualche parte ci vanno con molto entusiasmo. Però né uno né altro sono delle persone organizzate. A coppia parlate cosa gli è successo prima di arrivare al cinema.

> *Esempio:* Dopo che avevano comprato i biglietti, sono entrati nel cinema. →
> **Avendo comprato** i biglietti, sono entrati nel cinema.

1. Dato che la macchina di Alex era rotta, sono andati al festival a piedi.
2. Usciti in fretta, hanno lasciato i biglietti sul tavolo.
3. Dopo essersene resi conto, sono dovuti ritornare a casa a prenderli.
4. Poiché non ci avevano pensato prima, hanno dimenticato di portare con sé l'indirizzo del cinema dove c'era il festival.
5. Sono arrivati alla prima proiezione in ritardo sebbene avessero camminato velocemente.
6. Dato che erano usciti senza l'ombrello, dopo il film hanno dovuto prendere la metropolitana perché pioveva a dirotto.
7. Se avessero fatto uno sforzo, avrebbero potuto organizzare meglio la loro serata insieme.

 D. Conversazione a ruota libera. Chiedi a un compagno / una compagna…

> *Esempi:* cosa (fare) alle undici ieri sera →
> —Cosa stavi facendo alle undici ieri sera?
> —Stavo guardando «Lost». E tu?
> —Stavo litigando con la mia ragazza, purtroppo!

in che modo (conoscere) persone nuove →
—In che modo conosci persone nuove?
—Conosco persone nuove iscrivendomi in palestra. E tu?
—Conosco persone nuove frequentando il club degli studenti d'italiano chiamato Italianissimo.

3. Participio presente e passato

The present participle

The present participle is formed by adding the endings -**ante** or -**ente** to the verb stem. The following chart shows present-participle forms of regular verbs.

volare	credere	divertire	costituire
vol**ante**	cred**ente**	divert**ente**	costitu**ente**

1. The present participle is used most frequently as an adjective or a noun.

È stata una risposta **sorprendente**.   *It was a surprising answer.*
I rappresentanti dei lavoratori e della   *The representatives of the workers*
ditta si sono incontrati ieri.   *and of the firm met yesterday.*

2. Less frequently, it can substitute for a relative clause.

Gli extracomunitari **residenti** (che   *Immigrants residing (who reside)*
risiedono) in Italia affrontano molte   *in Italy face many difficulties.*
difficoltà.

The past participle*

volare	credere	divertire	costituire
vol**ato**	cred**uto**	divert**ito**	costitu**ito**

1. As you know, the past participle is used primarily to form compound tenses (the **passato prossimo, futuro anteriore,** and so on) and the passive voice. The past participle can also function as an adjective. In this case, it agrees in gender and number with the noun it modifies.

Scrive favole di principesse **rapite** e   *She writes tales of abducted*
castelli **incantati**.   *princesses and enchanted castles.*
È un ragazzo **educato,** sempre   *He's a well-brought-up young man,*
rispettoso e cortese.   *always respectful and courteous.*

---

*Irregular past participles are listed in **Capitolo 3, Strutture 2** (**Passato prossimo**) and in Appendix I, E.

2. Many past participles also serve as nouns.

I **nati** sotto il segno del Leone sono affascinanti e orgogliosi.	*People born under the sign of Leo are charming and proud.*
Passiamo dalle parole ai **fatti.**	*Let's pass from words to deeds.*

3. The past participle can be used on its own in dependent clauses to express an action completed before that of the main clause. Used this way, the past participle of transitive verbs agrees in gender and number with the direct object: the past participle of intransitive verbs agrees with the implied subject.

Scritta la tesi, andrà in Africa per un paio di mesi.	*Having written his thesis, he will go to Africa for a couple of months.*
Partiti in gran fretta, hanno dimenticato di avvertire gli altri.	*Having left in a great hurry, they forgot to warn the others.*

4. Object and reflexive pronouns attach to the past participle.

Alzata**si** per uscire, salutò la compagnia.	*Having gotten up to leave, she said good-bye to the company.*
Piantato**lo,** è andata a Parigi a fare la cantante.	*Having left him, she went to Paris to become a singer.*

5. **Appena** and **una volta** can precede the past participle.

Appena arrivato, è andato a dormire.	*As soon as he arrived, he went to sleep.*
Una volta presa una decisione, è proprio risoluta.	*Once she's made a decision, she's absolutely determined.*

6. The past participle can also be used with its own subject in the absolute construction (**la costruzione assoluta**). As always, the participle agrees with its subject in gender and number.

Cresciuta la figlia, si sono trasferiti in un appartamento.	*Once their daughter was grown, they moved to an apartment.*

In pratica

A. Sinonimi. Scegliendo dalla seguente lista, trova un'espressione equivalente.

Espressioni: *un abitante, affascinante, un amante, un cantante, una difesa, un dirigente, divertente, interessante, un laureato, gli scritti*

Esempio: chi ha finito l'università → un laureato

1. chi abita in uno spazio geografico determinato
2. piacevole, spassoso (*amusing*), scherzoso
3. un professionista del canto
4. le varie opere letterarie di uno scrittore o di una scrittrice

5. bellissimo, attraente, incantevole (*enchanting*)

6. chi ha un rapporto d'amore con una persona

7. chi dirige una ditta; un/una manager

8. chi ha finito il liceo

9. una protezione, un aiuto

10. stimolante, degno (*worthy*) d'attenzione

B. Dialoghi-lampo. Completa gli scambi con la forma adatta delle espressioni seguenti.

Espressioni: *passante, rappresentante, rimanente, sorridente, stressante, vincente*

1. —Hai l'aria stanca oggi.
   —Lo so. Sto passando (*I'm going through*) un periodo molto _____.

2. —Come hai trovato quella panetteria (*bakery*)?
   —Me l'aveva indicato un _____.

3. —Perché fai il clown?
   —Per vedere tutti quei visi (*faces*) _____!

4. —Cos'avete fatto dopo la partita?
   —Noi della squadra (*team*) _____ siamo andate a festeggiare e, dato che siamo brave ragazze, abbiamo invitato anche quelle dell'altra squadra.

5. —Mirella, hai corretto tutti gli esami?
   —No, ne ho corretti dieci, i _____ li farò domani.

6. —Quale candidato hanno scelto per la commissione sulla censura? Quel senatore di Forza Italia?
   —No, perché i deputati _____ il sindacato degli attori erano contrari.

C. Pensieri vari. Completa le frasi con uno dei *participi passati* dalla lista che segue.

Participi: *compreso (including), disoccupato, entrato, iscritto, malato, passato, previsto, risultato*

1. Fa il medico, ma lavora in laboratorio; non cura i _____.

2. Hanno partecipato circa 500 persone, ben più del _____.

3. Si sapranno i _____ dell'indagine fra un paio di settimane.

4. Tutti hanno applaudito all' _____ dell'attrice principale.

5. Nel _____, poche donne lavoravano fuori di casa.

6. Hanno dovuto annullare il corso perché gli _____ erano troppo pochi.

7. Ci hanno invitati tutti, _____ i bambini.

8. Sebbene l'economia sia in crescita, il problema dei _____ non è diminuito.

D. Dopo il boom. Trasforma le frasi usando il *participio passato*.

> *Esempio:* Poiché sono cresciuti con tutti gli agi (*comforts*), i giovani d'oggi sono piuttosto viziati (*spoiled*). →
> **Cresciuti** con tutti gli agi, i giovani d'oggi sono piuttosto viziati.

1. Dopo aver acquistato tante auto, gli italiani cominciano a preoccuparsi dell'ambiente.
2. Poiché hanno smesso di fumare, godono di buona salute.
3. Ora che si sono affermate come donne in carriera, molte donne preferiscono non dedicarsi alla famiglia.
4. Anche se hanno riscoperto i vantaggi delle città medio-piccole, molti italiani preferiscono lo stesso vivere nelle grandi città.
5. Poiché si sono comprati la casa, tanti credono di avere un «bene rifugio» anti-inflazione.
6. Dato che hanno migliorato le proprie condizioni economiche, molti si possono concedere svaghi come le vacanze, andare a teatro o a concerti.

4. Infinito

There are two forms of the infinitive: present (**l'infinito presente**) and past (**l'infinito passato**). The past infinitive consists of **avere** or **essere** (minus the final -**e** in most cases) plus the past participle of the verb.

	VERBI CON **avere**	VERBI CON **essere**
infinito presente	**cantare**	**partire**
infinito passato	**aver** cant**ato** (*to have sung*)	**esser** part**ito/a/i/e** (*to have departed*)

1. Object and reflexive pronouns, **ci,** and **ne** can attach to the present infinitive.

Ho intenzione di **dirglielo.**	*I plan to tell him.*
Come riesci ad **alzarti** così presto?	*How do you manage to get up so early?*
È importante **pensarci.**	*It's important to think about it.*
Preferisce non **parlarne.**	*She prefers not to talk about it.*

2. Object and reflexive pronouns, **ci,** and **ne** attach to **avere** or **essere** in the past infinitive. When a past infinitive is formed with **essere,** the past participle agrees with the subject in gender and number. When conjugated with **avere,** the past participle agrees with the direct object pronoun in gender and number.

Credo di **averne parlato** a sufficienza.	*I think I've said enough about it.*
Si pente di **essere venuta.**	*She regrets having come.*
Sei sicuro di **averli invitati?**	*Are you sure you invited them?*

Uses of the present infinitive

1. The present infinitive is used

a. directly following modal verbs and verbs expressing preference.

—Vuoi **aspettare?**	*Do you want to wait?*
—No, preferisco partire subito.	*No, I prefer to leave right away.*

b. in place of **che** + *subjunctive* when the subject of the main and dependent clauses is the same.

Non vedo l'ora che partano.	*I can't wait until they leave.*
Non vedo l'ora di **partire.**	*I can't wait to (until I) leave.*

c. with the prepositions **per, prima di,** and **senza** (in place of **perché, prima che** and **senza che** + *subjunctive*) when the subject of the main and dependent clauses is the same.

Telefonami prima che partano.	*Call me before they leave.*
Telefonami prima di **partire.**	*Call me before you leave.*

d. following impersonal expressions, when there is no expressed subject.

Bisogna **fare** presto!	*We / You have to hurry!*

2. The infinitive can serve as the subject of a sentence, with or without the masculine singular definite article. In English, the gerund (the *-ing* form) is used.

Il fumare è dannoso alla salute.	*Smoking is hazardous to your health.*
Vederli gli fa tanto piacere.	*Seeing them makes him so happy.*

Uses of the past infinitive

1. The past infinitive is used to convey an action that occurred before the action of the main verb when the subjects of the two verbs are the same.

Non credo di **aver esagerato.**	*I don't think I exaggerated.*
Siete contenti di **esserci andati?**	*Are you glad you went (there)?*

2. The past infinitive is used after **dopo** and after the verb **ringraziare** + **di / per.**

Dopo **essermi alzata,** ho fatto uscire il cane.	*After I got [getting] up, I let the dog out.*
La ringrazio di / per essere venuta e **di / per aver partecipato** al convegno.	*Thank you for coming and for taking part in the symposium.*

Prepositions before dependent infinitives

1. Most verbs require **a** or **di** before a dependent infinitive (an infinitive preceded by another verb or expression). Many verbs of motion (**andare, fermarsi, venire,** and so on) take **a;** many idioms with **avere** (**avere bisogno, avere il piacere, avere intenzione**) take **di.** A more complete list appears in Appendix II, A.

È passata **a** salutarci.	*She stopped by to say hello to us.*
Siete riusciti **a** trovarlo?	*Did you manage to find him?*
Mi ha convinto **ad** andare avanti.	*He convinced me to keep going.*
Ho paura **di** aver sbagliato.	*I'm afraid I made a mistake.*
Ha promesso **di** iscriversi.	*He promised he would sign up.*
Spero **di** aver fatto bene.	*I hope I've done well.*

2. Some common verbs have different idiomatic meanings when used with different prepositions.

cominciare **a** + *infinitive*	*(to start doing something)*
cominciare **con** + *article* + *infinitive*	*(to begin by doing something)*
finire **di** + *infinitive*	*(to stop doing something)*
finire **per** + *infinitive* / finire **con** + *article* + *infinitive*	*(to end up doing something)*

Avete cominciato **a** pranzare?	*Have you started eating lunch?*
Cominciamo **col** pranzare.	*Let's begin by having lunch.*
Hai finito **di** lamentarti?	*Are you through complaining?*
Finirà **per** / **col** rovinarsi la salute.	*He'll end up ruining his health.*

3. Nouns are usually followed by **di** + *infinitive*.

Non è il momento **di** parlare.	*This isn't the time to talk.*
Il suo modo **di** vestire attira l'attenzione di tutti.	*His way of dressing gets everyone's attention.*

4. Many adjectives require a preposition before a dependent infinitive. See Appendix II, B for a more complete list.

adjective + **a** + *infinitive*	*adjective* + **di** + *infinitive*
abituato **a** (*accustomed to*) attento **a** (*careful to, attentive to*) disposto **a** (*willing to*) pronto **a** (*ready to*)	capace **di** (*capable of*) incapace **di** (*incapable of*) contento (felice) **di** (*happy to*) stanco **di** (*tired of*) triste **di** (*sad to*)

Sono abituata **a** vivere da sola.	*I'm accustomed to living alone.*
Siete pronti **a** partire?	*Are you ready to go?*
È incapace **di** decidersi.	*He's incapable of making up his mind.*
Sono stanco **di** lavorare tanto.	*I'm tired of working so much.*

5. Other adjectives require **da** + *infinitive.* These include **bello, brutto, buono, facile, difficile,** and **orribile.**

Non è molto difficile **da** fare.	*It's not very hard to do.*
È facile **da** dire.	*It's easy to say.*

6. **A, con, da, in,** and **su** elide with the masculine singular article before an infinitive; **tra** does not.

Al cessare della musica, tutti rimasero zitti.	*When the music stopped, everyone remained silent.*
Col passare del tempo, si rassegnava alla perdita.	*As time passed, he became resigned to his loss.*
«**Tra il** dire e **il** fare c'è di mezzo il mare.»	*"Easier said than done." [lit., Between saying and doing lies the sea.]*

In pratica

A. Sostituzioni. Sostituisci l'*infinito* alle espressioni indicate.

Esempio: I genitori non gli hanno dato la possibilità di una scelta. →
I genitori non gli hanno dato la possibilità **di scegliere.**

1. Il viaggio mi piace moltissimo.
2. Invece dello studio, dovresti dedicarti ad attività più rilassanti.
3. Purtroppo, tanti hanno perso l'abitudine della lettura.
4. Il nuoto fa molto bene a quelli che soffrono di mal di schiena (*back pain*).
5. L'amore per il prossimo è uno dei precetti (*precepts*) fondamentali di molte religioni.
6. Prima del ritorno si sono organizzati molto bene.
7. Gli dà fastidio il pensiero che Silvia se la cavi benissimo senza di lui.

B. Una letterina. Lele e un amico hanno litigato. Leggi la lettera del suo amico, sostituendo l'*infinito passato* alle espressioni indicate.

Esempio: Credevo di fare bene dicendoti quelle cose. →
Credevo di **aver fatto** bene dicendoti quelle cose.

1. Non pensavo di offenderti.
2. Credo di dire delle cose ingiuste.
3. Inoltre, non avrei dovuto parlar male dei tuoi amici senza conoscerli.
4. Penso di essere proprio antipatico.
5. Non sono contento di comportarmi in quel modo con te.
6. Ho fatto male a prendermela così.
7. Mi dispiace di andarmene in quella maniera.
8. Ammetto di farti male dicendoti ciò, ma spero che tu possa perdonarmi.

C. Tutto come prima. Sostituisci alle frasi con **dopo che** la forma con **dopo** seguito dall'*infinito passato* (si ottengono delle frasi che hanno lo stesso significato).

> *Esempio:* Dopo che ho finito l'esame sono andato a casa. →
> **Dopo aver finito** l'esame sono andato a casa.

1. Dopo che si è messo il vestito di Alex, Lele si sentiva un po' ridicolo.
2. Lele e Grazia sono andati al ristorante dopo che avevano ascoltato tutto il concerto.
3. Dopo che lei ha bevuto una birra ha chiesto di essere riaccompagnata a casa.
4. Dopo che lui le ha risposto che non aveva un'auto, si è offerto di pagarle il taxi.
5. Lei ha dato un bacetto a Lele dopo che è scesa dal taxi.

Parliamo un po'!

 A. Film impegnati. I film che parlano di problemi sociali possono influenzare e sensibilizzare il pubblico e in seguito portare a cambiamenti nella società. Ti ricordi qualche film italiano o americano che ha avuto un impatto su di te rivelando problemi di cui forse non eri nemmeno cosciente che esistessero? Parlane con un tuo compagno / una tua compagna.

> *Cominciamo:* —Hai visto… ?
> —Sì, assieme ai miei compagni di casa. Siamo rimasti proprio colpiti da…

 B. Io, regista. Immagina di far parte di un'associazione di volontari. Per pubblicizzare le attività di quest'organizzazione vuoi girare un documentario che parla delle attività svolte e dei futuri progetti. Che tipo di associazione sceglieresti? Dove gireresti il documentario? Metteresti della musica? Fai un piano di lavoro con un tuo compagno / una tua compagna.

> *Cominciamo:* —L'estate scorsa ho passato un mese in…
> —Raccontami tutto…

 C. Le stelle del cinema. Molti attori e attrici americani guadagnano milioni di dollari per ciascun film. In Italia la situazione non è molto differente anche se nell'industria del cinema italiano circolano meno soldi. In gruppi di tre o quattro parlate di questo fenomeno americano. Gli alti stipendi delle stelle del cinema sono giustificati o no, secondo voi? Come spendono i loro soldi le persone dello spettacolo? C'è qualche differenza fra i loro stipendi e quelli degli sportivi?

Parlatene magari facendo qualche esempio concreto di cui siete a conoscenza.

Cominciamo: —Quando sento che…
—Figurati, i miei lavorano sodo tutta la vita…
—Oggi, però molti attori…

Ripassiamo!

A. Al Lago di Como. Completa le frasi mettendo i verbi al *passato remoto*.

Era una bella giornata e Alex e Lele _____[1] (svegliarsi) alle nove del mattino. _____[2] (fare) la colazione e _____[3] (uscire) di casa alle dieci. _____[4] (Avviarsi) verso il molo da dove partivano i traghetti. _____[5] (Comprare) i biglietti e _____[6] (mettersi) in fila per salirci. Il loro traghetto _____[7] (partire) in perfetto orario. Il traghetto _____[8] (attraversare) tutto il lago da sud a nord. Lele e Alex _____[9] (ammirare) tutte le bellissime ville che si trovavano in riva al lago. Poco dopo la partenza _____[10] (vedere) anche Bellagio, uno dei paesi più affascinanti del Lago di Como perché è situato su un promontorio. Quando _____[11] (scendere) a Colico avevano una fame da lupi e _____[12] (infilarsi) subito in una paninoteca per mettere qualcosa sotto i denti.

B. Interrogatorio. Scrivi cosa stai facendo a una certa ora del giorno.

Esempio: alle 8.00 di mattina →
Alle 8.00 di mattina **sto bevendo** il caffè e **sto leggendo** il giornale.

1. alle 10.00 di mattina _____.
2. a mezzogiorno _____.
3. alle 4.00 del pomeriggio _____.
4. alle 7.00 di sera _____.
5. alle 10.00 di sera _____.
6. alle 2.00 di notte _____.

Ora di' cosa stavi facendo ieri a queste ore.

Esempio: alle 8.00 di mattina →
Alle 8.00 di mattina **stavo dormendo.**

C. Cosa hanno fatto dopo? Completa le seguenti frasi usando l'*infinito passato.*

1. Dopo _____ (scendere) dal traghetto, Alex e Lele hanno mangiato un panino.
2. Dopo _____ (mangiare) un panino, si sono accorti che Colico è un paese piccolo e non c'è molto da fare.

Una bella cascata (waterfall) *al Lago di Como.*

3. Hanno visitato la chiesa e dopo _____ (andare) per il centro sono andati in un bar.

4. Hanno telefonato a un'amica che abita a Colico dopo _____ (accorgersi) che avrebbero dovuto aspettare tre ore prima di poter prendere il traghetto successivo.

5. Dopo non _____ (ottenere) risposta, si sono rassegnati ad aspettare il traghetto sul molo.

D. Quattro chiacchiere. Completa i dialoghi con le *preposizioni* quando necessario.

1. —Alex, sei proprio un timidone. Ti piace Grazia e non le dici niente. Perché non sei capace _____ dirle che l'ami.
   —Ma tu non capisci niente, lei è abituata _____ uscire con i ragazzi un po' snob.

2. —Sbrigati Lele, non facciamo in tempo _____ prendere il battello!
   —Sono pronto, aspetto _____ ricevere le tue lodi per la mia puntualità.

3. —Sai Alex, che qualche volta immagino _____ essere un gran attore.
   —Non devi nemmeno immaginare, Benigni mi ha chiesto _____ parlarti del ruolo che ti vuole assegnare in uno dei suoi nuovi film.

4. —Non voglio _____ parlarti più!
   —Non offenderti Lele, sai che amo _____ prenderti in giro.

5. Lele, sono stanco _____ sentire le tue lamente. Devi _____ accettare il fatto che lei non ti ama!
   —Ma io ho bisogno _____ vederla, _____ parlarle. Non vivo senza di lei.

Scriviamo!

A. Film a scelta. Ognuno di noi ha dei gusti particolari quando si tratta di cinema. Quali sono i tuoi film preferiti e perché? Quali non ti interessano e perché? Spiega le tue scelte. Includi nel tuo saggio gli esempi di tutte e due le categorie di film.

B. Oltre la recita. Molti attori e attrici americani sono impegnati in azioni di beneficenza e nella lotta per la pace nel mondo sia in America che negli altri paesi del mondo. Non era così alcuni anni fa. Ti sembra che si tratti semplicemente di una moda, di un'autopromozione o sono diventati sinceramente impegnati in cause nobili per assistere quelli che ne hanno bisogno? Spiega il tuo punto di vista.

Gli adolescenti italiani in apparenza non sono molto diversi dai loro coetanei americani.

Per comunicare

1. Raccontare al trapassato prossimo e remoto
2. Fare completare un'azione a qualcuno
3. Lasciare fare qualcosa a qualcuno
4. Dare particolari sfumature ai vocaboli

Strutture

1. Trapassato prossimo e remoto
2. **Fare** + infinito
3. **Lasciare** + infinito
4. Verbi di percezione + infinito
5. Suffissi

Tanto per cominciare

A. Fuori tutti! Per i giovani italiani avere la propria camera ha un significato molto importante dato che l'appartamento che condividono con la famiglia è di solito piuttosto piccolo soprattutto in paragone alle case americane. Questa stanza è il loro unico spazio privato. Quando vivevi dai tuoi, cosa rappresentava per te la tua camera? Cosa ci facevi? I tuoi ti permettevano di arredarla come volevi? Ci potevi portare tutti i tuoi amici? Parlane con un compagno / una compagna.

Cominciamo: —Amavo la mia stanza perché…
—Anch'io la mia. Era una stanzetta, ma…

B. «Privacy». Il concetto di «privacy» è una delle cose più rispettate negli Stati Uniti. In Italia non esiste neppure una parola che abbia lo stesso significato e spesso si usa il termine inglese. Che significato ha per te «privacy»? Perché è tanto importante negli Stati Uniti? In quali aspetti di vita la consideri essenziale? Parlane con un tuo compagno / una tua compagna.

Cominciamo: —Odiavo quando la mia sorellina entrava nella mia stanza senza bussare.
—Questo non è niente, mia madre…

C. Uno spettacolo naturale. Molti di voi hanno fatto vacanza sia negli Stati Uniti che all'estero. Forse avete scelto la destinazione basandovi su ciò che ne avete letto su riviste specializzate o su quello che vi hanno raccontato amici e conoscenti. Per esempio, qualcuno vi ha descritto le bellezze naturali di una località esotica e avete deciso di andarci, o avete letto di strani animali che si trovano solo in alcuni paesi. In gruppi di tre o quattro parlate di una tale esperienza.

Cominciamo: —Due anni fa sono andato/a a…
—Io amo le montagne, l'anno scorso…
—Secondo me, il più bel posto che ci sia è…

A Capri

Capri è una delle più belle isole italiane e la destinazione di molti turisti, quali Lele e Alex.

Alex e Lele sono appena scesi dall'aliscafo che li ha portati da Sorrento a Capri. Hanno un sacco di bagagli. Percorrono a fatica il lungo molo trascinando i valigioni e poi prendono un taxi che li porta al loro albergo ad Anacapri. Appena saliti in macchina sono tutti sudati, ma vengono subito colpiti dalla bellezza del paesaggio. Il tassista, Mario, è molto ciarliero e vuole intervenire nella loro conversazione.

LELE: Che aria! Che cielo! Mi ricordo quando mi avevi parlato di Capri come di un posto favoloso e io non ci credevo.

ALEX: Lascia fare a me che le cose belle le conosco.

TASSISTA: Ma perché voi non ci credevate che Capri fosse bella?

LELE: Ma no, lo sapevo, ma non pensavo così bella…

TASSISTA: Qui ci stanno le donne più belle d'Italia e il mare più blu del mondo. Non c'è bisogno di altro.

LELE: (un po' intimidito dall'invadenza del tassista) Beh… come si dice: «vedere per credere. No?»

ALEX: Beh… e la cucina?

TASSISTA: Anche quella è unica ma io lascio perdere il mangiare per un tuffo nel mare.

LELE: Stasera possiamo andare a mangiare in una trattoria che conosco dove fanno solo pesce. Sento venire l'acquolina in bocca solo al pensiero: carpaccio di pesce spada, cappasante al forno, branzino al sale… ehhmm.

TASSISTA: Eccoci arrivati! Scusate ma perché state ad Anacapri? È un po' fuori mano?

LELE: Perché non vogliamo essere sommersi dal caos della piazzetta.

TASSISTA: Ma qui siete un po' bloccati, tagliati fuori e poi dovete sempre prendere il taxi per andare dovunque vogliate.

ALEX: Beh, vuol dire che chiameremo sempre Lei.

TASSISTA: Ecco bravi, vi lascio il mio biglietto da visita. Fatevi sentire appena volete andare da qualche parte.

Alex e Lele scendono dal taxi e si trovano davanti a un albergo che si affaccia sulla costa alta e frastagliata di Anacapri.

ALEX: È una vista mozzafiato!

LELE: Non ho parole! Sento venirmi la voglia di un bell'aperitivo su quel terrazzo, sembra di essere in cima al mondo.

Pochi minuti dopo, Alex e Lele sono seduti a un tavolino che si affaccia sul Golfo di Napoli. È una serata piacevolissima, il sole sta tramontando e si sentono le rondini cantare.

ALEX: Dio mio, sono al settimo cielo. Non ero mai stato così felice.

LELE: Che spettacolo! Ma chi si ricorda più di Milano, di Verona, dei nebbioni del nord, del caos, del traffico, di tutti i casini che abbiamo lasciato alle nostre spalle.

ALEX: Lasciami contemplare uno degli spettacoli più belli che io abbia mai visto.

LELE: Quanto tempo possiamo rimanere qui?

ALEX: L'albergo è abbastanza vuoto.

LELE: Scemo, intendevo quanti soldi abbiamo…

ALEX: Tu, quanto avevi ritirato prima di partire?

LELE: Veramente, eravamo di premura e mi sono dimenticato di passare in banca. E tu?

ALEX: Ti ricordi che abbiamo fatto tardi per colpa tua a Luino e non ho parlato con i miei genitori, per cui non mi hanno dato niente.

LELE: Beh, c'è la tua carta di credito.

ALEX: Il limite è molto basso… credo 500 euro.

LELE: Fammi capire… vuoi dire che possiamo spendere al massimo 500 euro.

ALEX: Neppure perché ho già 200 euro di debito… ma tu che parli tanto… non hai neppure una carta di credito.

LELE: Qui con 300 euro non facciamo niente.

Il giorno dopo Alex e Lele salgono sul taxi di Mario.

MARIO: Che piacere rivedervi. Vi porto da qualche parte speciale? Andiamo a fare baldoria?

LELE: Veramente volevamo chiederLe un favore.

MARIO: Ditemi, al vostro servizio.

ALEX: Conosce una pensioncina tranquilla dove non si spenda molto? Quell'hotel era bello, ma c'era troppa gente.

MARIO: Eh, capisco, capisco. Ho proprio quello che fa per voi. La Pensione Rosa… gestita da Vito, mio cognato. Vedrete è bellissima!

Dopo mezz'ora Alex e Lele sono nella loro minuscola stanza alla Pensione Rosa. Lele apre la finestra che si affaccia sul garage della pensione.

ALEX: La vista è un po' meno interessante.

LELE: Però con queste tariffe possiamo rimanere almeno dieci giorni.

ALEX: A guardare il garage.

LELE: Che c'entra… c'è anche la spiaggia privata.

ALEX: L'ho vista arrivando…

LELE: E… ?

ALEX: È praticamente di fianco al molo degli aliscafi.

LELE: Sempre spiaggia è… io vado a farmi una nuotatina.

ALEX: Stai attento agli aliscafi… non vorrei passare dal Grand Hotel Bristol alla Pensione Rosa e finire in una camera d'ospedale…

Hai capito?

Di' se le seguenti frasi sono **vere** o **false.**

		V	F
1. Alex e Lele arrivano in aliscafo a Capri.		V	F
2. Non hanno molti bagagli.		V	F
3. Il tassista non gli parla per niente.		V	F
4. Lele vorrebbe mangiare una bella bistecca per cena.		V	F
5. L'albergo si trova un po' fuori dal centro.		V	F
6. Lele ha ritirato i soldi prima della partenza.		V	F
7. Non avendo abbastanza soldi, si sistemano in una pensione economica.		V	F
8. La pensione ha una bella vista sul mare.		V	F

Lessico ed espressioni comunicative

Sostantivi

il biglietto da visita	*business card*
il branzino	*sea bass*
le cappasante	*scallops*
l'invadenza	*intrusion*
il pesce spada	*swordfish*
la rondine	*swallow*
il tuffo	*plunge, dive*

Aggettivi

ciarliero	*talkative*
frastagliato	*jagged*
mozzafiato	*breathtaking*
sommerso	*overwhelmed*
sudato	*sweaty*

Verbi

affacciarsi	*to appear*
colpire	*to strike*
essere di premura	*to be in a hurry*
fare baldoria	*to celebrate*
gestire	*to manage, to run*
percorrere	*to run across*
ritirare	*to withdraw*
tramontare (il sole)	*to set (sun)*

Espressioni comunicative

di fianco	*on the side*
essere al settimo cielo	*to be very happy*
in cima	*on top*
neppure	*not even*

Vocabolario attivo

A. Quattro chiacchiere. Completa i dialoghi consultando il **Lessico ed espressioni comunicative**.

1. —Alex, hai preso il _____ del tassista? Era bravo, ma un po' troppo _____, non ha smesso di parlare.
   —Quello che mi _____ particolarmente era il suo amore per Capri. L'ho ascoltato parlarne e la sua _____ mi sembrava giustificata.

2. —Sai Lele cosa voglio mangiare stasera? Mi è venuta voglia di pesce e
   di piatti come il _____, il _____ e le _____.
   —Come sei prosaico! Io voglio solo ascoltare le _____ cantare e
   godere la vista _____ di Capri.
3. —Io ho sempre creduto che a te piacesse il caos urbano e che non ti
   avesse mai _____. Adesso vedo che ti piace guardare il sole
   _____ e che sei proprio felicissimo, sembri _____.
   —È vero. Mi sembra di essere _____ al mondo. _____ la nostra
   stanzetta alla Pensione Rosa può cambiare il mio buon umore.
4. —Lele, facciamoci un _____, sono tutto _____ dal caldo che fa.
   —Andiamo, _____ alla pensione c'è la spiaggia, dobbiamo solo
   _____ la breve distanza dalla nostra camera alle prime sedie a
   sdraio.
5. —Alex, hai notato come _____ è la costa di Anacapri?
   —Sì, è anche molto alta.
6. —Lele, chi _____ la pensione?
   —Vito, il cognato del tassista.
7. —Sai Lele, che la mia carta di credito ha un limite piuttosto basso. Come
   paghiamo per la pensione?
   —Che ne so io, succedono sempre dei _____ quando viaggio con te!
   Perché non _____ dalla banca prima della partenza?
   —Non ti ricordi, _____, e così non sono riuscito a farlo.
8. —Perché _____ alla finestra? Che guardi?
   —Cerco il tassista, un'ora fa era giù. Stasera voglio divertirmi, voglio
   uscire e _____.

Anticipazioni grammaticali

A. Il passato. Scrivi il *passato prossimo* e *remoto* dei seguenti verbi.

1. scendere (io) → _____   _____
2. percorrere (lei) → _____   _____
3. colpire (noi) → _____   _____
4. affacciarsi (tu) → _____   _____
5. vedere (loro) → _____   _____
6. credere (voi) → _____   _____

B. I miei compagni di stanza. Di' cosa fai fare ai tuoi compagni di stanza
e cosa loro ti fanno fare.

   Esempio: fare / lavare il bagno / Ivano →
                 Faccio lavare il bagno a Ivano.
                 fare / spolverare / a me →
                 Mi fanno spolverare i mobili.

1. fare / lavare i piatti / a Chiara → _____
2. fare / comprare la pizza / a Melinda → _____
3. fare / annaffiare le piante / a me → _____
4. fare / tradurre le frasi in italiano / a me → _____
5. fare / organizzare la festa / a Sonia → _____

Lessico ed espressioni comunicative   **291**

C. Non essere permissivo/a. Scrivi tre cose che lasci che i tuoi amici facciano e le altre tre che non lasci che loro facciano.

Esempio: —Lascio che i miei amici →
guardino la TV fino a tardi.
—Non lascio che i miei amici →
facciano rumore quando studio.

Lascio che i miei amici:
1. _____.
2. _____.
3. _____.

Non lascio che i miei amici:
1. _____.
2. _____.
3. _____.

D. In albergo. Trasforma le frasi secondo l'esempio.

Esempio: Vedo la mamma che entra nella stanza. →
Vedo entrare nella stanza la mamma.

1. Vedo il tassista che prende le mie valige e le porta nella hall dell'albergo.
2. Osservo il sole che tramonta dalla terrazza dell'albergo.
3. Sento gli uccelli che cantano dal balcone della mia camera.
4. Guardo Alex che si arrabbia perché si è dimenticato di ritirare i soldi dal bancomat.
5. Ascolto il tassista che loda i vantaggi della Pensione Rosa.

E. I significati modificati. Scrivi la forma originale delle seguenti parole.

1. la piazzetta → _____
2. il nebbione → _____
3. il tavolino → _____
4. il valigione → _____
5. la pensioncina → _____
6. la nuotatina → _____

Strutture

1. Trapassato prossimo e remoto

1. The past perfect (also called the pluperfect) expresses an action that had already taken place before another past action or point in time: *they had forgotten; she had arrived*. It is formed with the imperfect of **avere** or **essere** plus the past participle of the verb.

VERBI CON **avere**	VERBI CON **essere**
avevo dimenticato	**ero** partito/a
avevi dimenticato	**eri** partito/a
aveva dimenticato	**era** partito/a
avevamo dimenticato	**eravamo** partiti/e
avevate dimenticato	**eravate** partiti/e
avevano dimenticato	**erano** partiti/e

Non l'ho salutata perché non
  l'avevo riconosciuta.
Non gli **era** mai **piaciuta** la città.

I didn't say hello to her because
  I hadn't recognized her.
He had never liked the city.

2. The **trapassato remoto** is formed with the past absolute of **avere** or **essere,** plus the past participle of the verb.

VERBI CON **avere**	VERBI CON **essere**
ebbi parlato	**fui** andato/a
avesti parlato	**fosti** andato/a
ebbe parlato	**fu** andato/a
avemmo parlato	**fummo** andati/e
aveste parlato	**foste** andati/e
ebbero parlato	**furono** andati/e

3. The **trapassato remoto** is used only in dependent clauses introduced by conjunctions of time such as **(non) appena** (*as soon as*), **come, dopo che, finché (non)** (*until*), and **quando.** In such constructions, the verb of the main clause is in the **passato remoto.**

Appena ebbe visto Beatrice,
  Dante **cambiò** vita.
Dopo che **furono partiti**
  dall'Inghilterra, i pellegrini
  fondarono la colonia di Plymouth.

As soon as he had seen Beatrice,
  Dante changed his life.
After they had departed from
  England, the Pilgrims founded
  Plymouth colony.

4. The **trapassato remoto** is confined almost exclusively to literary and historical writing. It is not used in conversation. In contemporary written Italian, the **passato remoto** is normally used in its place.*

Appena la **vide, si mise** a piangere.   *As soon as he saw her, he began to cry.*

In pratica

A. Persone efficienti. Completa le frasi secondo l'esempio. Usa i pronomi se possibile.

> *Esempio:*   Non ho battuto la relazione oggi... (ieri) →
>   ...perché l'**avevo** già **battuta** ieri.

1. Laura non è andata al mercato stamattina... (ieri mattina)
2. Gianpiero e Vittorio non hanno pulito la cucina questa volta... (l'altra volta)
3. Non ho messo la bici in cantina (*cellar*) venerdì... (giovedì)
4. Non ci siamo fermati in ufficio ieri... (l'altro ieri [*day before yesterday*])
5. Non sei andato dal dentista quest'anno... (l'anno scorso)
6. Franca e Donata non si sono telefonate domenica... (sabato)
7. Non abbiamo pagato la bolletta del telefono questo mese... (il mese scorso)
8. Alex non fa visita ai suoi questo fine settimana... (il fine settimana scorso)

B. Breve storia di Dante e Beatrice. Completa le frasi mettendo i verbi al *passato remoto* o al *trapassato remoto*.

> *Esempio:*   Non appena Dante *ebbe visto* Beatrice, se ne *innamorò* perdutamente.

1. Dopo che la _____ (conoscere), _____ (cominciare) a scrivere poesie.
2. Dopo che Beatrice _____ (sentire) dire che Dante amava un'altra donna, gli _____ (negare) il suo saluto (*greeting*).
3. Quella sera, finché non _____ (finire) di scrivere le poesie, Dante non _____ (addormentarsi).
4. Dopo che Virgilio _____ (completare) il suo ruolo di guida nell'Inferno e nel Purgatorio, Beatrice _____ (arrivare) a guidare Dante in Paradiso.
5. Dopo che i due _____ (morire), la fama del loro amore _____ (crescere).

 C. Confessioni. Con un compagno / una compagna confessate quello che avevate già fatto all'età indicata. Siate sinceri!

> *Esempio:*   a quindici anni →
>   —A quindici anni io... avevo già fumato una sigaretta! E tu?
>   —Io a quindici anni... mi ero già innamorato un paio di volte!

---

*The **trapassato remoto** may also be replaced by the gerund (**Capitolo 11, Strutture 2**) or the past infinitive (**Capitolo 11, Strutture 4**).

1. a tre anni   3. a dieci anni   5. a sedici anni

2. a cinque anni   4. a tredici anni   6. a diciotto anni

2. *Fare* + infinito

1. **Fare** is used with the infinitive to express the concept *to have (get) something done* or to *have (make) someone do something*. Noun objects follow the infinitive. When there is only one object, it is the direct object.

Preparo la cena.	*I prepare dinner.*
Faccio preparare la cena.	*I have dinner prepared.*
I ragazzi mangiano.	*The kids eat.*
Faccio mangiare i ragazzi.	*I make the kids eat.*

2. When the sentence has two objects (usually a person made to perform the action and the thing acted on), the person is the indirect object and the thing is the direct object. The indirect object can be replaced by an indirect-object pronoun or by a disjunctive pronoun with **a.**

L'insegnante fa ripetere l'esercizio **a** Franco.	*The instructor has Franco repeat the exercise.*
L'insegnante **gli** fa ripetere l'esercizio.	*The instructor has him repeat the exercise.*
L'insegnante fa ripetere l'esercizio **a lui.**	

3. Object pronouns normally precede the conjugated form of **fare.** Exceptions: the indirect-object pronoun **loro,** which *always* follows the infinitive, and disjunctive pronouns. In compound tenses, the past participle of **fare** agrees with the direct-object pronoun. (For combined forms of the direct- and indirect-object pronouns, review **Capitolo 5, Strutture 2: Pronomi doppi.**)

Ho fatto battere le lettere al segretario.	*I had the secretary type the letters.*
Le ho fatte battere al segretario.	*I had them typed by the secretary.*
Gli ho fatto battere le lettere.	*I had him type the letters.*
Gliele ho fatte battere.	*I had him type them.*
Ho fatto mangiare la frutta ai ragazzi.	*I made the kids eat the fruit.*
Gliel'ho fatta mangiare. (**L'**ho fatta mangiare **loro.**)	*I made them eat it.*

4. When **fare** is in the infinitive or familiar imperative forms, pronouns (except **loro**) attach to **fare,** which drops its final **e.**

Ho deciso di far riparare la macchina.	*I decided to have the car repaired.*
Ho deciso di far**la** riparare.	*I decided to have it repaired.*
Fate cantare i bambini! Fate**li** cantare!	*Make the children sing! Make them sing!*

5. When **fare** is followed by a reflexive verb, the reflexive pronoun is omitted.

Si è seduta.	*She sat down.*
L'abbiamo fatta **sedere.**	*We made her sit down.*

Attenzione!

Faccio spedire un pacco a Maria can mean *I'm having a package sent to Maria* or *I'm having Maria send a package.* To convey the second meaning without ambiguity, use the preposition **da:** Faccio spedire un pacco *da* Maria.

6. The construction **farsi** + *infinitive* is used when the object of the sentence is an article of clothing, body part, or personal possession. The auxiliary **essere** is used in compound tenses. The past participle agrees with the direct-object pronoun, or with the subject if there is no object pronoun. The agent (the person performing the service) is preceded by **da.**

Si fa pulire i denti.	*She has her teeth cleaned.*
Si è fatta pulire i denti.	*She had her teeth cleaned.*
Si è fatta pulire i denti **dal** dentista.	*She had her teeth cleaned by the dentist.*
Se li è fatti pulire **dal** dentista.	*She had them cleaned by the dentist.*
Mi sono fatta lavare a secco il maglione.	*I had my sweater dry-cleaned.*
Me lo sono fatto lavare a secco.	*I had it dry-cleaned.*

In pratica

A. Cosa facciamo fare? Queste persone sono impegnatissime (*extremely busy*) e non hanno tempo per fare queste cose. Di' quello che fanno fare secondo l'esempio.

Esempio: Spedisco le lettere. → **Faccio spedire** le lettere.

1. Marco pulisce il garage.
2. Preparate i panini.
3. Faccio il bucato.
4. Antonella ed io puliamo la casa.
5. I vicini accompagnano la figlia a scuola.
6. Rimetti i libri nello scaffale.
7. La signora Morandi prenota l'albergo e l'aereo.

B. Le faccende (*chores*). Trasforma le frasi secondo l'esempio.

Esempio: Ho fatto la spesa. (la mia compagna di camera) →
Ho fatto fare la spesa alla mia compagna di camera.

1. Ho lavato la macchina. (i miei compagni di camera)
2. Ho comprato dei francobolli. (la mia amica)
3. Ho restituito il DVD. (le mie amiche)
4. Ho battuto al computer la relazione. (mio fratello)
5. Ho riparato la TV. (l'elettricista)
6. Ho portato il vestito in lavanderia. (mia sorella)

C. Ancora una volta. Ora trasforma le frasi dell'esercizio B secondo l'esempio.

Esempio: Ho fatto fare la spesa alla mia compagna di camera. →
Gliel'ho fatta fare.

 D. Da chi? Alternandoti con un compagno / una compagna, fa' le domande e rispondi secondo l'esempio.

Esempio: farsi riparare gli occhiali (l'ottico [*optician*]) →
—Da chi ti sei fatto/a riparare gli occhiali?
—**Me li** sono fatti riparare dall'ottico.

1. farsi accorciare (*shorten*) i pantaloni (il sarto [*tailor*])
2. farsi correggere i compiti (il mio amico italiano)
3. farsi fare la manicure (Kim)
4. farsi tagliare i capelli (Jean-Pierre)
5. farsi rammendare (*mend*) il maglione (mia madre)

3. *Lasciare* + infinito

1. The construction **lasciare** + *infinitive* conveys the concept *to allow someone to do something* (*to let someone do something*). It follows the pattern of **fare** + *infinitive* with regard to the following:

a. placement of objects

Lascio cucinare **mio figlio.**	*I let my son cook.*
Lascio cucinare i piatti semplici **a mio figlio** (**a lui**).	*I let my son (him) cook simple dishes.*

b. placement of direct- and indirect-object pronouns

Non **ve lo** lascio fare!	*I won't let you do it!*
Lascia stare il gatto; lascia**lo** stare!	*Leave the cat alone; leave him alone!*
Ma non vuoi lasciar**lo** stare?	*Won't you leave him alone?*

c. agreement of the past participle

Non le ho lasciato vedere quei film.	*I didn't let her see those films.*
Non **glieli** ho lasciati vedere.	*I didn't let her see them.*

d. suppression of reflexive pronouns

Si divertirà alla festa.	*He'll have fun at the party.*
Lascia**lo** divertire alla festa!	*Let him have fun at the party!*

2. **Permettere di** + *infinitive* (always used with indirect objects) is equivalent in meaning to **lasciare** + *infinitive*.

Non lascio fumare in casa mio marito.	*I don't let my husband smoke in the house.*
Non permetto a mio marito di fumare in casa.	*I don't let him smoke in the house.*
Non gli permetto di fumare in casa.	

In pratica

A. Dei genitori simpatici. I signori de Mauro lasciano fare molte cose ai figli. Trasforma le seguenti frasi secondo l'esempio.

Esempio: Potete guardare la TV. →
   Vi lasciamo guardare la TV.
   Ve la lasciamo guardare.

1. Puoi usare la moto.
2. Tua sorella può acquistare una macchina usata.
3. Potete invitare gli amici a cena.

(*continued*)

Attenzione!

In everyday conversation, Italians frequently use **fare** instead of **lasciare**.

Ragazzi, fatemi entrare!
Guys, let me in!
È incredibile; i tuoi genitori ti fanno fare tutto quello che vuoi!
It's incredible; your parents let you do anything you want!

4. Tuo fratello può usare la carta di credito.

5. Puoi metterti il rossetto per andare a scuola.

6. Potete noleggiare (*to rent*) due DVD.

B. Genitori all'antica. Trasforma le frasi secondo gli esempi. Fa' attenzione ai pronomi!

Esempio: Non lo lasciano uscire quasi mai. →
Non gli permettono di uscire quasi mai.

1. Non li lasciano andare in discoteca.

2. Non lo lasciano iscriversi a lettere (*humanities*).

3. Non le lasciano bere alcolici.

4. Non gli lasciano usare la macchina.

5. Non la lasciano andare in vacanza con le amiche.

Esempio: Non gli hanno permesso di ascoltare i CD. →
Non gli hanno lasciato ascoltare i CD.
Non glie**li** hanno lascia**ti** ascoltare.

6. Non gli hanno permesso di comprare la chitarra.

7. Non le hanno permesso di leggere romanzi rosa (*romance novels*).

8. Non le hanno permesso di portare la minigonna (*miniskirt*).

9. Non gli hanno permesso di parlare al telefono con gli amici.

10. Non le hanno permesso di mangiare al fast-food.

 C. Interviste. Chiedi a un compagno / una compagna di classe se i genitori gli/le lasciavano fare queste cose. Usa i pronomi quando possibile. Segui l'esempio.

Esempio: fumare sigarette →
—I tuoi genitori ti lasciavano fumare sigarette?
—No, assolutamente, non mi lasciavano fumare!
(Sì, mi lasciavano fumare dopo i 18 anni, ma solo una sigaretta dopo cena.) E i tuoi genitori?

1. comprare la moto

2. uscire tutte le sere

3. usare la carta di credito

4. dormire fino a tardi

5. uscire con ragazzi/e a 14 anni

6. stare fuori tutta la notte

7. vestirti come volevi

8. usare il cellulare

9. navigare in Internet

10. andare in vacanza da solo/a

4. Verbi di percezione + infinito

1. Verbs of perception such as **ascoltare, sentire,** and **vedere** are often used with the infinitive.

Il bambino piange.   *The baby is crying.*
Non **senti piangere** il bambino?   *Don't you hear the baby crying?*

2. As is the case with the **fare** and **lasciare** + *infinitive* construction, object pronouns precede conjugated forms of the verb of perception, but attach to the infinitive. The past participle of the verb of perception agrees with direct-object pronouns.

Non voglio senti**rvi** gridare!   *I don't want to hear you shouting!*
Quei cantanti mi piacciono molto,   *I like those singers a great deal, but*
   ma non **li** ho mai senti**ti** cantare   *I've never heard them sing live.*
   dal vivo.

3. Reflexive pronouns, however, remain attached to the infinitive.

L'ho sentito lamentar**si** per delle   *I listened to him complaining for*
   ore.   *hours.*

4. Verbs of perception can also be followed by **che** and/or **mentre** + *indicative.*

Ho visto arrivare tua sorella.   *I saw your sister arriving.*
Ho visto tua sorella **che arrivava.**
Mi piace guardarlo pattinare.   *I like to watch him skating.*
Mi piace guardarlo **mentre pattina.**

5. When the infinitive has its own object, the structure is as follows: verb of perception + object of that verb + infinitive + object of the infinitive.

Ho visto **i ragazzi** mangiare **tutta**   *I saw the kids eat(ing) all that stuff!*
   quella roba!
Sentiamo **la vicina** suonare **il**   *We hear the neighbor play(ing) the*
   pianoforte.   *piano.*

In pratica

A. Nel mio quartiere (*neighborhood*). Trasforma le frasi secondo l'esempio.

Esempio: Vedo i bambini che giocano. → Vedo giocare i bambini.

1. Vedo le signore che escono a fare la spesa.
2. Guardo tanti taxi e autobus che passano.
3. Sento i tassisti che si arrabbiano e urlano.
4. Osservo i signori che corrono a prendere la metropolitana.
5. Ascolto i vecchi che parlano di politica.
6. Sento i giovani musicisti che provano (*practice*) gli strumenti.

B. Ancora una volta. Ora trasforma le frasi dell'esercizio A secondo l'esempio.

Esempio: Vedo giocare i bambini. → Li vedo giocare.

C. Quattro chiacchiere. Completa le frasi con la forma adatta dei verbi elencati e i *pronomi* necessari.

Verbi: *fare, guardare, lasciare, permettere, sentire, vedere*

1. —Hai prestato l'iPod a tuo fratello?
   —No, non _____ di usarlo. Mi rovina (*ruins*) sempre tutto.

2. —È partita Tiziana?
   —Non lo so, non _____ partire. Forse ha cambiato idea.

3. —Cos'avete fatto al mare?
   —Io niente, ho voluto riposarmi. _____ passare le barche e basta.

4. —Sono tornati i figli dei Colombo?
   —Ma non _____ urlare (*screaming*)?

5. —Avete imbiancato (*painted*) la cucina?
   —No, _____ imbiancare a mio fratello. È più bravo di noi.

6. —Dov'è Roberto? Non viene a lezione oggi?
   —(Io) _____ tornare al dormitorio di gran corsa (*in a big rush*). Avrà dimenticato di nuovo i compiti, poverino!

5. Suffissi

Adjectives, adverbs, and nouns (including proper names) can be modified using suffixes to convey particular shades of meaning.

dolce → dolc**iastro** (*overly sweet*)	male → mal**uccio** (*rather poorly*)
una ragazza → una ragazz**ina** (*a little girl*)	Carlo → Carl**etto** (*little Carlo, dear Carlo*)

Suffixes are common in Italian, but they are also very idiomatic—not all words can be modified with all suffixes, and many suffixes require changes in the spelling or gender of the root word.

There are four main categories of suffixes indicating, respectively, smallness (**diminutivi**), affection (**vezzeggiativi**), largeness (**acrescitivi**), and negative qualities (**peggiorativi**). These general guidelines will help you to recognize modified expressions.

1. The following are the most common suffixes denoting smallness or affection.

-ino/a/i/e*	bene	ben**ino**	*pretty well, nicely*
-etto/a/i/e	un giro	un gir**etto**	*a little stroll*
-ello/a/i/e	un vino	un vin**ello**	*a light wine*
-uccio/a (-ucci/e)	timido	timid**uccio**	*endearingly shy*
-icello/a/i/e	un vento	un vent**icello**	*a pleasant breeze*
-icino/a/i/e	un lume	un lum**icino**	*a small lamp*
-olino/a/i/e	una radio	una rad**iolina**	*a portable radio*
-(u)olo/a/i/e	un figlio	un figli**uolo**	*a good boy, nice kid*

———

*Some feminine words become masculine when modified with **-ino**:
   la finestra → il finest**rino**; la stanza → lo stanz**ino**
Words ending in **-one** or **-ona** add **-c** before **-ino/a**:
   una poltrona → una poltron**cina**; un sapone (*soap*) → un sapon**cino**

2. The suffix **-one** (**-ona, -oni, -one**) indicates largeness:*

dei libri	→ dei libr**oni** (*big books, tomes*)
un affare (*business deal, bargain*)	→ un affar**one** (*a terrific deal*)
bene	→ ben**one** (*really well*)

3. The suffixes **-occio** (**-occia, -occi, -occe**) and **-otto/a/i/e** also indicate largeness, or an extra measure of a characteristic, often in an affectionate or playful manner.

bello	→ bell**occio** (*rather handsome*)
grasso	→ grass**occio** (*nice and chubby*)
un giovane	→ un giovan**otto** (*a fine young fellow*)

4. The most common suffixes denoting negative qualities are **-accio** (**-accia, -acci, -acce**), **-astro/a/i/e**, and **-iciattolo/a/i/e.**

una giornata	→ una giornat**accia** (*an awful day*)
un poeta	→ un poet**astro** (*a hack poet*)
un uomo	→ un om**iciattolo** (*a shrimp*)[†]

Attenzione! Many words that appear to end in a suffix are in fact unrelated to their apparent root expression.

un caso (*case, affair*)	un casino (*mess*)
un matto (*crazy person*)	un mattone (*brick*)
un tacco (*heel*)	un tacchino (*turkey*); un tacchetto (*small heel*)

Some words modified by suffixes take on specialized meanings.

la carta	→ il cartone (*cardboard*)
il padre	→ il padrino (*godfather*)
la scarpa	→ lo scarpone (*hiking or skiing boot*)

In pratica

A. Torniamo alle radici. Spiega il significato delle seguenti parole. Da' la forma originale.

Esempio: un lavoraccio → un lavoro

1. una casetta
2. un giovanotto
3. una giornataccia
4. un venticello
5. un giochetto
6. un poetastro
7. un nebbione
8. maluccio
9. piccolino
10. cattivaccio

---

*Many feminine nouns become masculine when modified with **-one**:
la nebbia → il nebbione (*dense fog*); una palla → un pallone (*soccer ball*);
una porta → un portone (*main entrance*)
[†]When the word **uomo** is modified by a suffix it becomes **om** + *suffix.*

B. Definizioni. Ora da' una definizione delle espressioni dell'esercizio A.

Esempio: un lavoraccio → un lavoro pesante, difficile o noioso

C. Dialoghi lampo. Completa gli scambi con le espressioni dalla lista che segue.

Espressioni: *affarone, benino, giretto, grassoccio, pigrone, scarponi, tempaccio, timiduccio*

1. —È bello il bambino di Chiara?
   —Bellissimo! È sano, _____, e sorride sempre.
2. —Facciamo una gita in montagna?
   —Va bene. Va' a prendere gli _____ mentre io faccio da mangiare.
3. —Andiamo a fare jogging!
   —Oggi sono un po' stanco. Facciamo invece un bel _____ intorno al lago e basta.
4. —Che stivali stupendi! E li hai pagati pochissimo.
   —Lo so. È stato un _____!
5. —Cos'hai fatto lo scorso week-end?
   —Niente. Ho dormito e basta. Sono stato proprio un _____.
6. —Franco ha invitato Linda alla festa?
   —Mah, quel _____ non ha ancora avuto il coraggio!
7. —Come sono eleganti i signori Rossi! E hanno una nuova Mercedes.
   —Ovviamente se la cavano _____.
8. —Povero me! Sto male da tre giorni. Che raffreddore!
   —Te l'avevo detto—non avresti dovuto uscire con quel _____.

Parliamo un po'!

 A. Il sito myspace.com. I computer hanno cambiato moltissimo il modo in cui si sviluppano le relazioni interpersonali. Sono stati modificati i concetti di spazio pubblico e spazio privato; basta pensare a un sito come myspace.com. Usi anche tu siti di questo tipo? Di che cosa parli? Conosci qualche tuo amico che lo usa? Parla di tutto ciò con un campagno / una compagna.

Cominciamo: —Mi piace questo sito perché…
—Io non ho mai niente da dire, allora…

 B. La privacy delle stelle. Molti politici, attori, cantanti e sportivi sia italiani che americani sono vittime dei paparazzi. Li seguono dappertutto per scattare qualche foto compromettente. La stampa è sempre più scandalistica e superficiale mentre il giornalismo serio è diventato una rarità. Anche la TV ha abbandonato programmi stimolanti e intelligenti a favore di programmi di bassissimo livello culturale. Secondo te, è giusto che si sprechino (*waste*) soldi e energie per mostrare la vita privata di queste persone? Si potrebbe utilizzare la TV in modo più intelligente? Come? Con un compagno / una compagna fate delle proposte concrete.

Cominciamo: —Povera… tutti la vedono come…
—Ma che povera, ha milioni e…

C. Il peggio della stampa e della TV. In gruppi fate un elenco dei giornali, delle riviste e dei programmi televisivi che considerate i peggiori che ci siano. Se conoscete qualche giornale o rivista italiani simili a quelli americani, includeteli anche nella vostra lista. Spiegate le ragioni della vostra opinione. Confrontate il vostro elenco con quello di un altro gruppo.

Cominciamo: —Leggo sempre *People,* mi piace perché…
—Anch'io,…
—In Italia ho visto un programma che si chiama…

Ripassiamo!

A. Ancora il passato. Completa le seguenti frasi con il *trapassato prossimo*. Scegli uno dei verbi dati.

Verbi: *essere, vivere, cucinare, avere voglia*

1. Quest'anno Alex e Lele sono andati a Capri.
   L'anno prima _____ in Svizzera.
2. L'anno scorso hanno mangiato nel centro di Milano.
   Due anni prima _____ in periferia.
3. Ieri hanno mangiato in pizzeria.
   Il giorno precedente _____ a casa.
4. Quest'anno Lele ha celebrato il suo compleanno con Alex.
   L'anno scorso non _____ di fare niente.

B. Da completare. Inserisci la forma corretta del *trapassato remoto*.

1. Appena lui mi _____ (vedere), mi parlò.
2. Dopo che io _____ (finire) l'esame, mi resi conto di essere veramente stanco.
3. Si sposarono non appena Marco _____ (prendere) la laurea.
4. Subito dopo che lo spettacolo _____ (finire), ritornammo a casa.

C. Dall'inglese all'italiano. Traduci le seguenti frasi usando le costruzioni **fare** + *infinito,* **lasciare** + *infinito* e **verbi di percezione** + *infinito.*

1. Alex let Lele carry their luggage.

   _____.

2. Lele saw Alex dance.

   _____.

(continued)

Ripassiamo!   **303**

3. The owner of the hotel made Alex and Lele pay the bill.

_____.

4. Mario watched them count the money.

_____.

5. They made Mario drive them to the boat.

_____.

D. Sfumature di significato. Traduci le seguenti parole in inglese e poi scrivi il nome da cui derivano.

1. il nasone → _____   _____
2. la barchetta → _____   _____
3. il portone → _____   _____
4. il postino → _____   _____
5. l'omone → _____   _____

Scriviamo!

A. La privacy a casa. I giovani italiani godono di pochissima privacy a casa perché gli appartamenti sono piccoli. Com'è casa tua? Dividi la tua camera con qualcuno? I tuoi genitori rispettano la tua privacy? Racconta un episodio in cui qualcuno ha invaso il tuo spazio privato.

B. Se si è soli... Cosa fa la gente per evitare la solitudine? Pensa a come la solitudine può essere diversa per una persona anziana o per un giovane / una giovane. Descrivi una persona sola che conosci e di' se fa qualcosa per cambiare la sua situazione.

C. La violenza. Negli ultimi anni negli Stati Uniti, si sono verificati molti attacchi armati vittime innocenti in vari posti, sia sul lavoro, che all'università con delle vere e proprie stragi (Columbine e Virginia Tech per fare due esempi) sono in aumento. Quali sono secondo te i motivi che portano dei giovani a compiere gesti così violenti? A chi si può attribuire la colpa? La famiglia, la scuola, la società in genere? Cerca di dare delle possibili spiegazioni.

Appendici

I. CONIUGAZIONE DEI VERBI

A. Coniugazione del verbo *avere*

INFINITO
presente: avere
passato: aver(e) avuto

PARTICIPIO
presente: avente (*raro*)
passato: avuto

GERUNDIO
presente: avendo
passato: avendo avuto

INDICATIVO

PRESENTE	IMPERFETTO	PASSATO REMOTO	FUTURO
ho	avevo	ebbi	avrò
hai	avevi	avesti	avrai
ha	aveva	ebbe	avrà
abbiamo	avevamo	avemmo	avremo
avete	avevate	aveste	avrete
hanno	avevano	ebbero	avranno

PASSATO PROSSIMO	TRAPASSATO	TRAPASSATO REMOTO	FUTURO ANTERIORE
ho	avevo	ebbi	avrò
hai	avevi	avesti	avrai
ha avuto	aveva avuto	ebbe avuto	avrà avuto
abbiamo	avevamo	avemmo	avremo
avete	avevate	aveste	avrete
hanno	avevano	ebbero	avranno

CONDIZIONALE

PRESENTE	PASSATO
avrei	avrei
avresti	avresti
avrebbe	avrebbe
avremmo	avremmo avuto
avreste	avreste
avrebbero	avrebbero

CONGIUNTIVO

PRESENTE	IMPERFETTO	PASSATO	TRAPASSATO
abbia	avessi	abbia	avessi
abbia	avessi	abbia	avessi
abbia	avesse	abbia avuto	avesse
abbiamo	avessimo	abbiamo	avessimo avuto
abbiate	aveste	abbiate	aveste
abbiano	avessero	abbiano	avessero

IMPERATIVO

—
abbi (non avere)
abbia
abbiamo
abbiate
abbiano

B. Coniugazione del verbo *essere*

INFINITO
presente: essere
passato: esser(e) stato/a/i/e

PARTICIPIO
presente: —
passato: stato/a/i/e

GERUNDIO
presente: essendo
passato: essendo stato/a/i/e

INDICATIVO

PRESENTE	IMPERFETTO	PASSATO REMOTO	FUTURO
sono	ero	fui	sarò
sei	eri	fosti	sarai
è	era	fu	sarà
siamo	eravamo	fummo	saremo
siete	eravate	foste	sarete
sono	erano	furono	saranno

PASSATO PROSSIMO	TRAPASSATO	TRAPASSATO REMOTO	FUTURO ANTERIORE
sono	ero	fui	sarò
sei stato/a	eri stato/a	fosti stato/a	sarai stato/a
è	era	fu	sarà
siamo	eravamo	fummo	saremo
siete stati/e	eravate stati/e	foste stati/e	sarete stati/e
sono	erano	furono	saranno

CONDIZIONALE

PRESENTE	PASSATO
sarei	sarei
saresti	saresti stato/a
sarebbe	sarebbe
saremmo	saremmo
sareste	sareste stati/e
sarebbero	sarebbero

CONGIUNTIVO

PRESENTE	IMPERFETTO	PASSATO	TRAPASSATO
sia	fossi	sia	fossi
sia	fossi	sia stato/a	fossi stato/a
sia	fosse	sia	fosse
siamo	fossimo	siamo	fossimo
siate	foste	siate stati/e	foste stati/e
siano	fossero	siano	fossero

IMPERATIVO

—
sii (non essere)
sia
siamo
siate
siano

C. Variations in spelling and pronunciation of conjugated verbs

1. Verbs ending in **-care** and **-gare** require an h in the **tu** and **noi** forms to maintain the hard sound of c and g: **dimenticare → dimentichi, dimentichiamo; litigare → litighi, litighiamo.**

2. Verbs ending in **-gere**, like **leggere, distruggere** (*to destroy*), and **dipingere** (*to paint*), follow a regular spelling pattern. However, they have a hard **g** sound in the first-person singular and third-person plural form: **leggo, leggono.** All other present-tense forms use the soft **g** sound: **leggi, leggete.**

3. Verbs ending in **-ciare** and **-giare** keep the soft c and g sound throughout: **cominciare → comincio, cominci, comincia.**

4. When verbs end in **-iare** and the i of the ending is stressed, the **tu** form requires an extra **i: inviare → invii.** When the **i** of the ending is not stressed, no doubling occurs: **studiare → studi.**

D. Verbi regolari

1. Coniugazione dei verbi in -are: imparare

INFINITO
presente: imparare
passato: aver(e) imparato

PARTICIPIO
presente: parlante
passato: parlato

GERUNDIO
semplice: parlando
composto: avendo parlato

INDICATIVO

PRESENTE	IMPERFETTO	PASSATO REMOTO	FUTURO
imparo	imparavo	imparai	imparerò
impari	imparavi	imparasti	imparerai
impara	imparava	imparò	imparerà
impariamo	imparavamo	imparammo	impareremo
imparate	imparavate	imparaste	imparerete
imparano	imparavano	impararono	impareranno

PASSATO PROSSIMO		TRAPASSATO		TRAPASSATO REMOTO		FUTURO ANTERIORE	
ho		avevo		ebbi		avrò	
hai		avevi		avesti		avrai	
ha	imparato	aveva	imparato	ebbe	imparato	avrà	imparato
abbiamo		avevamo		avemmo		avremo	
avete		avevate		aveste		avrete	
hanno		avevano		ebbero		avranno	

CONDIZIONALE

PRESENTE	PASSATO	
imparerei	avrei	
impareresti	avresti	
imparerebbe	avrebbe	imparato
impareremmo	avremmo	
imparereste	avreste	
imparerebbero	avrebbero	

CONGIUNTIVO

PRESENTE	IMPERFETTO	PASSATO		TRAPASSATO	
impari	imparassi	abbia		avessi	
impari	imparassi	abbia		avessi	
impari	imparasse	abbia	imparato	avesse	imparato
impariamo	imparassimo	abbiamo		avessimo	
impariate	imparaste	abbiate		aveste	
imparino	imparassero	abbiano		avessero	

IMPERATIVO

—
impara (non imparare)
impari
impariamo
imparate
imparino

2. Coniugazione dei verbi in -ere: vendere

INFINITO
presente: vendere
passato: aver(e) venduto

PARTICIPIO
presente: vendente
passato: venduto

GERUNDIO
semplice: vendendo
composto: avendo venduto

INDICATIVO

PRESENTE	IMPERFETTO	PASSATO REMOTO	FUTURO
vendo	vendevo	vendei (vendetti)	venderò
vendi	vendevi	vendesti	venderai
vende	vendeva	vendé (vendette)	venderà
vendiamo	vendevamo	vendemmo	venderemo
vendete	vendevate	vendeste	venderete
vendono	vendevano	venderono (vendettero)	venderanno

PASSATO PROSSIMO		TRAPASSATO		TRAPASSATO REMOTO		FUTURO ANTERIORE	
ho		avevo		ebbi		avrò	
hai		avevi		avesti		avrai	
ha	venduto	aveva	venduto	ebbe	venduto	avrà	venduto
abbiamo		avevamo		avemmo		avremo	
avete		avevate		aveste		avrete	
hanno		avevano		ebbero		avranno	

CONDIZIONALE

PRESENTE	PASSATO	
venderei	avrei	
venderesti	avresti	
venderebbe	avrebbe	venduto
venderemmo	avremmo	
vendereste	avreste	
venderebbero	avrebbero	

CONGIUNTIVO

PRESENTE	IMPERFETTO	PASSATO		TRAPASSATO	
venda	vendessi	abbia		avessi	
venda	vendessi	abbia		avessi	
venda	vendesse	abbia	venduto	avesse	venduto
vendiamo	vendessimo	abbiamo		avessimo	
vendiate	vendeste	abbiate		aveste	
vendano	vendessero	abbiano		avessero	

IMPERATIVO

—
vendi (non vendere)
venda
vendiamo
vendete
vendano

---

3. Coniugazione dei verbi in -ire: sentire

INFINITO
presente: sentire
passato: aver(e) sentito

PARTICIPIO
presente: sentente
passato: sentito

GERUNDIO
semplice: sentendo
composto: avendo sentito

INDICATIVO

PRESENTE	IMPERFETTO	PASSATO REMOTO	FUTURO
sento	sentivo	sentii	sentirò
senti	sentivi	sentisti	sentirai
sente	sentiva	sentì	sentirà
sentiamo	sentivamo	sentimmo	sentiremo
sentite	sentivate	sentiste	sentirete
sentono	sentivano	sentirono	sentiranno

PASSATO PROSSIMO		TRAPASSATO		TRAPASSATO REMOTO		FUTURO ANTERIORE	
ho		avevo		ebbi		avrò	
hai		avevi		avesti		avrai	
ha	sentito	aveva	sentito	ebbe	sentito	avrà	sentito
abbiamo		avevamo		avemmo		avremo	
avete		avevate		aveste		avrete	
hanno		avevano		ebbero		avranno	

CONDIZIONALE

PRESENTE	PASSATO	
sentirei	avrei	
sentiresti	avresti	
sentirebbe	avrebbe	sentito
sentiremmo	avremmo	
sentireste	avreste	
sentirebbero	avrebbero	

CONGIUNTIVO

PRESENTE	IMPERFETTO	PASSATO		TRAPASSATO	
senta	sentissi	abbia		avessi	
senta	sentissi	abbia		avessi	
senta	sentisse	abbia	sentito	avesse	sentito
sentiamo	sentissimo	abbiamo		avessimo	
sentiate	sentiste	abbiate		aveste	
sentano	sentissero	abbiano		avessero	

IMPERATIVO

—
senti (non sentire)
senta
sentiamo
sentite
sentano

4. Coniugazione dei verbi in -ire: restituire (isc)

INFINITO
presente: restituire
passato: aver(e) restituito

PARTICIPIO
presente: restituente
passato: restituito

GERUNDIO
semplice: restituendo
composto: avendo restituito

INDICATIVO

PRESENTE	IMPERFETTO	PASSATO REMOTO	FUTURO
restituisco	restituivo	restituii	restituirò
restituisci	restituivi	restituisti	restituirai
restituisce	restituiva	restituì	restituirà
restituiamo	restituivamo	restituimmo	restituiremo
restituite	restituivate	restituiste	restituirete
restituiscono	restituivano	restituirono	restituiranno

PASSATO PROSSIMO		TRAPASSATO		TRAPASSATO REMOTO		FUTURO ANTERIORE	
ho		avevo		ebbi		avrò	
hai		avevi		avesti		avrai	
ha	restituito	aveva	restituito	ebbe	restituito	avrà	restituito
abbiamo		avevamo		avemmo		avremo	
avete		avevate		aveste		avrete	
hanno		avevano		ebbero		avranno	

CONDIZIONALE

PRESENTE	PASSATO	
restituirei	avrei	
restituiresti	avresti	
restituirebbe	avrebbe	restituito
restituiremmo	avremmo	
restituireste	avreste	
restituirebbero	avrebbero	

CONGIUNTIVO

PRESENTE	IMPERFETTO	PASSATO		TRAPASSATO	
restituisca	restituissi	abbia		avessi	
restituisca	restituissi	abbia		avessi	
restituisca	restituisse	abbia	restituito	avesse	restituito
restituiamo	restituissimo	abbiamo		avessimo	
restituiate	restituiste	abbiate		aveste	
restituiscano	restituissero	abbiano		avessero	

IMPERATIVO

——
restituisci (non restituire)
restituisca
restituiamo
restituite
restituiscano

E. Verbi irregolari

The following verbs are irregular only in the indicated form(s).

accadere *to happen* (see **cadere**)

accendere *to light* (see **prendere**)

accludere *to enclose* (see **chiudere**)

accogliere *to welcome* (see **cogliere**)

accorgersi *to notice*
    PASSATO REMOTO: mi accorsi, ti accorgesti, si accorse, ci accorgemmo, vi accorgeste, si accorsero
    PARTICIPIO PASSATO: accorto

aggiungere *to add* (see **assumere**)

andare *to go*
    INDICATIVO PRESENTE: vado, vai, va, andiamo, andate, vanno
    CONGIUNTIVO PRESENTE: vada, vada, vada, andiamo, andiate, vadano
    IMPERATIVO: va' (vai), vada, andiamo, andate, vadano
    FUTURO: andrò, andrai, andrà, andremo, andrete, andranno
    CONDIZIONALE: andrei, andresti, andrebbe, andremmo, andreste, andrebbero

apparire *to appear*
    INDICATIVO PRESENTE: appaio, appari, appare, appariamo, apparite, appaiono (o apparisco, apparisci, ecc.)
    CONGIUNTIVO PRESENTE: appaia, appaia, appaia, appariamo, appariate, appaiano
    IMPERATIVO: appari, appaia, appariamo, apparite, appaiano
    PASSATO REMOTO: apparvi (apparsi) (apparii), apparisti, apparve, apparimmo, appariste, apparvero
    PARTICIPIO PASSATO: apparso

appendere *to hang* (*on the wall*) (see **prendere**)

aprire *to open*
    PASSATO REMOTO: apersi (aprii), apristi, aperse, aprimmo, apriste, apersero
    PARTICIPIO PASSATO: aperto

assistere *to assist*
    PARTICIPIO PASSATO: assistito

assumere *to hire*
    PASSATO REMOTO: assunsi, assumesti, assunse, assumemmo, assumeste, assunsero
    PARTICIPIO PASSATO: assunto

attendere *to wait* (see **prendere**)

attrarre *to attract* (see **trarre**)

avvenire *to happen* (see **venire**)

bere *to drink*
    FUTURO: berrò, berrai, berrà, berremo, berrete, berranno
    CONDIZIONALE: berrei, berresti, berrebbe, berremmo, berreste, berrebbero
    PASSATO REMOTO: bevvi, bevesti, bevve, bevemmo, beveste, bevvero

The archaic stem **bev-** is used in all other forms with regular **-ere** endings.

cadere *to fall*
    FUTURO: cadrò, cadrai, cadrà, cadremo, cadrete, cadranno
    CONDIZIONALE: cadrei, cadresti, cadrebbe, cadremmo, cadreste, cadrebbero
    PASSATO REMOTO: caddi, cadesti, cadde, cademmo, cadeste, caddero

chiedere *to ask*
    PASSATO REMOTO: chiesi, chiedesti, chiese, chiedemmo, chiedeste, chiesero
    PARTICIPIO PASSATO: chiesto

chiudere *to close*
    PASSATO REMOTO: chiusi, chiudesti, chiuse, chiudemmo, chiudeste, chiusero
    PARTICIPIO PASSATO: chiuso

cogliere *to pick* (*flowers, etc.*)
    INDICATIVO PRESENTE: colgo, cogli, coglie, cogliamo, cogliete, colgono
    CONGIUNTIVO PRESENTE: colga, colga, colga, cogliamo, cogliate, colgano
    IMPERATIVO: cogli, colga, cogliamo, cogliate, colgano
    PASSATO REMOTO: colsi, cogliesti, colse, cogliemmo, coglieste, colsero
    PARTICIPIO PASSATO: colto

commuovere *to touch the emotions, to affect* (see **muovere**)

comparire *to appear* (see **apparire**)

compire (compiere) *to complete*
    INDICATIVO PRESENTE: compio, compi, compie, compiamo, compite, compiono
    CONGIUNTIVO PRESENTE: compia, compia, compia, compiamo, compiate, compiano
    IMPERATIVO: compi, compia, compiamo, compite, compiano
    PARTICIPIO PASSATO: compiuto
    GERUNDIO: compiendo

comporre *to compose* (see **porre**)

comprendere *to understand* (see **prendere**)

concludere *to conclude* (see **chiudere**)

condurre *to conduct* (see **tradurre**)

confondere *to confuse* (see **chiudere**)

conoscere *to know; to be acquainted with*
    PASSATO REMOTO: conobbi, conoscesti, conobbe, conoscemmo, conosceste, conobbero
    PARTICIPIO PASSATO: conosciuto

contenere *to contain* (see **tenere**)

convincere *to convince* (see **dipingere**)

coprire *to cover*
    PARTICIPIO PASSATO: coperto

correggere *to correct* (see **leggere**)

correre *to run*
    PASSATO REMOTO: corsi, corresti, corse, corremmo,
      correste, corsero
    PARTICIPIO PASSATO: corso

crescere *to grow*
    PASSATO REMOTO: crebbi, crescesti, crebbe, crescemmo,
      cresceste, crebbero
    PARTICIPIO PASSATO: cresciuto

cuocere *to cook*
    INDICATIVO PRESENTE: cuocio, cuoci, cuoce, cociamo,
      cocete, cuociono
    CONGIUNTIVO PRESENTE: cuocia, cuocia, cuocia,
      cociamo, cociate, cuociano
    PASSATO REMOTO: cossi, cocesti, cosse, cocemmo,
      coceste, cossero
    PARTICIPIO PASSATO: cotto

dare *to give*
    INDICATIVO PRESENTE: do, dai, dà, diamo, date, danno
    CONGIUNTIVO PRESENTE: dia, dia, dia, diamo, diate,
      diano
    IMPERATIVO: da' (dai), dia, diamo, date, diano
    CONGIUNTIVO IMPERFETTO: dessi, dessi, desse, dessimo,
      deste, dessero
    FUTURO: darò, darai, darà, daremo, darete, daranno
    CONDIZIONALE: darei, daresti, darebbe, daremmo,
      dareste, darebbero
    PASSATO REMOTO: diedi (detti), desti, diede (dette),
      demmo, deste, diedero (dettero)

decidere *to decide*
    PASSATO REMOTO: decisi, decidesti, decise, decidemmo,
      decideste, decisero
    PARTICIPIO PASSATO: deciso

dedurre *to deduce* (see **tradurre**)

deporre *to put down; to depose* (see **porre**)

difendere *to defend* (see **prendere**)

dipendere *to depend* (see **prendere**)

dipingere *to paint*
    PASSATO REMOTO: dipinsi, dipingesti, dipinse, dipin-
      gemmo, dipingeste, dipinsero
    PARTICIPIO PASSATO: dipinto

dire *to say*
    INDICATIVO PRESENTE: dico, dici, dice, diciamo, dite,
      dicono
    CONGIUNTIVO PRESENTE: dica, dica, dica, diciamo,
      diciate, dicano
    IMPERATIVO: di', dica, diciamo, dite, dicano
    FUTURO: dirò, dirai, dirà, diremo, direte, diranno
    CONDIZIONALE: direi, diresti, direbbe, diremmo, dire-
      ste, direbbero
    PASSATO REMOTO: dissi, dicesti, disse, dicemmo, dice-
      ste, dissero
    PARTICIPIO PASSATO: detto

The archaic stem **dic-** is used in all other forms with
regular **-ere** endings.

discutere *to discuss*
    PASSATO REMOTO: discussi, discutesti, discusse,
      discutemmo, discuteste, discussero
    PARTICIPIO PASSATO: discusso

dispiacere *to be displeasing* (see **piacere**)

disporre *to dispose* (see **porre**)

distinguere *to distinguish* (see **dipingere**)

distrarre *to distract* (see **trarre**)

distruggere *to destroy*
    PASSATO REMOTO: distrussi, distruggesti, distrusse,
      distruggemmo, distruggeste, distrussero
    PARTICIPIO PASSATO: distrutto

divenire *to become* (see **venire**)

dividere *to divide, to share*
    PASSATO REMOTO: divisi, dividesti, divise, dividemmo,
      divideste, divisero
    PARTICIPIO PASSATO: diviso

dovere *to have to; to owe*
    INDICATIVO PRESENTE: devo (debbo), devi, deve,
      dobbiamo, dovete, devono (debbono)
    CONGIUNTIVO PRESENTE: debba, debba, debba,
      dobbiamo, dobbiate, debbano
    FUTURO: dovrò, dovrai, dovrà, dovremo, dovrete,
      dovranno
    CONDIZIONALE: dovrei, dovresti, dovrebbe, dovremmo,
      dovreste, dovrebbero

eleggere *to elect* (see **leggere**)

esigere *to demand, to require*
    PARTICIPIO PASSATO: esatto

esistere *to exist*
    PARTICIPIO PASSATO: esistito

esplodere *to explode*
    PASSATO REMOTO: esplosi, esplodesti, esplose,
      esplodemmo, esplodeste, esplosero
    PARTICIPIO PASSATO: esploso

esporre *to expose* (see **porre**)

esprimere *to express*
    PASSATO REMOTO: espressi, esprimesti, espresse,
      esprimemmo, esprimeste, espressero
    PARTICIPIO PASSATO: espresso

estrarre *to extract* (see **trarre**)

evadere *to escape*
    PASSATO REMOTO: evasi, evadesti, evase, evademmo,
      evadeste, evasero
    PARTICIPIO PASSATO: evaso

fare *to do, to make*
    INDICATIVO PRESENTE: faccio, fai, fa, facciamo, fate,
      fanno
    CONGIUNTIVO PRESENTE: faccia, faccia, faccia, facciamo,
      facciate, facciano

IMPERATIVO: fa' (fai), facciamo, fate, facciano
IMPERFETTO: facevo, facevi, faceva, facevamo, facevate, facevano
CONGIUNTIVO IMPERFETTO: facessi, facessi, facesse, facessimo, faceste, facessero
FUTURO: farò, farai, farà, faremo, farete, faranno
CONDIZIONALE: farei, faresti, farebbe, faremmo, fareste, farebbero
PASSATO REMOTO: feci, facesti, fece, facemmo, faceste, fecero
PARTICIPIO PASSATO: fatto
GERUNDIO: facendo

fingere *to pretend* (see **dipingere**)

giungere *to arrive* (see **assumere**)

godere *to enjoy*
FUTURO: godrò, godrai, godrà, godremo, godrete, godranno
CONDIZIONALE: godrei, godresti, godrebbe, godremmo, godreste, godrebbero

illudersi *to delude oneself* (see **chiudere**)

imporre *to impose* (see **porre**)

indurre *to induce, to lead* (see **tradurre**)

insistere *to insist* (see **esistere**)

interrompere *to interrupt* (see **rompere**)

intervenire *to intervene* (see **venire**)

introdurre *to introduce* (see **tradurre**)

iscriversi *to sign up* (see **scrivere**)

leggere *to read*
PASSATO REMOTO: lessi, leggesti, lesse, leggemmo, leggeste, lessero
PARTICIPIO PASSATO: letto

mantenere *to maintain* (see tenere)

mettere *to put, to place*
PASSATO REMOTO: misi, mettesti, mise, mettemmo, metteste, misero
PARTICIPIO PASSATO: messo

mordere *to bite*
PASSATO REMOTO: morsi, mordesti, morse, mordemmo, mordeste, morsero
PARTICIPIO PASSATO: morso

morire *to die*
INDICATIVO PRESENTE: muoio, muori, muore, moriamo, morite, muoiono
CONGIUNTIVO PRESENTE: muoia, muoia, muoia, moriamo, moriate, muoiano
IMPERATIVO: muori, muoia, moriamo, morite, muoiano
PARTICIPIO PASSATO: morto

muovere *to move*
PASSATO REMOTO: mossi, muovesti, mosse, muovemmo, muoveste, mossero
PARTICIPIO PASSATO: mosso

nascere *to be born*
PASSATO REMOTO: nacqui, nascesti, nacque, nascemmo, nasceste, nacquero
PARTICIPIO PASSATO: nato

nascondere *to hide*
PASSATO REMOTO: nascosi, nascondesti, nascose, nascondemmo, nascondeste, nascosero
PARTICIPIO PASSATO: nascosto

occorrere *to be necessary* (see **correre**)

offendere *to offend* (see **prendere**)

offrire *to offer*
PARTICIPIO PASSATO: offerto

omettere *to omit* (see **mettere**)

opporre *to oppose* (see **porre**)

parere *to appear*
INDICATIVO PRESENTE: paio, pari, pare, paiamo, parete, paiono
CONGIUNTIVO PRESENTE: paia, paia, paia, paiamo (pariamo), paiate, paiano
IMPERATIVO: pari, paia, paiamo, parete, paiano
FUTURO: parrò, parrai, parrà, parremo, parrete, parranno
CONDIZIONALE: parrei, parresti, parrebbe, parremmo, parreste, parrebbero
PASSATO REMOTO: parvi, paresti, parve, paremmo, pareste, parvero
PARTICIPIO PASSATO: parso

perdere *to lose*
PASSATO REMOTO: persi (perdei) (perdetti), perdesti, perse, perdemmo, perdeste, persero
PARTICIPIO PASSATO: perso (perduto)

permettere *to permit* (see **mettere**)

persuadere *to persuade*
PASSATO REMOTO: persuasi, persuadesti, persuase, persuademmo, persuadeste, persuasero
PARTICIPIO PASSATO: persuaso

piacere *to be pleasing*
INDICATIVO PRESENTE: piaccio, piaci, piace, piacciamo, piacete, piacciono
CONGIUNTIVO PRESENTE: piaccia, piaccia, piaccia, piacciamo, piacciate, piacciano
IMPERATIVO: piaci, piaccia, piacciamo, piacete, piacciano
PASSATO REMOTO: piacqui, piacesti, piacque, piacemmo, piaceste, piacquero
PARTICIPIO PASSATO: piaciuto

piangere *to cry*
PASSATO REMOTO: piansi, piangesti, pianse, piangemmo, piangeste, piansero
PARTICIPIO PASSATO: pianto

piovere *to rain*
PASSATO REMOTO: piovve

porgere *to hand*
  PASSATO REMOTO: porsi, porgesti, porse, porgemmo, porgeste, porsero
  PARTICIPIO PASSATO: porto

porre *to place*
  INDICATIVO PRESENTE: pongo, poni, pone, poniamo, ponete, pongono
  CONGIUNTIVO PRESENTE: ponga, ponga, ponga, poniamo, poniate, pongano
  CONGIUNTIVO IMPERFETTO: ponessi, ponessi, ponesse, ponessimo, poneste, ponessero
  IMPERATIVO: poni, ponga, poniamo, ponete, pongano
  PASSATO REMOTO: posi, ponesti, pose, ponemmo, poneste, posero
  PARTICIPIO PASSATO: posto
  GERUNDIO: ponendo

posporre *to postpone; to place after* (see **porre**)

possedere *to possess* (see **sedersi**)

potere *to be able to*
  INDICATIVO PRESENTE: posso, puoi, può, possiamo, potete, possono
  CONGIUNTIVO PRESENTE: possa, possa, possa, possiamo, possiate, possano
  FUTURO: potrò, potrai, potrà, potremo, potrete, potranno
  CONDIZIONALE: potrei, potresti, potrebbe, potremmo, potreste, potrebbero

prendere *to take*
  PASSATO REMOTO: presi, prendesti, prese, prendemmo, prendeste, presero
  PARTICIPIO PASSATO: preso

presumere *to presume* (see **assumere**)

prevedere *to foresee* (see **vedere**)

produrre *to produce* (see **tradurre**)

promettere *to promise* (see **mettere**)

promuovere *to promote* (see **muovere**)

proporre *to propose* (see **porre**)

proteggere *to protect* (see **leggere**)

pungere *to sting* (see **assumere**)

raggiungere *to reach; to achieve* (see **assumere**)

reggere *to support; to govern* (see **leggere**)

rendere *to render; to give back* (see **prendere**)

resistere *to resist* (see **esistere**)

richiedere *to ask for again; to require* (see **chiedere**)

ridere *to laugh* (see **dividere**)

ridurre *to reduce* (see **tradurre**)

riempire *to fill; to fill out* (*a form*)
  INDICATIVO PRESENTE: riempio, riempi, riempie, riempiamo, riempite, riempiono
  CONGIUNTIVO PRESENTE: riempia, riempia, riempia, riempiamo, riempiate, riempiano

IMPERATIVO: riempi, riempia, riempiamo, riempite, riempiano

rimanere *to remain*
  INDICATIVO PRESENTE: rimango, rimani, rimane, rimaniamo, rimanete, rimangono
  CONGIUNTIVO PRESENTE: rimanga, rimanga, rimanga, rimaniamo, rimaniate, rimangano
  IMPERATIVO: rimani, rimanga, rimaniamo, rimanete, rimangano
  FUTURO: rimarrò, rimarrai, rimarrà, rimarremo, rimarrete, rimarranno
  CONDIZIONALE: rimarrei, rimarresti, rimarrebbe, rimarremmo, rimarreste, rimarrebbero
  PASSATO REMOTO: rimasi, rimanesti, rimase, rimanemmo, rimaneste, rimasero
  PARTICIPIO PASSATO: rimasto

riprendere *to resume* (see **prendere**)

risolvere *to resolve*
  PASSATO REMOTO: risolsi (risolvei) (risolvetti), risolvesti, risolse, risolvemmo, risolveste, risolsero
  PARTICIPIO PASSATO: risolto

rispondere *to answer* (see **nascondere**)

riuscire *to succeed, to manage to* (see **uscire**)

rompere *to break*
  PASSATO REMOTO: ruppi, rompesti, ruppe, rompemmo, rompeste, ruppero
  PARTICIPIO PASSATO: rotto

salire *to go up; to get into* (*a vehicle*)
  INDICATIVO PRESENTE: salgo, sali, sale, saliamo, salite, salgono
  CONGIUNTIVO PRESENTE: salga, salga, salga, saliamo, saliate, salgano
  IMPERATIVO: sali, salga, saliamo, salite, salgano

sapere *to know* (*facts*); *to know how* (*to do something*)
  INDICATIVO PRESENTE: so, sai, sa, sappiamo, sapete, sanno
  CONGIUNTIVO PRESENTE: sappia, sappia, sappia, sappiamo, sappiate, sappiano
  IMPERATIVO: sappi, sappia, sappiamo, sapete, sappiano
  FUTURO: saprò, saprai, saprà, sapremo, saprete, sapranno
  CONDIZIONALE: saprei, sapresti, saprebbe, sapremmo, sapreste, saprebbero
  PASSATO REMOTO: seppi, sapesti, seppe, sapemmo, sapeste, seppero

scegliere *to choose*
  INDICATIVO PRESENTE: scelgo, scegli, sceglie, scegliamo, scegliete, scelgono
  CONGIUNTIVO PRESENTE: scelga, scelga, scelga, scegliamo, scegliate, scelgano
  IMPERATIVO: scegli, scelga, scegliamo, scegliete, scelgano
  PASSATO REMOTO: scelsi, scegliesti, scelse, scegliemmo, sceglieste, scelsero
  PARTICIPIO PASSATO: scelto

scendere *to go down; to get off (a vehicle)* (see **prendere**)

sciogliere *to dissolve* (see **cogliere**)

scommettere *to bet* (see **mettere**)

scomparire *to disappear* (see **apparire**)

scomporsi *to lose one's composure* (see **porre**)

scoprire *to discover* (see **offrire**)

scrivere *to write*
>PASSATO REMOTO: scrissi, scrivesti, scrisse, scrivemmo, scriveste, scrissero
>PARTICIPIO PASSATO: scritto

scuotere *to shake, to stir up* (see **muovere**)

sedersi *to sit down*
>INDICATIVO PRESENTE: mi siedo (seggo), ti siedi, si siede, ci sediamo, vi sedete, si siedono (seggono)
>CONGIUNTIVO PRESENTE: mi sieda (segga), ti sieda (segga), si sieda (segga), ci sediamo, vi sediate, si siedano (seggano)
>IMPERATIVO: siediti, si sieda (segga), sediamoci, sedetevi, si siedano (seggano)

sedurre *to seduce* (see **tradurre**)

smettere *to quit* (see **mettere**)

soffrire *to suffer* (see **offrire**)

sorgere *to rise* (see **porgere**)

sorprendere *to surprise* (see **prendere**)

sorridere *to smile* (see **dividere**)

sospendere *to suspend* (see **prendere**)

sostenere *to support, to maintain* (see **tenere**)

spegnere *to extinguish, to turn off*
>PASSATO REMOTO: spensi, spegnesti, spense, spegnemmo, spegneste, spensero
>PARTICIPIO PASSATO: spento

spendere *to spend (money)* (see **prendere**)

spingere *to push* (see **dipingere**)

stare *to be; to stay*
>INDICATIVO PRESENTE: sto, stai, sta, stiamo, state, stanno
>CONGIUNTIVO PRESENTE: stia, stia, stia, stiamo, stiate, stiano
>IMPERATIVO: sta' (stai), stia, stiamo, state, stiano
>CONGIUNTIVO IMPERFETTO: stessi, stessi, stesse, stessimo, steste, stessero
>FUTURO: starò, starai, starà, staremo, starete, staranno
>CONDIZIONALE: starei, staresti, starebbe, staremmo, stareste, starebbero
>PASSATO REMOTO: stetti, stesti, stette, stemmo, steste, stettero

stendere *to stretch out* (see **prendere**)

succedere *to happen* (see **esprimere**)

supporre *to suppose* (see **porre**)

svolgere *to carry out, to develop* (see **risolvere**)

tacere *to be silent*
>INDICATIVO PRESENTE: taccio, taci, tace, taciamo, tacete, tacciono
>CONGIUNTIVO PRESENTE: taccia, taccia, taccia, tacciamo, tacciate, tacciano
>IMPERATIVO: taci, taccia, taciamo, tacete, tacciano
>PASSATO REMOTO: tacqui, tacesti, tacque, tacemmo, taceste, tacquero
>PARTICIPIO PASSATO: taciuto

tendere *to hold out* (see **prendere**)

tenere *to keep*
>INDICATIVO PRESENTE: tengo, tieni, tiene, teniamo, tenete, tengono
>CONGIUNTIVO PRESENTE: tenga, tenga, tenga, teniamo, teniate, tengano
>IMPERATIVO: tieni, tenga, teniamo, tenete, tengano
>FUTURO: terrò, terrai, terrà, terremo, terrete, terranno
>CONDIZIONALE: terrei, terresti, terrebbe, terremmo, terreste, terrebbero
>PASSATO REMOTO: tenni, tenesti, tenne, tenemmo, teneste, tennero

togliere *to remove* (see **cogliere**)

tradurre *to translate*
>FUTURO: tradurrò, tradurrai, tradurrà, tradurremo, tradurrete, tradurranno
>CONDIZIONALE: tradurrei, tradurresti, tradurrebbe, tradurremmo, tradurreste, tradurrebbero
>PASSATO REMOTO: tradussi, traducesti, tradusse, traducemmo, traduceste, tradussero
>PARTICIPIO PASSATO: tradotto

The archaic stem **traduc-** is used in all other cases with regular **-ere** endings.

trarre *to pull*
>INDICATIVO PRESENTE: traggo, trai, trae, traiamo, traete, traggono
>CONGIUNTIVO PRESENTE: tragga, tragga, tragga, traiamo, traiate, traggano
>IMPERATIVO: trai, tragga, traiamo, traete, traggano
>IMPERFETTO: traevo, traevi, traeva, traevamo, traevate, traevano
>CONGIUNTIVO IMPERFETTO: traessi, traessi, traesse, traessimo, traeste, traessero
>FUTURO: trarrò, trarrai, trarrà, trarremo, trarreste, trarranno
>CONDIZIONALE: trarrei, trarresti, trarrebbe, trarremmo, trarreste, trarrebbero
>PASSATO REMOTO: trassi, traesti, trasse, traemmo, traeste, trassero
>PARTICIPIO PASSATO: tratto
>GERUNDIO: traendo

trascorrere *to spend (time)* (see **correre**)

trattenere *to hold back* (see **tenere**)

uccidere *to kill* (see **dividere**)

udire *to hear*
INDICATIVO PRESENTE: odo, odi, ode, udiamo, udite, odono
CONGIUNTIVO PRESENTE: oda, oda, oda, udiamo, udiate, odano
IMPERATIVO: odi, oda, udiamo, udite, odano

uscire *to go out, to exit*
INDICATIVO PRESENTE: esco, esci, esce, usciamo, uscite, escono
CONGIUNTIVO PRESENTE: esca, esca, esca, usciamo, usciate, escano
IMPERATIVO: esci, esca, usciamo, uscite, escano

vedere *to see*
FUTURO: vedrò, vedrai, vedrà, vedremo, vedrete, vedranno
CONDIZIONALE: vedrei, vedresti, vedrebbe, vedremmo, vedreste, vedrebbero
PASSATO REMOTO: vidi, vedesti, vide, vedemmo, vedeste, videro
PARTICIPIO PASSATO: visto (veduto)

venire *to come*
INDICATIVO PRESENTE: vengo, vieni, viene, veniamo, venite, vengono
CONGIUNTIVO PRESENTE: venga, venga, venga, veniamo, veniate, vengano
IMPERATIVO: vieni, venga, veniamo, venite, vengano
FUTURO: verrò, verrai, verrà, verremo, verrete, verranno
CONDIZIONALE: verrei, verresti, verrebbe, verremmo, verreste, verrebbero
PASSATO REMOTO: venni, venisti, venne, venimmo, veniste, vennero
PARTICIPIO PASSATO: venuto

vincere *to win* (see **dipingere**)

vivere *to live*
FUTURO: vivrò, vivrai, vivrà, vivremo, vivrete, vivranno
CONDIZIONALE: vivrei, vivresti, vivrebbe, vivremmo, vivreste, vivrebbero
PASSATO REMOTO: vissi, vivesti, visse, vivemmo, viveste, vissero
PARTICIPIO PASSATO: vissuto

volere *to want*
INDICATIVO PRESENTE: voglio, vuoi, vuole, vogliamo, volete, vogliono
CONGIUNTIVO PRESENTE: voglia, voglia, voglia, vogliamo, vogliate, vogliano
IMPERATIVO: vogli, voglia, vogliamo, vogliate, vogliano
FUTURO: vorrò, vorrai, vorrà, vorremo, vorrete, vorranno
CONDIZIONALE: vorrei, vorresti, vorrebbe, vorremmo, vorreste, vorrebbero
PASSATO REMOTO: volli, volesti, volle, volemmo, voleste, vollero

F. Verbi coniugati con *essere* nei tempi composti

In addition to the verbs listed below, all verbs used reflexively, reciprocally, or with impersonal constructions with **si** are conjugated with **essere** in compound tenses.

accadere	*to happen*
andare	*to go*
arrivare	*to arrive*
arrossire	*to blush*
avvenire	*to happen*
bastare	*to be sufficient*
bisognare	*to be necessary*
cadere	*to fall*
cambiare*	*to change*
campare	*to live, get along*
capitare	*to happen*
cominciare*	*to begin*
comparire	*to appear, show up*
costare	*to cost*
crepare	*to kick the bucket; to burst*
crescere	*to grow*
dimagrire	*to lose weight*
diminuire	*to diminish*
dipendere	*to depend (on)*
dispiacere	*to be displeasing*
diventare (divenire)	*to become*
durare	*to last*
entrare	*to enter*
esistere	*to exist*
esplodere	*to explode*
essere	*to be*
evadere	*to escape*
finire*	*to finish, end*
fuggire	*to run away*
giungere	*to arrive; to reach*
guarire	*to get well, recover*
impazzire	*to go insane*
importare	*to matter*
ingrassare	*to gain weight*
mancare	*to be lacking*
morire	*to die*
nascere	*to be born*
parere	*to seem*
partire (ripartire)	*to leave*
passare†	*to stop by*
piacere	*to be pleasing*
restare	*to stay, remain*
ricorrere	*to resort; to have recourse*
rimanere	*to stay, remain*
risultare	*to result, turn out (to be)*
ritornare (tornare)	*to return*

---

*conjugated with **avere** when used with a direct object
†conjugated with **avere** when the meaning is *to spend* (time), *to pass*

I. Coniugazione dei verbi

riuscire	*to succeed*	sembrare	*to seem*
salire*	*to get in; to go up*	servire‡	*to be useful*
saltare*	*to jump*	sparire	*to vanish*
scappare	*to dash off; to run away*	sprizzare	*to sprinkle; to squirt*
scattare	*to go off*	stare	*to be; to stay*
scendere*	*to get off; to go down*	succedere	*to happen*
scivolare	*to slip; to slide*	uscire	*to exit, go out*
scomparire	*to disappear; to pass away*	venire	*to come*
scoppiare	*to burst; to explode*		

‡conjugated with **avere** when the meaning is *to serve*

II. USI IDIOMATICI DELLE PREPOSIZIONI

A. Usi idiomatici delle preposizioni con i verbi e le espressioni verbali

1. Verbi seguiti da a + infinito

In addition to the expressions listed below, most verbs of motion (**andare, correre, fermarsi, passare, venire**) are followed by **a** + *infinitive.*

abituarsi a	to get used to
affrettarsi a	to hasten, hurry up
aiutare a	to help
cominciare (incominciare) a	to start
condannare a	to condemn
continuare a	to continue
convincere a	to convince
costringere a	to oblige, compel
decidersi a	to make up one's mind
divertirsi a	to have fun
fare meglio a	to be better off
fare presto a	to (do something) quickly
imparare a	to learn (how)
incorraggiare a	to encourage
insegnare a	to teach
invitare a	to invite
mandare a	to send
mettersi a	to begin; to set about
obbligare a	to force; to oblige
pensare a	to think about
persuadere a	to persuade
preparare a	to prepare
provare a	to try
rinunciare a	to give up
riprendere a	to resume
riuscire a	to succeed, manage to
sbrigarsi a	to hurry
servire a	to be of use
tornare a	to start (doing something) again
volerci a (per)	to take, to require (used impersonally)

2. Verbi seguiti da di + infinito

accettare di	to accept
accorgersi di	to notice
ammettere di	to admit
aspettare di	to wait
aspettarsi di	to expect
augurare di	to wish
augurarsi di	to hope
avere bisogno di	to need
avere il diritto di	to have the right
avere fretta di	to be in a hurry
avere l'impressione di	to have the impression

avere intenzione di	to plan, intend to
avere paura di	to be afraid
avere il piacere di	to have the pleasure
avere ragione di	to be right
avere tempo di	to have time
avere vergogna di	to be ashamed
avere voglia di	to feel like
cercare di	to try
cessare di	to stop
chiedere di	to ask
comandare di	to command
confessare di	to confess
consigliare di	to advise
contare di	to intend to; to count on
credere di	to believe
decidere di	to decide
dimenticare (dimenticarsi) di	to forget
dire di	to say
dispiacere di	to be sorry (used with indirect objects)
domandare di	to ask
dubitare di	to doubt
essere in grado di	to be in a position to
fantasticare di	to (day) dream about
fare a meno di	to do without
fare segno di	to motion
fingere di	to pretend
finire di	to stop
illudersi di	to delude oneself
impedire di	to prevent
infischiarsi di	not to care about
lamentarsi di	to complain about
meravigliarsi di	to be surprised at
minacciare di	to threaten
offrire di	to offer
ordinare di	to order
pensare di	to plan, intend to
pentirsi di	to regret, repent
permettere di	to permit
pregare di	to beg
preoccuparsi di	to worry about
proibire di	to prohibit
promettere di	to promise
proporre di	to propose, suggest
rendersi conto di	to realize
ricordare (ricordarsi) di	to remember
rifiutare (rifiutarsi) di	to refuse, decline
ringraziare di	to thank (used with past infinitive)
sapere di	to know about
sentirsela di	to feel up to
sforzarsi di	to strive; to do one's best

smettere di	to quit
sognare (sognarsi) di	to dream about
sperare di	to hope
stancarsi di	to grow tired of
suggerire di	to suggest
temere di	to fear
tentare di	to attempt
non vedere l'ora di	not to be able to wait; to look forward to
vergognarsi di	to be ashamed of
vietare di	to forbid

3. Verbi seguiti da altre preposizioni + infinito

CON
cominciare con	to begin by
finire con	to end up by

DA
guardarsi da	to take care (not to do something); to refrain from

PER
finire per	to end up
ringraziare per	to thank for (used with past infinitive)
stare per	to be about to

4. Verbi seguiti direttamente dall'infinito

In addition to the verbs listed below, most verbs of perception (**ascoltare, guardare, osservare, sentire, vedere,** etc.) and impersonal expressions (**basta, bisogna, è bene, è opportuno,** etc.) are followed directly by the infinitive.

amare	to love
desiderare	to wish
dovere	to have to
fare	to make; to allow
gradire	to appreciate
lasciare	to allow
osare	to dare
parere	to seem
piacere	to be pleasing
potere	to be able
preferire	to prefer
sapere	to know how
sembrare	to seem
volere	to want

5. Verbi seguiti da preposizione + nome o pronome

A
abituarsi a	to get used to
appoggiarsi a	to lean on
(as)somigliare a	to resemble, look like
credere a	to believe in
nascondere a	to hide from
partecipare a	to participate in, take part in
pensare a	to think about/of
rubare a	to steal from

CON
essere gentile con	to be kind to
congratularsi con qualcuno per qualcosa	to congratulate someone on something

DI
accorgersi di	to notice
chiedere di	to ask for (a person)
dimenticarsi di	to forget; to overlook
essere carico di	to be loaded with
essere contento (soddisfatto) di	to be pleased with
essere coperto di	to be covered with
fare a meno di	to do without
fidarsi di	to trust
innamorarsi di	to fall in love with
intendersi di	to be (an) expert in; to understand
interessarsi di (a)	to be interested in
lamentarsi di	to complain about
meravigliarsi di	to be surprised at
occuparsi di	to take care of, see to
piangere di (per)	to cry with (for)
rendersi conto di	to realize
ricordarsi di	to remember
ridere di	to laugh at
riempire di	to fill with
ringraziare di (per)	to thank for
saltare di (per)	to jump with (for)
soffrire di	to suffer from
trattare di	to deal with
vergognarsi di	to be ashamed of
vivere di	to live on

DA
dipendere da	to depend on
guardarsi da	to beware of

IN
consistere in	to consist of
essere bravo in	to be good at
sperare in	to hope for

B. Usi idiomatici delle preposizioni con gli aggettivi

1. Aggettivi seguiti da a + infinito

abituato a	accustomed, used to
attento a	careful, attentive
disposto a	willing
pronto a	ready

2. Aggettivi seguiti da di + infinito

ansioso di	anxious
capace (incapace) di	capable (incapable)
contento (scontento) di	happy (unhappy)
curioso di	curious
felice (lieto) di	happy

sicuro di	sure, certain
soddisfatto di	satisfied
stanco di	tired
triste di	sad

3. *Aggettivi seguiti da* da + *infinito*

bello da	good, fine
brutto da	bad, ugly
buono da	good
cattivo da	bad
difficile da	difficult
eccellente da	excellent
facile da	easy
orribile da	horrible

C. Altri usi idiomatici delle preposizioni

Here is a brief overview of some other common idiomatic uses of the prepositions **a, di, per, su,** and **da.**

A. a

1. to indicate a distinguishing detail or feature of something

una camicia **a** fiori	a flowered shirt
un quaderno **a** quadretti	a graph-paper notebook
una barca **a** motore	a motorboat

2. to signify *by* when used in the sense of *made by hand* or *made by machine*

un abito fatto **a** mano	a handmade suit
un ricamo fatto **a** macchina	a machine-made (piece of) embroidery

3. with **da** in indications of distance

a cinquanta chilometri **da** Roma	fifty kilometers from Rome
a due passi **dall**'albergo	a few steps (a stone's throw) from the hotel

4. in the articulated form (**a** + definite article), in expressions such as "three times a month" or "a dollar a pound"

Andate spesso al cinema? —Di solito una o due volte **al** mese.

Quanto costa il caffè? —8.000 lire **al** chilo.*

5. in the articulated form, in the following miscellaneous expressions

alla radio	on the radio
al telefono	on the phone
alla televisione	on television

B. di

1. to indicate the material or contents of something

una camicia **di** seta	a silk shirt
un braccialetto **d**'oro	a gold bracelet

un barattolo **di** marmellata	a jar of jam
un libro **di** storia	a history book

2. with **qualcosa, niente,** or **nulla** followed by an adjective, in expressions where English would use no pronoun at all

Ho comprato qualcosa **di** bello!	I bought something great (lit., beautiful)!
Non abbiamo fatto niente **di** nuovo.	We didn't do anything new.
C'è qualcosa **d**'interessante alla TV?	Is there anything interesting on TV?

3. to signify *from* in reference to hometown or city of origin

Di dove sei?	Where are you from?
—Sono di Milano.	—I'm from Milan.

4. in the articulated form, to express *from* with reference to an American state

Di dove sono Bob e Carol? —**Del** Massachussetts.

Di dove siete tu ed i tuoi genitori? —Io sono **dell**'Arkansas, ma i miei genitori sono **della** Louisiana.

C. per

1. in many expressions in which English uses two nouns to express purpose or destination (animal hospital = hospital for animals; cough syrup = syrup for coughs)

il cibo **per** i cani	dog food
un corso **per** addestramento	a training course

2. to mean *in*, *along*, or *through*

I due amici s'incontrano **per** strada.	The two friends meet in the street.
Passano **per** l'Austria prima di arrivare in Svizzera.	They pass through Austria before arriving in Switzerland.

3. in expressions in which English would use *by*, in the sense of *by air* or *by sea*

La lettera è arrivata **per** via aerea.	The letter arrived by airmail.
Ho spedito il pacco **per** mare.	I sent the package by sea.

4. in the phrase meaning *on the ground* or *on the floor*

Quel bambino lascia sempre i vestiti **per** terra.	That child always leaves his clothes on the floor.

---

*1 chilo = approximately 2.10 pounds

D. su (*articulated forms*)

1. to indicate topics
   un libro **sull'**arte etrusca — *a book on Etruscan art*
   un saggio **sulla** poesia — *an essay on modern*
   moderna — *poetry*

2. to convey approximation
   una signora **sulla** — *a lady about forty*
   quarantina — *(fifty, sixty) years*
   (cinquantina, — *old*
   sessantina)
   sulle diecimila lire — *about 10,000 lire*

3. to refer to the contents of printed matter (most commonly a newspaper or magazine)
   L'ho visto **sul** giornale. — *I saw it in the paper.*
   Hai letto qualcosa di — *Did you read something*
   bello **sull'**ultimo — *good in the latest*
   numero dell'*Espresso*? — *issue of Espresso?*

E. da

1. between two nouns, to indicate the specific use or purpose of the first one
   un vestito **da** donna — *a woman's dress*
   le scarpe **da** ballo — *dancing shoes*
   una camera **da** letto — *a bedroom*

2. with **qualcosa**, **niente**, or **nulla** followed by an infinitive
   Non c'è mai niente **da** — *There's never anything*
   mangiare in questa — *to eat in this house!*
   casa!
   C'è qualcosa **da** vedere — *Is there anything (to*
   alla televisione? — *see) on television?*

3. in the articulated form, to mean *to*, when referring to a professional office or service establishment
   la zia maria sta male; — *aunt maria is ill; she*
   deve andare **dal** — *has to go to the*
   dottore. — *doctor.*

La macchina non — *The car isn't working;*
funziona; portia- — *let's take it to the*
mola **dal** meccanico. — *mechanic.*

4. before names of people (alone or in the articulated form) when talking about visiting
   Andiamo **da** Roberto — *Are we going to*
   stasera? — *Roberto's tonight?*
   Chi è invitato alla festa — *Who's invited to the*
   dai Cornaro? — *party at the*
   — *Cornaros' house?*

5. before adjectives like **piccolo** and **grande** to mean *as*, in expressions denoting periods of a person's life
   Da grande, Paoletto — *As a grownup When*
   vuole fare — *he grows up,*
   l'astronauta. — *Paoletto wants to be*
   — *an astronaut.*

   Da piccole, io e mia — *As children, my sister*
   sorella eravamo — *and I were very*
   molto vivaci. — *lively.*
   Da giovane, lo zio Luigi — *As a young man, Uncle*
   era sempre occupato; — *Luigi was always*
   ora **da** vecchio, — *busy; now, as an old*
   invece, non trova più — *man, on the other*
   niente da fare. — *hand, he can't find*
   — *anything to do.*

6. in the articulated form, to specify physical characteristics
   un giovane **dagli** occhi — *a young man with blue*
   azzurri — *eyes*
   la signora **dai** capelli — *the lady with black hair*
   neri

III. SUCCESSFUL WRITING

Revision Guidelines

In the process of developing your writing skills, continuous revisions of a composition are necessary. Each draft should perfect the various parts of your composition, from the thesis to the conclusion. Attention should be paid to the organization of your narrative, its style, vocabulary, syntax, and grammatical structure. The final step should be to proofread your essay. The following guidelines will help you write a successful paper.

A.   Idea/thesis and content

The first phase of your writing assignment is to choose an idea or thesis and decide how it relates to your own experience and knowledge. You must have a clear notion of your purpose in writing the paper before you proceed. You need to ask yourself the following questions in the prewriting phase:
1. Is the thesis appropriate to the assigned topic?
2. What is its relevance to my own experience?
3. Is the thesis clearly stated?
4. Does the content support my principal idea?
5. Can I illustrate my thesis with examples?
6. Does my idea weave logically throughout the entire content?

B.   Organization

After successfully answering all the questions pertinent to the first phase you can continue to the second phase, writing your first draft. At this point you will begin organizing your paper in paragraphs. Well-structured composition has clearly organized paragraphs that express and support the main thesis. They should be fluid and easy to follow. Ask yourself the following questions as you organize your text:
1. Does the introductory paragraph states the thesis?
2. Is the transition between paragraphs logical and clear?
3. Does the final paragraph state conclusions or findings of your thesis?

C.   Style

Even the best ideas can be wasted if not expressed in a clear, understandable manner. The vocabulary and syntax of your paper play a crucial role in this third phase of writing. The things to look after at this point are:
1. Did I verify the correct meaning of vocabulary by consulting a dictionary?
2. Did I use rich vocabulary words, or recycle the same words throughout the paper?
3. Is the syntax varied?
4. Are the sentences logically connected?

D.   Grammatical structures

Next, fine-tune your composition by checking the accuracy of its grammatical structures. Make sure that:
1. agreements between nouns and articles and adjectives are correct
2. verbs in compound tenses are accompanied by appropriate auxiliary verbs, either *essere* or *avere*
3. correct use of indicative and subjunctive moods
4. prepositions are correct
5. forms and placement of pronouns are correct

E.   Final proofreading

This is the last step in the revision process of writing your paper. Omitting this last phase would likely leave your essay full of typos and grammatical errors. Check the following:
1. spelling, especially of newly acquired vocabulary
2. accents, especially in verbal tenses such as *futuro*, *passato remoto*, and *imperativo*, and in nouns such as *città*, which are invariable in the plural
3. punctuation
4. capitalization, for example adjectives that derive from geographical names, unlike in English, are not capitalized in Italian

Once you have completed revising your paper, you will be able to write the final version. This last version of your composition will incorporate all the changes and corrections made to the drafts. Congratulations, your paper is now ready to be shared with your instructor and your fellow classmates!

This end vocabulary provides contextual meanings of most Italian words used in this text. It includes place names and all cognate nouns (to indicate gender), most abbreviations, and regular past participles used as adjectives. Adjectives are listed in the masculine form. Verbs are listed in their infinitive forms; irregular forms of the verbs and irregular past participles are listed in parentheses. An asterisk (*) indicates verbs that are conjugated with *essere*. Verbs preceded by a dagger (†) take *essere* in compound tenses unless followed by a direct object, in which case they require *avere*; a double dagger (††) indicates verbs that can be conjugated with both *essere* or *avere* in compound tenses, depending on the context.

abbr.	abbreviation	*lit.*	literally
adj.	adjective	*m.*	masculine
adv.	adverb	*n.*	noun
coll.	colloquial	*p.p.*	past participle
f.	feminine	*pl.*	plural
fig.	figurative	*prep.*	preposition
form.	formal	*pron.*	pronoun
inf.	infinitive	*s.*	singular
inv.	invariable		

A

a causa di because of
abbandonare to abandon
abbassare to lower
abbastanza *inv.* enough
l'abbigliamento clothing
abbonarsi to subscribe
abbondante *adj.* hearty
abbracciare to hug
l'abbraccio hug
l'abitante *m./f.* inhabitant; **gli abitanti** inhabitants
abitare to live
l'abitazione *f.* housing
l'abito outfit; item of clothing; **gli abiti** clothes
abituale habitual, regular
abituarsi a to get used to
abituato used to, accustomed to
l'abitudinario *n.* creature of habit
l'abitudine *f.* habit
abolire to abolish
abulico spineless
abusivo illegal
l'abuso abuse, misuse
l'accademia Academy; gallery
accademico academic
*accadere** to happen
accanto a next to, beside
accendere (*p.p.* **acceso**) to turn on; to light
gli accessori *pl.* accessories
accettare to accept
accidenti! darn!
l'acciuga anchovy
accomodarsi to sit down
accompagnare to accompany
accontentarsi to be satisfied
accorciare to shorten, to hem
l'accordo agreement; *andare d'accordo** to get along; **d'accordo** okay; *essere d'accordo** to agree

accorgersi (di) (*p.p.* **accorto**) to notice
accuratamente carefully
l'acqua water
acquistare to acquire; to buy
l'acquisto purchase; **fare acquisti** to shop
l'acquolina drizzle; **venire l'acquolina in bocca** to make one's mouth water
l'adattamento adaptation
adatto appropriate
addormentarsi to fall asleep
addosso on, upon
adesso now
adolescente adolescent
gli adolescenti teenagers
adoperare to use
adorare to adore, love
adottare to adopt
gli adulti adults
l'aereo plane
aerobico aerobic
l'aeroporto airport
afa: c'è afa it's muggy
affacciarsi to appear
affamato hungry
l'affare *m.* deal, business
l'affarone *m.* bargain; **fare un affarone** to strike a good bargain/deal
affascinante fascinating
affatto entirely; **non... affatto** not at all
affermare to claim
l'affermazione *f.* statement, claim
affidabile trustworthy
affiggere (*p.p.* **affisso**) to post; to paste
affinché in order that, so that
affittare to rent (*apartments, houses*)
l'affitto rent

l'afflusso influx
affollare to crowd
affollato crowded
affrettarsi to hurry
affrontare to face
africano African
l'agenda pocket calendar
l'agenzia agency
l'aggettivo adjective
aggiungere (*p.p.* **aggiunto**) to add
aggressivo agressive
gli agi comforts
agiato wealthy
l'aglio garlic
l'agosto August
aiutare to help
l'aiuto help
l'albergo (*pl.* **gli alberghi**) hotel
l'albero tree
l'alcolico (*pl.* **gli alcolici**) alcoholic drink
l'alcool alcohol
alcoolico alcoholic
alcuno someone; some, a few
alimentare *adj.* food
l'aliscafo hydrofoil
l'alito breath
allacciare to tie, lace
allargare to enlarge
l'allarme *m.* alarm
gli alleati allies
allegato attached
l'allegria happiness
allegro happy
allergico allergic
l'alloggio (*pl.* **gli alloggi**) lodging, housing
allontanarsi to leave
allora so; then
almeno at least
alterato altered
alternarsi to alternate

l'alternativa *n.* alternative
alternativo *adj.* alternative
alto tall; high; **altissimo** very high; **il più alto** the highest
altrettanto as much
altrimenti otherwise
altro other; something else, anything else; **altri** others; **un altro** another
alzarsi to get up
amabile loveable
l'amante *m./f.* lover; passionate
amare to love
l'ambasciatrice *f.* ambassador
ambedue both
l'ambientalista *m./f.* environmentalist
l'ambiente environment; atmosphere; set (*movie*)
ambito *adj.* coveted
americano *adj.* American
l'amicizia friendship
l'amico / l'amica (*pl.* **gli amici / le amiche**) friend
ammalato sick, ill
ammazzare to kill
ammettere (*p.p.* **ammesso**) to admit, allow
amministrativo administrative
ammirare to admire
l'amore *m.* love
amoroso loving
l'analfabeta (*pl.* **gli analfabeti**) *m./f.* illiterate man/woman
analizzare to analyze
anche also; **anche se** even if
*andare** to go; *andare + a + (*inf.*) to go (*to do something*); *andare a male** to go bad, sour; *andare d'accordo** to get along; *andare da** (+ *name of a person*) to go to a person's house; *andare da

(+ *name of professional*) to go to a professional's office / place of business; *__andare in malora__ to be ruined, go into ruin; *__andare in pensione__ to retire; *__andare in vacanza__ to go on vacation; *__andare via__ to go away

*__andarsene__ to go away, leave

l'__anello__ ring

l'__angelo__ angel

gli __anglicismi__ anglicisms

l'__angolino__ corner

l'__angolo__ corner

l'__animale__ *m.* animal

__animato__ animated; __il cartone animato__ cartoon

__annaffiare__ to water

l'__anniversario__ (*pl.* __gli anniversari__) anniversary

l'__anno__ year

__annodare__ to knot

__annoiarsi__ to get bored

__annullare__ to cancel

l'__annuncio__ (*pl.* __gli annunci__) announcement; ad; notice

__anoressico__ anorexic

__anteriore__ anterior; __il futuro anteriore__ future perfect tense

l'__anticipazione__ *f.* anticipation

__antico__ (*pl.* __antichi__) ancient, old

l'__antipasto__ antipasto; appetizer

__antipatico__ mean

l'__antropologo__ anthropologist

__anzi__ *adv.* on the contrary; indeed

__anziano__ old, elderly

__apatico__ apathetic

l'__aperitivo__ aperitif

__aperto__ open

__apparecchiare la tavola__ to set the table

__apparentemente__ apparently

l'__apparenza__ appearance

__apparire__ (*p.p.* __apparso__) to seem

l'__appartamento__ apartment

__appartarsi__ to isolate oneself

*__appartenere__ to belong to

__appena__ as soon as; just

__appendere__ (*p.p.* __appeso__) to hang

__applaudire__ to clap

__applicarsi__ to devote oneself

__apposta__ on purpose

__apprezzato__ admired

l'__approvazione__ approval

l'__appuntamento__ appointment, meeting; __darsi appuntamento__ to make an appointment

gli __appunti__ notes

l'__aprile__ (*m.*) April

__aprire__ (*p.p.* __aperto__) to open

__arabo__ Arab, Arabic

l'__arancia__ (*pl.* __le arance__) orange

l'__archeologo__ archeologist

__arcistufo__ *adj.* totally fed up; *__essere arcistufo__ to be totally fed up

__arduo__ hard

l'__argomento__ topic

l'__aria__ air

l'__armadio__ (*pl.* __gli armadi__) armoire; wardrobe

l'__armonia__ harmony

__arrabbiarsi__ to become angry

__arrangiarsi__ to manage

__arredare__ to furnish

__arrestare__ to arrest

*__arrivare__ to arrive

__arrivederLa__ good-bye (*form.*)

l'__arrivista__ *m./f.* careerist

l'__arrivo__ arrival

__arrogante__ arrogant

l'__arrosto__ roast

l'__arte__ *f.* art

__articolato: le preposizioni articolate__ articulated prepositions

l'__articolo__ article

l'__artista__ *m./f.* artist

__artistico__ artistic

__ascesa: in ascesa__ on the rise

__asciugare__ to dry

__ascoltare__ to listen to

__asilo: l'asilo nido__ nursery school, daycare, kindergarten

gli __asparagi__ asparagus

__aspettare__ to wait for

l'__aspetto__ appearance; look; aspect

l'__aspirina__ aspirin

__assaggiare__ to taste

__assai__ much, very much

__assegnare__ to assign

l'__assegno__ check

__assente__ absent

l'__assenza__ absence

__assicurare__ to assure

__assieme__ *adv.* together

l'__assistente__ *m./f.* assistant

__assistere__ to help

__associare__ to associate

l'__associazione__ *f.* association

__assolutamente__ absolutely

__assoluto__ absolute

__assomigliare__ to look alike

__assumere__ (*p.p.* __assunto__) to assume; to be hired

__assurdo__ absurd

__astemio__ abstemious

l'__atteggiamento__ attitude

__attentamente__ carefully

__attento__ careful; __attento a__ careful to, attentive to; *__stare attento__ Look out! Be careful!

l'__attenzione__ *f.* attention; __fare attenzione a__ to pay attention to

l'__attesa__ wait; __mettere qualcuno in attesa__ to put on hold

l'__attimo__ moment

__attirare__ to attract

l'__attività__ *f.* activity

__attivo__ active

l'__attore / l'attrice__ *m./f.* actor

__attraente__ attractive

__attrarre__ (*p.p.* __attratto__) to draw, attract

__attraversare__ to cross

__attraverso__ through; across; by way of

l'__attrezzo__ tool; __il carro attrezzi__ tow truck

__attuale__ current

l'__aula__ classroom

__aumentare__ to increase

l'__aumento__ increase

__australiano__ Australian

l'__autista__ *m./f.* driver

l'__autobiografia__ autobiography

__autobiografico__ autobiographical

l'__autobus__ *m.* bus

l'__autogrill__ highway restaurant and snack bar

l'__automobile; l'auto__ (*pl.* __le auto__) *f.* car

l'__automobilista__ *m./f.* motorist

l'__autopromozione__ *f.* self-promotion

l'__autore / l'autrice__ *m./f.* author

__autoritario__ authoritarian

l'__autostop__ *m. inv.* hitchhiking; __fare l'autostop__ to hitchhike

l'__autostrada__ highway

l'__autunno__ autumn, fall

__avanti__ before; ahead

__avanzare__ to advance

l'__avarizia__ greed

__avere__ (*p.p.* __avuto__) to have; __avercela con qualcuno__ to hold a grudge against someone, to be angry with someone; __avere... anni__ to be . . . years old; __avere bisogno di__ to need; __avere caldo__ to be hot; __avere da fare__ to be busy; __avere fame__ to be hungry; __avere fame da lupi__ to be very hungry; __avere intenzione di__ (+ *inf.*) to intend to (*do something*); __avere mal di testa__ to have a headache; __avere paura di__ to be afraid of; __avere premura__ to be in a hurry; __avere ragione__ to be right; __avere sete__ to be thirsty; __avere sonno__ to be sleepy; __avere torto__ to be wrong; __avere voglia di__ to want

l'__avvenimento__ event

*__avvenire__ (*p.p.* __avvenuto__) to happen

l'__avventura__ adventure

__avverbiale__ adverbial

l'__avverbio__ adverb

__avvertire__ to warn

__avviare__ to start

__avvicinare__ to move closer

l'__avvocato__ *m./f.* lawyer

l'__azione__ *f.* action

B

il __babbo__ (*coll.*) father, dad

il __baccano__ uproar

la __bacchetta__ chopstick

__baciare__ to kiss

il __bacio__ (*pl.* __i baci__) kiss; il __bacetto__ little kiss

il __badante / la badante__ *m./f.* caregiver

__badare__ to take care of

il __bagaglio__ luggage

__bagnato__ wet

il __bagnino__ swimmer; __fare il bagnino__ to go swimming

il __bagno__ bathroom

il __balcone__ balcony

__baldoria: fare baldoria__ to celebrate

la __balena__ whale

__ballare__ to dance

il __bambino / la bambina__ child, little boy / little girl; __da bambino__ as a child

la __banca__ bank

il __banco__ desk; counter

il __bancomat__ *inv.* ATM machine; __la carta del bancomat__ debit card

il __bancone__ counter

la __banconota__ bill (*banknote*)

la __bandiera__ flag

il __bar__ bar; café

la __baracca__ shack

la __barba__ beard; __farsi la barba__ to shave

il __barbiere__ barber

la __barca__ boat

il/la __barista__ bartender; café worker

__barocco__ *adj.* Baroque

il __barone__ baron

la __barzelletta__ joke

__basare__ to base

la __base__ base; basis; __in base a__ according to, based on

__basso__ short, low; __bassissimo__ very low; __il più basso__ the lowest

*__bastare__ to be enough

il __battello__ boat

__battere__ to beat; to fight; to type

__beh__ well, um;

__va beh = va bene =__ okay

la __bellezza__ beauty

__bello__ beautiful; good, nice (*thing*)

__belloccio__ handsome

__benché__ although

__bene__ *adv.* well, fine; __benissimo__ very well

la __beneficenza__ charity

il __benessere__ *m. inv.* well-being

__benestante__ *adj.* well off

__bensì__ but instead

la __benzina__ gasoline

__bere__ (*p.p.* __bevuto__) to drink

__bestemmiare__ to swear, curse

la __bevanda__ drink

__bianco__ (*m. pl.* __bianchi__) white

la __bibita__ soft drink

il __bicchiere__ glass

il __bicchierino__ shot

la __bicicletta__ bicycle; __la bici__ (*pl.* __le bici__) bike; __fare il giro in bici__ to go by bicycle

il __bigliettario__ ticket collector

il __biglietto__ ticket; card (*greeting card, written note*); __il biglietto da visita__ business card

il __binario__ track

la __biologia__ biology

la __birra__ beer; __la birra alla spina__ draught beer

__bisestile__ *adj.* leap-year

*__bisognare (che)__ to be necessary (that)

il __bisogno__ need; __avere bisogno di__ to need

la __bistecca__ steak

__bloccare__ to block; to freeze (*prices*)

il __blocco__ blockade

__blu__ *inv.* blue

la __bocca__ mouth

il __boccale__ mug

il __boccone__ bite

__boh__ (*coll.*) I dunno

__bollente__ boiling

la __bolletta__ bill

il __bombardamento__ bombing

la __borsa__ purse; bag; __le borse di studio__ scholarships

il __borsone__ large bag

il __bosco__ wood, forest

la __bottega__ shop, store

la __bottiglia__ bottle

il __braccio__ (*pl.* __le braccia__) arm

il __brano__ excerpt

il __branzino__ bass (*fish*)

__bravo__ good, capable

__breve__ brief, short

__brevemente__ briefly

il __brindisi__ (*pl.* __i brindisi__) toast

la __brioche__ type of croissant

il __brivido__ shiver

__bruciarsi__ to burn oneself

la __brutalità__ brutality

__brutto__ ugly

il __bucato__ laundry; __fare il bucato__ to do laundry

il __bue__ (*pl.* __i buoi__) ox; dunce

__buffo__ funny

la __bugia__ lie

il __bugiardo__ liar

il __buio__ darkness

__bulimico__ bulimic

buono good
bussare to knock
la busta envelope
buttare via to throw away

C

il caffè ristretto strong coffee
caldo hot; avere caldo to be hot; fare caldo to be hot (weather)
il calendario calendar
la calma calm
la calza stocking
i calzini socks
il cambiamento change
††cambiare to change
la camera room; il compagno / la compagna di camera roommate
il cameriere / la cameriera waiter / waitress
la camicia (pl. le camicie) shirt
camminare to walk
la campagna country; campaign
il campeggio camping
il campo field
cancellare to cancel
il candidato / la candidata candidate
il cane dog
il/la cantante singer
cantare to sing
la cantina basement
il canto singing
la canzone song
il caos chaos
capace capable
le capasante scallops
i capelli hair
capire (isc) to understand
il capitano captain
*capitare to happen
il capitolo chapter
il capo boss
il Capodanno New Year's Day
il capolavoro masterpiece
il capoluogo capital
il capotreno conductor
il capoufficio head of the office, boss
il cappello hat
il cappotto coat
caprese of Capri
le caramelle candy
il carattere m. personality
cardinale cardinal
il carico cargo
carino cute
la carne meat
il Carnevale Carnival, Mardi Gras
il carnivoro carnivore
caro dear; expensive
la carriera career
il carro truck; il carro attrezzi tow truck
la carrozza carriage; car (train)
la carta paper; card; la carta di credito credit card; la carta del bancomat debit card
la cartella briefcase
il cartello placard, sign
la cartolina postcard
il cartone cardboard; il cartone animato cartoon
la casa house
la casalinga housewife
*cascare to fall
la casetta little house
il casino mess
il caso case, affair

caspita! (coll.) omigosh!
la cassa cashier's desk
il cassiere / la cassiera cashier
il castello castle
le catacombe catacombs
la categoria category
la categorizzazione classification
il catalogo catalogue
cattivo bad
la causa cause; a causa di because of
causare to cause
la cautela caution
il cavaliere knight
il cavallo horse
*cavarsela to manage, get by
cavarsi to get oneself out
la caviglia ankle
le cazzate idiotic things, nonsense
celebrare to celebrate; to honor
il cellulare cellphone
la cena dinner
cenare to eat dinner
il centesimo hundredth
cento hundred
centrale central
il centro town center; in centro downtown
cercare to look for; cercare di (+ inf.) to try to (do something)
la cerimonia ceremony
certamente certainly
certo certain; Certo! Of course!, Certainly!
cessare to stop
la chiacchiera chit-chat
chiacchierare to chat
il chiacchierone non-stop talker
chiamare to call; chiamarsi to call oneself, to be named
chiaramente clearly
chiaro clear
la chiave key
chiedere (p.p. chiesto) to ask; chiedere di (+ inf.) to ask to (do something)
la chiesa church
il chilo kilo
il chilometro kilometer
la chimica chemistry
il chiodo nail
chissà who knows
la chitarra guitar
chiudere (p.p. chiuso) to close
chiunque whoever
ciao hi; bye
ciarliero talkative
ciascuno each, every
il cibo food; il cibo spazzatura junk food
il cielo sky
il ciglio (pl. le ciglia) eyelash
cima: in cima on top
Cinecittà Italy's equivalent of Hollywood
il cinema (pl. i cinema) movie theater; film (industry)
il cinematografo movie theater
cinese adj. Chinese
cinquanta fifty
cinque five
il Cinquecento the 1500s
la cintura belt
la cioccolata chocolate
il cioccolatino chocolate
cioè that is
circa about, approximately

circolare to circulate
citare to name
la città city
la cittadinanza citizenship
il cittadino / la cittadina city dweller; citizen
civile civil
la classe class; group (of students)
classico classic
il classico n. classic
il/la cliente client; customer
la coalizione coalition
coerente coherent, logical
il coetaneo person of the same age
cogliere (p.p. colto) to catch
il cognato brother-in-law
il cognome last name
la coincidenza connection
coinvolgere (p.p. coinvolto) to involve
coinvolto involved
la colazione breakfast
il colesterolo cholesterol
la collana necklace
il/la collega colleague
collegare to link, connect
la collocazione placing
il colloquio (pl. i colloqui) interview
la colonia colony
la colonna column
il colore color
la colpa fault; guilt; Di chi è la colpa? Whose fault is it?
colpire to strike
colpito struck
coltivare to cultivate, farm
comandare to order
combinare to match, arrange
la combinazione match
††cominciare to begin; ††cominciare a (+ inf.) to start to (do something)
il comitato committee
il comizio meeting
la commedia comedy
il commento remark, criticism
commerciale adj. commercial, trade; il centro commerciale large shopping center
il commesso / la commessa store clerk
comodo comfortable
la compagnia company
il compagno / la compagna (di classe) classmate; il compagno / la compagna di camera roommate
il comparativo comparative
comparato: la Letteratura comparata Comparative Literature
compenso: in compenso to make up for it
le compere purchases; fare delle compere to go shopping
compiere (p.p. compito) to fulfill; compiere … anni to be … year's old
il compito task; i compiti homework
il compleanno birthday
il complemento diretto direct object
completamente completely
completare to complete
completo complete
complicato complicated, complex

comporre (p.p. composto) to compose
il comportamento behavior; conduct
comportare to afford, allow
comportarsi to behave
comprare to buy
comprendere (p.p. compreso) to include; to comprise
compromesso compromised
compromettente compromising
il computer computer
computerizzato computerized
comunale adj. city, community
comune common; in comune in common
comunicare to communicate
comunicativo communicative
comunicato: il comunicato stampa press release
comunque however; anyway
concedere (p.p. concesso) to permit; concedere di + inf. to be allowed, to be permitted (to do something)
il concerto concert
il concetto concept
concludere (p.p. concluso) to conclude
la conclusione end, ending
concreto concrete, tangible
condividere (p.p. condiviso) to share
il condizionale conditional
condizionato conditioned; l'aria condizionata air conditioning
la condizione condition; a condizione che on condition that
condotto conducted, led
condurre (p.p. condotto) to lead, guide
la conferenza conference
confessare to confess
la confessione confession
confezione: in confezioni di plastica wrapped in plastic
confidarsi to confide in
confidenziale confidential
il confine border
la confusione confusion
confuso confused
il congiuntivo subjunctive
la congiunzione conjugation
il congresso meeting, conference
la coniugazione conjugation
la conoscenza knowledge
conoscere (p.p. conosciuto) to know (a person or place); to meet (in the past tense); to be familiar with a person, place, or thing
conquistare to conquer
consegnare to confer
conseguentemente consequently
la conseguenza conclusion, result; di conseguenza as a result
il consenso agreement, consensus
considerare to consider
considerato considered
consigliare to recommend
il consiglio (pl. i consigli) suggestion, advice
consolarsi to comfort oneself
consultare to consult
consumare to consume
il consumismo consumerism
consumista adj. consumer
il contante cash; pagare in contanti to pay in cash

contare to count
contattare to contact
il contatto contact
contemplare to contemplate
contemporaneo *adj.* contemporary
contenere to contain
il contenitore container
contento happy
il contenuto content
il contesto context
continuamente continually
††continuare to continue;
††continuare a (+ *inf.*) to conti-
    nue to (*do something*); to keep on
    (*doing something*)
il conto bill; rendersi conto to
    realize
il contorno sidedish
contrario (*m. pl.* contrari) *adj.*
    opposite
il contrario (*pl.* i contrari) opposite
contrastante *adj.* opposing,
    contrasting
contro against
controllare to control
il controllo control
il controllore ticket collector
controverso controversial
il convegno conference
la conversazione conversation
convincere (*p.p.* convinto) to
    convince
la convinzione conviction
coperto covered
la copia copy
copiare to copy
la copiatrice copy machine
il copione script
la coppa cup
la coppia couple, pair
coprire to cover
il coraggio courage
coraggioso courageous, brave
cordiale cordial
coreano Korean
il cornetto croissant
corno: un corno! rubbish! not at all!
il coro chorus; in coro in unison
il corpo body
correggere (*p.p.* corretto) to correct
††correre (*p.p.* corso) to run
corretto correct
il corridoio corridor; lobby
il/la corrispondente correspondent
    (*journalist*)
corrispondere (*p.p.* corrisposto) to
    correspond
la corsa route; di corsa hastily; di
    gran corsa in a big rush
corsia: la corsia di emergenza
    shoulder of a freeway
il corso course (*of study*)
cortese polite
cosciente *adj.* aware
la costa coast
*costare to cost; *costare un occhio
    della testa to be very expensive
costituire to form; to establish;
    to settle
il costo cost; il costo della vita
    cost of living
costoso expensive
costruito constructed
la costruzione construction
il costume costume; habit; custom;
    il costume da bagno bathing suit
cotto cooked; innamorato cotto
    madly in love

la cravatta tie
creare to create
creativo creative
credere to believe; to think
il credito credit; la carta di credito
    credit card
†crescere (*p.p.* cresciuto) to grow;
    to increase
la crescita growth, increase; in
    crescita growing, on the rise
la crisi (*pl.* le crisi) crisis
criticare to criticize
la crociera cruise
crudo raw; il prosciutto crudo
    smoked/cured ham
la cucina kitchen; cuisine, cooking;
    la cucina italiana Italian cuisine
cucinare to cook
il cugino / la cugina cousin
la cultura culture
culturale cultural
il cuoco / la cuoca (*pl.* i cuochi /
    le cuoche) cook; chef
il cuoio leather
il cuore heart
la cura treatment, care; cure
curioso curious
il curriculum résumé
il cuscino pillow
il/la custode custodian

D

il danno damage
dannoso damaging
dappertutto everywhere
dare to give
la data date
dato *adj.* given
davanti a in front of
davvero really
la dea goddess
il debito debt
debole weak
il decennio decade
decente decent
decidere (*p.p.* deciso) to decide;
    decidere di (+ *inf.*) to decide to
    (*do something*)
decimo tenth
decisamente firmly
la decisione decision; prendere
    una decisione to make a
    decision
decisivo decisive
dedicare to dedicate; dedicarsi
    (a) to dedicate oneself (to)
dedito addicted to
la dedizione devotion
definire (isc) to define
la definizione definition
degno worthy
il delegato delegate
delizioso delicious
deluso disillusioned
demografico demographic
il dente tooth
il/la dentista dentist
dentro inside
depositare to deposit
depressivo depressing
depresso depressed
deprimente depressing
il deputato member of parliament
*derivare to derive
derubare to rob
descritto described
descrivere (*p.p.* descritto) to
    describe

la descrizione description
deserto deserted
desiderabile desirable
destinato destined
la destinazione destination
destra right (*direction*)
determinato determined
detestare to detest
il dettaglio (*pl.* i dettagli) detail
il dialetto dialect
il dialogo (*pl.* i dialoghi) dialogue
il diario diary
il dibattito debate
il dicembre December
diciannove nineteen
diciannovesimo nineteenth
diciassette seventeen
diciotto eighteen
dieci ten
diecimila ten thousand
la dieta diet
dietro behind
difatti in fact
difendere (*p.p.* difeso) to defend
la difesa defense
differente different
la differenza difference
differire (isc) to differ
difficile difficult
difficilmente with difficulty
la difficoltà difficulty
diffuso widespread
digerire to digest
digitale digital
dignitoso dignified
diligente diligent
diligentemente diligently
la diligenza diligence
diluviare to rain in torrents
il diluvio flood
dimagrire (isc) to lose weight
dimenticare to forget; dimenticare
    di (+ *inf.*) to forget to (*do
    something*)
†diminuire (isc) to reduce,
    decrease; to lessen
diminutivo diminutive
dimostrare to demonstrate
dimostrativo demonstrative
la dinastia dynasty
i dintorni environs
il dio (*pl.* gli dei) god
*dipendere (*p.p.* dipeso) to
    depend
dipingere (*p.p.* dipinto) to paint
dire (*p.p.* detto) to say; to tell
direttamente directly
diretto direct
il direttore / la direttrice director,
    manager
la direzione direction
il/la dirigente executive, manager
dirigere (*p.p.* diretto) to manage,
    run
i diritti rights (*legal*)
dirotto: piovere a dirotto to pour
il disaccordo disagreement
la disapprovazione disapproval
il disastro disaster
il disco record
il discorso discourse; speech,
    conference paper
la discoteca (*pl.* le discoteche)
    discotheque
discreto reasonable
discriminare to discriminate,
    distinguish
la discriminazione discrimination

la discussione discussion
discutere (*p.p.* discusso) to
    discuss
il disegno design; drawing
il disgraziato unfortunate fellow
disinvolto uninhibited
disoccupato *adj.* unemployed
il disordine disorder; confusion
disorganizzato disorganized
disperato desperate
*dispiacere (*p.p.* dispiaciuto) to be
    sorry
disponibile available
disporre (*p.p.* disposto) to dispose;
    to arrange
disposto willing
dissolvere to dissolve
la distanza distance
distintivo distinctive
distrarre (*p.p.* distratto) to
    distract
distribuire (isc) to distribute; to
    hand out
distruggere (*p.p.* distrutto) to
    destroy
disturbare to bother, disturb
la disugualianza inequality
il dito (*pl.* le dita) finger
la ditta company
*divenire to become
*diventare to become
diverso different
divertente fun
il divertimento fun; good time
divertirsi to have fun
dividere, dividersi (*p.p.* diviso) to
    divide; to split up
divorziare to divorce
il divorzio (*pl.* i divorzi) divorce
il dizionario dictionary
la doccia shower; fare la doccia to
    take a shower
il documentario (*pl.* i documentari)
    documentary
il documento document;
    identification (ID)
dodicesimo twelfth
dodici twelve
dolce sweet
il dolce dessert
il dollaro dollar
il dolore pain; ache
la domanda question
domandare (a) to ask (*someone*)
domani tomorrow
domenica Sunday
la donna woman
dopo after
il dopodomani day after
    tomorrow
doppio (*m. pl.* doppi) double
dormire to sleep
il dormitorio dormitory
dotato gifted
il dottore / la dottoressa doctor,
    professor
dove where
††dovere to have to, must; to be
    supposed to (*in the imperfect*)
dovunque everywhere
la droga drugs
il dubbio (*pl.* i dubbi) doubt
dubitare (che) to doubt (that)
due two
duecento two hundred
duemila two thousand
dunque then; so
il duomo cathedral

durante during
*durare to last
la durata duration
duro hard; harsh

E

l'edificio building
editore adj. publishing; la casa editrice publisher
l'edizione f. edition
educato polite
efficace effective
efficiente efficient
egoista adj. selfish
elegante elegant
eleggere (p.p. eletto) to elect
elementare elementary; la scuola elementare elementary school
l'elemento element
elencare to list
l'elenco (pl. gli elenchi) list
elettorale electoral
l'elettricista electrician
elettrico (m. pl. elettrici) electrical
elettronico (m. pl. elettronici) electronic
elevato elevated, high
le elezioni elections
l'elicottero helicopter
eliminare to eliminate
l'elisir m. elixir
l'emergenza emergency
emettere (p.p. emesso) to emit
*emigrare to emigrate
l'emozione f. emotion
l'energia energy
ennesimo adj. nth, umpteenth
enorme enormous, huge; tremendous
enormemente enormously
*entrare to enter
entro within, by (a certain time)
l'entusiasmo enthusiasm
entusiasta adj. excited; *essere entusiasta (pl. entusiasti) to be excited
l'episodio episode
l'epoca time (era, epoch)
eppure and yet
equivalente equivalent
l'erba grass
l'eroe (pl. gli eroi) hero
l'eroina heroine
l'errore m. error, mistake
esagerare to exaggerate
l'esame m. exam, test
esattamente exactly
esatto! exactly!
esaurito sold out
eseguire to carry out; to perform
l'esempio (pl. gli esempi) example
esercitare to practice, train
l'esercizio exercise
esigente demanding
esigere to demand
*esistere (p.p. esistito) to exist
esitare to hesitate
esotico (m. pl. esotici) exotic
l'esperienza experience
esperto adj. expert
l'esperto / l'esperta expert
esporre (p.p. esposto) to present
l'esportazione f. export
esposto adj. exposed
l'espressione f. expression
l'espresso espresso (coffee)
esprimere (p.p. espresso) to express
espulso: *essere espulso to be expelled

essa f. it
essenziale essential
*essere (p.p. stato) to be
l'estate f. summer; d'estate in the summer
estero adj. abroad; all'estero abroad
l'estinzione f. extinction; in via d'estinzione dying-out
estivo adj. summer
estrarre (p.p. estratto) to extract; to select
estremamente extremely
estremo extreme
estroverso outgoing
l'età age
l'etnia ethnicity
etnico ethnic
etrusco Etruscan
l'euro euro (currency of the European Union)
europeo European
l'evento event
evidente obvious
evitare to avoid
gli extracomunitari residents from outside the European Union community
extravergine adj. extra virgin

F

la faccenda chore
la faccia (pl. le facce) face
la facciata facade
facile easy
facilmente easily
la facoltà department (college)
i fagiolini green beans
fallito failed
falso false
la fame hunger; avere fame to be hungry
la famiglia family
famigliare adj. family
famoso famous
la fantascienza science fiction
la fantasia imagination
fantasticare to daydream
farcela to make it
fare (p.p. fatto) to do; to make; fare acquisti to shop; fare attenzione a to pay attention to; fare l'autostop to hitchhike; fare baldoria to celebrate; fare bello / fare bel tempo to be beautiful weather; fare brutto / fare brutto tempo to be bad weather; fare il bucato to do the laundry; fare quattro chiacchiere to chat; fare colazione to eat breakfast; fare (delle) compere to go shopping; fare la doccia to take a shower; fare una domanda to ask a question; fare la fila to wait in line; fare una passeggiata to take a walk; fare una prenotazione to make a reservation; fare schifo to be disgusted (by something); fare il severo to be strict; fare la spesa to go grocery shopping; fare lo spiritoso to be funny; fare una vacanza to take a vacation
il farfallino bow tie
la farina flour
la farmacia pharmacy
il fastidio annoyance; dare fastidio to annoy

faticoso tiring
il fatto fact
il fattore factor
la favola fable; fairy tale
favoloso fabulous
il favore favor; a favore di in favor of; per favore please
favorito favorite
fazioso turbulent
i fazzolettini kleenex
il febbraio February
felice happy
la felicità happiness
la felpa sweatshirt
la femmina female; girl
femminile feminine, female
il fenomeno phenomenon
le ferie holidays
fermarsi to stop oneself (from moving); fermarsi a (+ inf.) to stop to (do something)
la festa party; holiday
festeggiare to celebrate
festivo adj. holiday; i giorni festivi Sundays and public holidays
la fetta slice
la fiaba fairy tale
fiammante flaming; nuovo fiammante brand-new
fianco: di fianco beside
il ficcanaso busybody
fidare to trust
il fifone coward
il figlio / la figlia (pl. i figli / le figlie) son/daughter
la figura image; fare una brutta figura to make a bad impression
figurarsi to imagine; Figurati! Imagine that! Would you believe it?!
la fila line; in fila in line
il film film, movie
filmare to film
il filosofo philosopher
finalmente finally
finché until
la fine end, ending
la finestra window
il finestrino window (train, bus, car)
††finire (isc) to finish, to end; ††finire di (+ inf.) to finish (doing something)
fino a until
finto fake
il fioraio florist
il fiore flower
firmare to sign
fisico (m. pl. fisici) physical
il fisico body, physical appearance
fissare to set, arrange
fitto close
il fiume river
il foglio sheet of paper; form; leaf
la folla crowd
fondamentale fundamental
fondare to found
fondo: in fondo after all
la fontana fountain
forestiero foreigner
la forma form
il formaggio cheese
formale formal
il fornaio baker
il forno oven; il forno a microonde microwave oven
forse maybe; perhaps
forte strong

la fortuna fortune; luck; per fortuna luckily
fortunato lucky; fortunate
la foschia haze
la fotografia photograph; la foto photo; photography; fare una foto to take a photo
fotografico photographic
fra between
fradicio drenched; ubriaco fradicio very drunk
la fragola strawberry
francese adj. French
il francobollo stamp
la frase sentence; phrase
frastagliato jagged
il fratello brother
il frattempo meantime
la frazione fraction
freddo cold
fregare to cheat
il freno brake
frequentare to attend
frequente frequent
frequentemente frequently
fresco (m. pl. freschi) fresh
la fretta hurry; haste; in fretta in a hurry
il frigorifero refrigerator; il frigo fridge
la frittata omelette
frizzante sparkling
fronte: di fronte a facing
la frutta fruit
i frutti di mare shellfish; seafood
fumare to smoke
i fumetti comics
il fungo mushroom
funzionare to work; to function
fuorché except
fuori out; outside
furbo sly
furia: di furia in haste
furioso violent, angry
futuro adj. future
il futuro future

G

la galleria gallery (architecture); arcade
la gamba leg
la gara competition
il garage garage
garantire to guarantee
il gatto cat
*gelare to freeze
la gelateria ice cream parlor
il gelato ice cream
il gelo frost; ice
il gemello / la gemella twin brother/sister; i gemelli twins
generale adj. general; in generale in a general way
la generazione f. generation
il genere kind, type; in genere in general, generally
generoso generous
il genitore parent; i genitori parents
il gennaio January
la gente people
gentile kind
la geografia geography
geografico (m. pl. geografici) geographic
il gerundio gerund
gestire (isc) to run; to handle
ghiotto adj. gluttonous

già already
la giacca jacket
giallo yellow
il giallo detective story, thriller
il giardino garden
la ginnastica gymnastics; exercise
giocare to play (*game, sport*)
il giochetto game; trick
il gioco (*pl.* **i giochi**) game
il giornale newspaper
giornaliero *adj.* daily
il giornalismo journalism
il/la giornalista journalist
la giornata day, the whole day
il giorno day
giovane young
il/la giovane youth; young
 person
giovanile *adj.* young, youthful
il giovanotto young man
girare to turn; to film
il giretto stroll
il giro tour; trip; *andare in giro to
 go around*; **in giro** around
giudicare to judge
il giudizio (*pl.* **i giudizi**) judgment
la giurisprudenza law
giustificare to justify
la giustificazione justification;
 excuse
giusto right, correct
globale global
la globalizzazione globalization
glorioso glorious
il goccio sip, drop
godere to enjoy; **godersi** to enjoy;
 to enjoy onself
*goder **la** to live it up, have fun
goffo clumsy
il golf golf
il golfo bay
goloso gluttonous; to have a sweet
 tooth
la gomma tire
la gondola gondola
il governo government
i gradini steps (*of a staircase*)
il grado degree
la grammatica grammar
grammaticale *adj.* grammatical
grande big, great
*grandinare** to hail
la grandine hail
il grano grain
la grappa grappa (type of hard
 liquor)
grasso fat
gratis free (*of charge*)
gratuito free (*of charge*)
grave serious
grazie thank you, thanks
greco *adj.* (*m. pl.* **greci**) Greek
gridare to shout
grosso big
la gru crane
il gruppo group
guadagnare to earn money,
 make money
i guai trouble
i guanti gloves
guardare to look at; to watch
il guardaroba wardrobe
la guerra war; **la seconda guerra
 mondiale** Second World War
 (WWII)
il/la guida guide (*leader*); **fare da
 guida turistica** to act as a tour
 guide

la guida guidebook
il gusto taste

H
l'hamburger *m.* hamburger

I
l'idea idea
ideale ideal, perfect
l'idealista idealist
identificare to identify
l'identità identity
idiomatico idiomatic
l'idraulico / l'idraulica (*pl.* **gli
 idraulici / le idrauliche**)
 plumber
ieri yesterday
ignorante ignorant
ignorare to ignore
illegale illegal
illudersi (*p.p.* **illuso**) to deceive
 oneself
l'illusione *f.* illusion; dream
imbarazzante embarrassing
imbarazzato embarrassed
imbiancare to paint
imbrogliare to cheat
imitare to imitate
immaginare to imagine
l'immaginazione *f.* imagination
l'immagine *f.* image
immediatamente immediately
l'immigrante *m./f.* immigrant
*immigrare** to immigrate
l'immigrato / l'immigrata
 immigrant
l'immigrazione *f.* immigration
impacciato uneasy
imparare to learn; **imparare a**
 (+ *inf.*) to learn to (*do something*)
l'impatto impact
impaziente impatient
impedire (isc) to forbid
impegnativo tiring
impegnato busy, unavailable
l'impegno commitment
impensabile unthinkable
l'imperativo imperative
l'imperatore emperor
l'imperfetto imperfect
l'impermeabile *m.* raincoat
l'impero empire
impersonale impersonal
impiegare to use, spend
l'impiegato / l'impiegata
 employee, office worker
importante important
l'importanza importance
importare to matter
impossibile impossible
l'impressione *f.* impression
improvvisamente suddenly
improvvisare to improvise
inaspettato unexpected
incamminarsi to start walking
incantato enchanted
incantevole enchanting
incapace di incapable of
incartare to wrap
l'incendio fire
l'incidente *m.* accident
includere (*p.p.* **incluso**) to include
incontestabile indisputable
incontrare to meet; to meet with;
 to run into; **incontrarsi** to meet
 (*each other*)
l'incontro meeting
incredibile incredible

l'incubo nightmare
l'indagine *f.* survey, poll
indefinito indefinite
indeterminativo indefinite
indicare to indicate
l'indicativo indicative
l'indicazione *f.* indication;
 direction; sign
indietro behind
indipendente independent
indiretto indirect
l'indirizzo address
indisciplinato undisciplined
indovinare to guess
l'indovinello riddle
l'industria industry
industrializzato industrialized
l'industrializzazione *f.*
 industrialization
l'infanzia childhood
infatti in fact
infelice unhappy
inferiore inferior
l'infermeria infirmary
l'infermiere / l'infermiera *m./f.*
 nurse
l'inferno hell
infimo *adj.* lowest, last
l'infinito infinitive
l'inflazione *f.* inflation
l'influenza *f.* influence; flu
influenzare to influence
l'influsso influence
informale informal
l'informazione *f.* information;
 un'informazione piece of
 information
l'ingegnere *m./f.* engineer
l'ingegneria engineering
ingenuo naïve
ingiusto unjust, wrong
inglese *adj.* English
*ingrassare** to gain weight
l'ingrediente *m.* ingredient
l'ingresso entrance; admittance
††**iniziare** to begin
l'inizio (*pl.* **gli inizi**) beginning
innalzare to lift
innamorarsi to fall in love
innamorato *adj.* in love
innervosirsi (isc) to become
 nervous
inoltre besides
l'inquinamento pollution
inquinato polluted
l'insalata salad
l'insegnante *m./f.* teacher
insegnare to teach; **insegnare a**
 (+ *inf.*) to teach to (*do something*)
inserire (isc) to insert
l'insetto insect
insieme together
insistere (*p.p.* **insistito**) to insist
insomma well . . .
insospettabile *adj.* not open to
 suspicion
intanto first of all
integrale integral
intellettuale intellectual
intellettualmente intellectually
intelligente intelligent
intendere to mean
*intendersene (di)** to be an
 expert in
intenso intense
l'intenzione *f.* intention; **avere
 intenzione di** (+ *inf.*) to intend
 to (*do something*)

interessarsi to interest
interessante interesting
interessato a interested in
l'interesse *m.* interest
intermedio intermediate, middle
internazionale international
intero entire
l'interrogativo interrogative
l'interrogatorio examination
interrompere (*p.p.* **interrotto**) to
 interrupt
interrompere (*p.p.* **interrotto**) to
 interrupt
intervenire to intervene
l'intervista interview
intervistare to interview
intervistato interviewed
intimidito intimidated
intimo intimate
l'intolleranza intolerance
intorno a around
intransitivo intransitive
introdurre (*p.p.* **introdotto**) to
 introduce
introdursi (*p.p.* **introdotto**) to
 introduce oneself
introduttivo introductory
l'introduzione *f.* introduction
intromettersi (*p.p.* **intromesso**) to
 interfere
introverso introverted
inutile useless
l'invadenza intrusion
*invecchiare** to get old
invece instead; on the other hand
inventare to invent
l'inverno winter; **d'inverno** in the
 winter, during the winter; **in
 inverno** in the winter
inviare to send
invitare to invite
l'invito invitation
involto involved
l'ipotesi *f.* (*pl.* **le ipotesi**)
 hypothesis
ipotetico hypothetical
ironico ironic
irregolare irregular
iscriversi (*p.p.* **iscritto**) to enroll
l'iscrizione *f.* enrollment
l'isola island
isolato isolated
ispirare to inspire
ispirato inspired
l'ispirazione *f.* inspiration
istantaneo instantaneous
istruttivo instructive
l'italiano / l'italiana Italian (*person*)
l'itinerario (*pl.* **gli itinerari**)
 itinerary

L
il labbro (*pl.* **le labbra**) lip
il laboratorio laboratory
il lago lake
lamentarsi to complain
le lamentele complaints
il lamento complaint
la lampada lamp
lampante obvious
*lampeggiare** to flash (lightning)
il lampo flash
largo (*m. pl.* **larghi**) wide, broad
le lasagne lasagna
lasciare to leave
il latino Latin (language)
il lato side

il latte milk
la lattina can
la laurea degree (*college*)
laurearsi to graduate (*college*)
la lavanderia laundromat
lavare to wash
lavarsi i capelli / la faccia to wash one's hair / one's face
lavorare to work
lavorativo *adj.* work
il lavoratore / la lavoratrice worker
il lavoro job; work
leale loyal
il legame link, bond
legato linked, connected
la legge law
leggere (*p.p.* letto) to read
leggermente lightly
leggero light
il lessico (*pl.* i lessici) vocabulary
la lettera letter; le lettere letters, humanities
letteralmente literally
letterario (*m. pl.* letterari) literary
la letteratura literature
il lettore / la lettrice reader
la lettura reading
levarsi to take off
la lezione lesson, individual class period
liberare to liberate, free
libero free; available
la libertà liberty
la libreria bookstore
il libro book
licenziare to fire
licenziarsi to quit a job
il liceo high school
il limite limit, cap
la linea line
la lingua language
il/la linguista linguist
linguistico linguistic
il liquore liquor
liscio smooth; worn out
la lista list
la lite dispute
litigare to argue
il livello level
locale local
il locale place, spot
la località place
la locuzione locution; expression; idiom
lodare to praise
la lode honors
logico (*m. pl.* logici) logical
lontano far, distant
la lotta fight
la luce light
il luglio July
la lumaca snail
il lume light
il lumicino faint light; small lamp
la lunapark amusement park
lunatico crazy
lunedì Monday
lungo (*m. pl.* lunghi) long
il lungolago lake front
il luogo (*pl.* i luoghi) place
il lupo wolf
il lusso luxury; di lusso luxury, deluxe

M
ma but
macché! no way!
macchiato stained

la macchina car; machine
la macchinetta del caffè espresso maker
la madre mother
magari maybe; probably
il magazzino department store
il maggio May
la maggioranza majority
maggiore *adj.* older; greater, larger
la maglietta t-shirt
il maglione sweater
magnifico magnificent
magro thin
mai ever, never; non… mai never
il maiale pig
malato ill, sick
male *adv.* badly; malissimo very poorly
il male harm; pain; il mal di testa headache; avere mal di testa to have a headache
maleducato rude
malgrado in spite of
malinconico depressed
il malinteso misunderstanding
malora: *andare in malora to be ruined, go into ruin
malvolentieri reluctantly
la mamma mom; mamma mia! (*coll.*) omigosh!
il mammone mama's boy
la mancanza lack
mancare to not have; to be missing
mandare to send
mangiare to eat
la mania mania
la manicure manicure
la maniera way
manifestare to manifest; to protest, march
la manifestazione manifestation; protest, march
il manifesto poster
maniglie: il cavallo con maniglie pommel horse
mannaggia! darn!
la mano (*pl.* le mani) hand
il manoscritto manuscript
mantenere to maintain
la mappa map
la marca brand name
il mare sea
il marito husband
marrone brown
martedì Tuesday
il marzo March
la maschera mask
maschile *adj.* male, masculine
il maschilista male chauvinist
maschio *adj.* male, masculine
il maschio (*pl.* i maschi) male
massimo maximum; il massimo the greatest
la matematica mathematics
matematico *adj.* mathematic
la materia matter; la materia di studio subject matter
il materiale material
materno *adj.* maternal
la matita pencil
il matrimonio (*pl.* i matrimoni) marriage
la mattina morning
il mattino morning
matto crazy
il mattone brick; bore (*coll.*)

il meccanico / la meccanica mechanic
la medicina medicine
il medico doctor
medio (*m. pl.* medi) average; middle; medium
il mediterraneo the Mediterranean
meglio *adv.* better
il meglio the best, the best thing
il melone melon
il membro member
memorabile memorable
meno less, fewer; minus; meno che meno even less
la mensa cafeteria
la mentalità mentality
la mente mind
mentre while
menzionare to mention
la meraviglia wonder
meravigliosamente wonderfully
meraviglioso wonderful
mercanteggiare to bargain
il mercato market
la merce merchandise
mercoledì Wednesday
meridionale southern
meritare to merit, earn
il mese month
il messaggio message
il mestiere trade; occupation
la meta aim, purpose
la metà half
metallurgico *adj.* metal
la metamorfosi metamorphosis
meteorologico meteorological
il metro meter
la metropolitana, la metro subway
mettere (*p.p.* messo) to put; mettere in moto to start the engine; mettere qualcosa sotto i denti to eat something; mettere qualcuno in attesa to put on hold; mettere sotto i denti to eat; mettere via to put away
mezzanotte midnight
mezzo *adj.* half; mezz'ora half an hour
il mezzo means; middle; tools; money; public transportation
mezzogiorno noon
mica not at all
il microfono microphone
la microonda microwave; il forno a microonde microwave oven
il miglio (*pl.* le miglia) mile
migliorare to improve
migliore *adj.* better; migliore di better than; il/la migliore best
milanese *adj.* of Milan
il miliardo billion
il milione million
mille (*pl.* mila) one thousand
la minaccia (*pl.* le minacce) threat
minacciato threatened
minerale mineral
la minestra soup
la minigonna miniskirt
minimo smallest, least; non ho la minima idea I haven't the slightest idea
il ministro minister (*government*)
la minoranza minority
minore *adj.* younger
minuto *adj.* minute
il minuto minute
il miracolo miracle

il mirtillo blueberry
misterioso mysterious
la misura measure
mite mild
i mobili *pl.* furniture
la moda fashion; style; alla moda / di moda fashionable, in style
moderno modern
modesto modest
modificare to modify
il modo way; in modo che in a way that, so that
il modulo form
la moglie wife
i molluschi molluscs
il molo pier
moltiplicato multiplied
moltiplice *adj.* multiple
molto *adj.* much, many, a lot of; *adv.* very; a lot, frequently; moltissimo very much
il momento moment
mondiale global, worldwide; la seconda guerra mondiale Second World War (WWII)
il mondo world
le monetine coins, money
la montagna mountain
il monumento monument
*morire (*p.p.* morto) to die
morto dead
la mostra exhibit, exhibition; exposition
mostrare to show
il motivo reason
la motocicletta motorcycle; la moto motorcycle
il motorino moped
il movimento movement
mozzafiato breathtaking
la multa traffic/parking ticket
multare to fine with a ticket
multietnico multiethnic
multirazziale multiracial
municipale municipal
muoversi to move
le mura walls of a city
il muro wall
il museo museum
la musica music
il/la musicista musician
le mutande underwear
mutuo mutual

N
napoletano Neapolitan
Napoli Naples
*nascere (*p.p.* nato) to be born
la nascita birth
nascondere (*p.p.* nascosto) to hide
il naso nose
il Natale Christmas
la natura nature
naturale natural
la nave ship
navigare in Internet / in rete to surf the web
nazionale national
la nazionalità nationality
la nazione nation
neanche not even
la nebbia fog
il nebbione thick fog
necessario (*m. pl.* necessari) necessary
negare to deny; to contradict
negativamente negatively
negativo negative

il **negozio** (*pl.* **i negozi**) store, shop
il **nemico** / la **nemica** (*pl.* **i nemici** / **le nemiche**) enemy
nemmeno not even
neppure not even
nero black
i **nervi** nerves
nervoso nervous
nessuno, non… nessuno no one, nobody
la **neve** snow
††**nevicare** to snow
niente nothing; **(non…) niente** nothing
nobile noble
la **noia** boredom
noioso boring
noleggiare to rent (*bikes, cars, videos*)
il **nome** noun; name
il **nomignolo** nickname
nominare to nominate
nondimeno nevertheless
i **nonni** grandparents
il **nonno** / la **nonna** grandfather / grandmother
nonostante despite
il **nord** north
nord: a nord north (*direction*)
normale normal
notare to note
notevole notable, noteworthy
notevolmente remarkably
la **notizia** piece of news
noto *adj.* well known, obvious
la **notte** night
novanta ninety
nove nine
la **novella** short story
il **novembre** November
il **nucleo** group
nulla *n. adv.* nothing
il **numero** number; issue
nuotare to swim
nuovo new
la **nuvola** cloud
nuvoloso cloudy

O

obbligato required
l'**obesità** obesity
l'**obiezione** *f.* objection
l'**occasione** *f.* occasion
gli **occhiali** eyeglasses; **gli occhiali da sole** sunglasses
l'**occhiata** look
l'**occhio** (*pl.* **gli occhi**) eye
occidentale western
*****occorrere** (*p.p.* **occorso**) to happen, occur
occupare to take up
occuparsi to concern oneself
occupato occupied; employed; busy
l'**oceano** ocean
odiare to hate
l'**odio** hate
offendere (*p.p.* **offeso**) to offend
offerto offered
offrire (*p.p.* **offerto**) to offer
l'**oggettivo** objective
l'**oggetto** object
oggi today
ogni *inv.* each, every
ognuno each one; everyone
l'**olio** oil
l'**oliva** olive
oltre besides, in addition to, as well as

l'**ombrello** umbrella
omogeneo homogeneous
onestamente honestly
onesto honest
l'**onore** *m.* honor
l'**opera** opera; work (*artistic, literary, musical, etc.*)
l'**operazione** *f.* operation
l'**opinione** *f.* opinion
opporsi (*p.p.* **opposto**) to oppose
l'**opportunità** opportunity, occasion, chance
opportuno proper
l'**opposto** opposite
oppure or
ora now
l'**ora** hour; time
l'**orario** (*pl.* **gli orari**) schedule; **in orario** on time
l'**orchestra** orchestra
ordinale ordinal
ordinare to order
l'**ordinazione** *f.* order
l'**ordine** *m.* order
l'**orecchino** earring
organizzare to organize
l'**organizzazione** organization, club
orgoglioso proud
orientarsi to find one's bearings
l'**oriente** *m.* the East
originale original
originario (di) native (of)
l'**origine** *f.* origin
ormai by now
l'**orologio** watch
orrendo horrible
orribile horrible
l'**orrore** *m.* horror
l'**ortografia** spelling
ortografico *adj.* spelling
l'**ospedale** *m.* hospital
ospitare to host
l'**ospite** *m./f.* guest
osservare to observe
l'**osservazione** *f.* observation
l'**ostello** hostel
ottanta eighty
ottavo eighth
ottenere to obtain, get
l'**ottico** optician
ottimamente very well
ottimo best, excellent, perfect
otto eight
l'**ottobre** October
l'**Ottocento** the 1800s
ovviamente obviously
ovvio (*m. pl.* **ovvi**) obvious

P

il **pacco** package
la **pace** peace
il **pachetto** pack, packet
il **padre** father
il **padrino** godfather
il **padrone di casa** landlord
il **paese** town; land, country
il **paesaggio** landscape
pagare to pay
la **pagina** page
il **paio** (*pl.* **le paia**) pair
il **palazzo** building; apartment building
il **palco** stand, stage
la **palestra** gym
la **palla** ball
il **pallacanestro** basketball
pallido pale

il **palloncino** balloon
il **pallone** soccer ball
la **panchina** bench
la **pancia** belly
il **pane** bread
la **panetteria** bread shop, bakery
il **panificio** bread shop, bakery
il **panino** sandwich
la **paninoteca** sandwich shop, delicatessen
i **panni** clothes
i **pantaloni** pants
il **papa** (*pl.* **i papi**) Pope
il **papà** father
il **paradiso** paradise; heaven
parafrasare to paraphrase
paragonare to compare
parallelo parallel
parcheggiare to park
il **parcheggio** (*pl.* **i parcheggi**) parking; parking space
il **parco** (*pl.* **i parchi**) park
parecchio (*m. pl.* **parecchi**) quite a lot of
il/la **parente** relative; **i parenti** relatives
la **parentesi** parenthesis; **tra parentesi** in parentheses
*****parere** (*p.p.* **parso**) **(che)** to seem (that)
la **parete** wall
parlare to talk; to speak
la **parola** word
il **parrucchiere** hairdresser
la **parte** part; role
partecipare a to participate in, to take part in
la **partecipazione** participation
la **partenza** departure
il **participio** participle
particolare particular; **in particolare** in particular
particolarmente particularly
*****partire** to leave; to depart
la **partita** game, match
il **partitivo** partitive
il **passaggio** passage; **di passaggio** in transit
il **passaporto** passport
passare to spend (time); to pass
*****passarsela** to thrive (financially)
il **passatempo** hobby
il **passato** past
il **passeggero** passenger
la **passeggiata** walk, stroll
passionale impassioned
la **passione** passion
passivo passive
il **passo** step
la **pasta** pasta; pastry
la **pastasciutta** any pasta dish
la **pasticceria** pastry shop
il **pasto** meal
la **patente** license
paterno paternal
il **patrimonio** inheritance
pattinare to skate
il **patto** pact; agreement
la **paura** fear; **avere paura di** to be afraid of
pausa: in pausa on a break
pazientemente patiently
la **pazienza** patience
pazzo crazy
il **peccato** error, sin; **peccato!** too bad!
il/la **pediatra** pediatrician
peggio *adv.* worse

peggiorare to get worse
peggiorativo perjorative
peggiore *adj.* worse
la **pelle** leather
i **pellegrini** pilgrims
pena: valere la pena to be worth
pendente leaning
la **penisola** peninsula
la **penna** pen
pensare to think
il **pensiero** thought
la **pensione** small hotel, pension, bed-and-breakfast; retirement
la **pera** pear
percepito perceived
la **percezione** perception
perché why; because; so that
perciò therefore
percorrere (*p.p.* **percorso**) to run across
perdere (*p.p.* **perso** or **perduto**) to lose
la **perdita** loss
perdonare to forgive
perdutamente hopelessly
perfettamente perfectly
perfetto perfect
perfezionista *adj.* perfectionist
perfino even
il **pericolo** danger
pericoloso dangerous
la **periferia** periphery; outskirts
il **periodico** periodical
il **periodo** period
la **perla** pearl
il **permesso** permit; **il permesso di soggiorno** residency permit
permettere (*p.p.* **permesso**) to allow; **permettersi** to allow oneself, afford
permissivo permissive
però but; however
perplesso perplexed
persino even
la **persona** person
il **personaggio** (*pl.* **i personaggi**) character
personale personal
personalmente personally
pertinente pertinent
pesante heavy
il **pesce** fish
il **pescespada** swordfish
il **peso** weight; importance
pessimamente very badly
il/la **pessimista** pessimist
pessimo very bad, worst
le **pestilenze** plagues, contagions
pettinarsi to comb one's hair
i **pezzettini** tiny pieces
il **pezzo** piece
*****piacere** (*p.p.* **piaciuto**) to like
il **piacere** pleasure
piacevole pleasing
il **pianeta** planet
piangere (*p.p.* **pianto**) to cry
il **pianista** pianist
piano *adv.* softly, gently, slowly
il **piano** plan; piano; floor (*of a building*)
il **pianoforte** piano
la **pianta** plant
il **piatto** plate, dish
la **piazza** town square
piccante spicy
piccolo small, little; **piccolissimo** very small; **il più piccolo** the smallest; **da piccolo** as a child

il piede foot; a piedi on foot
pieno full
la pietà pity
il pigiama pajamas
pigliare to catch
pignolo picky
pigro lazy
il pigrone lazybones
le pile batteries; le pile scariche dead batteries
pilotare to pilot, fly
la pinacoteca (pl. le pinacoteche) art gallery
la pioggia (pl. le piogge) rain
††piovere to rain
la piscina swimming pool
il pittore / la pittrice painter
più adv. more; di più more
piuttosto rather
la pizza pizza
la pizzeria pizzeria
il plasma plasma
plastico plastic
il plurale plural
poco (m. pl. pochi) adj. few, not much; adj. not very; adv. little, rarely; un po' di a bit of
la poesia poetry; poem
il poeta / la poetessa poet
poi then
poiché since
la politica politics
politico (m. pl. politici) political
il politico / la politica (pl. i politici / le politiche) politician
la polizia police
il poliziotto / la poliziotta police officer
il pollo chicken
il polso wrist
la poltrona armchair
il pomeriggio (pl. i pomeriggi) afternoon
il pomodoro tomato
popolare popular
populista adj. populist
il porco (pl. i porci) pig
porre (p.p. posto) to put, place, set
la porta door
il portafoglio wallet
portare to bring; to carry; to wear
il portico porch, arcade
il portone front door, main entrance
positivamente positively
positivo positive
la posizione position
possedere to possess
possessivo adj. possessive
possibile possible
la possibilità possibility
la posta mail; post office; la posta elettronica e-mail
postale postal; l'ufficio postale post office
il postino / la postina mail-carrier
il posto place; seat; position (employment); il posto di lavoro job
††potere to be able, can, may; potere (+ inf.) to be able to (do something)
poverino! poor guy!
povero poor
pranzare to eat lunch
il pranzo lunch
praticamente practically
praticare to practice

pratico practical
precedente previous
il precetto precept
precipizio: a precipizio steep slope
preciso precise
la preferenza preference
preferire (isc) to prefer
preferito favorite
pregare to pray
pregiato of high quality
prego please sit down; prego? may I help you?
il premio (pl. i premi) prize
la premura care; avere premura to be in a hurry
prendere (p.p. preso) to take; to have (food or drink); prendere in giro to make fun of
*prendersela to take offense
prenotare to reserve
la prenotazione reservation
preoccupare to worry
preoccuparsi (di) to be worried about
preparare to prepare
la preposizione preposition
presentare to present; to introduce
la presentatrice hostess
presente present
la presenza presence
preservare to preserve
il/la presidente m./f. president
presidenziale presidential
presso near; in care of, in the house / office of
pressoché almost, nearly
prestare to loan, lend
prestigioso prestigious
il prestito loan; fare un prestito to loan
presto adv. early, soon
pretendere to demand
prevedere (p.p. previsto or preveduto) to predict
la previsione forecast
previsto forecasted
il prezzo price
prima before; first; prima che before; prima di before
la primavera spring; in primavera in the spring
primo adj. first
principale main, principal
il principe prince
la principessa princess
privato private
probabile probable
la probabilità probability
probabilmente probably
il problema (pl. i problemi) problem; question
il procrastinatore procrastinator
prodigo prodigal
il prodotto product
produrre (p.p. prodotto) to produce
la produzione production
la professione profession
il/la professionista professional
il professore / la professoressa professor
il profeta (pl. i profeti) prophet
il profilo profile
profondo deep
il profugo refugee
il profumo scent, fragrance
il progetto project; i progetti plans
il programma program; i programmi plans

progressivo progressive
proibire to prohibit
proiettare to show a movie
la proiezione screening
promettere (p.p. promesso) (di + inf.) to promise (to do something)
il promontorio promontory
il pronome pronoun
pronto ready
pronunciare to pronounce
proporre (p.p. proposto) to propose, suggest
proposito: a proposito by the way
la proposta proposition, suggestion
il proprietario owner
proprio (m. pl. propri) adj. one's own
proprio adv. really
prosaico dull
il prosciutto ham; il prosciutto crudo smoked/cured ham
la prosperità prosperity
prossimo next
il/la protagonista protagonist
proteggere (p.p. protetto) to protect
la protesta protest
protestare to protest
la protezione protection
il prototipo prototype
la prova proof
provare to try; to try on; to practice
provinciale provincial, rustic
provocare to bring on
provocato caused
lo psicologo / la psicologa (pl. gli psicologi / le psicologhe) psychologist
pubblicare to publish
la pubblicazione publication
la pubblicità ad
pubblicizzare to advertise
pubblico (m. pl. pubblici) public; i mezzi pubblici public transportation
il pubblico audience, public
il pugno punch, fist
pulire to clean
pungente piercing
la puntata episode
il punto point; period; il punto di vista point of view
la puntualità punctuality
purché on the condition that, provided that
pure conj. even, still, yet, somehow; by all means (with imperatives)
il purgatorio purgatory
puro adj. pure
purtroppo unfortunately
puzzare to smell
puzzolente smelly

Q
qua here
il quaderno notebook
il quadro picture, painting (individual piece)
qualche some; qualche volta sometimes
qualcosa something; qualcosa da + inf. something + inf.
qualcuno someone
quale which; qual è what is
la qualifica qualification

la qualità quality
qualsiasi any
qualunque whatever, every, either
quando when; fino a quando until
la quantità quantity
quanto how much; how many
quantunque although, though
quaranta forty
il quartiere district
il quarto one quarter
quasi almost
quattordicesimo fourteenth
quattordici fourteen
quattro four
il Quattrocento the 1400s
quello that; quello che what; that which
la questione question; issue
questo this
qui here
quindi therefore
quindici fifteen
quinto fifth
quotidiano adj. daily, everyday

R
raccogliere (p.p. raccolto) to gather
raccomandare to recommend
raccontare to tell
radersi to shave oneself
radicale radical
radicalmente radicallly
la radice root
la radio (pl. le radio) radio
rado: di rado seldom
raffreddato adj. sick with a cold
il raffreddore cold (infection)
il ragazzino / la ragazzina little boy/girl, kid; cute little boy/girl
il ragazzo / la ragazza boy/girl, guy/girl; boyfriend/girlfriend
raggiungere (p.p. raggiunto) to reach
la ragione reason; avere ragione to be right
rallegrarsi to cheer up; to be happy
rallentatore: al rallentatore slowly, in slow-motion
rammendare to mend
rammentare to remind
il ramo arm of a river
rapidamente rapidly
rapido rapid, quick
rapito kidnapped
il rapporto relationship
il/la rappresentante representative, agent
rappresentare to represent; to perform (play, opera, etc.)
raramente rarely
la rarità rarity
raro rare
il rasoio razor
rassegnarsi to resign oneself
il razzismo racism
il re (pl. i re) king
realizzato realized
la realtà reality
la recensione review
recentemente recently
il recipiente container
reciprocamente reciprocally
reciproco (m. pl. reciproci) reciprocal
recitare to act, perform
le referenze references
regalare to give a gift
il regalo gift

la **regina** queen
la **regione** region
il/la **regista** director (*movie*)
registrare to record
la **regola** rule
regolare *adj.* regular
regolare to control
regolarmente regularly
relativo relative
la **relazione** report
la **religione** religion
religioso religious
remoto remote
rendere (*p.p.* **reso**) to make;
to render, restore
rendersi conto di to realize,
become aware (of)
residente *adj.* resident
resistente strong, tough
resistere to resist
*****restare** to stay; to remain
restituire (isc) to give back
il **resto** rest, remainder
la **rete** net; **navigare in rete** to surf
the Web
la **retrobottega** back shop
retta: dare retta to pay attention
riaccompagnato a casa taken back
home
il **riassunto** synopsis, summary
ribellare to rebel
ribelle *adj.* rebellious
ricco (*m. pl.* **ricchi**) rich
la **ricerca** (*pl.* **le ricerche**) research
ricercato visited
la **ricetta** recipe
ricevere to receive
il **ricevimento** reception
richiamare to call back
richiedere (*p.p.* **richiesto**) to
require
la **richiesta** requests
riciclabile recyclable
il **riciclaggio** recycling
riciclare to recycle
riciclato recycled
il **riciclo** recycle, recycling
ricongiungersi to rejoin
riconoscere (*p.p.* **riconosciuto**) to
recognize
ricordare to remember; to remind;
ricordare di (+ *inf.*) to remember to (*do something*)
ridere (*p.p.* **riso**) to laugh
ridicolo ridiculous
il **ridotto** lobby
ridurre (*p.p.* **ridotto**) to reduce
riempire to fill, fill in, fill up
*****rientrare** to return
rifare (*p.p.* **rifatto**) to re-do
riferire (isc) to report
rifiutare to refuse, reject
il **rifiuto** refusal; **i rifiuti** garbage
riflessivo reflexive
riflettere (*p.p.* **riflesso**) to reflect,
consider
il **rifornimento** supply
rifornirsi (isc) to supply oneself
with
il **rifugio** shelter
riguardare to be concerned with
riguardo a considering
rilassante relaxing
rilassarsi to relax
rileggere (*p.p.* **riletto**) to re-read
*****rimanere** (*p.p.* **rimasto**) to stay;
to remain
il **rimborso** reimbursement

rimediare to remedy
rimettere (*p.p.* **rimesso**) to put back
rinascimentale *adj.* Renaissance
il **Rinascimento** the Renaissance
ringraziare to thank
rinunciare a to give up
riparare to repair
ripassare to review
ripensare to recall, think about
ripetere to repeat
riportare to bring back
riposarsi to rest
riprendere (*p.p.* **ripreso**) to take
again
la **risata** laugh, laughter
riscaldare to heat
rischiare to risk
il **rischio** (*pl.* **i rischi**) risk
riscoperto rediscovered
riscrivere (*p.p.* **riscritto**) to rewrite
la **riserva** reserve
*****risiedere** to reside
risoluto determined
risolvere (*p.p.* **risolto**) to resolve
la **risorsa** resource
il **risotto** rice dish
risparmiare to save (*money*)
rispettare to respect; to follow
(*rules*)
rispettivo respective
il **rispetto** respect
rispettoso respectful
rispondere (*p.p.* **risposto**) to answer
la **risposta** answer
il **ristorante** restaurant
il **risultato** result
ritardare to be late
ritardo: in ritardo late
ritirare to withdraw
il **ritmo** rhythm, pace
*****ritornare** to return
il **ritorno** return; **andata e ritorno**
round-trip (*ticket*)
il **rituale** ritual
la **riunione** meeting
riunito reunited
*****riuscire** to succeed; *****riuscire a**
(+ *inf.*) to succeed in (*doing
something*); to be able (*to do
something*)
la **riva** bank, shore
rivedere to see again
rivelare to reveal
la **rivista** magazine
rivolgersi a (*p.p.* **rivolto**) to
address
rivolto *adj.* turned
la **roba** stuff
la **robetta** cheap stuff,
merchandise of low quality
roccioso rocky
romano *adj.* Roman
romantico (*m. pl.* **romantici**)
romantic
il **romanzo** novel
rompere (*p.p.* **rotto**) to break
la **rondine** swallow
rosa *inv.* pink
il **rossetto** rouge; lipstick
rosso red
rotto *adj.* broken
rovinare to ruin
le **rovine** ruins
rubare to rob, steal
la **rubrica** column (*newspaper*)
il **rumore** noise
rumoroso noisy
il **ruolo** role

ruota: a ruota libera free-wheeling
russo *adj.* Russian

S

sabato Saturday; on Saturday;
il **sabato** every Saturday
il **sacco** (*pl.* **i sacchi**) bag; **un sacco**
a whole lot
saggio *adj.* wise
il **saggio** essay
la **sala** hall; theater; la **sala da
pranzo** dining room
i **salatini** snacks, munchies
il **saldo** sale
il **sale** salt
†**salire** to climb
il **salotto** living room
saltare to skip (*something*)
salubre *adj.* healthy
la **salumeria** delicatessen
salutare to greet; **salutarsi** to greet
(*each other*)
la **salute** health
il **saluto** greeting
la **salvaguardia** protection; la
salvaguardia dell'ambiente
protection of the environment
salvare to save
salve! hi!
i **sandali** sandals
sano healthy
santo *adj.* saint
sapere to know (*a fact*); to find out
(*in the past tense*); **sapere** + *inf.*
to know how to do something
il **sapone** soap
il **sapore** taste
saporito tasty
il **sarto** tailor
il **sassofono** saxophone
sbagliare to be wrong, make a
mistake
lo **sbaglio** (*pl.* **gli sbagli**) error
sbarcare to land
la **sbiriciata** glance
sbrigare to hurry
*****sbrigarsela** to make it (in time)
scabroso indecent
scacco: giocare a scacchi to play
chess
scadente declining
lo **scaffale** bookcase
la **scala** stair
scaldare: non scaldarti! keep cool!
don't fuss!
scambiare to exchange
scambio, lo (*pl.* **gli scambi**)
exchange
scandalistico scandalous,
shocking
*****scappare** to run, rush off
scarico: le pile scariche dead
batteries
le **scarpe** shoes
lo **scarpone** boot, heavy boot;
hiking or skiing boot
scarso scarce
scattare to shoot (*a photo*)
scatto: di scatto suddenly
scegliere (*p.p.* **scelto**) to choose
la **scelta** choice
lo **scemo** moron
la **scena** scene
lo **scenario** scenario
†**scendere** (*p.p.* **sceso**) to decrease;
to descend
lo **sceneggiatore / la sceneggiatrice**
screenwriter

la **scheda** chart; la **scheda
telefonica** phone card
lo **schermo** screen
scherzare to joke; to kid
scherzoso playful
la **schiena** back
schifato *adj.* disgusted
lo **schifo** disgust
schifoso gross
lo **schizzinoso** hard to please
person
lo **sci** (*pl.* **gli sci**) ski
la **sciarda** charade
sciare to ski
lo **sciatore** skier
scientifico (*m. pl.* **scientifici**)
scientific
la **scienza** science
lo **scienziato / la scienziata**
scientist
le **sciocchezze** nonsense
lo **sciopero** strike
lo **scocciatore** pain in the neck
scolarità: il tasso di scolarità
school attendance
scolastico (*m. pl.* **scolastici**) *adj.*
school
scommettere (*p.p.* **scommesso**)
to bet
*****scomparire** (*p.p.* **scomparso**) to
disappear
lo **scompartimento** compartment
(*train*)
la **sconfitta** defeat
scontato on sale; obvious
scontento unhappy
lo **sconticino** little discount
lo **sconto** discount
lo **scontrino** receipt
sconvolto disturbed, troubled
la **scoperta** discovery
*****scoppiare** to burst
scoprire (*p.p.* **scoperto**) to discover
*****scorrere via** to pass quickly
scorso last
scortese rude
scritto written
lo **scrittore / la scrittrice** writer
la **scrivania** desk
scrivere (*p.p.* **scritto**) to write
lo **scultore / la scultrice** sculptor /
sculptress
la **scultura** sculpture
la **scuola** school
scusa (*fam.*) excuse me; sorry
la **scusa** excuse
sdraiarsi to stretch, lay down
sdraio: la sedia a sdraio deck
chair; chaise lounge
sebbene even though
seccato annoyed
il **secchione** sap
secco: lavare a secco to dry clean
il **secolo** century
secondo *prep.* according to
secondo second; la **seconda
guerra mondiale** Second World
War (WWII)
sedere to sit
sedersi to sit
la **sedia** chair
sedici sixteen
seduto *adj.* seated
il **segno** sign
il **segretario / la segretaria**
(*pl.* **i segretari / le segretarie**)
secretary, assistant
il **segreto** secret

seguente following
seguire to follow; to take a course
il Seicento the 1600s
*sembrare to seem
il semestre semester
semplice simple
semplicemente simply
sempre always
il senato senate
il senatore / la senatrice senator
sensibilizzare to sensitize
il senso way
la sentinella guard
sentire to hear, listen; to smell
sentirsi to feel
senza without; senza che without
separato separated
la sera evening
la serata evening; the whole evening
sereno bright, clear
la serie series
la serietà sincerity
serio (m. pl. seri) serious
††servire to serve; to help; to be useful, to be of use; to need
il servizio (pl. i servizi) service charge; service; la stazione di servizio gas station
sessanta sixty
sesto sixth
la seta silk
la sete thirst; avere sete to be thirsty
settanta seventy
sette seven
il Settecento the 1700s
il settembre September
la settimana week; il fine settimana weekend
settimanale weekly
settimo seventh
il settore sector
severo severe, harsh; fare il severo to be strict
lo sfaccendato loafer
la sfera sphere, globe
la sfilata fashion show
sfogliare to turn the pages (of a book, newspaper)
sfondato: ricco sfondato fabulously rich
lo sforzo effort
sfruttare to exploit
la sfumatura shade
sgarbato rude
sghignazzare to laugh scornfully
sgridare to scold, reprimand
la sgridata reprimand
lo sguardo look
siccome as, since
siciliano adj. Sicilian
sicuramente certainly
la sicurezza certainty
sicuro safe; sure
la sigaretta cigarette
significare to mean
il significato meaning
il signore / la signora gentleman / lady; sir / madam, ma'am; Mr. / Mrs., Ms.
il silenzio silence
il simbolo symbol
simile similar
simpatico (m. pl. simpatici) nice, likeable
sinceramente truly
sincero sincere, honest

singolare singular
singolo single
sinistra: a sinistra on the left
il sinonimo synonym
il sistema (pl. i sistemi) system
sistemarsi to settle down; to get organized
il sito site
situato located, set
la situazione situation
slogarsi to sprain
smarrire to lose
smettere (p.p. smesso) (di + inf.) to quit (doing something), to stop (doing something)
sobriamente frugally
soccorrere (p.p. soccorso) to help, assist
sociale social
socializzare to socialize
la socializzazione socialization
la società society
socievole sociable
il sociologo / la sociologa (pl. i sociologi / le sociologhe) sociologist
soddisfare to satisfy
soddisfatto satisfied with, happy
la soddisfazione satisfaction
sodo hard; lavorare sodo to work hard
soffrire (p.p. sofferto) to suffer
il soggetto subject
il soggiorno stay (period of time); il permesso di soggiorno residency permit
sognare to dream
il sogno dream
il soldato soldier
i soldi money
il sole sun
solitario lonely
solito usual, same; di solito usually
solo adj. sole, only, alone; da solo adj./adv. alone
soltanto only, just
la soluzione answer, solution
somigliare to look like
la somma sum
sommerso overwhelmed
sommo adj. highest
il sondaggio (pl. i sondaggi) poll, survey
il sonno sleep; avere sonno to be sleepy
sopportare to bear; non posso sopportare... I can't stand . . .
sopra above
sopraffino ultra fine
soprattutto above all; especially
††sopravvivere (p.p. sopravvissuto) to survive
la sorella sister
la sorellastra step-sister, half-sister
la sorellina little sister
sorpassato old-fashioned
sorprendente surprising
sorprendere (p.p. sorpreso) to surprise
la sorpresa surprise
sorridente smiling
sorridere (p.p. sorriso) to smile
il sorriso smile
il sorso sip
sospirare to sigh
il sostantivo noun
sostenere to support

sostituire (isc) to substitute
la sostituzione substitution
sottile thin
sotto under, below
sottotitolato subtitled
lo spaccio selling
la spada sword; il pescespada swordfish
la spaghettata spaghetti dinner
la spaghetteria restaurant specializing in pasta dishes
gli spaghetti spaghetti
spagnolo adj. Spanish
la spalla shoulder
lo sparo shot
spassoso amusing
spaventare to frighten
lo spazio (pl. gli spazi) space
lo spazzolino toothbrush
lo specchio (pl. gli specchi) mirror
speciale special
la specialità specialty
specialmente especially
la specie kind, species
specifico (m. pl. specifici) specific
spedire (isc) to send
spegnere (p.p. spento) to turn off
spendere (p.p. speso) to spend money
spensierato carefree
spento off
la speranza hope
sperare to hope; sperare che to hope that; sperare di (+ inf.) to hope to (do something)
la spesa grocery shopping; fare la spesa to go grocery shopping
spesso often
lo spettacolo show
la spiaggia (pl. le spiagge) beach
spiegare to explain
la spiegazione explanation
lo spilorcio miser
spina: la birra alla spina draught beer
spiritoso: fare lo spiritoso to be funny
splendere to shine
splendido splendid
spolverare to dust
sporcarsi to get oneself dirty
sporco (m. pl. sporchi) dirty
lo sport sport
lo sportello ticket window
sportivo adj. sports; athletic
sposarsi to marry
sposato married
spostare to move
spostarsi to move
sprecare to waste
lo sprofondamento sinking
la spugna sponge
lo spumante sparkling wine
la squadra team
squallido squalid
squisito delicious
stabilirsi to settle (in a place)
lo stadio (pl. gli stadi) stadium
la stagione season
stamattina this morning
la stampa press; il comunicato stampa press release; la conferenza stampa press conference
la stampante printer
stampare to print
stanco (m. pl. stanchi) tired; stanco di tired of

la stanza room
*stare to be; to stay; to remain; *stare attento Look out! Be careful!
stasera tonight, this evening
lo stato state; gli Stati Uniti the United States
statunitense American
la stazione station; train station
la stella star
lo stereo stereo
lo stereotipo stereotype
stesso same; -self
lo stile style
lo/la stilista designer
stilografico: la penna stilografica fountain pen
stimare to admire
stimolante stimulating
lo stipendio (pl. gli stipendi) salary
stirare to iron
gli stivali boots
lo stomaco (pl. gli stomaci or gli stomachi) stomach
la storia story; history
storico (m. pl. storici) historical
stracciato significantly reduced
stracotto overcooked
la strada street; per (la) strada on the street
la strage massacre
stralunato very moody
stranamente oddly
straniero foreign
strano strange
strapazzato: le uova strapazzate scrambled eggs
strapieno overfilled
straricco very rich
la strategia strategy
la strega witch
lo stregone wizard
stressante stressful
lo stronzo jerk
lo strumento instrument
la struttura structure
lo studente / la studentessa student
studiare to study
lo studio (pl. gli studi) study; study, office; practice; gli studi studies; la borsa di studio scholarship
lo studioso / la studiosa scholar, researcher
stufo fed up
stupefatto astonished
stupendo wonderful, marvelous
le stupidaggini idiotic things, nonsense
stupido stupid
stupire to marvel
subire to suffer
subito immediately, right away
*succedere (p.p. successo) to happen
successivo next
il succo juice
il sud South
sudafricano adj. South African
sudare to sweat
sudarsela to work hard; to sweat over
sudato sweaty
sufficienza: a sufficienza enough
il suffiso suffix
suggerire (isc) to suggest

Vocabolario italiano-inglese

il sugo (*pl.* i sughi) sauce
suonare to play (*an instrument*)
superalcolico: la bevanda
 superalcolica strong drink
superficiale superficial
superiore higher, better
il superlativo superlative
il supermercato supermarket
superveloce very fast
il supplemento supplement
supporre (*p.p.* supposto) to
 suppose
supremo highest
surgelato frozen
lo svago (*pl.* gli svaghi) recreation
lo svantaggio disadvantage
svegliarsi to wake up
sviluppare to develop
lo sviluppo development
svogliatamente unwillingly
svogliato lax, neglectful
svolgere (*p.p.* svolto) to carry out,
 do; svolgersi to take place
svolto carried out

T
la tabella table
taccagno *adj.* stingy
il taccagno miser
il tacco heel
tacere to be silent
tagliare to cut
tale such
il talento talent
tanto *adj.* many, a lot; *adv.* very
tardare to delay, be behind
tardi *adv.* late
la tariffa rate
la tasca (*pl.* le tasche) pocket
tascabile *adj.* pocket
la tassa tax; fee
il tassì taxi
il/la tassista taxi driver
il tasso rate; il tasso delle nascite
 birthrate; il tasso di scolarità
 school attendance
la tavola table
la tavoletta di cioccolata square of
 chocolate
il tavolino small table
il tavolo dining table
te: secondo te in your opinion
il teatro theater
tecnico technological
tedesco (*m. pl.* tedeschi) *adj.*
 German
il tedesco German (*language*)
il telefilm TV movie
telefonare (a) to call, telephone
telefonico (*m. pl.* telefonici) *adj.*
 telephone
il telefonino cell phone
il telefono telephone; al telefono
 on the phone
il telegiornale TV news
la telenovella soap opera
la televisione television
televisivo *adj.* television
il televisore television set
il tema (*pl.* i temi) theme; essay
temere to fear
il tempaccio bad weather
la temperatura temperature
il tempio (*pl.* i templi) temple
il tempo time; weather
il temporale storm
temporaneo temporary
la tenda tent

tendere a (*p.p.* teso) to tend to
tenere to keep; tenerci to care about
tenero tender
il tennis tennis
il/la tennista tennis player
il tenore way; il tenore di vita
 standard of living
tentare to try
la teoria theory
il terminale terminal
il termine word, term
la terra earth; ground; per terra on
 the ground
la terrazza terrace
il terrazzo terrace, balcony
terrestre *adj.* earth
terribile terrible
terzo third
il terzo one third
la tesi (*pl.* le tesi) *inv.* thesis
teso *adj.* stressed
il tesoro treasure
la testa head; avere mal di testa to
 have a headache
testardo *adj.* stubborn
il testo text
timido shy
il timore fear
tipicamente typically
tipico (*m. pl.* tipici) typical
il tipo type, kind
tirare to pull; to kick; to blow
 (*wind*); tirare vento to be windy
tirchio *adj.* cheap, miserly
il titolo title
la tivù TV
toccare to touch
togliere (*p.p.* tolto) to remove
togliersi to take off (*clothing*)
tollerante tolerant
la tolleranza tolerance
la tomba grave
il tono tone
*tornare to return
la torta cake
torto: avere torto to be wrong
tostato toasted
totale total
totalmente totally
tra between; tra parentesi in
 parentheses
tradizionale traditional
la tradizione tradition
tradurre (*p.p.* tradotto) to translate
la traduttrice translator
la traduzione translation
il traffico (*pl.* i traffici) traffic
il traghetto ferry
il tragitto trip, voyage
il tram streetcar
la trama plot
tramontare (il sole) to set (sun)
tranne except
tranquillamente calmly
tranquillo *adj.* calm
transitivo transitive
trarre (*p.p.* tratto) to draw from
trascinare to drag
††trascorrere (*p.p.* trascorso) to
 spend (time)
trasferirsi (isc) to relocate
trasformare to transform
la trasformazione change,
 transformation
trasmettere (*p.p.* trasmesso) to
 broadcast
le trasmissioni broadcasts; le
 trasmissioni alla TV TV shows

il trasporto transport; i mezzi di
 trasporto public transportation
trattare to deal with; to treat,
 handle
trattarsi (di) to be about, be a
 question of
il tratto feature; passage (*of a book*);
 ad un tratto suddenly
la trattoria casual restaurant
traumatico traumatic
tre three
il Trecento the 1300s
tredicesimo thirteenth
tredici thirteen
il treno train
trenta thirty
il trimestre quarter (of a year)
triste sad
troppo too much; too many
trovare to find; trovarsi to find
 oneself (*in a place*)
truccarsi to put on makeup
tuffare to take a plunge; to dive
il tuffo plunge, dive
il tumulto turmoil
††tuonare to thunder
il tuono thunder
il turismo tourism
il/la turista tourist
turistico (*m. pl.* turistici) *adj.* tourist
il turno turn
tuttavia nevertheless; yet
tutti *m.pl.* everyone
tutto *adj.* everything; all
la TV TV; alla TV on TV; guardare
 la TV to watch TV

U
ubriacarsi to get drunk
ubriaco drunk
l'uccello bird
ucciso killed
uffa! geez!
ufficiale official
l'ufficio (*pl.* gli uffici) office; in
 ufficio in / at the office
uguale equal, same
l'uguaglianza equality
ultimo last
ultramoderno ultramodern
umanistico *adj.* of the humanities
l'umore *m.* mood
unanime *adj.* unanimous
undicesimo eleventh
undici eleven
le unghie fingernails
unico (*m. pl.* unici) sole, only
l'unità unity
unito united; gli Stati Uniti the
 United States
l'università university
universitario (*m. pl.* universitari)
 adj. university
l'universo universe
l'uomo (*pl.* gli uomini) man
urbano *adj.* city, urban
urlare to shout, scream
l'urlo shout
gli USA the U.S.A.
usare to use
*uscire to leave a place; to exit
l'uso use
utile useful
utilizzare to utilize

V
la vacanza vacation
vacanziere *adj.* vacation

*valere (*p.p.* valso) to be worth;
 valere la pena to be worth
la valigia (*pl.* le valigie) suitcase
il valore value
la valutazione rating
il vantaggio (*pl.* i vantaggi)
 advantage, benefit
vantaggioso advantageous
la variazione variation
vario (*m. pl.* vari) various
il vassoio tray
vecchio (*m. pl.* vecchi) old
vedere (*p.p.* visto or veduto)
 to see
vegetariano vegetarian
il veicolo vehicle
la vela sail; sailing
veloce fast
velocemente quickly, fast
la velocità speed
vendere to sell
la vendita sale
il venditore vendor
venerdì Friday
veneziano *adj.* Venetian
*venire (*p.p.* venuto) to come;
 *venire a (+ *inf.*) to come to
 (*do something*)
venti twenty
il vento wind; tirare vento to be
 windy
veramente really, actually; truly
il verbo verb
verde green; *essere al verde to be
 broke
la verdura vegetable
vergognarsi to be ashamed
verificare to verify, check
la verità truth
vero true; vero? right?
versamento: fare un versamento
 to make a deposit
versare to pour
versi: per certi versi in some
 aspects
la versione version
verso toward; around, about
la Vespa motorscooter (*lit.* wasp)
vestire to dress
vestirsi to get dressed
il vestito dress, suit; i vestiti
 clothes
la vetrina display window
il vetro glass
via away; buttare via to throw
 away; scorrere via to pass
 quickly
la via street
viaggiare to travel
il viaggio (*pl.* i viaggi) trip
vicenda: a vicenda taking turns
viceversa vice versa
il vicinato neighborhood
vicino *adj.* near; *adv.* vicino a near
il vicino neighbor
il video (*pl.* i video) video
il videogioco videogame
vietare to prohibit
vietato prohibited; vietato fumare
 no smoking
la villa villa
vincente winning
vincere (*p.p.* vinto) to win
il vino wine
viola *inv.* violet
violento violent
la violenza violence
il violino violin

la **virtù** virtue
virtuale virtual
virtualmente virtually
visibile visible
la **visione** vision
la **visita** visit
visitare to visit (*places*)
il **viso** face
la **vista** view; **il punto di vista**
  point of view
la **vita** life; lifespan, lifetime
la **vittima** victim
la **vittoria** victory
vivace lively
[++]**vivere** (*p.p.* **vissuto**) to live
vivo living, live; **dal vivo** live

viziato spoiled
il **vizio** vice
il **vocabolario** (*pl.* **i vocabolari**)
  vocabulary
il **vocabolo** term, word
la **voce** voice
voglia: avere voglia di to want
il **volantino** flyer
[†]**volare** to fly
volentieri willingly, gladly
*****volerci** to take time; to require
[++]**volere** to want; **volersi bene** to
  love (*each other*)
volgare *adj.* vulgar
il **volontario** volunteer
volonteroso hard-working

la **volta** time (*occasion*);
  qualche volta sometimes;
  una volta once; **a volte**
  sometimes
il **volume** volume
vomitare to throw up
votare to vote
il **voto** grade; vote
vuoto empty

Y
lo **yoga** yoga

Z
lo **zaino** backpack
la **zebra** zebra

zecca: nuovo di zecca brand new
zeppo: pieno zeppo absolutely
  full
lo **zerbino** doormat
la **zia** aunt
lo **zio** (*pl.* **gli zii**) uncle
zitto quiet; *****stare zitto** to keep
  quiet
lo **zombi** zombie
la **zona** area, zone
lo **zoo** (*pl.* **gli zoo**) zoo
lo **zoologo / la zoologa** zoologist
lo **zucchero** sugar*****andare** (*cont.*)

Index